主编　朱大旗

中国人民大学法学院
RENMIN UNIVERSITY OF CHINA LAW SCHOOL

明德经济法学文库 16

反垄断执法权配置问题研究

谭袁／著

国家留学基金委2013～2014年联合培养博士研究生项目资助

法律出版社
LAW PRESS·CHINA

总　　序

当代中国经济体制改革和社会主义市场经济建设催生了经济法学这一新的法律门类和法学学科。1983 年中国人民大学经济法教研室成立,成为全国早期的经济法学科点之一;1984 年起招收民法学专业经济法学方向的硕士研究生;1987 年起招收经济法学专业硕士研究生;1994 年成为全国首批经济法学博士点。

30 多年来,人大经济法学人以"求经世之道,思济民之法"的精神,致力于经济法学人才的培养和教育,注重学术修养和调查研究,以解决中国社会现实生活中的经济法治问题为方向,理论联系实际,跟踪、把握国际、国内相近学科的最新发展动态,不断开拓创新,自成一脉,在全国经济法学界具有学科前沿地位,为中国经济法学的理论建构和中国社会主义经济法治事业做出了自己应有的贡献。

人大经济法学科自 1994 年培养新中国第一位经济法学博士以来,迄今已累计培养了 200 多位经济法学博士。这些博士肩负着人大经济法学科各位老师的谆谆教诲和殷切期望,就职于国家立法、司法、行政机关、国内著名大学、科研机构和其他经济、金融等实务部门,埋头苦干,求真务实,屡创佳绩,成为相关行业领域的领军人物和中坚力量。无疑地,他们在人大经济法学科所受的科学的、前瞻的经济法理论教育、规范的专业培训和严格的学术熏陶，给予了他们茁壮成长的丰富养料和厚实基础，奠定了他们人生事业的良好起点。

据我观察而言，博士阶段的学习无疑是人的一生中最为宝贵的黄金时期。在这弹指即逝的几年里，青年博士的心灵由稚嫩到成熟，眼界由褊狭趋全面，思维由直线而多维，知识由零散臻体系，正是勃发朝阳而成其大光的关键时刻。但毋庸讳言，这一时期也是青年博士生活压力最重、学术困境最多、外界诱惑最大，因而也是最需要关爱、最需要帮助、最需要提携的时期。在市场经济蝇营逐利、浮躁盲动的大环境下，如何引导广大青年博士理性务实、潜心学术、夯实基础、厚积薄发，奠定未来宏大人生事业的坚实基础，实为我们教书育人、为人师表者不能不关注和解决的重大问题。为此，中国人民大学经济法学研究中心的全体老师在各方面条件都非常薄弱的情况下，决定想方设法争取各界支持，创造条件为人大经济法学专业的博士生纾难解困，提供脱颖而出的便利环境。在取得法律出版社的支持下，广泛筹措资金，遴选、资助每年优秀经济法学博士学位论文及青年教师的优秀著作出版。这一方面可以使优秀的博士学位论文精品得以付梓，使莘莘学子多年呕心沥血的研究成果不至于埋没；另一方面又可以对广大的在读经济法学博士研究生以激励，使他们可以比较安心地埋头学术研究，创造出更多的经济法学学术精品，同时还可以奉献给中国经济法学学科和中国经济法治事业以智识，这是一项非常值得投资的多赢的事业。我们有理由也有信心把这一工作持久不懈地开展下去。

在此，我作为中国人民大学经济法学的一名老教师，作为中国经济法学教学科研事业的初创者、参与者，谨对广大在校的、未来的人大经济法学博士研究生提出以下期盼：

希望你们好好珍惜博士阶段的学习机会和美好时光，多读书，多思考，多讨论，多写文章，夯实理论基础，提升实践能力，争取写出优秀博士论文，不断充实明德经济法学文库，把人民大学的经济法理论体系传承永续。

长江后浪推前浪，一代风流冀尔侪。诚望后生小子撷万方之优长，成一家之精微，将人大经济法学的优良传统发扬光大，为推进中国的经济法学事业暨经济法治建设，添砖加瓦，贡献无垠。

是为序。

 *

2012 年 8 月 4 日
于中国人民大学明德楼

* 中国人民大学法学院教授、博士研究生导师。

序

2007年我国颁布了《反垄断法》,这是我国社会主义市场经济法治化过程中的一个重大事件,也是我国改革开放40年历程中对市场经济运行的认识与理解的凝华,更是我国与市场经济打交道的几十年经验的最好总结。我们不再将市场视为“洪水猛兽”,而是努力去“呵护”她,通过法治化这种最为可靠的方式来创制、维护一个公平、自由的竞争秩序。这一现今看似最简单不过的道理,却是无数法律人努力的结果,来之不易!法律的生命在于实施。《反垄断法》的颁布只是一个新的开始,真正实现公平、自由的竞争秩序,还仰赖于《反垄断法》的有效实施。

《反垄断法》曾被寄予了无数人的厚望。深受垄断行为之害的消费者、竞争者以及社会,都希望《反垄断法》颁布后能够消除垄断行为。然而,这种单纯的念想却在一开始就被泼了一盆冷水。该法颁布后的最初几年,垄断行为依然继续,这让《反垄断法》的存在显得尤为尴尬。一时间,人们对《反垄断法》的无限想象、期待与热情,转化为无尽的彷徨、失望与寒心。理想与现实之间的巨大反差引发了无数的质疑,《反垄断法》无用论等言论一时甚嚣尘上。但是,在沉寂多年之后,《反垄断法》的实施终于在2013年取得了突破性的进展。

2013年被许多人称为中国反垄断元年，因为这一年反垄断执法机构的执法给人们带来了太多的“惊喜”。2013年年初，茅台和五粮液因从事价格垄断行为被处以4.49亿元罚款，三星等6家境外企业被罚款3.53亿元，上海黄金饰品行业协会及部分金店因实施价格垄断行为被处以1000多万元罚款，合生元等6家乳粉企业因价格垄断行为被处以6.7亿元罚款。这些大案、要案的查处使《反垄断法》重新回到人们的视野中。之后的反垄断执法也没有让人失望。2014年，一汽—大众公司因从事价格垄断行为被处以2.48亿元罚款，12家日本汽车零部件和轴承企业被罚款12.35亿元，国家工商局也对微软展开反垄断调查；2015年，高通被处以60.88亿元罚款，日本邮船株式会社等8家国际海运企业被处以4.07亿元罚款；2016年，美敦力被处以1.18亿元罚款，上汽通用被处以2.01亿元罚款。可以说，这几年的反垄断执法让人们重新燃起了对反垄断的热情，对反垄断执法的各种溢美之词也频见报端。

但是，我们应当清醒地看到，反垄断执法的辉煌并不能掩盖我国反垄断执法体制存在的固有问题。越是当社会各界都在为我国的反垄断执法唱赞歌的时候，我们越是要冷静地思考，我国的反垄断执法体制是否真的科学，如果执法权更加科学，我国反垄断执法是否能取得比今天更大的成绩？我国当前的反垄断执法体制的形成，无论是横向配置还是纵向配置方面，都有其特殊的历史背景。如果说目前的执法体制安排是在《反垄断法》制定过程中为了使其能够尽快通过并得以实施退而求其次的结果，那么，在《反垄断法》颁布10多年的今天，我们完全可以摆脱这些束缚，重新对如何构建科学的反垄断执法体制进行全面而深入的思考。暂时的执法成绩无法粉饰执法体制的缺陷，仔细观察，其实我们不难发现目前的反垄断执法已经遇到了“瓶颈”，而打破这一“瓶颈”的出路就在于对反垄断执法体制进行深刻的改革。

谭袁博士长期关注我国反垄断执法体制的完善问题，对如何完善我国反垄断执法体制展开了深入思考并最终形成此研究成果。本书并未局限于直接探讨反垄断执法体制的完善，而是在更广的背景下对政府与市场、经济基础与上层建筑、反垄断执法与国家经济职能等理论问题进行了深刻剖析，从而为本书的研究奠定了较为坚实的基础。“实践是检验真理的唯一标准”。本书对我国反垄断执法状况进行了评估,对我国市场上的垄断行为很复杂、反垄断执法机构的执法能力有限等对我国反垄断执法权配置有重要影响的论断进行了反思,提出了自己不同的观点。在评估结论基础之上,本书认为我国现行的反垄断执法权配置存在固有缺陷。随后从横向和纵向两个方面,对如何完善我国反垄断执法权配置展开了全面而深入地探讨。在横向配置方面,作者从历史和部门利益等角度分析了我国目前执法格局形成的原因,在对横向配置的内在规律要求以及成熟国家地区的经验进行考察的基础之上,提出了完善我国反垄断执法权横向配置的中期目标与长期目标。这对于我国改革具有较大的借鉴意义。事实上,2018 年的改革组建了统一的反垄断执法机构,也印证了作者的研究结论。在纵向配置方面,作者从央地分权的角度入手,探讨了应当如何在中央与地方政府之间分配反垄断执法权。作者认为,目前的反垄断执法权主要集中在中央,地方执法机构只享有有限的执法权,从而形成了一个"倒三角"的格局,这种执法体制不具有稳定性。对于形成目前纵向配置格局的如地方执法机构执法能力不足、地方保护主义等"常识性"原因,作者展开了谨慎地分析,认为这些原因并不能成立。作者认为,我国应当加强反垄断法的地方实施,赋予地方相关机构更大的执法权力,从而形成一个"金字塔式"的反垄断纵向执法体制。作者提出的该观点具有创新性,事实上,最近几年地方执法机构在反垄断执法方面也取得了较大成绩,但囿于目前纵向执法体制的束缚而使得地方执法机构无法全面发挥出真正的优势。

谭袁博士在其硕士研究生和博士研究生学习期间,凭借敏锐的洞察力与严谨的逻辑思维,不仅在经济法理论上取得了丰硕的研究成果,更在竞争法律制度理论及其实施方面凸显其科研的潜质。本书是谭袁在其博士学位论文基础上修改而成,凝聚了作者的心血,也是作者对于探索如何构建我国反垄断执法体制的成果总结。本书对经济法理论中一些重要问题进行了梳理,就完善反垄断执法体制提出了许多创新性的观点。《反垄断法》是我国社会主义市场经济法律体系中的一部重要法律,该法的实施对于我国自由、公平、有序的市场竞争秩序的建立与维护具有重要的作用。工欲善其事,必先利其器。可以说我国的反垄断执法体制就是实施反垄断法的一把重要利器,执法体制是否科学,直接关系到反垄断执法的效果。希望本书能够引起理论界和实务界的关注,并引起大家对我国反垄断执法体制完善的思考。当我们重新审视反垄断法的修订问题时,执法体制的完善必定是其中的一个重要课题。届时,本书必然能够提供有益的借鉴。

是为序。

吴宏伟*

2019年2月10日

* 中国人民大学法学院教授、博士研究生导师。

Contents

目录

表目录

图目录

导　论

一、选题的界定及依据

(一)选题的界定

本书以我国《反垄断法》的实施权作为研究对象,研究如何实现其科学配置,从而实现《反垄断法》有效实施的目标。在我国《反垄断法》制定以后,最为紧迫的任务就是有效地实施《反垄断法》,而这则在很大程度上取决于是否存在科学合理的实施机制。

从广义上来讲,法的实施包括法的遵守、法的执行和法的适用3种形式。法的遵守即守法,其具体形式又包括权力的享用、义务的履行、禁令的遵守;法的执行即执法,从广义上来讲包括行政执法和司法活动,但在狭义上一般指行政执法;法的适用,从广义上来讲包括行政适用和司法适用,但狭义上一般指司法适用。因此,以一般的法学理论来看,反垄断法的实施也包括3种形式,即反垄断法的遵守、反垄断法的行政执法和反垄断法的司法适用。但是,作为经济法重要组成部分的反垄断法的实施,不能从如此广义的角度来理解,否则无法突出经济法所具有的政府主导性的特征,或是政府对经济的一种干预性特征。如果人人都能够自觉遵守反垄断法,那么行政机关的执法就没有存在的必要了。就反垄断法实施的本质来说,其只能为行政执法。国家机关执行反垄断法,是其执行国家经济职能的体现,在此过程中体现国家经济政策的要求。反垄断法的遵守是反垄断法实施的最为理想的一种状态,从一般法的意义上将反垄断法的遵守视为反垄断法实施的一种方式本身并无可厚非,只不过这样不利于突出反垄断法实施的重点,对于完善反垄断法的实施也无法起到太大的实际作用。在现实中,反垄断法的实施必然主要体现为国家机关对于违反反垄断法的行为展开的执法活动。这主要包括两种,即反垄断行政执法和反垄断诉讼。就反垄断诉讼而言,其只能是一种被动的回应。它必然是反垄断法得以实现的一种重要方式,但它依赖于受垄断行为损害的私人主体积极主动提起诉讼的行为,显然无法满足国家及时主动对经济生活进行干预的需要。

总之,从经济法的意义上来看,反垄断法的实施应当主要指反垄断法的行政执法。反垄断法的遵守和反垄断法的司法适用从一般法的意义上来讲是反垄断法实施的方式,但从经济法的角度来看,则应当对反垄断法实施进行限定。从广义上来理解反垄断法的实施除了能够满足抽象意义上的法的一般理论外,对于实践中明确反垄断法实施的重点并不断采取完善措施并无多大意义。因此,反垄断法的实施即反垄断法的行政实施。

(二)选题的依据

我国《反垄断法》的实施方式主要包括民事诉讼和行政执法两种。由于司法实施具有被动性,遵循“不告不理”的原则,法院不能主动对市场上的垄断行为适用《反垄断法》,因而只能依赖于受垄断行为损害的当事人提起诉讼。而当前市场上的许多垄断行为损害的是不特定的消费者的利益,利益受损的消费者人数众多,范围很广。从总体上看,垄断行为所造成的损害是巨大的,但就单个消费者而言,其受到的损害则较小,且诉讼成本很高、举证困难,从而使许多消费者都选择放弃提起诉讼。所以,就当前而言,通过民事诉讼的方式来推动《反垄断法》的实施,其效果有限。而行政机关的执法活动在推动《反垄断法》的实施方面则具有独特的优势,如其能够主动对垄断行为展开调查,从而能够迅速恢复市场竞争秩序。这对于瞬息万变的市场而言则尤为重要,因为“迟到的正义”会使垄断行为造成的损害继续扩大,而且受垄断行为损害的企业也可能被迫退出市场。因此,就当前的中国而言,反垄断执法在维护市场竞争秩序方面具有更为重要的作用,而反垄断执法能否有效地开展,又直接取决于反垄断执法权配置是否科学、合理。

我国《反垄断法》对于执法权的规定较为抽象,《反垄断法》第 10 条规定了行政执法权，依据该条第1款的规定，在现实中形成了由国家发展和改革委员会（以下简称国家发改委）、商务部和国家工商行政管理总局（以下简称国家工商总局）3家执法机构共同执法的模式，这实际上是《反垄断法》执法权的横向配置。虽然在《反垄断法》实施的10多年时间里3家机构展开了富有成效的执法活动，取得了较好的社会效果，但这依然无法掩饰其所固有弊端，并且在具体的执法中这种弊端越发凸显。《反垄断法》第10条第2款是关于地方相关机构享有的反垄断执法权的规定，依据该款规定，仅省一级政府机构在被授权的情况下才享有反垄断执法权。从现实来看，这无法满足《反垄断法》实施的需要。中央执法机构的执法具有局限性，反垄断法的有效实施离不开广大的地方执法机构的参与。

总之，从总体上看，我国反垄断执法权配置模式是存在很大缺陷的。从最近几年的反垄断执法实践来看，其已经明显地受到了这种权力配置缺陷的影响，反垄断执法在维护市场竞争秩序方面远未达到预期的目标。如果不能对反垄断执法权配置模式进行改革，那么由于市场竞争秩序未得到有效维护而造成的损失将是不可估量的。因此，如何科学、合理地配置反垄断执法权是当前中国反垄断法律制度完善的重要课题。本书以此为选题，希冀通过深入、全面的研究，提出适合我国国情的可行制度设计方案，以期推动我国《反垄断法》的有效实施，维护公平、自由、有序的市场竞争秩序。

二、文献综述

《反垄断法》的实施在本质上是国家权力通过反垄断法执法对经济生活的一种介入，以维护公平自由的竞争秩序。关于国家权力介入的理论，潘静成、刘文华教授主编的《经济法》（第3版）对此进行了梳理。当由自由资本主义进入了垄断资本主义后，资本主义经济由竞争机制产生的活力和生机受到压抑和摧残。在这种情况下，国家权力开始介入经济生活，随着社会化程度的不断提高，现代国家对经济生活的介入日益广泛和深入。国家日益加强干预和参与经济生活的广度、深度和力度，发挥国家在管理、组织、监督经济方面的职能。[①] 由此，国家对经济生活的干预已经从被动的回应转向了主动的、体现为实现国家经济职能的干预。

---

① 潘静成、刘文华主编：《经济法》，中国人民大学出版社2008年版，第21～23页。

对于《反垄断法》的实施，史际春教授认为，反垄断法是合理性、正当性与合法性的高度统一，充分讲"理"的法。《反垄断法》中没有任何一个法条可以直接套用于实际案例，其有效实施高度依赖于经济活动当事人、政府、法律工作者、司法机关和整个社会形成恰当的市场经济理念。在反垄断法中，没有当然的合法，也没有当然的不合法，一切都要接受市场经济的理念及其要求的检验。① 反垄断法的实施具有特殊性，这为反垄断执法提出了诸多挑战。当前的反垄断法实施机制是否合理，也需要经过实践的检验。自 2008 年 8 月 1 日起，《反垄断法》已经实施了 10 年，但从根本上来说，市场上存在的较为严重的限制竞争现象仍然没有得到根本的改变，竞争环境仍然堪忧。有效的实施反垄断法，需要本着市场经济的理念，在反垄断实施机制上进行改革，排除或减少历史、政治体制等因素中所具有的不利影响。

反垄断法的价值目标直接关系到反垄断法的实施所应遵循的准则。有学者认为，反垄断法的立法目的主要是围绕着社会福利、经济效率与其他社会目标。② 有学者将保护社会公共利益、消费者利益和经济效率作为反垄断法的立法宗旨。③ 还有学者认为，反垄断法的作用为抑制竞争的消极作用，维护自由、公平竞争，保护消费者利益，保护社会公共利益，促进国际贸易健康发展等。④ 有学者将反垄断法的价值目标分为不同的层次，认为反垄断法的基本价值目标是建立和维护自由、有序的竞争秩序，其根本价值目标包括两个方面：一是实现社会整体经济效率；二是维护社会实质公平。⑤ 学者对于反垄断法的价值的表述虽然各不相同，但还是具有某些共识，如都认为反垄断法维护公平和自由的竞争秩序、保护消费者利益等。价值目标为反垄断法的实施提供了一种导向，以这些价值目标作为参考因素，以考察反垄断法在现实中是否真正通过有效实施而实现了这些价值目标。

任何法都是在一定的社会环境中实施的，法的实施受到多种因素的影响。有学者认为，国家的阶级本质及政治体制，法律与社会生活、经济发展的适应

---

① 史际春等：《反垄断法理解与适用》，中国法制出版社 2007 年版，序。

② 孔祥俊：《反垄断法原理》，中国法制出版社 2001 年版，第 171 页。

③ 王晓晔：《反垄断法》，法律出版社 2011 年版，第 26 ~ 31 页。

④ 孟雁北：《反垄断法》，北京大学出版社 2011 年版，第 36 ~ 37 页。

⑤ 吴宏伟、魏炜：《论反垄断法的价值目标》，载《法学家》2005 年第 3 期。

程度对法的实施有重要影响。[①] 在不同的时期,法实施的要求是不同的。在完善反垄断法的实施机制时,要对反垄断法实施的社会环境有深刻的了解,要有发展的眼光。德国经济学家李斯特针对英国当时提出的自由贸易口号指出,英国所谓的自由贸易,是英国有权在全世界自由地销售它自己的制成品及其殖民地的产品,同时又壁垒高筑,以阻止外国产品在本国市场与它自己的产品竞争。[②] 李斯特的经济思想对于我们评估当前的国际竞争环境具有重要意义。当今各国之间展开着激烈的利益博弈,我国虽然经济总量已经位居世界第二,但就企业的竞争能力来说仍待增强。因此,《反垄断法》的实施重点在于提高企业的竞争能力,以应对外国企业的竞争。随着社会环境的变化,反垄断法实施的重点也应当随之发生变化。

《反垄断法》已经实施了10年,在研究是否有必要对现行的反垄断执法体制进行完善前,首先要对《反垄断法》的实施状况进行评估。当前在学界已经对法的评估展开了研究。有学者认为,立法评估可以分为立法前和立法后评估。后者强调的是可操作性、执行性、有效性和存在问题,即法律对经济、社会和环境的实际影响。从宏观层面看,立法后评估主要是评估法律制度规范是否坚持了社会公正、达到了分配正义、维护了竞争秩序、促进了经济增长、实施了资源的有效配置。[③] 这提出了立法后评估所应当考虑的因素。有学者对法律评估的方法进行了总结,包括语义分析法、价值分析法、经济分析法、实证分析法、系统分析法、要素分析法。[④] 但是并没有对如何运用这些方法展开具体分析,而仅限于列举说明。法律评估因评估主体不同而可以进行不同区分,如包括立法机关的评估、执法机关的评估以及社会主体的评估等。有学者对国家主导的评估进行了研究,认为国家主导下法律绩效评估的理论基础包括潜在利润理论、政府形象理论以及立法中心任务转移理论,其发生的方式包括法规批准、立法提案等。国家主导型的法律绩效评估发生机制的最大优势在于启动便利、评估结果回应效率高,但也具有缺陷,如公众参与性不足、结果公

---

① 朱景文主编:《法理学》,中国人民大学出版社2008年版,第401页。

② [德]弗里德里希·李斯特:《政治经济学的自然体系》,商务印书馆1997年版,第22页。

③ 席涛:《立法评估:评估什么和如何评估(上)——以中国立法评估为例》,载《政法论坛》2012年第5期。

④ 张大伟等:《论法律评估——理论、方法和实践》,载《甘肃社会科学》2010年第5期。

正性不能得到保证等。[①] 上述研究，为本书评估《反垄断法》实施状况提供了借鉴。有学者对《反垄断法》的实施现状进行了分析，指出实施效果与公众的期望还存在差距。[②] 但该文的评估主要集中在执法工作状况的描述上，即事实层面上的分析。不过，也有学者开始尝试对《反垄断法》进行立法评估，[③]对立法评估的一些问题进行了初步的探讨。

对于反垄断法实施权的配置问题，包括两个方面的内容，即横向配置和纵向配置。学界对于反垄断法实施权的横向配置问题关注较多，而且这又主要集中在《反垄断法》颁布之前。在《反垄断法》颁布之后，随着国家发改委、商务部、国家工商总局共同负责反垄断执法的执法格局形成以后，学界对于这种模式的合理性探讨陷于沉寂，更多的是对这种模式予以介绍和分析。因而在反垄断法实施权横向配置完善方面的研究并不多。有的学者对规范和约束反垄断执法进行了研究，认为应当引入行政法上的比例原则，以加强对反垄断执法的规范。[④] 但这并未涉及反垄断法实施权如何配置的问题，仅仅是对整体意义上的反垄断执法权加以约束。有学者从产业规制的角度对我国《反垄断法》的执法框架进行了研究，建议对执法权进行集权化与分权化改革，建立超越产业规制格局的反垄断执法架构。[⑤] 该学者对反垄断法实施权的横向配置问题展开了一定的研究，提供了有益的建议。有些政府工作人员虽然对我国《反垄断法》的实施机制进行了探讨，并提出了改革的建议，[⑥]但仅仅停留在加强各机构之间的合作等方面，未触及深层次的权力分配方面。有学者对我国反垄断执法机构之间存在的执法竞争展开了分析，认为竞争性的执法体制具有克服反垄断执法机构在科层结构中地位低、资源少的限制，因此主张保留这种执法体制。[⑦] 该学者主要在于论证 3 家执法机构的竞争执法体制的价值，并主张保留这种执法体制。总的来看，在《反垄断法》施行以后，对于反垄断

---

① 汪全胜：《法律绩效评估的发生机制——以国家主导为导向》，载《法商研究》2008 年第 3 期。

② 王先林：《我国反垄断法实施的基本机制及其效果》，载《法学评论》2012 年第 5 期。

③ 吴志宏：《我国反垄断法立法后评估体系的构建》，载《社会科学家》2011 年第 12 期。

④ 游钰：《论反垄断执法之规范与比例原则》，载《甘肃政法学院学报》2010 年第 3 期。

⑤ 李俊峰：《产业规制视角下的中国反垄断执法架构》，载《法商研究》2010 年第 2 期。

⑥ 倪娜、万欣：《我国反垄断的实施机制、模式及其改革构想》，载《改革》2010 年第 3 期。

⑦ 李剑：《中国反垄断执法机构间的竞争——行为模式、执法效果与刚性权威的克服》，载《法学家》2018 年第 1 期。

执法权横向配置的问题探讨得较少。

对于反垄断法实施权的纵向配置问题,尚未引起学界及实务界的足够关注。不过,有学者已经对此展开了研究,认为当前的执法体制使反垄断执法过度集中于中央,地方执法机构只享有十分有限的执法权限,这不利于对地方市场上垄断行为的规制,认为应当赋予地方执法机构更大的反垄断执法权①也有学者就地方反垄断执法的具体推进展开了研究,提出可以从上海自贸区先行先试。② 有学者在对美国的经验进行考察的基础之上,提出要在明确地方反垄断执法权的同时,构建中央与地方反垄断执法的协作机制。③ 同时,国外有些学者也展开了类似的研究,美国学者 Calkins 教授在分析各州在实施反托拉斯法方面提到其具有 3 个优势,即更熟悉地方市场、更为熟悉地方机构,以及能够及时有效地使受垄断行为损害的个人或企业获得赔偿。④ 在美国除了联邦贸易委员会和司法部外,其实各州以及其他地方政府都在实施反托拉斯法。对于反垄断法实施权的纵向配置,即在中央和地方之间的分权,仍需要展开大量的研究。

三、研究方法及写作思路

(一)研究方法

1. 历史分析的方法。反垄断法的实施权是国家权力的一种介入,为了对这种介入有更为深入地了解,必须从历史的角度对其进行追根溯源的考察。本书对国家权力最初的介入形式、过渡形式以及高级形成作了历史梳理,从而为本书的探讨奠定了理论基础。在其他问题的探讨上,本书同样运用了历史的方法,如对现行的反垄断法实施权横向配置模式的形成进行了历史研究,只有这样才能够认清现实并较好地展望未来,提出合理的建议。

2. 政治学的分析方法。反垄断法实施权实际上主要是行政权的一种分

---

① 吴宏伟、谭袁:《论我国反垄断法的地方实施》,载《上海财经大学学报》2012 年第 4 期。

② 陈兵:《我国地方反垄断执法的机理——从上海自贸区先行先试的视角》,载《法学》2017 年第 10 期。

③ 杨绎、蒋岩波:《反垄断法地方实施制度的完善——基于美国的经验》,载《江西社会科学》2017 年第 10 期。

④ Stephen Calkins, "Perspectives on State and Federal Antitrust Enforcement", 53 *Duke Law Journal* 673.

配,这需要从政治学的角度进行分析,包括分权与集权、权力的制衡与监督等问题。

3. 比较的方法。有些发达国家的反垄断法实施已经有百年经验,其在反垄断法实施的制度构建方面有值得我国借鉴之处。通过对这些发达国家反垄断制度的研究,分析其与我国在政治、经济、历史等方面的异同,以及这种异同是否会影响我国对其经验的借鉴。

4. 价值分析的方法。一项制度必定有其自身的价值目标,通过对其价值目标与现实中其实际发挥的作用进行考察,以分析是否存在影响其价值目标实现的制度性因素,以及如何予以完善。

5. 案例分析的方法。本书对大量的案例进行了分析,通过案例研究,展现了最为真实的反垄断执法实践,并以此来检验反垄断理论中的一些"共识"是否真正成立。

(二)写作思路

本书总的思路是,在对反垄断执法权配置所涉及的一般理论问题进行较为全面、深入地讨论的基础上(第一章、第二章、第三章),结合目前我国反垄断执法状况的实践中所反映出来的主要问题(第四章),研究反垄断执法权配置的具体问题(第五章、第六章)。

反垄断执法权本质上也是一种经济权力,本书在第一章首先对经济权力配置的一般理论进行了较为深入的讨论,从而为后文探讨反垄断执法权配置问题做好理论上的准备。第二章就反垄断执法权配置的范畴进行了交代,对政府权力介入经济的历史进行了考证,以实现对作为政府权力重要组成部分的反垄断执法权的认识。第二章对本书的研究对象——反垄断执法权进行准确界定,分析了权力配置的直接目标与最终目标,并在此基础上探究中国语境下反垄断执法权配置应当坚持的原则。第三章从上层建筑与经济基础之间的关系出发,对作为上层建筑的反垄断法及其执法与作为经济基础的具体的社会经济状况之间的关系进行分析,旨在论证和完善我国反垄断执法权的配置,必须坚持从本国的实践出发,不得脱离我国当前的社会经济状况。第四章对我国反垄断执法状况进行了评估。只有掌握我国反垄断执法目前的状况,才能真正发现其所存在的问题,明确需要完善的地方,实现有针对性的研究。第五章和第六章分别从横向配置与纵向配置两个方面对我国反垄断执法权的配置问题展开了研究,分析了目前横向配置和纵向配置中存在的问题,并相应地提出了对策建议。

四、本书的创新

1. 本书认为，当前导致经济权力配置非理性化的主要原因并非决策者未能认识到应如何科学配置经济权力，而是部门利益的掣肘使经济权力的配置偏离了正常的轨道，掺入了过多的对非公共利益因素的考量。因而本书主张在配置经济权力时以经济因素决定为主，尽量减少和排除各种非经济因素的不良影响。

2. 本书提出要确保配置经济权力的主体的客观性，避免其与所配置的经济权力存在利益关系，认为可以引入“无知之幕”的理论，使改革设计者在“无知之幕”后进行制度设计，从而实现程序公正。

3. 本书对《反垄断法》的实施状况进行了系统的评估。目前，在反垄断法学界虽然对反垄断法的实施状况进行各种形式的总结，但尚未有系统的评估，本书的研究可以为今后反垄断法各项制度的完善提供有益参考。

4. 在反垄断法实施权的横向配置方面，本书结合中国的国情，对当前的制度设计进行了理性、客观的分析。肯定了当前的执法模式在短期内所具有的合理性，并从长远的角度对其完善提供了建议，所提出的“中期”和“长期”执法权配置方案具有创新性。

5. 在反垄断法实施权的纵向配置方面，本书提出应当发挥地方机构的作用，赋予其更大的反垄断法实施权。该观点具有创新性，目前学界对于此问题的研究很少。地方执法机构在《反垄断法》的实施中可以发挥更大的作用，当前高度中央集权式的执法模式限制了地方执法机构参与反垄断执法。本书提出的该观点，对推动反垄断实施央地分权制度的科学构建具有重要意义。

第一章　经济权力配置

一、困境："执法真空"与执法权的争夺

中国行政机关的执法往往犹如商人之逐利性：有利则往，无利则避而远之。从而形成了当前的一种怪相：当一种新的执法权出现时，现有的行政机关都争相将其纳入囊中，即便不能全部获得，也极力使自身在这场执法权分配中"分一杯羹"；而一旦取得执法权以后，则不积极主动执法，甚至怠于执法，从而使需要规制的行为实质上仍处于脱法的状态。

以民生之本的食品安全问题为例，频发的食品安全事件不断挑动民众的神经，并触及其心理承受之极限，"进口"安全无法得到保障，即使关系民生工作的其他方面做得再好也实为徒劳。尽管可以将食品安全问题归因于工业化进程中不可避免的现象，并列举辛克莱在小说《屠场》中对美国19世纪食品安全的辛辣揭露，但这并不能成为政府推脱食品安全监管失职责任的借口。虽然我国食品安全监管机构众多，包括农业部、国家食品药品监督管理局、国家工商总局、卫生部、商务部等，从农产品生产、食品加工、流通、消费等各个环节都有相应的监管机构负责，但现实中严峻的食品安全问题却使人们对食品行政监管网络的有效性提出了严重的质疑。人人都负责实则为无人负责，这也适合于解释令人堪忧的中国食品安全问题。众多的监管机构无法保障民众餐桌的安全，从表面上

看众多食品监管机构共同编织起了一张食品安全网，但是，当各监管机构因种种原因而怠于履行职责时，任何安全网都形同虚设。正如有媒体所言，中国现在的食品安全监管，实际上是“记者干了质检的活，微博干了媒体的活，有关部门干了跑龙套的活”。[①] 尽管含有夸张的成分，但至少也反映出当前食品安全监管部门执法不力的现状。看似有众多权力看护的餐桌，实际上却是权力的真空地带。

从表面上看，各部门都有堂而皇之的理由，即维护社会公共利益，事实上却是借此之名，行争夺、巩固自身部门利益之实。权力的争夺实际上就是对由权力所控制的经济资源的争夺，在此过程中不仅将消耗大量的政治、经济资源，而且会人为地增设改革的障碍、延缓改革的进程，而由此造成的损失将由整个社会承担。权力是人民赋予的，但被赋予的权力却被某些部门用来谋取小集团的利益，从而使权力被异化，违背了人民的真实意愿。“执法有利可图时重复处罚现象普遍，无利可图时又出现推诿现象”。[②] 无论是怠于执法，还是对行政权力的争夺，都是一种非正常的现象，然而在现实中却普遍存在，其背后必定有深层次的原因。

二、原因探析：由非经济因素决定的经济权力配置

导致经济权力配置非理性化的主要原因并非决策者未能认识到应如何科学配置经济权力，而是部门利益的掣肘使经济权力的配置偏离了正常的轨道，掺入了过多的非公共利益因素的考量，其主要的根源在于利益的分化使原本应当以维护广大民众的利益为宗旨的各行政部门也拥有了自身的利益追求，在能够被允许的范围内最大限度地实现其利益诉求。改革开放以前，国家利益至上，任何有关“私”的东西都被认为是不能接受的，利用权力争取本部门的利益自然也就没有存在的可能性。改革开放的过程实质上也是一个赋予社会各主体追求合法利益自由的过程，它冲破了意识形态的束缚，极大地解放了人们的思想，进而激发了其生产、创造的积极性。社会生产力在此过程中也得到了极大地增长，合法追求利益被普遍接受并受到鼓励。但是，即便是在市场

---

① 参见《证书大国为何是质检小国》，载《南方周末》2012 年 4 月 26 日，第 19 版。

② 陈柏峰：《城镇规划区违建执法困境及其解释——国家能力的视角》，载《法学研究》2015 年第 1 期。

经济中,行政机关亦不能如同市场主体那样直接的追求经济利益,但其又并非是完全超然于市场的主体,国家公权力的纯洁性及人民公仆的身份并不能使行政机关及其人员完全摆脱对利益的向往,只不过其通常采用的是一种较为间接的方式,即通过巩固或扩大行政机关自身的权力,借助权力的运用来获取更多的体制内的利益。对权力的争夺只能是在权力的"权属"尚未完全界定清楚,或者出现新的权力但其享有主体仍未确定的情况下才具有可能性。战国时期商鞅曾举例予以诠释,"一兔走,百人逐之,非以兔为可分以为百,由名分未定也。夫卖兔者满市,而盗不敢取,由名分已定也。故名分未定,尧、舜、禹、汤且皆如骛焉而逐之;名分已定,贪盗不取"。[①] 在改革背景下,待重新分配的权力或者新设立的权力,都如同是"名分未定之兔",从而成为各个行政机关尽力追逐的对象。并且由于这种逐权是没有任何风险和损失的,最坏的结果就是未能争夺到权力或其一部分,因此,只要积极参加到这个"逐权场"中来,就有可能分得一杯羹。

卢梭认为,在完美的立法之下,"个别的或个人的意志应该是毫无地位的,政府本身的团体意志应该是极其次要的,从而公意或者主权的意志永远应该是主导的,并且是其他一切意志的唯一规范。"但现实往往是不完美的,从而使得理想中的排序被完全颠倒过来,"公益便总是最弱的,团体的意志占第二位,而个别意志则占一切之中的第一位"。[②] 行政机关自身的权力的大小及有无直接关系到行政机关本身及其人员的切身利益,因为行政机关是追逐这种团体利益和个人利益的载体。除了极个别的行政机关外,其余皆面临在"权力洗牌"的过程中被其他行政机关取代的可能,为了避免这种情况的发生,唯一的途径就是证明自身的不可替代性和存在的价值,而这又主要靠固化已有的权力和争取更多的新的权力来予以实现,似乎权力本身就可以证明行政机关存在的必要。在没有绝对的把握以确定将某种权力分配给最能够有效行使这种权力的机关时,只能采取一种平均主义的思想,在多个行政机关之间实现"均分",从而实现"利益均沾"。这是行政系统内部的一种妥协,在改革过程中,这种妥协被认为是保障改革顺利进行的一种方式。因此,现实中的矛盾不可避免:行使权力的人越来越多,但权力却被行使得越来越差。这是因为

---

① 《商君书校注》,岳麓书社 2006 年版,第 189 页。

② [法]卢梭:《社会契约论》,何兆武译,商务印书馆 2009 年版,第 79 页。

在“掌舵”与“划桨”两个方面都出现了问题：多个人掌舵，从而失去了明确的方向；多个人划桨，但彼此都朝着相反的方向划，从而使船低速行驶，甚至静止乃至倒退。

在行政权力的改革过程中，历史因素同样起着十分重要的作用。在重新分配行政权力或者创设新的行政权力时，原有的行政机关或者与新创设的职权最为接近的行政机关往往会“近水楼台先得月”，从而在权力的配置方面占据先天的优势。在我国经济法律法规的立法过程中有一个不成文的惯例，即由相关的政府主管部门负责法律法规的起草，然后由其呈交立法审议机构审议，这样导致的结果就是负责起草的机构往往会借此机会将法律法规中的权力更多地赋予自身，在经济权力的配置中居于主导地位。如《反不正当竞争法》的修订就是由负责反不正当竞争执法的工商行政管理部门牵头，并于2016年2月25日就《反不正当竞争法(修订草案送审稿)》正式向全社会征求意见。该草案第二章就不正当竞争行为的种类作出了详细规定，但难免可能百密一疏。因此，该草案设定了一个“兜底性”的条款，即其第14条第1款规定“经营者不得实施其他损害他人合法权益，扰乱市场秩序的不正当竞争行为”。但哪些行为属于该款规定的其他不正当竞争行为呢？该草案第14条第2款将认定的权力交给了国务院工商行政管理部门，即“前款规定的其他不正当竞争行为，由国务院工商行政管理部门认定”。这引起了较大的争议，如2016年4月9日在北京大学互联网法治与发展系列学术沙龙上，与会专家就普遍认为“修正草案第十四条第二款完全授权由国务院工商行政管理部门去自行认定何谓‘其他’的不正当竞争行为在做法上恐怕不妥”。① 而在该草案中之所以作出如此规定，其中一个很重要的原因就是该草案是由国家工商总局牵头起草的，借助于起草来赋予自身该项权力，是“部门利益法制化”的一种表现。

经济权力配置改革的难度部分取决于既有利益集团阻挠的程度。如果在历史上是由某一行政机关享有某一领域的经济职权，则在没有根本性的改革的情况下，仍然可能由其享有该职权；如果在历史上是由多个行政机关共享某一领域的经济职权，则同理，该经济职权仍将在这数个行政机关之间进行分

---

① 张晓娜：《专家建议反不正当竞争法需审慎打磨》，载《民主与法制时报》2016年4月17日，第3版。

配。这种“历史的惯性”促成了一种改革的定式，如果没有强大的改革决心，这种模式将难以被打破。

经济权力的配置应当依据所要规制的经济对象的本性来科学设定。探索经济权力配置的模式同样是一个不断发现经济规律的过程，其中难免犯错，并且这种不断的“试错”将有助于对经济规律的认识。但在此过程中有一原则必须遵守，即在进行经济权力配置时，应当主要考虑经济因素的客观要求。当然，这并不是说完全不考虑政治、历史等方面因素的影响，因为完全摆脱这些因素的影响在现实中是不可能的，但由于这些非经济方面的因素已经严重影响了经济权力的科学配置，所以应当尽可能地防止其对经济权力配置过程的不当“渗入”。

三、经济权力本质分析

“经济权力”一词，在不同领域中具有不同的含义。经济学家将经济权力看作由经济资源所产生出来的一种支配力，认为经济权力是指“经济主体凭借所掌握的资源而形成的对其他经济主体的影响力和控制力”。① 如果说动物界中的权力是动物凭借自身的物质力量在弱肉强食的生物进化中不断形成的，那么在经济学家眼中，经济权力则是经济主体在激烈的市场竞争中通过不断积累从而依据自身的经济力量获取的。有经济法学家认为，“经济权力是一个与社会进化、经济发展相伴的发展范畴，是本质意义上的国家权力的重要组成部分，其由国家所担负的经济组织职能演变而来”。② 这种意义上的经济权力，实际上是政府权力的一部分，是与政治权力相对应的一种权力。邓小平同志曾经指出，“经济工作是当前最大的政治，经济问题是压倒一切的政治问题。不只是当前，恐怕今后长期的工作重点都要放在经济工作上面”。③ 因此，从这种意义上来看，经济权力实际上是政治权力的重要组成部分，只因其具有经济的因素，反映出政府对市场经济进行干预、调控的特征，所以将政府权力中的这一部分凸显出来并将其称为经济权力，实际上是顺应了在现代社会中政府经济职能不断扩大的趋势。根据《北京大学法学百科全书》的解释，

---

① 张屹山、于维生：《经济权力结构与生产要素最优配置》，载《经济研究》2009 年第 6 期。
② 单飞跃：《经济法理念与范畴的解析》，中国检察出版社 2002 年版，第 248 页。
③ 《邓小平文选》（第 2 卷），人民出版社 1994 年版，第 194 页。

经济权力(economic power)是指“国家经济机关为了实现国家的经济目的,依法对国民经济进行调节和管理的权力。经济权力之‘权力’源于国家权力,即国家强制力。代表国家行使经济权力的主体是国家经济机关,基于国家调节或干预国民经济运行的需要,国家经济机关的传统行政权力就必须转变为经济法律关系中的经济权力”。① 该定义指出了国家具有经济目的,而经济权力则是为了实现这种目的而存在的,应该说这种定义已经注意到国家对经济的干预不仅是一种被动的回应,而且具有主动引导的倾向。我们不能忘记,主要是社会经济主体在直接创造着物质财富,在发展着社会生产力。设定国家经济职能,无非是将社会经济主体的行为规制到对全社会都有利的方向上去。②如果国家经济职能也即经济权力的配置出现混乱,则非但无法对社会经济主体形成正确的引导,反而会给社会经济的发展构筑诸多障碍,将原本处于正轨的经济引向深渊。

本书中所研究的经济权力是从国家权力的角度展开的,主要是指为了实现国家的经济目标而由政府所享有的,具体运用经济手段、法律手段和行政手段对市场经济进行规制、调控、引导的权力。经济权力在本质上就是一种政治权力,这种政治权力区别于政府其他政治权力的关键在于其所具有的经济属性,其通过对市场进行必要的介入从而对市场发生作用。这种经济权力的运用具有极强的目的性,尽管政府在运用经济权力时可能收到相反的效果,但这主要是由于对经济规律的认识不足而致,不能说明政府的经济权力是盲目的。市场经济规律可以通过两种方式实现:一是在经济规律得不到遵守时,及时给予市场主体以惩罚,从而迫使其主动将自己的行为调整到符合经济规律要求的状态;二是借助于“政府之手”,通过激励、引导、惩罚等手段为经济规律的运行开辟道路。在20世纪四五十年代以前,经济规律主要通过第一种方式实现,尽管借助这种方式经济规律最终也能实现,但其需要社会付出沉重的代价。为了减少这种代价,自20世纪四五十年代凯恩斯主义被西方各国广泛接受以后,政府就主动地承担起了为经济规律运行“保驾护航”的重任,尽管在认识经济规律方面,政府可能仍然是一个“小学生”,但在一些基本的方面已经达成了普遍的共识,如政府要致力于建立维持一个公平、自由的竞争秩序,

---

① 《北京大学法学百科全书》(经济法学卷),北京大学出版社2007年版,第540页。

② 董进宇:《论国家经济职能与经济法》,载《法制与社会发展》2000年第2期。

抑制通货膨胀，保持物价稳定，努力实现社会总需求与总供给之间的平衡，等等。政府通过行使行政权力做好上述方面的工作，至少可以为经济规律的实现创造良好的条件，事先减少或避免违背经济规律行为的发生，以减少社会遭受的损害。

就人类社会而言，市场具有某种自我修复的功能，市场经济的这种自我修复就是市场主体认识到违反经济规律的行为以后主动修正自身的经济行为。当然，我们可以乐观地认为大多数市场主体都能够及时并乐意作出调整，但是，正如在治理腐败问题上要秉承“信任不能代替监督”的原则一样，[①]政府同样不能因为市场主体可能会修正自身的经济行为而放弃对市场的介入。市场的自我修复会出现反复，并可能需要很长的时间来恢复，而这种自然的过程所带来的社会动荡、经济损失往往是社会难以承受的。生命机体在不能自我修复时就有可能走向灭亡，而社会在不能自我修复时就可能导致政权的颠覆，这显然是政府所要极力避免的。因此，正如生命机体出现病状时需要药物治疗一样，在市场经济出现问题时需要政府积极履行自身的经济权力尽速介入。既然如此，为何新自由主义又有如此多的信奉者，从而使对政府经济权力的行使产生的质疑从未停止呢？哈维教授的一段话颇具启示意义，“任何一种思想若想占据主导，就必须首先确立一种概念装置：它诉诸我们的直觉和本能、诉诸我们的价值和欲望、诉诸我们居住的社会世界所固有的种种可能性。如果成功的话，这一概念装置就能牢固确立在常识中，以至于被视为理所当然、毋庸置疑”。[②]

作为行政权力重要组成部分的经济权力，具有权力的基本特征和属性。韦伯将权力看作“在一种社会关系里哪怕是遇到反对也能贯彻自己意愿的任何机会，不管这种机会是建立在什么基础之上”。[③] 这就意味着经济权力在行使过程中可能会强行排除正确的批评意见，这也是经济权力的行使之所以受到一些自由主义信奉者诟病的重要原因。因此，在行使的过程中应当审慎，否

---

① 2012年11月30日，中共中央政治局常委、中央纪律委员会书记王岐山在与部分专家的座谈会上强调，在党风廉政建设和反腐败工作方面，信任不能代替监督。参见中国网：http://www.china.com.cn/news/txt/2013-01/23/content_27770867.htm，最后访问日期：2018年1月3日。

② ［美］大卫·哈维：《新自由主义简史》，王钦译，上海译文出版社2010年版，第6页。

③ ［德］马克斯·韦伯：《经济与社会》（上卷），林荣远译，商务印书馆1997年版，第81页。

则将不仅不能达到有效规制市场经济的目的，而且会阻碍、扭曲经济的发展。经济权力具体是由政府部门来予以实施的，如果经济权力的内容属于“软件”，那么经济权力在政府部门之间的具体配置则属于“硬件”的范畴。改革开放40年的发展所取得的巨大成就与我国政府经济权力的行使密不可分。但同时也应当注意到，在改革的过程中一些体制性的矛盾依然存在，某些领域的经济权力在具体的配置上仍然存在不合理的现象。改革进入“深水区”，这表现在方方面面，具体到经济权力的配置问题上，就是要有巨大的勇气和魄力来实现经济权力配置模式的转变，从而使其更加符合被规制对象内在的经济属性、经济规律和市场经济的要求。

四、经济权力配置模式的转变：逐步消除非经济因素的影响

当前经济权力运行的过程中所暴露出来的问题，在很大程度上可归因于非经济因素在经济权力的配置中发挥了过大的作用，从而扭曲了经济权力有效实现的途径。尽管我们可以从抽象的层面将政府部门理解为非人格化的主体，但其毕竟是由具有利益感知和追求能力的自然人所组成的，并且后者不断将这种利益属性传导给本无生命的政府组织，从而也使其具有了某种追求利益的动机。这并不难理解，因为政府部门如同其他组织一样，也是为了履行特定的职能而设立的，而“当这一职能不再需要时，该组织就面临重大危机：它要么去发现新的职能，要么就坐以待毙”。① 任何部门都不可能选择坐以待毙，而是会竭力去发现新的职能，或者在与自身已有权力具有一定关联性的权力的分配中主张自己具有无可争辩的承继权。由此造成的结果就是，经济权力可能会被分配到并不适合行使该权力的部门，社会利益虽然受到损失，但某些部门的利益却得到了维护。为了改变这种不正常的状态，就必须不断消除在经济权力配置过程中非经济因素的影响。

任何制度的设计实际上都可以看作为了抑制人性中恶的因素，如果人人都能够以高道德的标准行事，则国家、政府乃至一切法律制度都没有存在的必要，但这即便在理想的状态中也难以实现。正如美国开国元勋们所言，“如果人都是天使，就不需要任何政府了。如果是天使统治人，就不需要对政府有任

---

① ［美］塞缪尔·P. 亨廷顿：《变化社会中的政治秩序》，王冠华、刘为等译，上海人民出版社2008年版，第12页。

何外来的或内在的控制了。在组织一个人统治人的政府时，最大的困难在于必须首先使政府能管理被统治者，然后再使政府管理自身”。[①] 相对于管理被统治者而言，管理自身更难，无论是作为整体的政府，还是政府的各部门，一旦其在行使权力的过程中成为既得利益的守护者，就将成为改革的最大阻力。李克强总理在答记者问谈到转变政府职能时，提出要有壮士断腕的决心，[②]改革难度之大可见一斑。

在经济权力配置过程中消除非经济因素影响，从微观层面来讲，就是要切断当前政府部门人员与改革后新设或整合现有机构所设的职能部门之间的利益预期。举例而言，在X领域内共有A、B两家机构各自享有部分经济权力，在改革过程中A、B及其各自人员都必定极力争取保留甚至扩大各自的权力。依照现行的改革模式，将分别由A、B提出改革方案，其必定事先将自身设想为将来所设机构或者其一部分，因此在所提方案中就会先入为主地将所有的经济权力都赋予自身。可以说，这种改革模式从一开始就注定无法摆脱诸如部门利益等种种非经济因素的影响，因此，必须首先对这种改革模式本身进行改革，即最大限度地使改革的实际参与者摆脱自身私利的考量，以使其完全站在社会公共利益的立场来思考如何对经济权力进行配置最符合X领域内经济发展的本质要求。这实际上就是力图通过制度设计使改革的主导者成为正义的化身，并确保其能够在完全理性的状态下进行改革设计。虽然欲在现实中完全达到此种状态不具有太大的可能性，但可以以此完美状态为标准，尽可能纠正现实中所存在的种种偏离此标准的现象，从而最终得以无限接近于此状态。由此观之，所有问题事实上都可以归结到一点，即如何确保由具有专业知识的正义之人负责经济权力分配方案的设计。然而，如何实现正义至今仍是一个历史难题，如果社会本身是正义的，则一切法律制度都是多余的。因此，一切制度的构建都应当是为实现正义而存在的。

罗尔斯认为，“正义的主要问题是社会的基本结构，或更准确地说，是社会主要制度分配基本权利和义务，决定由社会合作产生的利益之划分的方

---

① ［美］汉密尔顿、杰伊、麦迪逊：《联邦党人文集》，程逢如等译，商务印书馆2009年版，第305页。

② 参见新华网：http://news.xinhuanet.com/2013lh/2013-03/17/c_115053934.htm，最后访问日期：2018年3月31日。

式”。而主要制度在他看来则是政治结构和主要的经济和社会安排。正义的问题归根结底是一个利益分配问题,如果社会制度能够确保利益的分配是公平的,则该社会制度就是正义的。为了确保社会制度的正义性,就需要制度的设计者处于一种“无知之幕”下,进入一种平等的原初状态中,即“一种用来达到某种确定的正义观的纯粹假设的状态”。罗尔斯认为,在这种原初状态中,“没有一个人知道他在社会中的地位——无论是阶级地位还是社会出身,也没有人知道他在先天的资质、能力、智力、体力等方面的运气”。这样,“由于所有人的处境都是相似的”,所以“无人能够设计有利于他的特殊情况的原则”,这样就能设计出符合正义要求的规则。① “无知之幕”的主要作用在于,它可以确保规则的设计者在设计未来的规则时能够居于一种利益超然的地位,即不会因为考虑到制定的规则有可能适用或不适用于自身而在设计规则时做出相应的调整。在“无知之幕”之后,人们的决定往往是在隐藏于人性深处的公平观念支配之下做出的。以房价为例,假设公平的房价为1万元(单位为1平方米,下略),未购房者希望房价越降越好,这样就可以以更低的价格购房,而已购房者则希望房价越涨越好,因为在其不准备购买第二套房的前提下,房价越涨则其现已购买之房的价值将越大。尽管未购房者和已购房者在内心都承认,在综合考虑所有因素之后1万元的价格是公平的,但在正常情况下他们都不会公开承认。而如果在“无知之幕”之下,任何人都不知道自身的购房情况,则其只能是倾向于将其认为是公平的房价定为1万元,因为如果违背公平的原则将房价定得高于1万元或低于1万元都可能会损害其自身的利益:如果高于1万元,则其自身在现实中可能是未购房者,从而将为作出自身是已购房者的预判付出代价;如果低于1万元,则其自身在现实中可能是已购房者,从而将为作出自身是未购房者的预判付出代价。总之,在“无知之幕”下作出的决定是一种矛盾斗争的结果,而这往往符合公平的要求。当然,这要求在“无知之幕”之下的决定者不能存在冒险的心理,因为一旦如此,其就会将赌注押在自己是某一角色之上,由此作出的决定必然违背公平的要求。

罗尔斯的“无知之幕”理论的价值在于其能够从程序上保证决策制定的正义性,使决策者的主要关注点集中在决策事项本身,并最大限度地排除个人

---

① 参见[美]约翰·罗尔斯:《正义论》,何怀宏等译,中国社会科学出版社1988年版,第7~12页。

利益等主观因素的干扰，从而真正做到"就事论事"。该理论对于经济权力配置模式的改革具有重要的启示意义。具体而言，就是应当使经济权力配置法案的设计者脱离于现行的部门，以独立者的身份在"无知之幕"后设计改革方案。而考虑到改革的成功在很大程度上与改革设计者对被改革事项的熟知程度以及专业水平有很大关联，改革设计者又应当来源于现行的经济权力行使部门，但必须借助于"无知之幕"来排除改革设计者的部门利益考量。有学者建议由相关管理部门的优秀干部与没有直接利益关系的专家组成临时性的改革设计机构，由他们共同制定改革的方案。同时，为了避免来自于相关管理部门的改革设计者受到本部门的利益干扰，必须明确改革方案设计者在改革完成后不得再回到原来的单位，由组织部另做重要的任用。① 该学者尝试运用"无知之幕"的理论来推动机构改革的科学化，提出了自己的建议。但是，不得不承认的是，该学者在运用该理论时并不彻底，从而导致方案的设计存在一定的缺陷，具体而言，至少包括两个方面：第一，该学者主张，方案设计者在改革方案通过以后不得再回原单位，这实际上就已经违背了"无知之幕"中参与方不知道自己将来的地位的要求。明确规定改革方案设计者不再回到原单位，这虽然可以切断方案设计者与其原单位之间的利益联系，但是这同样也破坏了"无知之幕"下所要求的原初状态，难以确保改革方案的正义性。因此，在改革之前不能断然宣布方案设计者不能回到原单位，而是应当使其未来的地位处于一种不确定的状态。第二，该学者指出，在改革完成后方案设计者将"由组织部来另做重要的任用"，这里需要分两种情况予以分析，即在改革后仍由现有的机构享有经济权力，或者经改革成立新的机构，原有机构不再享有相关的经济权力。在前一种情况下，由于方案改革者不再回到原单位，所以与"由组织部另做重要的任用"吻合；而在后一种情况下，"另做重要的任用"暗含着改革方案设计者也不得在新成立的机构中任职，因为该学者提出此建议的主要目的是防止方案设计者不受到部门利益的影响，这既包括其以前所在的部门，也包括可能成立的新部门。由此而带来的不利影响就是会造成人才的浪费，因为从各部门选拔出来组成改革设计机构的人员往往都是业务能力

---

① 中国社会科学院工业经济研究所所长金碚教授在接受《中国经营报》采访时提出，要让改革方案的设计者未来的地位不定，以此来在程序上排除利益的干扰，构建机构改革的"无知之幕"。参见《金碚：构建改革机制中的"无知之幕"》，载《中国经营报》2013 年 3 月 11 日，A12 版。

强、专业素质高的人才，如果仅仅因为其可能会受到部门利益的不利影响而导致其在改革方案的设计过程中作出相应的安排，从而禁止其在改革后的机构中任职，则不免有因噎废食之嫌。

只有真正遵循罗尔斯的“无知之幕”理论，并确保改革设计者能够进入原初状态，才能避免上述问题。具体措施为，仍然从待改革部门中挑选优秀人才组成改革设计机构，为了确保其在改革设计过程中确实能够做到不受个人利益的影响，在改革方案完成前应当使其对自身未来的地位完全处于“无知”的状态。这就要求既不能明确规定方案设计者在方案设计完成后不能回原单位，或者不能在改革后新设的机构中任职，也不能通过任何明示或暗示的方式表明其可能的去向，只能在改革方案通过以后再安排其任职。根据具体改革方案的情形，方案设计者可以回原单位任职，如果经改革而设立新机构则其也可在新机构任职，当然还可以在其他机构任职，这样可以确保方案设计者在改革设计完成以后同样具有在相关机构发挥自身专业才能的机会，不致造成人才的浪费，但必须确保这种去向的高度不确定性。

“无知之幕”理论的引入只是从程序上最大限度地排除如部门利益等非经济因素对经济权力配置改革的不利影响，程序上的公正能够促进经济权力的科学配置，但最终决定经济权力的配置是否合理，应当以是否坚持经济因素决定为标准，这是实体上的判定根据。

五、经济权力配置合理模式的实现：以经济因素决定为主

恩格斯在《反杜林论》中指出，“政治统治到处都是以执行某种社会职能为基础，而且政治统治只有在它执行了它的这种社会职能时才能持续下去”。[①] 任何政权，一旦建立以后，其后续存在的合法性主要建立在其能够有效地履行自身的职能基础上。政府是政权的意志得以表达和实现的组织，一般而言，政府的职能包括政治职能、经济职能和社会公共职能三种。只有履行好经济职能才能够为政治职能及社会公共职能的履行提供坚实的物质基础，因此就这个意义上而言，政府经济职能履行的好坏将直接关系政权及社会的稳定。正如农业生产经营活动的管理应当尊重自然规律及农业经验一样，国民经济管理同样应当尊重经济规律，以经济领域内待规制对象的经济属性为

① 《马克思恩格斯选集》（第3卷），人民出版社1972年版，第219页。

准则来重塑政府的经济权力配置模式。作为管理国民经济的经济权力的行使是实现国家经济职能的重要方式,经济权力的设置及其配置方式的科学程度将决定政府经济职能的履行效果。一旦经济权力被分配到并不适合于行使该权力的部门,则与色诺芬眼中的那个"从早到晚忙着去看望病人,而对于给这个病人治病的正当方法毫无所知的医生一样",[①]没有更多的用处。事实上,与该"医生"相比,现实中某些只知不断争权,但在具体的执法中却屡屡失职的机构显然都没有表现出"从早到晚忙着去看望病人"的诚意。正如医生的医德、医术直接关系到病人的生命健康,经济权力的配置也决定着政府调控经济的效果,进而影响经济的发展及全社会的利益。

经济权力与政治权力不同,因为后者更多地强调的是权力的制衡与均衡,以防止权力的滥用,而经济权力则主要强调国家权力科学地反映客观经济规律的要求。[②] 经济权力的配置既可以促进经济的发展,从而实现政府的经济目标;也可以阻碍经济的发展,从而导致政府不仅不能实现预期的经济目标,引发更多的经济、社会问题。对于这一点,恩格斯早就有过类似的论断:"一切政治权力起先总是以某种经济的、社会的职能为基础的","在政治权力对社会独立起来并且从公仆变为主人以后,它可以朝两个方向起作用。或者按照合乎规律的经济发展的精神和方向去起作用,在这种情况下,它和经济发展之间就没有任何冲突,经济发展就加速了。或者违反经济发展而起作用,在这种情况下,除去少数例外,它照例总是在经济发展的压力下陷于崩溃"。[③] 恩格斯此处所指的政治权力,事实上也包括后来从其所分离出来的经济权力。在我国,作为经济权力重要组成部分的财政权力,其改革的过程就是一个日益尊重经济规律的历程。确保各级政府的财权与事权相符是财政体制改革的主要目标之一。20 世纪 80 年代初我国实行的"划分收支、分级包干"的"分灶吃饭"式财政体制改革,打破了以前的"统一领导、分级管理"的高度集中的财政管理体制,从而大大提高了地方政府的积极性,这是中央政府和地方政府在财政分权方面的有益尝试。自 1984 年起,推行"划分税种、核定收支、分级包

---

① [古希腊]色诺芬:《经济论,雅典的收入》,张伯健、陆大年译,商务印书馆 2009 年版,第 48 页。

② 参见单飞跃:《经济法理念与范畴的解析》,中国检察出版社 2002 年版,第 248 页。

③ 《马克思恩格斯选集》(第 3 卷),人民出版社 1972 年版,第 222 页。

干”的分级包干体制，并于 1989 年开始实行“财政大包干”制，直到 1994 年开始在全国启动分税制改革，可以说这 10 多年的财政体制改革就是一个不断顺应市场化改革的过程。通过改革，更加明确地划分了中央和地方政府之间的财政关系，增强了中央政府的宏观调控能力。从财政体制的改革历程可以看出，前一次的改革在实践中不断暴露出问题，但同时也积累了经验，可以说这也是一个不断“试错”的过程。后继的改革总是在前一次改革的基础上进行了某种修正，而这种“纠错”也使制度设计不断科学化、合理化，这是财政权的划分不断忠实于经济规律的表现，也是在分权博弈中更多地考虑经济因素而不断排除非经济因素影响的过程。

我国社会主义市场经济体制虽然已经初步建立，但其完善却是一个长期的过程，正如我国虽然已经制定了《反垄断法》，但文本法本身的完善及公平、自由市场经济秩序的构建同样是一个漫长的过程。完善的社会主义市场经济需要有一个成熟的市场，或者说成熟的市场是建立完善的社会主义市场经济的一个最基本的要件。社会主义市场经济是法治经济，而反垄断法则是维护公平、自由的市场竞争秩序的“宪章”。反垄断法治要求有完备、科学的《反垄断法》，以及在此基础上的有效的反垄断法实施活动，在当前以及今后很长一段时间，反垄断执法都将是反垄断法实施中的重要一环。反垄断执法权是一种重要的经济权力，是政府通过积极的反垄断执法以维护市场竞争秩序的重要经济职能。太多非经济因素考量的掺入使反垄断执法权的配置难以称得上科学、合理，这在数年的反垄断执法实践中已然不断凸显出来。是乘风破浪进行改革还是故步自封予以维持，这是一个政治问题，但是在理论上却不能有须臾的懈怠，我们必须直面问题，探索完善反垄断执法权配置模式之道。

第二章　反垄断执法权配置的范畴

一、政府权力介入经济的历史逻辑考证

作为经济权力具体表现形式之一的反垄断执法权，在本质上也是政府权力对市场的一种介入。虽然政府权力对市场的介入有多种形式，但其在不同国家中却呈现出不同的初始介入形态。在发达国家，如在美国，政府权力介入市场可以说是通过反垄断的方式开端的。19世纪中后期不断成长的托拉斯组织几乎控制了国民经济的方方面面，这种产生于自由竞争之中的“经济毒瘤”正好印证了“竞争蕴含着毁灭自身的种子”那句话。美国政界不希望这种经济上的独裁延伸到政治上，因此开始放弃自由放任主义的信条，以务实的态度介入市场。然而在中国，政府真正通过反垄断的形式介入市场却是在20世纪90年代初期以后了，并且最初还是以反行政垄断而非反经济垄断开始的。在美国，政府权力介入市场的最初形式是反垄断，而在中国，政府通过反垄断形式介入市场却发生在相对较晚的阶段，究其原因，乃在于两国的市场发育程度不一。如果说美国政府权力介入的逻辑是：“自由放任—经济垄断—政府介入”，那么在中国则是“放松经济行政管制——市场竞争活跃—经济垄断—政府介入”的图景。殊途同归，政府权力介入市场经济、规制垄断行为是世界上大多数国家的选择。因此，欲对作为政府经济权力重要组成部分的反垄断执

法权有更为深入的了解，首先需对政府权力介入市场经济的历史过程进行梳理。

（一）政府权力介入的时代背景

“不能把国家与经济的相互关系和相互制约简化成某种直线的、单向的过程。这是一个极其复杂的、多向的现象，能对它产生影响的不仅仅是经济因素，还有处于国家与经济直接的相互关系范围之外的各种政治的、精神的、意识形态的、民族的、人口的，以及很多其他的因素。”①政府对经济的介入，必定有其强烈的时代背景，受其时的政治、经济、社会等种种因素的制约，正如十八九世纪的政府不可能如同现今的政府如此广泛地对经济进行调控一样，现今的任何政府也决不可能像几世纪前的政府那样在经济生活方面表现得“碌碌无为”。因此，在考察政府权力介入经济这一问题时，应当坚持历史唯物主义的观点。

政府权力对市场的介入，本身就意味着这是一个过程，并且有其初始点。这表明在政府权力介入之前——更为准确地说至少从形式上看——政府与市场彼此之间是相对独立而存在的，经济是自由的。这种免疫于政府权力干预的市场自由是一种自然的过程，主要得益于自封建社会进入资本主义社会后新的社会形态所发挥出来的先进生产力，而文艺复兴运动则孕育了这种社会转型的思想文化因素并推动了转型的进程。文艺复兴后个人之觉醒，使哲学脱离教权之羁绊而成为批判哲学，在经济方面则脱离中世纪产业组织之拘束而归于自由主义，在法律方面则宣扬了权利本位的新的法律思想。② 无论是经济上的自由主义，还是法律上的权利本位，都使社会对于来自政府的干预保持了高度警惕。的确，在资本主义建立的最初100多年的时间里，不仅社会反对政府的干预，事实上政府也没有干预的意愿，因为整个社会都在享受自由资本主义所带来的繁荣。因此，亚当·斯密提出的自由主义经济思想毫无疑问是适应当时社会现实的。

然而，随着资本主义的发展，其弊端也日益显露出来。自由竞争导致了垄

---

① ［俄］M. H. 马尔琴科：《国家与法的理论》，徐晓晴译，中国政法大学出版社2010年版，第288页。

② 参见［日］牧野英一：《法律上之进化与进步》，朱广文译，中国政法大学出版社2003年版，第11页。

断，这恐怕是许多宣扬自由主义的经济学家都未曾预料到的。“一旦放开竞争性市场的假设，就不再可能同时依赖市场来激励和约束企业家的行为。如果主要的经济主体都是惬意的寡头垄断者，就像发达资本主义经济体的主要部门那样，国家就可能不得不强行闯入以引入企业家精神。”①源于自由资本主义内部的垄断，显然是无法依靠市场本身予以消除的，尽管市场具有一定的“自净”功能，但这在垄断面前却无能为力。正如生命机体在无法自我修复时需要医生的救助一样，在市场出现无法修复的问题时同样需要政府的干预。资本主义社会内部的利益分化为政府的这种干预打开了缺口，饱受垄断之苦的中小企业者及消费者强烈要求政府采取措施规制垄断，因此可以说政府的这种介入是在市场的呼吁之下进行的。如果垄断的出现仅仅是资本主义所固有的缺陷初现端倪，那么20世纪二三十年代的经济危机则是资本主义弊端的大爆发。凯恩斯主义无疑拯救了处于垂死边缘的资本主义，然而20世纪70年代资本主义国家出现的经济“滞胀”却使凯恩斯主义无计可施，于是各种新自由主义又开始对凯恩斯主义进行批评。2008年出现的金融危机又让资本主义国家重新认识到了政府干预的价值。以上历史使我们有理由相信，今后也有可能出现某种经济学理论反对政府的干预，在遇到经济危机后政府干预又会被呼唤出来。这反反复复的历史似乎毫无规律可言，政府的干预似乎也只是应景之举。

但是，上述都是表象，各个时期政府所采取的干预政策从本质上讲都是大致符合那个时代要求的，而我们之所以认为古典自由主义、凯恩斯主义、新自由主义等都具有这样或那样的缺陷——不可否认，事实的确如此——只不过是站在当前的历史阶段审阅过去罢了。正如若干年以后我们的后代指出当前我们自认为是正确的政策中的种种谬误一样，只不过他们是将我们当前采取的政策移植到他们所在的历史背景下进行评判，殊不知，我们只在乎当前的政策能够解决现时的问题，而无意于也无法臆想出几十年、几百年以后同样被认为是正确的政策。无论是古典自由主义、凯恩斯主义，还是新自由主义，都必定或多或少地反映了经济规律的要求，只不过程度有别而已。正如蒲鲁东所说，“无论是以孤立的事实或仅以表面现象为基础的最错误的判断，总包含一些真理，这些真理的范围不论大小，都有容许作某些推论的余地，如果越出这

① ［美］彼得·埃文斯等：《找回国家》，方力维等译，三联书店2009年版，第62页。

个范围,我们就陷于荒谬的境地了”。[①] 真理具有相对性,真理的发现是一个长期而非一劳永逸的过程。我们不能苛求亚当·斯密预见到凯恩斯时代的问题,也不能苛求凯恩斯预见20世纪70年代的经济危机。他们各自能够发现其所在时代的经济规律和真理即是对其所在时代最大的贡献,任何理性的人都不可能妄言其发现了所有的经济规律和认识了真理的全部。固然,历史进程有许多相似性,但谁也无法预言过去这种相似性在今后就一定会重复。历史终究是一个循序渐进的过程。有学者在分析封建主义与资本主义的关系时曾指出:“什么是封建主义,什么是资本主义,封建主义如何转变为资本主义,都是后代人的看法,而决不是当时人的看法,不是距今数百年前生活在城市中的居民的看法。路是一步一步走过来的。既然资本主义以前从未有过,那时的城市居民中,又有谁能料想到几百年以后所发生的事情呢?”[②]回归主题,政府权力的介入具有强烈的时代背景,以往的经验或教训都可以为我们现行的政策提供借鉴,但切不可以现今的立场断然否定前人的实践。不同时期的政府干预政策,在本质上只不过是政府取代市场或市场取代政府的程度不同罢了,这取代程度的确定,则需要根据其所在时代的具体情况予以确定。

(二)政府权力介入的初始形态:被动地回应

政府权力对经济的介入经历了一个漫长的过程,而并非是一蹴而就的。本书所指的政府介入,主要是指自古典经济学以后政府对经济的干预。之所以将时间定格在古典经济学之后,主要是因为在古典经济学的影响下,政府都退居到了市场之外,经济自由主义盛行,政府对市场的任何干预都是不合时宜并且遭到反对的。为了更好地洞察政府干预的本质及脉络,首先需要对政府干预前的社会、经济背景作必要的交代。

15世纪末西欧封建社会解体和资本主义原始积累时期,重商主义成为社会的主导思想。重商主义将金银和各种珠宝看作财富的主要形式,因此主张国家调节对外贸易以促进金银的流入,认为贸易顺差是理想的,因为贸易顺差可以使国家兴旺发达,鼓励廉价原材料的进口和制造业产品的出口,通过保护

---

① [法]蒲鲁东:《什么是所有权——或对权利和政治的原理的研究》,孙署冰译,商务印书馆2009年版,第48页。

② 厉以宁:《资本主义的起源——比较经济史研究》,商务印书馆2003年版,第34页。

性关税抑制制造业产品的进口。[①] 重商主义反映了资本主义在发展初期要求政府予以保护的强烈愿望。然而,随着资本主义自身的不断壮大,政府的这种干预日益成为一种桎梏,因此急需从政府的怀抱中解脱出来。

亚当·斯密充当了这样的时代角色,在其巨著《国民财富的性质和原因的研究》中,斯密对重商主义进行了批判,主张取消政府对经济的干预,实现自由经营和国际贸易的自由化。斯密在"论君主或国家的费用"一章中提出,君主或国家有三种义务:第一,保护本国社会的安全,使之不受其他独立社会的暴行与侵略;第二,保护人民,不使社会中的任何人受其他人的欺辱或压迫,换言之,即设立一个严正的司法行政机构;第三,建立并维持某些公共机关和公共工程。[②] 虽然斯密的自由放任理论在欧洲各国流行起来,但大洋彼岸的美国却对之持理性的态度。"美国人从研究英国的情况中得出结论,要发展美国的制造业,不能采用亚当·斯密的自由放任政策,相反,国家必须干预经济发展,对它进行调整、控制。"[③]因为以汉密尔顿等为代表的具有洞察力的美国人深知,当时的英国已经在重商主义的指导下成长为世界的工业强国,因此其急需在自由放任主义的旗号下打开世界市场,为本国的工业产品找到销路。而此时的美国尚处在资本主义发展的初期,若奉行斯密之理论,则必定将不利于尚处于起步阶段的工业的发展。因此,美国毅然进行政府干预,通过实行保护关税制度来发展本国的制造业,这实际上是重商主义在美国的重生,因此遭到欧洲一些国家的批评。直到美国内战之后,自由主义才开始被接受。"南北战争"大大地加速了美国工业革命的各个过程,但是迅速增长的工业与农业生活,使自由成了无缰之马,竞争之风盛极一时。亚当·斯密和他的继承者们所主张的放任主义政策,在战争刚刚结束的那些岁月里,曾为广大的美国人民所接受,被认为是绝后的至理名言。[④] 虽然美国仍然实行保护关税制度,但这并不能改变自由放任主义在美国经济政策中占据主导地位这一事实。事实

---

① 参见[英]马克·布劳格:《经济理论的回顾》,姚开建译,中国人民大学出版社 2009 年版,第 2 页。

② 参见[英]亚当·斯密:《国民财富的性质和原因的研究》(下卷),郭大力、王亚南译,商务印书馆 2009 年版,第 263 页、第 280 页、第 293 页。

③ 李世安:《一只看得见的手——美国政府对国家经济的干预》,当代中国出版社 1996 年版,第 31 页。

④ [美]福克讷:《美国经济史》(下卷),王锟译,商务印书馆 1989 年版,第 74 页。

上,保护关税政策也促使企业在竞争中不断趋于集中化,垄断问题在19世纪下半叶的美国日益凸显。

尽管在19世纪七八十年代以前,无论是在美国、英国还是世界上的其他国家,政府都通过保护关税等政策来介入经济的发展,但这些政策都是一种在市场尚未出现弊端的情况下政府经济政策的选择,并非是为了"医治"市场失灵而采取的,因此这些看似在政府主导下所进行的措施,在本质上并不具有现今通常意义上所指的"干预"的内涵。在本书中所指的政府权力对经济的介入或者干预,可以说是始于19世纪中后期美国针对市场经济中所出现的垄断而采取的种种应对措施,这正是政府介入市场以恢复竞争秩序的表现,是对市场失灵的一种纠正,只有在这种意义上才能搭建共同的学术话语平台。

美国内战结束后,形成了统一的国内市场,在自由放任主义的推动下,美国国内各企业间展开了激烈的竞争。"垄断前的资本主义,即自由竞争占统治地位的资本主义,发展到顶点的时期是在19世纪60年代和70年代。"[①]然而,企业之间激烈的竞争使彼此都面临同归于尽的危险,因此许多企业选择通过合并的方式来缓解压力。首例大企业的合并发生在1882年,在美孚石油联盟的发起下建立了"美孚石油公司",后又形成了一个新的、股份由成员企业持有的实体——美孚石油托拉斯,这种组织使托拉斯的管理层有权在成员企业间分配产量,其他一些产业,如糖、铅、威士忌、亚麻油、棉籽油和绳索等产业,也于19世纪80年代采用美孚石油托拉斯的组织形式来组织企业。[②] 托拉斯的形成造成的结果是经济力量的高度集中。例如,"在1880年,尽管有约1900家企业生产农业器具,但其中最大四家的产量占整个行业的65%。1890年,铜行业被少数几个巨型企业主导,最大四家的产量占所有铜产量的3/4。1879年,所有美国出产的原油中,有90%是被美孚石油公司精炼生产的,美国的输油管道有80%属于这家公司"。[③] 这标志着美国正从自由资本主义向垄断资本主义不断过渡。

托拉斯组织的出现使美国原本自由的市场竞争受到了严重的挑战,农场

---

① 《列宁选集》(第2卷),人民出版社1975年版,第798页。

② 参见[美]斯坦利·L.恩格尔曼等:《剑桥美国经济史》(第2卷),王珏等译,中国人民大学出版社2008年版,第307页。

③ [美]乔纳森·休斯等:《美国经济史》,邸晓燕等译,北京大学出版社2011年版,第383页。

主、中小企业者以及广大的消费者的利益都遭受到了垄断的损害，而且政治家也担心这种经济上的垄断会对美国民主的政治制度构成威胁。总之，垄断的出现已经引起了全社会的不满，采取相应的措施以有效规制垄断显然已经成为一种社会共识。“到了 1890 年，垄断问题引起了全国舆论的十分重视，以致人们要求进行联邦立法以补充各州法律的不足。哈立逊总统在 1889 年的一次咨文中，促请政府制定法律发对具有阴谋性质的托拉斯组织。1888 年有人向参议院提出了几个反对托拉斯的法案，但是讨论了两年以后才最后通过了一项法令。”①这一法令即《保护贸易及商业以免非法限制及垄断法案》，由于是由参议员谢尔曼提出的，所以又称为《谢尔曼法》。这是美国最早的反垄断法，尽管该法只有 7 条，法律条文中含有不确定性的术语并因此给执法带来了诸多困难，但该法的重要意义主要不在于其能够在反垄断方面发挥多大的即时效应，而在于它标志着美国国会以及政府开始对经济中所出现的市场失灵现象进行着一种被动回应式的干预，并且这种干预开始借助法律的形式来进行，政府运用这一新的形式来保护长久以来为人们所普遍拥护的自由竞争秩序。“1890 年谢尔曼法的通过，实际上是这样一场政治运动——禁止那些旨在为了控制整个行业的价格和产出而组成托拉斯的商业行为——的高潮。尽管政府通过这一全新的方式来规制经济，但谢尔曼法仅仅强化了这样一个以往的观念，即某些商业行为如果其目的在于为公司提供手段而非更高的效率来使其获取竞争优势，那么这种商业行为就是特别应当受到怀疑的，并且被认为是不正常的。”②《谢尔曼法》在规制垄断方面并没有收到预期的效果，这一方面是由于在 19 世纪末的 20 多年中，美国经济出现了一些危机，从而削弱了法院以及政府严格执行《谢尔曼法》的决心；③另一方面，正如上文所述，谢尔曼法模糊的术语也使法律的执行面临诸多困难，执法经验的欠缺也是一个重

---

① ［美］福克讷：《美国经济史》（下卷），王锟译，商务印书馆 1989 年版，第 97～98 页。

② Mark D. Bauer, "The licensed professional exemption in consumer protection: at odds with antitrust history and precedent", *Tennessee Law Review* 73, 2006, p. 131.

③ 在此需要说明的是，美国政府执行《谢尔曼法》，是通过向联邦法院提起诉讼的方式进行的，这不同于我们通常所理解的由政府直接根据法律规定展开的行政执法活动。因此，对于美国政府干预经济的方式，不能够仅仅根据大陆法系国家的实践来加以套用，不能仅作狭义的理解。事实上，在美国大多数的反垄断法执行都是通过法院判决的方式完成的，可以说美国反垄断法的精神正是在众多的判例中不断得以积累的。总之，美国政府提起反垄断诉讼是其执行反垄断法的一种方式。

要原因。

进入20世纪以后，虽然迫于民众的压力历届政府在反垄断问题上表现出了积极的姿态，但是20世纪初叶经济的繁荣以及托拉斯所带来的生产力的增长，却使得政府难以下定决心解散托拉斯，充其量只是加强对其的规制，其中包括1914年制定了另外的两部重要的反垄断法，即《克莱顿法》和《联邦贸易委员会条例》。可以说，在20世纪最初的20年时间里，美国政府"对干预经济持不积极态度，也谈不上什么科学预见性，往往是迫于压力而不得不制定立法，是一种自下而上的政治行动"。① 这实际上也是自19世纪80年代至1929年经济危机以前美国政府干预经济的总体态度。这种被动的干预也是与这一时期的时代背景紧密相联的，因为该时期的任何一届政府都不可能无视托拉斯对经济增长的巨大贡献，其所需要做的就是在规制垄断和平息社会对垄断的不满之间找到一个合适的平衡点。

(三)欢呼与质疑交替并存中的政府权力介入

虽然在1929年以前的一个半世纪中美国每隔数年就会经历一次经济萧条或者说是经济恐慌，但是由于每一次造成的损失都不至于过大并且能够迅速被后继的经济繁荣抹平，所以政府在历次经济萧条中总是可以被动地采取措施予以应对，或者不采取任何措施而是等待短暂的经济萧条自动消退。但是，在美国历史上最为严重的一次经济危机，即1929～1933年经济大萧条到来之际，美国政府却再也不能继续奉行之前的策略，而必须积极主动的采取措施加以应对。只有残酷的现实才会迫使人们迅速去审视之前一直为其所信奉的理论是否是绝对的真理，摒弃一切固有的偏见与忧虑，根据现实的需要有针对性的采取应对措施。

从1929年至1933年的5年间，美国经济完全瓦解，国内生产总值从1044亿美元跌至560亿美元，耐用品产量下降了80%，直到1940年才恢复到1929年的水平，非耐用品下降了30%，失业人数从150万人上升到了1150万人。② 胡佛总统时期采取的修修补补的政策仍然未能摆脱自由放任主义条条框框的

---

① 王书丽：《政府干预与1865～1935年间的美国经济转型》，人民出版社2009年版，第115页。

② 参见[美]加里·M.沃尔顿等：《美国经济史》，王珏等译，中国人民大学出版社2011年版，第517页。

束缚,无法有效医治经济创伤。只有能够带来根本性变革的经济政策才能够将美国拉出经济大萧条的泥沼,饱受经济大萧条之苦的美国民众强烈呼唤美国政府采取积极有效的措施。

在1933年的总统大选中,美国人民毅然选择了民主党候选人富兰克林·罗斯福,尽管并不是十分清楚他在竞选中承诺将实行的新政(New Deal)具体是指什么,但这种革新政府经济决策的承诺本身就足以给美国民众带来希望。正如罗斯福在就职演说中所说的那样,"我们唯一恐惧的就是恐惧本身",其所承诺的新政,就是消除恐惧的最大力量。罗斯福就任总统以后,立即采取了一系列的措施对经济进行干预,后被称为"罗斯福新政"。新政首先是从改革银行制度开始的,罗斯福就职后的第三天,即宣布全国银行休业,3月9日通过了《紧急银行法》,对银行业进行整顿,同时放弃金本位制,禁止黄金出口;在工业方面,通过《全国工业复兴法》,提高物价和工资、减少生产过剩、制定公平的竞争规制以防止盲目的竞争,借此来促进工业的复兴;在农业方面,制定《农业调整法》,控制农产品的产量,对缩减产量的农民给予补贴,采取这些措施的目的在于提高农产品的价格;大力兴建公共工程,以工代赈,以创造大量的就业机会;加强社会保障体系的建设。

罗斯福新政收到了巨大成效,1939年较之1933年,全国农民净收入从26亿美元增加到44亿美元,失业工人减少了300~400万人,工人每周的工资从16美元多增长到了23美元多,实际工资提高了20%。[①] 可以说,罗斯福所进行的种种改革标志着美国进入了一个新的历史时期,即政府主动采取措施干预经济,尽管从社会背景来看仍然具有被动的因素即经济危机,但无论是从干预的广度还是深度来看,政府权力都前所未有地深入市场经济的运行之中。罗斯福新政虽然不能说是对古典自由放任经济理论的绝对否定,但其至少以实践证明了另外一种截然不同的经济理论的巨大价值,即凯恩斯所主张的国家干预理论。事实上,包括罗斯福在内的其他一些新政人士在制定经济决策时都受到了凯恩斯理论的重大影响。在《就业、利息和货币通论》(以下简称《通论》)这本奠定了凯恩斯在经济学中能与亚当·斯密相提并论的地位的著作中,凯恩斯为国家采取经济措施应对经济危机从理论上进行了精巧而有力

① 参见[美]吉尔伯特·C.菲特等:《美国经济史》,司徒淳等译,辽宁人民出版社1981年版,第738页。

的论证。

凯恩斯论证的最终目的是说明解决资本主义经济危机和失业问题的出路在于政府进行直接投资，以此实现对经济的干预。虽然凯恩斯对此未作系统的论述，但在《通论》的行文中处处闪耀着这样的思想火花。"当失业问题严重时，储蓄在收入中的比重较小，那末，仅从节约救济资金代价的角度加以考虑，即使其本身的效用尚成疑问的公共工程项目也值得一次又一次地加以推行。""如果我们的政治家们由于受到古典学派经济学的熏陶太深而想不出更好的办法，那末，造金字塔、地震甚至战争也可以起着增加财富的作用。"①无论是推行效用尚成疑问的公共工程，还是建造金字塔等，凯恩斯都借此明晰地表达了支持政府进行公共投资的愿望。这在罗斯福新政时期得到忠实地遵行。"在1933年，在实施新政的第一年，联邦、州和地方应急工作计划雇用的工人超过200万（劳动力的4.3%）。最高纪录是在1936年，有370万人（劳动力的7%）受聘于这些计划。"②凯恩斯主义在罗斯福新政中体现出了生命力，指引着美国逐渐走出了经济大萧条。从另一方面来看，凯恩斯主义之所以能够诞生，在某种意义上同样需要归功于其所处的那个时代。"他（指凯恩斯）一方面，企图以自己的思想影响美国的'新政'；另一方面，美国的'新政'也在影响凯恩斯，促使他思考如何完善《通论》中所表述的理论。也就是说，在同一时期，一种新理论与一种新现实在同步前进。这种情况符合我们所常说的，理论的逻辑与历史的逻辑往往是统一的客观规律。"③凯恩斯主义一旦深入人心，就在实践中获得了持久的生命力，罗斯福政府以后，杜鲁门政府、肯尼迪政府、约翰逊政府以及尼克松政府都将凯恩斯主义作为制定经济政策的理论根据。事实上，不仅美国，包括英国、日本、德国等多个资本主义国家在第二次世界大战后都根据凯恩斯主义积极进行政府干预，制定和实施国家经济发展计划或者产业政策等。可以说，自第二次世界大战以后至20世纪60年代末，大多数资本主义国家都享受着凯恩斯主义所带来的繁荣，经历着经济发展的黄金时期，可以说这20多年的时间也是经济学中的凯恩斯时代。

---

① [英]约翰·梅纳德·凯恩斯：《就业、利息和货币通论》，高鸿业译，商务印书馆1999年版，第132～133页。

② [美]加里·M.沃尔顿等：《美国经济史》，王珏等译，中国人民大学出版社2011年版，第543页。

③ 谭崇台：《20世纪的西方经济学》，武汉大学出版社2010年版，第12页。

然而,任何被实践证明为有效的理论都只可能是在其产生的那个时代被广泛认为是正确的,随着实践的发展,其必定面临诸多以前未曾遇到的情况的挑战,而在此过程中其内在的缺陷——即便在以前能够被其"真理性"所掩饰——将逐渐暴露出来,仅仅是时间的长短不同而已。凯恩斯理论同样无法跳出该"怪圈"。美国和其他主要资本主义国家在进入20世纪70年代以后,经济增长率不断下降,失业率上升,同时出现了通货膨胀的现象,此即经济"滞胀":经济停滞与通货膨胀并存。而这是以前从未遇到过的情况,因为一般来说在经济增长停滞时伴随的应当是通货紧缩。凯恩斯主义无法解释经济"滞胀"现象,同时也无法提供有效的解决途径。因为根据凯恩斯主义,当经济停滞时,政府就应当加大公共投资,以扩大有效需求,而这样做就会进一步加剧通货膨胀;如果政府致力于解决通货膨胀问题,则必须缩减政府开支,而这样做会进一步加剧经济萧条。凯恩斯主义在现实面前陷入了无法自拔的矛盾境地,因而遭到了严重的质疑。同样遭到质疑的还有建立在凯恩斯主义经济学思想之上的政府干预。沉寂了30多年的新古典经济学又重新走上历史舞台,以"新自由主义"学派的形式对凯恩斯主义进行批判。新自由主义学派奉行自由主义,主张恢复市场自由,反对政府干预。无论是美国里根总统时期采取的种种减少政府对经济干预的措施,还是英国撒切尔夫人执政时期推行的私有化运动,都是在践行新自由主义经济学的理论,这一时期任何形式的政府干预都会遭到社会的质疑。

自20世纪二三十年代借助于经济危机得以全面介入经济生活的政府权力,在随后的二三十年时间里展现出了其在引领经济发展方面的巨大作用,自然受到了社会各界的呼唤。然而,当其无法再次在20世纪70年代的经济危机面前发挥类似于之前的作用时,其存在的合理性就会遭到严重质疑和批判,这种质疑和批判丝毫不会考虑其所针对的对象——政府干预——在之前的二三十年间曾保证了资本主义国家经济的繁荣。在极端情况——如经济危机等——下,人们总是会作出一些较为极端的结论和举动,似乎只有这样才能将其所面临的极端的经济境况拉回到其所期望和熟悉的轨道上来。如果亚当·斯密是自由主义的代表,那么凯恩斯则无疑是国家干预主义的化身。经济学界的诸多经济学流派实际上都可以看作其根据自身所在的时代的经济环境而对自由主义或国家干预主义所作的一种革新或再革新。如果亚当·斯密和凯恩斯彼此持有的是两种截然不同的经济学观点，[①]那么其他经济学观点则是在这两种观点之间的某一点，依据其对这两种观点折中程度的不同而更靠近斯密一边，或者更靠近凯恩斯一边。正如有学者所说的那样，"撇开专横残暴的政府与主张自由的政府之间的区别不说，一个政府同另一个政府的最大不同，在于市场取代政府或政府取代市场的程度。政府与市场的关系既是政治学又是经济学的核心问题，它对计划制度和市场制度来说同样重要"。[②] 因此，从这个意义上来看，同样可以说不同经济学流派的主要分歧点也主要在于对市场和政府各自所应当占有的比重持有不同的观点罢了。

客观来讲，即使再优秀的经济学家也难以就政府和市场各自所应当占据的比例给出一个确切的数值，因为政府与市场的关系需要根据特定时期的经济运行状况予以确定。如果政府与市场在各个时期所占的比重可以量化的话，那么我们会发现在一个较长的时间段内，这一比重会沿着某个确定的值上下起伏，正如商品的价格总是以其价值为中心而上下波动一样。纯粹的自由放任主义或者完全的政府干预不仅在过去不曾真正存在过，而且在当今及以后都不具有实施的可能性。其所起的可能更多的是一种警示或平衡的作用：当自由主义太过盛行时，依据政府干预的理论予以纠正；当政府干预完全占据主导地位时，根据自由主义的观点予以"干预"，以期最终达到一种"和谐共处"的局面，而这也就标志着经济国家的到来。

（四）政府权力介入的高级阶段：作为实现国家经济职能的经济国家

自亚当·斯密的古典经济学到凯恩斯主义再到当前的新自由主义经济学，虽然经过数百年的论争，在某些问题上——如究竟是应当市场多一些还是政府干预多一些等——仍然存在很大的分歧，从这一点来看似乎这漫长的论争毫无意义，但事实并非如此，因为经济学数百年的论争的最大意义在于，使

---

① 需要说明的是，无论是斯密还是凯恩斯都没有将自身主张的自由主义和国家干预主义的观点绝对化，斯密不反对政府履行某些必要的职能，凯恩斯也没有绝对否定自由主义和市场的作用，只不过其各自在其所在的历史时期提出了符合那个时代的、经典的经济学观点，以至于后人只看到了他们所提出的主要观点并误认为他们对于其他与此相斥的观点都持否定态度。的确，无论是斯密还是凯恩斯，其声望和学术地位都是建立在他们提出的主要观点之上，但我们不能因此而故意忽视其并未完全反对的观点，或者是将此观点强加于其身上。

② ［美］查尔斯·林德布洛姆：《政治与市场：世界的政治—经济制度》，王逸舟译，上海三联书店、上海人民出版社 1992 年版，序言。

经济学关注的重点从是否需要政府干预转向了如何有效地实现政府干预这一问题。如果亚当·斯密主张的是一种“小政府”,那么凯恩斯则主张“大政府”,但现今关注的重点不再局限于政府的“大”“小”之别,而在于政府的有效性方面。世界银行在1997年发布的报告中指出,“如果没有有效的政府,经济的、社会的和可持续的发展是不可能的。有效的政府——而不是小政府——是经济和社会发展的关键。这已越来越成为人们的共识。政府的作用是补充市场,而不是替代市场。”[①]对于政府与市场,人们已逐渐将二者从那种绝对对立的关系中解放出来,认识到政府与市场是可以“和谐共处”的,任何国家经济持久、健康地发展都离不开市场这只“无形的手”与政府这只“有形的手”之间的通力合作。政府经济职能的实现需要借助于市场机制来完成,而不能再简单地采用如行政命令、指令性计划等方式,从这种意义上可以说政府在干预市场时越来越融入市场之中,逐渐成为一种内生于市场的因素来引导市场的发展,减少或消除市场失灵现象,而非像以前那样完全处于市场之外对其进行干预,这表现出了政府干预市场化的倾向。同样,市场经济由于有了政府的有效干预而减少了其无序性的缺陷,市场经济活动在形式上具有了一种类似于政府的组织性——但绝非计划经济下的那种高度行政化和违背经济规律的组织,从而使市场在某种意义上也具有了“政府化”的倾向。

如果将市场比作是船,那么根据亚当·斯密的理论,政府的职能主要限于为市场之船疏通河道,同时运用国家的武力进行护航,保护该船免受他国力量或者海盗的不当干扰。此时的政府是外在于船的,不得登临该船,否则就会被认为侵犯了该船的自由。而根据凯恩斯主义,在该船出现危及情况时,如发动机损坏、搁浅或者船体受到损害等,政府需要根据情况采取紧急措施,如充当拖船以将该船拖出危险区域,采取有效的脱浅措施,或者对船体进行及时维修等。虽然此时的政府较之于斯密理论下的政府离该船更近了,但总体而言仍然是外在于该船的。

而在经济国家之下,政府不再是外在于而是登上了该船,但政府不是要取代该船,而是要借助于该船驶向预期的目标,为此,政府需要在该船上履行以下职责:第一,确定航行的目标。当今世界大多数国家都确定了自己长期或短

① 世界银行编著:《1997年世界发展报告:变革世界中的政府》,蔡秋生等译,中国财政经济出版社1997年版,第17~18页。

期的发展目标,如中国制定的"十三五"规划,该规划中既有抽象的目标,如"产业迈向中高端水平,农业现代化进展明显,工业化和信息化融合发展水平进一步提高,先进制造业和战略性新兴产业加快发展,新产业新业态不断成长,服务业比重进一步提高"等,同时也有许多十分具体的、量化的目标,如规定"国内生产总值年均增速大于6.5%,到2020年超过92.7万亿元。在互联网普及率方面,固定宽带家庭普及率到2020年达到70%,移动宽带用户普及率达到85%"等。[①] 第二,根据航行环境对航行速度、方向等及时进行调整。以前,政府对市场的介入大多是在市场出现问题之后再进行事后的、被动地介入。然而,这种方式越来越不能满足现代市场经济发展的要求,政府应当不断增强提前介入的能力,当然前提是必须尊重经济规律,这种事前的介入对政府本身的能力要求较高。第三,维护船上良好的秩序,混乱的秩序不仅会影响船的正常航行,而且可能危及船上的人员及船本身的安全。政府创建和维护良好的市场经济秩序,如维护公平、自由的竞争秩序,创建一个安全、稳定、高效的金融秩序,等等。

虽然,上述关于"船"的类比不能十分准确地描述出政府与市场的关系,但却能形象地表述出国家从纯粹的政治国家逐渐向经济国家转变的必然趋势。正如有学者指出的那样,在社会经济发展到高度社会化的阶段后,就具有在一国范围乃至国际范围内进行平衡协调的需要,但是社会本身不能在自治和社会所有的基础上满足这种要求,因此就需要借助国家和政府的力量来予以实现,这就决定了"国家不仅是政治的,而且必须承担起经济调控、提供公共产品等经济职能,在此过程中它必然需要直接参与经济活动"。[②] 总之,在现代市场经济之下,市场与政府之间应当是一种相互补充、相互合作的关系。

20世纪90年代初,苏联解体,各成员国开始了资本主义市场经济建设,中国则确立了社会主义市场经济体制。在世界相对和平的时期,各国综合国力的竞争归根结底还是经济实力的竞争。任何国家,一旦其经济发展出现了

---

① 参见《中华人民共和国国民经济和社会发展第十三个五年规划纲要》,载中央人民政府网:http://www.gov.cn/xinwen/2016-03/17/content_5054992.htm,最后访问日期:2017年10月10日。

② 参见史际春、陈岳琴:《论从市民社会和民商法到经济国家和经济法的时代跨越》,载《首都师范大学学报》(社会科学版)2001年第5期。

停滞,则其政府不仅会面临巨大的国内压力,而且在国际上的种种利益也会受损。因此,对于大多数国家来说,经济建设无疑是其工作的重中之重。在这种情形之下,大多数国家都倾向于选择一种务实地态度发展经济,而不会轻易受理论上对政府干预的种种诘责的影响。可以说,国家是在不知不觉中,或者说是本能地、主动地承担起经济职能,完成了从政治国家向经济国家的角色转换。当然这并不意味着国家政治职能的削弱或消失,恰恰相反,当国家履行好经济职能时其政治职能也将同时得到增强,二者之间同样不是对立而是互补、互相促进的关系。

二、反垄断执法权的界定

反垄断执法权是一种经济权力,是由国家行政机关依据反垄断法对市场上涉嫌垄断的经济行为进行调查、分析并依法作出裁决的权力。反垄断执法是政府对市场经济秩序进行的一种干预,旨在通过消除各种垄断行为的不利影响,创建和维护一个公平、自由的有序竞争秩序。反垄断行政执法是反垄断法实施的一种重要形式。反垄断执法权作为一种经济权力本身具有多重属性,这确保其能够对市场竞争秩序提供全方位的保护。由于反垄断法条文自身具有一定的不确定性,以及出于国家经济政策的考量,使反垄断执法机构享有较大的自由裁量权。这一方面有利于执法机构根据国际国内经济发展的情况展开灵活的执法,但另一方面也会因此使经营者面临较大的不确定性,没有稳定的预期,从而不利于其作出经济决策。

(一)作为反垄断法实施形式之一的反垄断执法

法的实施是指将法律规范的要求在社会中得以实现的活动,它是一个动态的过程,通过法的实施,使法律规范的要求转化为社会主体的行为,将体现在法律中的国家意志转化为现实关系,使抽象的法律规定具体化,由可能性转变为现实性。法的实施包括三种基本方式,即法的遵守、法的执行和法的适用。[①]据此,反垄断法的实施同样包括三种方式,即反垄断法的遵守、反垄断执法和

① 参见朱景文:《法理学》,中国人民大学出版社 2008 年版,第 386 ~ 389 页。国内法理学教材对于法的实施形式基本上持一致的看法,即认为法的实施形式包括守法、执法和司法三种形式。参见张文显:《法理学》,高等教育出版社、北京大学出版社 2011 年版,第 203 ~ 216 页;公丕祥:《法理学》,复旦大学出版社 2002 年版,第 375 ~ 381 页;李龙:《法理学》,武汉大学出版社 2011 年版,第 217 页,等等。

反垄断司法适用。

反垄断法的遵守是指经营者、行业协会、行政机关，以及法律法规授权的具有管理公共事务职能的组织等自觉依照反垄断法的规定行为，从而使反垄断法切实得到履行。具体而言，经营者不从事垄断协议、滥用市场支配地位等涉嫌垄断的行为，在进行经营者集中时，如果达到申报标准主动向反垄断执法机构申报；行业协会应当发挥行业组织的作用，积极维护本行业内的竞争秩序，不组织本行业的经营者从事违反反垄断法的垄断行为；有关行政机关和法律法规授权的具有管理公共事务职能的组织应当依法行使自身的职权，不利用自身的权力从事排除、限制竞争的行为；反垄断执法机构及其工作人员严格依照反垄断法及其他相关法律法规对垄断行为展开调查，并依法作出决定，以及时恢复市场竞争秩序。反垄断法的遵守既包括被动的守法，即不从事违反反垄断法规定的行为，也包括积极履行反垄断法所授予的权利（力），如经营者可以向反垄断执法机构举报其他经营者所从事的涉嫌垄断的行为，等等。反垄断法的遵守是反垄断法实施的最为理想的方式，它一般不需要国家权力的介入，因此要求各类主体具有很高的守法意识。但反垄断法的有效实施不能完全依赖于此，还需要另外两种实施方式的有效实现。

反垄断法的司法适用，是指司法机关依照法定的程序将反垄断法适用于涉嫌垄断的行为，或者反垄断执法机构依据反垄断法所作出的决定。换言之，反垄断法的司法适用即反垄断诉讼，包括反垄断民事诉讼和反垄断行政诉讼两种。由于我国《反垄断法》并未将垄断行为入罪，所以并不存在反垄断刑事诉讼。① 由于垄断分析涉及较强的专业性，所以对于反垄断执法机构作出的决定，如果经营者不服提起行政诉讼，往往需要先申请行政复议，这样的制度安排意图在于尊重反垄断执法机构的专业判断。对于处于反垄断法实施初期

① 在垄断行为是否应当入罪的问题上，我国反垄断法存在逻辑上的矛盾。一方面，反垄断法并未规定从事垄断协议、滥用市场支配地位等垄断行为构成犯罪，但另一方面又在《反垄断法》第 52 条规定，对反垄断执法机构依法实施的审查和调查，如果个人或单位拒绝提供有关材料、信息，或者提供虚假材料、信息，或者隐匿、销毁、转移证据，或者由其他拒绝、阻碍调查行为的，构成犯罪的，要依法追究刑事责任。既然立法者认为垄断行为未严重到构成犯罪的程度，为何又认为拒绝提供有关垄断行为的材料、信息等行为可能具有十分严重的社会危害性呢？这在逻辑上无法实现自洽。对于垄断行为是否应当入罪问题，笔者曾于 2012 年在《西部法学评论》第 4 期上发表《反垄断法责任制度探讨——刑事责任制度的缺失》一文进行过详细的探讨。

的中国来说,这种制度安排具有一定的合理性,但随着反垄断法实施的不断深入,法院在反垄断分析方面的能力必将得到很大的提升,届时,经营者直接针对反垄断执法机构的决定提起行政诉讼必无大碍。国内许多学者都将反垄断民事诉讼称之为反垄断私人执行,这实际上是英美法国家的称谓,是一个舶来品。例如,在美国反垄断法的实施分为公共实施(public enforcement)和私人实施(private enforcement)。[①] 所谓的私人实施,实际上就是由受到垄断行为损害的经营者或者消费者等向法院提起的民事诉讼活动,仅仅是因为这种民事诉讼活动的发起者是私主体而非国家公权力机构,所以将其称为私人实施。但严格说来,在中国的法律制度下,将反垄断民事诉讼称为私人实施并不妥,因为法的实施是一种公权力行为,即便是该种公权力行为是由私主体引起的,亦不能因此将该种法的实施活动称为私人实施;再则,在中国,法的实施或法的执行已有其固定的含义,随意更改不仅会在实践中引发混乱,而且在理论上也会破坏已建立的统一学术话语体系。总之,在概念的使用上不能脱离中国的实际而随意创造或任意舶来,应当将其转化为中国本土的制度和话语。

反垄断执法,是指由相关国家行政机关依据法定的权限和程序执行或适用反垄断法的活动。反垄断执法的主体是国家行政机构及其工作人员,其在执法时是以国家的名义进行的一种公共管理活动。反垄断执法在本质上是政府权力对市场经济的一种介入或干预,旨在通过执法禁止或消除垄断行为,以维护或创建一个公平、自由的有序竞争秩序。反垄断执法的出现表明反垄断法的遵守这一实施方式在现实中遇到了局部的障碍,从而需要政府权力的介入予以恢复。相对于反垄断司法这一实施方式而言,反垄断执法具有主动性的特征,审判机关实施反垄断法遵循“不告不理”的原则,以保持司法活动的中立性。而反垄断执法体现了执法机构根据反垄断法的规定作出的一种合理的事先预判,即认为市场上经营者的某种经营行为(可能)具有垄断的嫌疑,因此对其展开调查,如确实违反反垄断法,则依法作出相关决定,否则将终止调查。反垄断执法机构所进行的执法活动是以社会利益为价值追求的,因此

---

① 参见[美]欧内斯特·盖尔霍恩等:《反垄断法与经济学》,任勇等译,法律出版社 2009 年版,第 12 章。国内有学者以反垄断法私人实施或私人执行为主题而撰写的论著,如王健:《反垄断法的私人执行——基本原理与外国法制》,法律出版社 2008 年版;李俊峰:《反垄断法的私人实施》,中国法制出版社 2009 年版。

对于其展开的调查活动，任何单位和个人都应当积极配合，但反垄断执法机构必须严格依照法定权限和程序进行。

在当前的中国，反垄断执法具有十分重要的意义，因为处于市场经济建设初期的中国，正如世界其他国家在市场经济发展初期一样，市场发育尚不是很成熟，因此在市场上存在各种限制竞争的行为，只有依靠反垄断执法机构及时、专业的执法才能够迅速恢复市场竞争秩序。反垄断诉讼虽然也是反垄断实施的重要方式，但由于在垄断案件中受害人在举证方面存在一定的困难，有效的公益诉讼机制尚未真正建立，①诉讼时间较长等原因，使反垄断诉讼在有效规制垄断行为方面——至少是从过去的10年时间来看——仍然存在较大的局限性。但是，作为正义保障的最后一道屏障，反垄断诉讼的重要性在任何时候都不能忽视，无论是对于经营者或消费者等针对垄断行为提起的民事诉讼，还是经营者针对反垄断执法机构作出的决定提起的行政诉讼，审判机关都应当本着尊重市场竞争的精神以及反垄断法和其他相关法律的规定依法作出判决，守护市场竞争之正义。

反垄断执法依托的是行政体制，因此反垄断执法权的设立和分配与一个国家的政治制度有很大的关联。科学的权力配置、合理的执法程序设计、专业的执法队伍等都将直接影响反垄断执法的效率和效果。相对于有些发达国家而言，在反垄断领域我国仍然是一个后起国家，如果从《反垄断法》实施之日算起，则仅有10年的时间，即便是从改革开放时算起充其量也不过40年的时间。这虽然是一种劣势，但辩证地看同样又有有利的一面，即我们可以借鉴发达国家的经验，避免走弯路。有一点需要指出的是，我国改革开放40年之所以能够取得巨大的成功，经验之一就是实行了一种“渐进式”的而非“激进式”

---

① 2017年6月27日，第十二届全国人大常委会第二十八次会议通过了《关于修改〈中华人民共和国民事诉讼法〉和〈中华人民共和国行政诉讼法〉的决定》，从而在这两部法律中明确写入了检察机关提起公益诉讼的制度。载中国人大网：http://www.npc.gov.cn/npc/xinwen/2017-06/27/content_2024517.htm，最后访问日期：2018年1月3日。但是，检察机关提起民事公益诉讼的范围仅限于破坏生态环境和资源保护、食品药品安全领域侵害众多消费者合法权益等损坏社会公共利益的行为，检察机关提起行政公益诉讼的范围仅限于生态环境保护和资源保护、食品药品安全、国有财产保护、国有土地使用权出让等领域中负有监管职责的行政机关违法行使职权或者不作为致使国家利益或者审核公共利益受到侵害的情形，无论是民事公益诉讼还是行政公益诉讼都不包括同样损害公共利益的垄断行为。不过，笔者认为由检察机关提起反垄断公益诉讼在未来是一种可行的选择。

的改革方式。因此,对于反垄断执法体制的改革,我们同样需要遵循一种能够与我国政治、经济等制度相适应的"渐进式"思路,但这并不妨碍我们根据反垄断本身的特性及市场经济的要求设计出能够更为有效地保护市场竞争的制度。

(二)反垄断执法权的多重维度

虽然反垄断执法因其独特性而区别于反垄断法的遵守和反垄断法的司法适用这两种反垄断法实施方式,但其自身同样具有多重属性。这一方面是由于垄断行为的复杂性所决定的,另一方面也源于经济职权在不同执法机构之间进行分配的要求。

依据反垄断执法权启动方式的不同,反垄断执法权可分为依职权进行执法的权力和依申请进行执法的权力。对于经营者从事垄断协议、滥用市场支配地位的垄断行为,反垄断执法机构可以依据《反垄断法》所赋予的职权直接展开执法进行查处,这也是反垄断执法活动具有效率的一种体现,而不似审判机关必须待当事人起诉之后才能够实施反垄断法。由于经营者集中这种有可能涉嫌垄断的行为并不必然会损害市场竞争,只有当其达到一定规模时才可能对市场竞争结构造成不利影响。因此,各国通常会规定一定的申报标准,只有达到该标准以后才需向反垄断执法机构进行申报。从这种意义上来看,反垄断执法机构对经营者集中行为展开反垄断审查是因经营者主动向其进行申报而启动的;在经营者未进行集中,或虽进行集中但未达到申报标准的情况下,反垄断执法机构都不得主动展开执法。因此,可以将经营者集中的反垄断审查视作一种依申请进行反垄断执法的情形。当然,这种区分是相对的,因为反垄断执法机构针对经营者集中行为并非绝对是被动的执法,对于达到申报标准应当申报而未申报的经营者集中,反垄断执法机构当然可以主动依职权对其进行查处,并采取相应措施以恢复到集中前的状态。

依据反垄断执法权是否是行政机关固有的,可以将反垄断执法权分为固有反垄断执法权和经授权而享有的反垄断执法权。固有反垄断执法权,是指反垄断法中直接、明确规定的机构所享有的执行反垄断法的权力,这种权力是反垄断法所直接赋予的,直接来源于反垄断法;在反垄断法进行相关修改之前,这种权力是持续性的,其权力主体在法律规定的职权范围内依照法定程序可随时主动行使该权力。而经授权而享有的反垄断执法权,则指某机构所享有的反垄断执法权并不是其自身所固有的,而是经由法律或者其他机构的特别授权而得以享有。"非固有行政职权是指按照行政机关及有关组织的职能、分工和级别等因素本不应由其拥有,但由于客观需要等原因,根据法律、法规特别规定或有权机关依法决定,而由某一行政机关或有关组织以行政主体的身份拥有和行使的行政职权。"[①]经授权而享有的反垄断执法权实际上也是一种非固有的行政职权。我国《反垄断法》中所规定的"国务院反垄断执法机构"享有固有的反垄断执法权,但对于国务院反垄断执法机构具体为哪个(或哪几个)部门或机构却并没有明确予以说明,而是授权由国务院规定。这实际上主要是出于维护法律稳定性的考量而采用的一种立法技巧,即避免因现实中反垄断执法机构的变动而导致《反垄断法》的频繁修改。可以说,国务院反垄断执法机构仅是一种抽象的称谓,在现实中必然需要还原到具体的执法部门或机构。因此严格来说,我国并没有依据《反垄断法》享有反垄断执法权的固有机关,即便是由国务院规定的承担反垄断执法职责的机构,也有可能因国务院作出的调整而丧失该权力。但是就国务院规定的反垄断执法机构而言,一旦其享有该权力之后,就该权力的属性来看其就是该机构所固有的了,正是在这个意义上,称其所享有的权力为固有的反垄断执法权亦无大碍。如果国务院反对执法机构根据工作需要授权省、自治区、直辖市人民政府相应机构执行《反垄断法》,则这些机构所享有的权力就不是其固有的权力,而属于经授权而享有的反垄断执法权的范畴。

根据行政职权的法律约束程度不同,可以将行政职权划分为羁束行政职权和自由裁量行政职权。[②] 据此,同样可以根据反垄断执法机构是否享有自由裁量权,而将反垄断执法权划分为羁束性反垄断执法权与自由裁量性反垄断执法权。所谓羁束性反垄断执法权,是指反垄断执法机构在适用反垄断法时严格受到约束、不得违背反垄断法的要求而进行灵活处理的权力。自由裁量性反垄断执法权是指反垄断执法机构在实施反垄断法时能够根据具体情形在法律所规定的范围内灵活进行处理的权力。在反垄断法条文中,对于羁束性的反垄断执法权,其条文中一般含有"应当……"表述;而对于自由裁量性的反垄断执法权,则一般采用"可以……"的立法用语。对于某些反垄断执法权之所以未给执法机构留有自由裁量的空间,主要是基于防止反垄断执法机

① 张正钊、胡锦光:《行政法与行政诉讼法》,中国人民大学出版社2009年版,第71页。
② 同上书,第72页。

构滥用权力损害相对人的利益,以及确保社会公共利益得到切实有效地维护等因素的考量而在法律上作的必要的限定。反垄断自由裁量权的设定,主要是考虑到反垄断执法机构在执法的过程中需要根据具体情况展开灵活的执法,以采取有效措施尽速地恢复市场竞争秩序,如果完全不授予反垄断执法机构一定的自由裁量权,往往会束缚反垄断执法机构的手脚从而不利于实现反垄断法的宗旨。

反垄断执法权的多重属性也从一个侧面反映出垄断案件的特殊性,因此不能对反垄断执法权作单一的规定,而必须保持一定的包容性或者说是开放性,以确保其能有效应对各种形式的垄断行为,从而编制一张能够有效保护市场竞争的"权力网"。

(三)反垄断执法权的自由裁量:意义、弊端及其限制

一般而言,自由裁量权有3个来源:第一,立法机关授权某个行政机关在某一特定的领域中具有完全自由的抉择权;第二,由于法律法规的概括性、模棱两可性或含糊性,因而没有规定行政机关对于具体情形应当作出何种抉择,在此种情况下行政机关就具有了某种相对的自由抉择权;第三,立法机关排除了对行政行为的司法审查,在此种情况下,就行政机关不受立法监督和司法监督这一意义上而言,行政机关在作出抉择时是自由的,但其仍必须严格依照法律的规定进行。① 就反垄断执法的自由裁量而言,既包括立法机关授予反垄断执法机构在垄断案件的调查、处理过程中根据案件的具体情形而采取相应措施的自由,如反垄断执法机构在对涉嫌垄断的行为进行调查时,如果经营者作出有效的承诺,则反垄断执法机构可以中止调查;也包括由于反垄断法条文具有不确定性、模糊性等原因从而给反垄断执法机构留有自主判断的空间,如在认定垄断协议是否属于豁免的情形时,针对垄断协议的目的是否是改进技术、研究开发新产品,反垄断执法机构就拥有自由裁量的权力。

具体而言,可以依据自由裁量内容的不同而将反垄断执法自由裁量权进行如下的类型化分类:②

---

① 对此参见了美国行政法学家斯图尔特对于自由裁量权的分析。参见[美]理查德·B.斯图尔特:《美国行政法的重构》,沈岿译,商务印书馆2011年版,第12页下第25注释。

② 游振辉《论行政执法中的自由裁量》一文中关于自由裁量权的分类对于本书反垄断执法自由裁量权的类型化划分具有一定的启示意义。参见游振辉:《论行政执法中的自由裁量权》,载《中国法学》1990年第5期。

第一，决定是否进行授权的自由裁量权。反垄断执法机构在进行反垄断执法时，可以依据案件的情形决定是否授权有关机关负责案件的查处，如《反垄断法》第 10 条第 2 款即属此种情形。

第二，对事实性质认定的自由裁量权。反垄断执法机构在认定经营者的行为是否构成《反垄断法》所禁止的垄断行为等方面享有一定的自由裁量权，如在认定滥用市场支配地位的行为时，依据《反垄断法》第 17 条第 1 款第 7 项，如果经营者的行为不符合前 6 项的情形，则反垄断执法机构具有认定该行为是否构成滥用市场支配地位的自由裁量权。

第三，反垄断调查程序中的相关自由裁量权。例如，经营者集中审查的期限确定即如此。由于垄断案件的复杂程度等的不同导致对其进行调查所需时间也各异，因此反垄断执法机构在确定有关期限方面享有自由裁量权。《反垄断法》第 26 条第 2 款规定反垄断执法机构可以延长审查第 1 款规定的审查期限，当然这种自由裁量权是受到一定限制的，即必须出现了第 2 款中所规定的 3 种情形之一，且最长不得超过 60 日。再如，如果经营者承诺消除其垄断行为所造成的后果的，则反垄断执法机构可以自由裁量是否终止调查。

第四，做出反垄断最终决定的自由裁量权。在对涉嫌垄断的行为进行调查后，在对于其是否构成垄断行为以及采取何种措施方面，反垄断执法机构享有自由裁量权。如《反垄断法》第 28 条规定，反垄断执法机构在经营者能够证明集中对于竞争产生的有利影响明显大于不利影响，或者符合社会公共利益的，可以对该集中作出不予禁止的决定，并且对于这种情形的集中，依据《反垄断法》第 29 条的规定，反垄断执法机构还享有是否对该集中附加限制性条件的自由裁量权。

第五，确定法律责任方面的自由裁量权。反垄断执法机构可以根据《反垄断法》中关于垄断行为法律责任的规定，结合垄断行为的具体情况进行合理选择。同刑法中的“罪责刑相适应原则”一样，在反垄断法中，同样需要根据垄断行为对市场竞争的损害程度来确定其责任。这既包括在决定是否进行处罚方面进行自由裁量，如《反垄断法》第 46 条第 2 款规定从事垄断协议的经营者如果存在"自首"和"立功"的情节时，①反垄断执法机构可以酌情减轻或者免除对该经营者的处罚；也包括在行政处罚幅度的确定上的自由裁量，对于达成并实施垄断协议的行为、滥用市场支配地位的行为，反垄断执法机构可以对经营者处上一年度销售额1%以上11%以下的罚款，具体处罚多少，则需要反垄断执法机构进行自由裁量。

反垄断执法自由裁量权的意义主要表现在其能够促进《反垄断法》的有效实施。

首先，反垄断执法自由裁量权可以减少法的模糊性给执行方面带来的困难。我国《反垄断法》仅有50余条，显然无法对市场经济中的垄断行为作出较为详细的规定，因而注定是粗线条的立法。只有依靠反垄断执法机构的自由裁量权才能够将抽象的反垄断法规定转化为能够适用于具体垄断案件的术语。正如有学者所指出的那样，"在《反垄断法》中，没有任何一个法条可以直接套用于实际案例，其有效实施，高度依赖于经济活动当事人、政府、法律工作者、司法机关和整个社会形成恰当的市场经济理念"。"《反垄断法》只是为判断一种行为是否合乎市场经济的要求提供一种分析的框架或方法，而不是为市场当事人和政府执法、法院司法直接提供具体的行为规范。"②正因如此，这对反垄断执法自由裁量权行使的要求也很高，只有深谙《反垄断法》之精神及市场经济之理念，才能真正将该权力运用好。

其次，反垄断执法自由裁量权可以更好地发挥行政机关专业性的优势。面对纷繁复杂的经济生活，任何非专业性的调控显然都难以有效发挥作用。凡是向市场经济转型的国家，都将面临不断提高政府处理经济事务的专业能力的必然趋势。可以说，政府将日益成为一个由专业人士组成的政治机构，这从当今越来越多的公职人员拥有经济学、法学等学科的专业背景中可见一斑。

---

① 此即反垄断法中的宽恕制度。由于垄断协议具有隐秘性，反垄断执法机构一般很难发现，在取证上也存在困难，因此通过鼓励参与垄断协议的经营者主动向反垄断执法机构报告情况，以此来达到攻破垄断协议这一堡垒的目的。需要说明的是，在发达国家中，由于市场经济已经发展了数百年的时间，经营者之间达成的垄断协议也往往更加难以发现，因此垄断协议宽恕制度对于发达国家来说具有很大的价值。而对于中国而言，由于市场经济实施时间不长，经营者们所达成的垄断协议往往都十分明显，能够轻易被发现，从这个意义上来说，宽恕制度在当前我国的价值并不是很大。但笔者绝无否定该制度的意图，可以预见，随着反垄断实践的不断开展，以及经营者"反侦察"能力的不断提高，宽恕制度在我国将日益发挥更大的价值。

② 史际春等：《反垄断法理解与适用》，中国法制出版社2007年版，序第2页。

如果在工业社会以前政府尚能够根据一般的政治原理来治理社会,那么在此之后——尤其是在市场经济日益发达的今天,任何经济事务的管理都必然要求较高的专业水平。"即使是相对常规性的活动也要求特定的较高层次的知识和技能。由于政府承担的这些职能要求具有技术,由于政府职能是在一个快速变化和高度依存的社会中实施,政府职能的实施要求不断适应变化了的环境和非常的条件。鉴于社会发生的巨大变革,立法机关对这些变革进行法规调整不可能适应要求,即使拥有较高技术知识的立法机关也只能作出一部分的决策。因此,在授权法令的宽泛条件下,行政部门的官员正式承担了对政府所触及领域的大量事务作出重要政策选择的职能。"①法律可以提供一个实现正义的框架,但正义需要政府机关在该框架下通过专业的执法予以实现,而反垄断执法自由裁量权则将有助于通过发挥执法机构的专业判断来维护竞争领域的公平与正义。

尽管反垄断执法自由裁量权具有重要的价值,但这并不能掩饰其所可能存在的弊端。首先,虽然反垄断自由裁量权可以减少因反垄断法的模糊性给其适用上带来的不便,但这种自由裁量权本身同样可能会致使经营者无法获得确定的预期,因为自由裁量本身就含有主观判断的成分,这就决定了其不可避免地会具有一定的"随意性",不利于经营者事先进行合理的判断并进行作出相应的决策。其次,反垄断执法自由裁量权在本质上也是执法机构在一定限度内所享有的自由权,但正如任何自由一旦超出一定的限制就会变成专制一样,反垄断执法自由裁量权同样面临此种危险,一旦其运用不当或被滥用,将是对市场竞争秩序的一种损害或严重践踏,这较之于垄断行为本身所造成的危害将有过之而无不及。从某种意义上来说,反垄断执法自由裁量权正是基于反垄断立法无法做到十分完备这一现实而产生的,是作为一种弥补性的制度而彰显其存在意义的,但自由裁量权本身又具有"副作用",需要采取新的措施来对其进行"医治"。这就是通常所说的为了解决一种问题而采取的措施本身又会引发新的问题,从而陷入了一种似乎永远也无法跳出的怪圈,"谁来监管监管者"式的问题表达出了人们对上述现象的疑惑。

试图完全解决上述难题实际上是一种完美主义者的表现,企图用一劳永

---

① [美]戴维·杜鲁门:《政治过程——政治利益与公共舆论》,陈尧译,天津人民出版社2005年版,第431页。

逸的方法解决所有问题,在实践中是不现实的。任何制度都是人设计的,而在任何时期人的认识能力都是有限的,这就决定制度设计者、立法者永远无法设计出或制定出完美无缺的制度或法律,因此采取相应的措施就是不可避免的。"是药三分毒",所以我们也无须纠结于要绝对消除诸种补救措施所可能产生的不利影响,而只需关注如何尽可能地将其降至最低。行政法学传统观点认为,通过立法控制和司法控制可以有效地解决行政自由裁量权存在的诸多问题,避免其被滥用。不过,有学者对此提出了质疑,认为无论是立法控制还是司法控制都具有无法克服的内在缺陷。就立法控制而言,克服自由裁量权存在的问题的最佳方式是提高法律规定的精确程度,从而尽可能地压缩自由裁量权的存在空间,但问题是要在法律中详细规定行政机构的行为方式是不可能的,这是立法所不能摆脱的困境;并且,相对于行政机关而言,立法机关中的专业人员较少,这也决定其无法对专业行政执法中的自由裁量权进行有效的监督。就司法控制而言,法院一般只审查具体行政行为的合法性,对其合理性、正当性一般不作审查,因此对于行政自由裁量的决定,是无法或者说是难以进入法院审查环节的。如同立法人员一样,法官在特定领域内的专业性问题方面同样无法与行政人员相比,因此即便法官能够对自由裁量的合理性进行审查,也并不一定能够做出比行政人员更为合理的判断。再者,司法控制还存在着滞后性等不可避免的不利因素。该学者建议通过行政机关的内部控制来解决行政自由裁量权的控制问题,包括行政内部分权,加强层级监督,将裁量权予以量化,以及案例指导制度等。① 该学者提出的观点具有启示性,外部的控制在监督行政自由裁量权方面能够发挥的作用确实很有限,行政内部的分权与制衡能够为行政自由裁量权的控制提供新思路。虽然这同样会面临着"如何监管监管者"的问题,但正如上文所述,只需关注如何尽可能减小所建议措施的"副作用"。

就我国的反垄断实践来看,虽然反垄断执法机构在执法经验等方面相较于有些发达国家而言还较为欠缺,但不可忽视的是,从当前的垄断案件来看,经营者所从事的垄断行为尚不是很复杂,没有疑难案件,基本上与反垄断执法机构的执法水平相符,或者可以说当前反垄断执法机构的执法水平完全可以"应付"市场上存在的垄断行为,没有进行过多自由裁量的现实需要,即便有

① 参见崔卓兰、刘福元:《论行政自由裁量权的内部控制》,载《中国法学》2009年第4期。

这种需要，只要反垄断执法机构及其人员不故意违背《反垄断法》及其精神，则在进行自由裁量时同样不会有太大的难度。总之，对于自由裁量权的控制这一问题，要紧密结合不同时期的具体情况来采取不同的应对措施。就当前而言，控制反垄断执法自由裁量权的重点应当是加强对反垄断执法机构及其人员的监督，以确保其严格遵守法定的程序，而没有必要过于关注如何确保反垄断执法自由裁量的合理性等，因为在当前面对相对简单的垄断案件，自由裁量的结果是否合理的问题本身尚不足以成为一个问题。随着反垄断实践的开展，反垄断执法机构及其人员在执法中必然会不断地积累经验，从而得以在自由裁量的合理性方面作出更为专业、更加符合竞争本质要求的判断。

三、权力配置解析

权力的配置问题最初是一个纯粹的政治问题，随着人类进入法制社会以及在经济上迈入了市场经济时代，权力的配置增添了更多的影响因子，权力的配置也逐渐超越政治领域，成为政治学家、法学家和经济学家等不同领域学者共同探讨的问题。法律之于权力配置，更主要的是将权力关进“笼子中”，为其设定最基本的、不可逾越的红线，确保权力不至于“脱缰”而给社会经济的发展以及民众的利益造成灾难性的后果；同时，法律还可以将被证明为科学的权力配置固定下来，借助法律的力量使在该配置框架下的各种权力都能够发挥最大的作用。在政府承担大量经济职能的今天，一个国家的权力配置主要集中在经济权力的配置方面。服务型政府建设就是要求不断将政府的权力更多地转向为经济发展的服务上来，检验政府权力——至少是经济权力——配置是否科学的标准在于其是否能够顺应市场经济发展的要求。权力的配置不仅要尊重权力自身的属性，还要对外在于权力的其他因素给予必要的关注，这样才能实现权力的科学配置。

（一）权力配置的直接目标：实现权力结构的优化

权力是政治的核心范畴，就如同市场之于经济，公平与自由之于法律一样。归根结底，善治的实现依赖于权力的科学配置，以及科学配置下的权力能够被切实有效地行使。

早在古希腊时期，先哲们就对如何实现善治进行了深入的思考。亚里士多德认为，“一切政体都有三个要素，作为构成的基础，一个优良的立法家在创制时必须考虑到每一要素，怎样才能适合于其所构成的政体。倘使三个要素(部分)都有良好的组织,整个政体也将是一个健全的机构”。① 亚里士多德所说的这三个要素即议事机能、行政机能和司法机能。议事机能具有最高的权力,在外交政策、立法以及部分司法和行政事项方面具有最终决定权;行政机能主要在于管理全体公民以及负责有关经济事务等;司法机能在于解决纠纷,审判犯罪行为,维护社会秩序等。在这三种机能中,亚里士多德对于行政机能的分析着墨最多,尤其对职官的设置也进行了详细的分析。②

亚里士多德认为,首先,需要明确的是一个国家内究竟需要执行哪些职能,以及哪些是应该予以设置的——即便其并非绝对必要。其次,在设置职官时,根据所要执行的职能的性质来决定是否需要在城邦各处都设置职官来履行该职能,还是仅设置一位职官来负责城邦内该职能的履行即可。亚里士多德举了一个例子,在维护市场秩序方面,是否应当在每一个市集都设置一个市场管理员,还是只需任命一个市场管理员来负责全境内各处市集的秩序维护。这实际上就已经谈及了当今的中央与地方分权的问题。再次,在行政职权的配置上,亚里士多德指出我们必须思考这样一个问题,即“职司的配置应以所司业务为依据,或以所管理的人们的类别为依据”。这就涉及了权力配置最为核心的问题,即究竟是以行政职权所针对的对象的性质为依据,还是以对象以外的其他的因素为依据来决定权力的具体配置。③ 仍以维护秩序为例,在配置秩序维护权时,究竟是将所有有关秩序的事项都交由一个职官来负责,还是根据所管理的人的类别来安排职官的设置,如设置一名职官负责所有有关儿童秩序的事项,设置一名职官负责所有有关妇女秩序的事项,等等。权力配置标准选取得合理与否将直接决定权力配置的科学化程度。最后,亚里士多德还提出政体的区别对于权力的配置也具有重要的影响。④

---

① [古希腊]亚里士多德:《政治学》,吴寿彭译,商务印书馆2009年版,第218页。本书该段内以下关于亚里士多德对职官及职司问题的探讨,参见了该书第226~227页的内容。

② 由于当时城邦的范围较小,因此对于需要管理的事务,往往任命一个行政官员即可,亚里士多德将其称之为职官,即相当于今天的行政机构。

③ 亚里士多德虽然仅提到了“管理的人们的类别”这一其他应当考虑的因素,但对此不能作狭义的理解,而是应当将其看作“所司业务”以外的其他所有因素的一种,“管理的人们的类别”仅是被作为一个具体的例子在此指出,并非是与“所司业务”对等的一个范畴。

④ 亚里士多德将政体进行了区分,认为君主政体、贵族政体和共和政体为政体的3个正宗类型,而僭主政体、寡头政体和平民政体分别为上述3个正宗政体的变态类型。参见[古希腊]亚里士多德:《政治学》,吴寿彭译,商务印书馆2009年版,第181页。

亚里士多德提出的观点对于当前的权力配置具有启示意义，我们需根据我国的国家结构形式进行相应的权力配置，联邦制或邦联制国家权力的配置经验虽可以借鉴，但绝不能忽视这对于中国而言面临着“水土不服”的可能。亚里士多德早在2000多年以前就富有预见性地提出要将整体性的国家权力在立法、行政和司法之间进行划分，并且分析了如何实现行政权自身的优化配置，这些闪耀着智慧的思想火花对于2000年以后的今天仍然具有极大的价值。

政治学界普遍认为，洛克是近代最早提出“三权分立”学说的学者，在其著作《政府论》(下篇)中，洛克将国家权力分为立法权、执行权和对外权。可见，洛克提出的三权并不包括司法权，而这在亚里士多德时期就已经提出。洛克的三权分立学说之所以能够在政治学理论中占据重要地位，主要源于其对立法权与执行权之间的关系进行了分析，其中闪烁出了权力分立与制衡的重要思想。洛克认为，立法权是指立法机关享有权利以指导如何运用国家的力量来保护社会及其成员。这并非是对立法权进行的一个真正意义上的定义，而只是描述了立法机关拥有的一种资格以及运用该资格所要达到的目的。洛克指出，如果制定法律与执行法律的权力同时集中于同一主体，则极容易造成权力的滥用，因为这样会使权力的享有者“借以使他们自己免于服从他们所制定的法律，并且在制定和执行法律时，使法律适合于他们自己的私人利益”，①而这显然是有悖于权力正当运行的要求的。因此，需要将立法权与执行权进行分离，立法人员在制定法律以后就重新回归普通人的身份，接受自己所制定的法律的约束，而由“一个经常存在的权力，负责执行被制定和继续有效的法律”。洛克所指的对外权实际上是一种“包括战争与和平、联合与联盟以及同国外的一切人士和社会进行一切事务的权力”，相当于现在所称的对外的国家主权。在这三种权力中，立法权是最高的权力，执法权和对外权都处于从属的地位。

虽然洛克提出了三权分立，不过他也坦承，尽管执行权和对外权这两种权力本身是有区别的，但“这两种权力几乎总是联合在一起的”，很难将这两种

---

① 参见[英]洛克：《政府论(下篇)——论政府的真正起源、范围和目的》，叶启芳、瞿菊农译，商务印书馆2009年版，第91页。本书该段内以下的相关论述参见了该书第91～93页、第97～98页的内容。

权力分开并由不同的人行使。“因为两者的行使既然都需要社会的力量，那么把国家的力量交给不同的和互不隶属的人们，几乎是不现实的；而如果执行权和对外权掌握在可以各自行动的人的手里，这就会使公共的力量处在不同的支配之下，迟早总会导致纷乱和灾祸。”可见，洛克提出的“三权分立”在现实中就只可能是两权分立。由于仅有立法权与执行权之间的分立与制衡，所以一旦出现执行权“阻碍立法机关根据原来的组织法或公众要求进行集会和行使职权”的情况，就无法通过权力内部的制衡来加以解决了，洛克只好求助于人民，认为“人民有权恢复立法机关，使它重新行使权力”，人民有权使用强力来排除这种阻碍，因为“在一切情况和条件下，对于滥用职权的强力的真正纠正办法，就是用强力对付强力”。必须承认，洛克重视人民力量的观点值得肯定，一切权力都来源于人民，但是，如果在任何时候只要权力在运行中出现问题都需要通过人民强力予以解决，则不仅会造成社会的动荡，而且凸显出国家权力系统内部未能实现有效制衡这一严峻的问题。司法权的缺失是导致这一问题的重要原因。这也可以说是洛克分权制衡理论中的一个缺憾。

如果洛克的分权理论尚存在一定的缺陷、难以称为完美，那么孟德斯鸠则很好地继承并完善了洛克的理论，系统地提出了三权分立的学说。孟德斯鸠认为，每一个国家都拥有三种权力，即立法权力、行政权力和司法权力，但如果这三种权力都集中在一个人或一个机关手中，则会导致暴政。因为“同一个机关，既是法律执行者，又享有立法者的全部权力。它可以用它的‘一般的意志’去蹂躏全国；因为它还有司法权，它又可以用它的‘个别的意志’去毁灭每一个公民”。[①] 立法权必须和行政权分立，因为如果这两种权力集中，立法机关可能会制定残暴的法律，然后再暴虐地执行这些法律。司法权必须独立于立法权和行政权，因为如果司法权和立法权合而为一，则法官就变成了立法者并因而能够专断地适用法律，从而给公民的生命、财产和自由造成损害；如果司法权同行政权合而为一，则法官就拥有了压迫者的力量，从而自由也就不存在了。

孟德斯鸠不仅认为应当实现三权之间的分立，而且提出要实现权力之间的制衡，“一切有权力的人都容易滥用权力，这是万古不易的一条经验。有权

---

① [法]孟德斯鸠：《论法的精神》(上册)，张雁深译，商务印书馆1961年版，第156页。本书该段内以下参见了该书第154～164页的内容。

力的人们使用权力一直到遇有界限的地方才休止”。因此,“从事物的性质来说,要防止滥用权力,就必须以权力约束权力”。就立法权而言,其对行政权的制约主要表现在监督其所制定的法律是否能够得到很好的实施。例如,如果行政机关随意将那些能够为自己的善良行为提出保证的公民关进监狱,则立法机关可以制止行政机关的这种违法行为。而行政机关则可以通过行使“反对权”的方式来参与立法。但孟德斯鸠的权力制衡理论是不完整的,他仅就立法权和行政权之间的相互约束进行了粗略的分析。孟德斯鸠认为行使司法权的法院不应当是固定的,但判例却应当是固定的,这样才能保证判例不是法官私人意见的表达,否则会导致人民不能确切地知道其所承担的义务。孟德斯鸠所言的司法权主要是针对普通民众而非立法机关和行政机关的。因此,虽然孟德斯鸠明确提出了司法权作为一种不同于立法权和行政权的权力应当独立,并由专门的机关行使,但其却并未意识到——至少是未明确提出——司法权与另外两种权力之间的所存在的制衡关系。总之,孟德斯鸠提出的三权分立理论是其对完善国家权力分配的一种伟大阐释,正如其所希望的那样:构建一个在其统治之下“一个公民不惧怕另一个公民”的政府,而其所提出的理论无疑对于这一目标的实现提供了很好的指引。

孟德斯鸠创建的三权分立理论并未能在自己的国家——法国——中得到运用,而是被大洋彼岸北美大陆的美国这一新兴国家所接受,并成为其建国理论的基础。1787 年美国 13 个州的代表云集费城,召开了在美国历史上具有重要意义的制宪会议,颁布了新宪法,称为《1787 年宪法》。该宪法遵循孟德斯鸠的分权理论,前 3 条分别规定由国会、总统和最高法院分别享有立法权、行政权和司法权,实行三权分立。《1787 年宪法》制定以后,为了争取宪法能够得到各州的批准,以汉密尔顿、杰伊和麦迪逊为代表的联邦党人在纽约的报刊上发表了一系列的论文,抨击了之前邦联制度存在的缺陷,拥护新宪法中所规定的联邦制度,对权力的分立与制衡进行了详细地说明。当时之所以存在反对《1787 年宪法》的声音,主要原因在于许多人认为该宪法中所确立的三权分立原则违反了三权绝对分立的原则,因为其规定的立法权、行政权和司法权在不同程度上存在混合的现象。联邦当然对此予以了批驳。联邦党人首先承认,“立法、行政和司法权置于同一人手中,不论是一个人、少数人或许多人,不论是世袭的、自己任命的或选举的，均可公正地断定是虐政”。[①] 但随后对孟德斯鸠的思想进行了考察，认为孟德斯鸠并没有主张立法权、行政权和司法权的绝对分立。“三权分立并不是指政府的立法、执法与司法三个分支彼此孤立地执行各自的权力。严格地说，宪法建立的不是按字面意义理解的‘分权’政府，而是‘共享权力的分立机构’(Separate Institutions Sharing Powers)。”[②]可见，美国在根据孟德斯鸠的思想进行国家权力的配置时，并没有从字面上进行浅尝辄止式的理解，而是深刻把握了孟德斯鸠理论的真正内涵。

无论是2000多年前古希腊的亚里士多德，还是近代的洛克、孟德斯鸠以及美国的联邦党人，在对于如何实现国家权力的配置方面都进行了积极有益的探索。任何权力最终都需要通过机构及个体的人予以实施，而作为实施公共权力的机构及个人，其应当是作为公共利益的天然代表来履行公权力。但是，任何机构和个人都有其自身独特的利益，从而导致任何权力的行使都难以确保是在绝对排除非公共利益的情况下进行的，因此只有通过制度的设计才能尽可能地排除权力在运行过程中所掺杂的私人及团体利益因素，以保障权力行使的纯洁性。作为整体的国家权力，即便是在国家成立初期也难以仅通过单个人或单个机构来得到良好的实施，在社会关系极为复杂的今天，国家权力更是只有通过科学地配置才能够实现权力结构内部的优化。较之于几百年前，当今，国家权力配置的要求已经超越立法、行政和司法权这一“宏观”层面，深入如何实现立法权内部、行政权内部以及司法权内部这一更为“微观”层面的权力配置。权力配置的直接目标是实现权力结构的优化，正如大洋中的轮船只有实现舵手、水手等不同角色间权力的合理分配——并确保其各司其职——才能确保最终能够到达目的地一样，国家权力同样只有通过科学的配置才能够确保国家各项职能的实现，从这种意义上来说，实现国家权力结构的优化只是一种手段，而非最终目标。

(二)最终目标:确保国家职能有效实现

权力配置本身并不是最终的目的，而只是借此来有效实现国家各项职能，国家权力是实现国家职能的载体。社会经济的发展赋予了国家职能更多的内

① [美]汉密尔顿等:《联邦党人文集》，程逢如等译，商务印书馆2009年版，第283页。

② 张千帆:《美国联邦宪法》，法律出版社2011年版，第14页。

涵,国家的职能已经从最初单一的政治职能扩展至集政治、经济、社会管理、文化等多种职能于一体的、具有浓厚时代特色的概念。如果国家最初是以政治国家的形态出现,并以阶级镇压作为自身的主要职能,那么,随着工业、商业、农业以及市场经济的发展,国家权力越来越多地融入了政治色彩并非如此浓烈的经济、社会管理等因素。

恩格斯在批判反权威主义者时指出,"所有社会主义者都认为,政治国家以及政治权威将由于未来的社会革命而消失,这就是说,社会职能将失去其政治性质,而变为维护社会利益的简单的管理职能"。① 可以说,随着社会制度的建立以及国家的重心从阶级斗争转向经济建设,国家日益承担起更多的社会管理和经济等职能。国家权力早已如此全面而深入地介入社会经济生活的方方面面,无论是在发达国家还是在中国,一旦市场上出现自身难以解决的问题时,人们往往首先想到的是政府如何采取有效措施予以解决,尽管在平时总是对于公权力保持警惕的态度。社会发展的过程同时也是国家不断扩张权力的过程,可以说,当今完全游离于国家之外的领域几乎是不存在的,每一个领域都深深打上了国家权力的烙印。当然,这并不是说凡是国家权力介入的领域都能够得到良好的规制,在许多领域,国家权力虽然"在位",但只是形式上的"在位",由于国家权力未能够在这些领域中发挥有效的作用,使其在实质上是"缺位"的。在另外一些领域,国家权力虽然在实质上也是"在位"的,但却超出了其所应存在的限度或范围,从而又出现了"越位"的情况。总之,无论是"缺位"还是"越位",都是国家权力不正常运行的一种表现,这不仅对于权力本身是一种极大的损害,还会使国家的目标无法实现、民众的利益无法得到有效保障。

正如个人、家庭、公司以及其他的组织会结合自身的情况制定一定的目标一样,大多数国家也都根据本国的国情制定了相应的短期或长期发展目标。西欧中世纪政治思想家托马斯·阿奎那曾言,"每逢某种目的已经确定但达到目的的手段还有选择的自由时,如果想要迅速地达到那个目的,就一定要有人指出方向。例如,一艘船将按照它所遇到的风向的变动,先朝一个方向然后朝另一方向航行,要是没有那个把船驶向港口的舵手的技能,它就会永远达不

① 《马克思恩格斯选集》(第2卷),人民出版社1972年版,第554页。

到它的目的地”。[1] 而对于一个国家而言，政府则无疑应当充当这个舵手的角色。立法机关制定的法律，只有得到有效的实施才能真正实现那些体现在法律中的国家目标。对于有效地国家治理来说，科学的立法与高效的行政都是必不可少的。

卢梭认为，任何自由的行为都是由精神方面的原因和物理方面的原因共同作用而得以实现的，前者是指决定该行动的意志，后者即执行这种行动的力量。例如，某人要前往某一目的地，则首先他必须要有到该地的意志力，其次他的脚步必须能够将他带到该地，二者缺一不可：有前者而无后者，则无异于一个瘫痪的人想要跑；无前者而有后者，则无异于一个身手矫捷的人不想跑，在这两种情况下，他们都将停在原地。“政治体也有同样的动力，我们在这里同样地可以区分力量与意志；后者叫做立法权力，前者叫做行政权力。没有这两者的结合，便不会或者不应该做出任何事情来。”[2]虽然司法也是实施法律的重要方式，但被动性的特征使其无法像行政那样积极主动地动用一切行政力量来实现国家的目标，所以从这一点来说，行政权运行的好坏、效率的高低都将直接决定国家的目标能否实现。“如果说统治更多意味着政治领导，其生命力要素在于制定政治目标与实现这些目标的话，那么行政则更多是以专业的方式来完成那些已被固定规范的任务与解决组织方面的问题，以及获取免除自身与外来意见及倾向影响的客观性与中立性。”[3]在当今，执政党的政治领导也逐渐通过将自身的意志上升为法律，并借助于法律的力量予以实现，以顺应法治发展的要求。所以，无论是对于实现政治统治的目标还是实现国家的目标——尽管二者在本质上是相同的——而言，行政权力都是一种至关重要的因素。抽象的行政权力最终都需要通过具体的行政机关予以实施，行政内部的分权，或者说是行政权力的配置，就如同是轮船上的权力分工一样，对于该船能否顺利到达彼岸具有直接的决定性影响。

权力配置从根本上来说是一个政治问题，只不过需要通过法律的方式予以确定，并以此作为各行政机构活动的准则，从而避免出现权力“真空”与权

---

① ［意］托马斯·阿奎那：《阿奎那政治著作选》，马清槐译，商务印书馆2009年版，第43页。

② ［法］卢梭：《社会契约论》，何兆武译，商务印书馆2009年版，第71页。

③ ［德］康拉德·黑塞：《联邦德国宪法纲要》，李辉译，商务印书馆2007年版，第415页。

力冲突的问题。同时,权力配置又不仅仅是一个政治问题,因为权力所面对的是丰富多彩的经济生活和社会生活,如果仅在政治领域内进行闭门造车式的权力配置,而全然不顾经济、社会的客观要求,则这种权力配置在现实中必然会引发各种问题,难以实现有效规制。"担负经济法的调整的行政,一方面,为适应经济现象有机的整体性,要求行政综合和整理;另一方面,为适应各种经济领域的特殊性,要求行政专门化和责任分担化。"①这就是说,对于经济权力的分配要根据经济现象的特殊情况来决定是进行集权还是分权。例如,在金融监管领域,对于是实行分业监管(又称机构监管)还是统一监管(又称功能监管),无论是在理论界还是实务界都有不同的观点。

有学者认为,美国的金融监管具有一种"危机指向"的历史特征,即为了应对经济危机或金融危机而采取相应的监管应对措施,从而呈现出"碎片式"的特征,每一次的改革都遵循着一种"补丁式"的改良主义路线。2007 年的金融危机使美国的分业监管模式成为批判的对象,尽管奥巴马政府对金融监管体制进行了改革,成立了跨部门的金融服务监督委员会,并加强了对金融市场的综合监管,但事实上却并没有对其多边的监管体制进行实质性的调整。②在 1980 年以前,英国实行的是分业监管的模式,但由于金融市场上出现了混业经营的行为,以及银行倒闭的事件,从而凸显出分业监管模式的弊端。在这种情况下,英国开始对金融监管体制进行改革。1998 年英国合并了英格兰银行、证券投资委员会和其他金融自律组织,成立了全能的金融监管机构即金融服务监管局,从而开始实行集中的监管模式。我国在改革开放以前实行的是高度集中的金融监管体制。随着改革开放的不断深入,金融市场得到了快速地发展,保险业、证券业的出现使原有的以中国人民银行为主的金融监管体系难以有效应付。因此,在 20 世纪 90 年代初我国先后成立了证监会、保监会和银监会,从而形成了分业经营、分业监管的金融监管体制。但是,随着金融行业的不断发展,分业监管的模式也暴露出了许多问题,最主要的是监管职责不清晰、交叉监管和监管空白。③ 2018 年 3 月 17 日第十三届全国人大第一次会

---

① [日]金泽良雄:《当代经济法》,刘瑞复译,辽宁人民出版社 1988 年版,第 83 页。

② 参见陈斌彬:《危机后美国金融监管体制改革述评——多边监管抑或统一监管》,载《法商研究》2010 年第 3 期。

③ 参见王勇:《关于国务院机构改革方案的说明》,载新华网:http://www.xinhuanet.com/politics/2018lh/2018-03/14/c_1122533011.htm,最后访问日期:2018 年 5 月 6 日。

议表决通过了《国务院机构改革方案》，其中决定"将中国银行业监督管理委员会和中国保险监督管理委员会的职责整合，组建中国银行保险监督管理委员会，作为国务院直属事业单位"。① 这标志着我国金融监管体制向统一监管的方向前进了一大步。在世界范围内并没有统一的金融监管模式，各国或地区都需要根据本国或地区的历史、金融市场的发展情况的因素等来探索自身的金融监管之道。

金融监管模式的选择实际上也是一种经济权力的配置，由于这种经济权力的配置较之于其他权力而言含有更多的经济因素，因此需要严格尊重金融规律的要求。"把金融监管规则真正还原为市场和技术规则，而不是人际和政治之术，才是对金融市场实施有效监管之正道。"②在金融监管模式的选择上，作为客观存在的两种不同的监管方式，分业监管和统一监管本身并没有优劣之分，只是结合到具体国家和地区的情况而显示出其适合与否。金融监管权力配置的最终目的是实现金融的有效监管，维护安全、有效的金融秩序，从而有效实现国家在金融领域内的职能。

对于一个国家而言，只有其能够有效地实现各项职能，国家的各种目标才能够实现。行政资源是有限的——同时也应当不断压缩不必要的行政机构设置，权力配置就应当将有限的行政资源予以科学分配，实现其内部结构的优化。国家权力是一个有机的系统，只有科学地配置内部各种权力，才能够发挥"整体大于部分之和"的功效。可以说，国家权力的科学、高效运转是实现国家职能的根本途径和保障。

（三）影响权力配置的内部与外部因素

权力配置作为一种政治活动，必然涉及大量的利益关系，从而受到多种因素的影响。根据影响因素的来源的不同，可以将其分为内部因素与外部因素。所谓影响权力配置的内部因素，是指权力系统内部的机构、体制及历史传承等因素，这些因素内生于权力自身，作为可能被权力配置变革影响到的对象，它们在权力配置进行前或者进行中，直接对这种配置活动本身发生影响。所以，

---

① 《国务院机构改革方案》，载中央人民政府网：http://www.gov.cn/xinwen/2018-03/17/content_5275116.htm，最后访问日期：2018年5月6日。

② 罗培新：《美国金融监管的法律与政策困局之反思——兼及对我国金融监管之启示》，载《中国法学》2009年第3期。

这些内部的因素与权力配置之间是一种相互影响的关系。这种内部的因素对于权力的配置既可以起到积极的作用，提高权力配置的科学化程度；但也有可能对权力的配置带来不利的影响，扭曲权力配置的本质，借助权力配置来达到某些非公共利益导向的目的。具体而言，影响权力配置的内部因素主要包括以下几个方面：

第一，国家形式。国家形式是与国家性质相对应的一个概念，"国家形式是国家主权、国家政权、民族自治权、地域和人口状况等国家的内在要素的组合形式，是国家总体构成形式和国家运行形式的总和"。① 国家形式是由国家性质所决定的，它主要包括政权组织形式和国家结构形式两个方面。长期以来，我国都是一个更重内容而轻形式——同样也包括重实体而轻程序——的国家，这种片面的做法导致制度建设的畸形化，在"文化大革命"时期就深受其害。"国家形式对特定本质的国家具有反作用，它既可以积极促进国家的形成、巩固和发展，也会导致一个国家的衰败和消亡，有时国家形式的问题也会转化为一个国家发展过程中的主要矛盾。"②国家形式对于权力的配置而言同样具有十分重要的影响。就政权组织形式而言，我国实行的是人民代表大会制度，这与有些发达国家实行的"三权分立"制度有很大的不同，这就决定我们在进行权力配置时必须紧密结合我国的政治体制，不能脱离这一最大的实际而凭空设想出一些以"三权分立"思想为理论基础的制度。就国家结构形式而言，我国采取的是单一制的国家结构形式，而不同于美国等国家所采取的联邦制，这就决定我国的地方各行政单位不具有脱离于中央的独立的权力，必须接受中央的统一领导。在中央与地方的权力划分方面，地方所享有的权力，如果宪法和法律有规定的须依宪法和法律之规定，没有规定的须依中央之授权。这就要求在权力配置时，中央机关需要严格依照宪法和法律的规定对中央与地方各自享有的权力予以明确；在宪法和法律没有明确规定时，中央机关应当依据实际情况决定是否授予地方相关机关权力，不得违背原则，在应当授予权力时惜权，在不应当授予权力时滥授权力。

第二，国家机构内部的博弈或竞争。竞争不仅存在于市场之中，而且在政治领域这一看似远离竞争的地方亦存在各种形式的竞争。例如，有研究发现，

① 孙韶林：《国家形式及有关概念探讨》，载《文史哲》2002 年第 4 期。

② 许崇德等：《宪法》，中国人民大学出版社 2007 年版，第 139 页。

在政府间也存在针对生产要素等的竞争。“政府竞争不仅体现在地方政府间，而且也反映在政府各职能部门之间；不仅同级政府以及政府各部门相互之间展开横向竞争，而且上下级之间还展开纵向竞争。”①经济学界更是有学者将中国改革开放的成功归因于地方政府之间展开的一种“晋升锦标赛”。不管怎样，政府之间、政府各部门之间存在如同市场主体之间那般的竞争这一点是没有异议的。“只要有政府，就有政府竞争，无论是在政府内部、政府之间、政府内外，也无论是在政治领域、经济领域、财政领域。千篇一律，无一例外。”②

第三，政治传承方面的因素。改革开放40年来，我国大体上实行的是一种“渐进式”的改革，这种改革方式的特点之一就是力求稳定，避免因改革而导致政治上出现大的波动。因此，改革往往针对的是“事”，即权能的改革，而较少针对“人”，即国家机构的改革。这样，改革后的权能基本上仍然由改革前的机构继续享有，即便存在对国家机构本身的改革，则改革后新成立的机构基本上也是由改革前与其职能密切相关的部门及人员组成。这种政治实践的惯例对于权力的配置同样具有重要的影响。

权力系统内部的各种因素对于权力配置的影响具有双重性，它既可能促进权力的科学配置，如地方政府与中央政府之间的博弈可以不断修正权力配置中所存在的不合理因素，从而促使其不断接近理想状态；同时，它也可能会对权力配置带来不良影响，“渐进式”改革虽然是我们在改革开放中总结出来的一条宝贵经验，但其不可避免使现有的权力享有者在这种“渐进式”的改革中“步步为营”，采取种种措施以固守其原有之权力，并尽力追求新的权力。

所谓影响权力配置的外部因素，是指外生于权力系统，但对于权力配置具有实质性影响的因素。任何政治活动都是在一定的社会环境中进行的，正如孟德斯鸠所指出的那样，即使是法律也与气候环境有着很大的关联，严寒气候下的法律与湿热气候下的法律是不同的，如在热带国家颁布禁止饮酒的法律是正当的，而在严寒国家则是不适宜的。“不同气候的不同需要产生了不同

---

① 周业安等：《地方政府竞争与市场秩序的重构》，载《中国社会科学》2004年第1期。

② 冯兴元：《地方政府竞争：理论范式、分析框架与实证研究》，译林出版社2010年版，前言第1页。

的生活方式;不同的生活方式产生了不同种类的法律。"[①]对于权力的配置来说,其同样受到了诸种外部因素的影响,并可分为国内环境与国际环境影响两种情况。此处所说的环境,是指权力置身于其中的所有非物质性因素条件,既包括经济环境、政治环境,也包括社会环境等。

首先,就国内环境而言,经济体制的改革无疑是对权力配置影响最大的一个因素。自 1978 年开始的经济体制改革,实际上也是一个不断探索科学处理政府与市场关系的过程,经济体制改革"不仅包括微观主体的再造和市场体系的重建,也包括政府职能的转变",[②]政府不断从计划经济体制下的全能型政府向社会主义市场经济下的公共服务型政府转变。政府角色定位的转变也就是政府权力配置的改革。当然,从另外一面来看,经济体制改革与政府权力配置改革之间又是一种互相促进的关系,经济体制改革推动了政府权力配置的改革;反过来,政府权力配置的改革为经济体制改革的推进提供了可能和保障,最终促使其达到一个更高的阶段,可以说二者具有一种互为因果的关系。但不可否认的是,经济体制改革的开展及其所取得的巨大成就为政治体制改革——包括政府权力配置改革——创造了良好的条件,对后者产生了重大的影响。

其次,就国外环境来看,国外的实践经验对于我国的权力配置同样具有重要影响。1978 年以后,思想上的禁区不断被打破,这使得在国家权力配置这一上层建筑问题上借鉴发达国家的先进经验成为可能,学术研究也逐渐从重视意识形态转向了重视科学因素。例如,"在以往,当我们把政治学的意识形态维度置于核心地位的时候,中国政治学中比较偏重人文科学,而对其科学性的要求便降到次要地位"。因此,有学者就"希望中国政治学能够完成一次范式转变,即从注重人文因素的政治学转向注重科学因素的政治科学"。[③] 事实上,这一转变自改革开放伊始就已经潜移默化地发生了。不仅政治学,法学、经济学等学科都更加注重探索本学科中的科学规律。

总之,不仅在实践中,而且在理论上对于借鉴外国的经验都不再成其为问

---

① ［法］孟德斯鸠:《论法的精神》,张雁深译,商务印书馆 1961 年版,第 235 页。

② 中国社会科学院经济体制改革 30 年研究课题组:《论中国特色经济体制改革道路》(上),载《经济研究》2008 年第 9 期。

③ 张国清:《从政治学到政治科学——中国政治学研究的难题与范式转换》,载《厦门大学学报》(哲学社会科学版)2004 年第 5 期。

题。由于我国是大陆法国家,因此在早期对于德国、日本等国家的经验借鉴较多;而在其他一些英美法系更为发达的领域,则对于美国等国家经验的借鉴更多。但是都必须经过一个“本土化”的过程,结合中国的具体国情加以改造,从而呈现出具有中国特色的制度设计安排。由于社会基本制度的不同,所以在权力配置方面,我国都不曾也不可能完全照搬外国经验。

(四)权力配置涉及利益格局的深刻调整

马克思曾言:“人们奋斗所争取的一切,都同他们的利益有关。”①同时期的英国人帕默斯顿伯爵也指出:“国家之间没有永恒的朋友,也没有永恒的敌人,只有永恒的利益,这些利益是我们责无旁贷的追求。”②帕默斯顿伯爵的这句话主要是借助于后来的英国首相丘吉尔之口而为世人所熟知:“我们没有永恒的朋友,没有永恒的敌人,只有永恒的利益。”可见,小至个人,大至国家,利益都永远是在不同程度上被追求的一个目标。对政治、经济和社会等资源的支配本身就蕴含于权力的本质要求之中,因此可以说权力配置实际上也是对各种利益关系的一种深刻调整,它必然受到各利益相关者的高度关注及对其施加的各种影响。总的来说,权力配置涉及两种利益关系的调整:一是权力系统内部的利益关系格局调整;二是受到权力影响的受制主体之间的利益关系格局调整。

首先,权力的配置涉及权力系统内部的利益关系调整。在过去,我们对于公权力机关有一种简单化、理想化甚或过于纯洁化的看法,即认为公权力机关都是超然于私人利益和团体利益,完全代表人民利益的主体,“认为我国的每一个行政主体(包括组织和个人)都是以完全彻底为人民服务为宗旨的,因此在个人与组织之间、上级与下级之间、各组织之间,利益、宗旨、目标、任务都是一致的,因此相互间处于无矛盾的和谐状态”。③ 然而,无论是从理论还是从现实来看这都只可能是一种理想化的空想状态。对利益的追求是人的本质要求使然,赋予人以任何角色都无法改变这一事实。公职人员的身份虽然本身就带有更高的约束性要求,但一旦这种约束由于监管不力或者制度漏缺而流

① 《马克思恩格斯全集》(第1卷),人民出版社1956年版,第82页。

② 秦治来等:《西方国际关系研究中的国家利益观》,载《中国社会科学院研究生院学报》2004年第4期。

③ 李景鹏:《试论行政系统的权力配置和利益结构的调整》,载《政治学研究》1996年第3期。

于形式，则这种公职身份就将被利用以追求与设立该权力的初衷背道而驰的目标，官员的贪污腐败、某些单位内畸高的福利政策、年底的“突击花钱”现象等，都凸显了权力被用来追求不当利益的问题。权力意味着利益与责任并存，只不过对于不同的主体来说，这二者之间的比重是不同的：对于能够恪尽职守、依法行使权力的主体而言，责任胜于一切；而对于另外一些主体而言，权力仅仅是一种达至其个人目的或小团体目的的一种手段，借此追求个人或团体利益才是最终的目的。

事实上，早在200多年前，卢梭就对于权力主体所代表的3种不同层次的利益进行过分析。“在行政官个人的身上，我们可以区别三种本质上不同的意志：首先是个人固有的意志，它仅只倾向于个人的特殊利益；其次是全体行政官的共同意志，唯有它关系到君主的利益，我们可以称之为团体的意志，这一团体的意志就其对政府的关系而言则是公共的，就其对国家——政府构成国家的一部分——的关系而言则是个别的；第三是人民的意志或主权的意志，这一意志无论对被看做是全体的国家而言，还是对被看做是全体的一部分的政府而言，都是公益。”①任何行政主体都会不同程度的代表上述的3种意志。第一，如果某一行政主体仅代表第一种意志，则行政权力完全蜕化成了某些公职人员谋取私利的工具。第二，如果行政主体仅代表第二种意志，则将成为部门利益的代言人和维护者；虽然看似超越了个人的维度而转向维护某一公权力机构的利益，但实际上仍是希图借助于该公权力机构来维护自身的利益，只不过是转而采取了一种间接的、更为隐秘的方式罢了。不过，不可否认的是，第二种情形较之于第一种情形而言，虽然最终仍然具有追求个人利益的目的，但其在客观上也强化了部门的权力，这被学者称为“部门权力化”的现象。“在政府职能与权力重新调整、政府内部各部门之间的权力、职能重新划分过程中，有些部门不是从有利于社会整体发展、有利于政府整体的职能配置合理化而是从部门利益得失角度出发不停地进行讨价还价，该下放的权力不下放，或明里下放，暗里收回；该转变的职能不转变，或文字上被迫转变，实际上仍然不变。”②权力配置涉及对不同部门之间的权力进行调整，这是对由权力关系

---

① ［法］卢梭：《社会契约论》，何兆武译，商务印书馆2010年版，第78～79页。

② 阎越：《“部门权力化、权力利益化、利益法律化”的行政管理对策研究》，载《行政论坛》1997年第6期。

所决定的利益格局的一种调整,必然会遭到那些有可能因权力重新配置而受到"不利"影响的部门的反对。"部门权力化"现象扰乱了权力的正常配置,从而使致力于实现权力配置合理化的改革遭遇重重阻力。第三,如果某一行政主体能够代表人民的利益,则这将是最为符合权力运行的本质要求的。这一类型的行政主体在行政系统中所占的比例越大,则权力配置越能向着符合社会公共利益的方向发展,并且其所遇到的阻力也将越小。

其次,权力配置将影响到权力系统外的受制主体之间的利益关系格局。有学者将权力视作一种资源,"一种存在于社会关系之中的、由一定社会主体所享有的、对相关社会主体和社会资源具有支配性力量的社会资源"。① 在权力关系中,权力双方处于不对等的关系之中,权力主体对于权力客体——或者说是权力受制主体——具有绝对的支配性,权力及其配置对于受制主体所享有的权力、可拥有的资源等都将产生极大的影响,如政府权力可以决定私主体能否继续经营煤矿,能否进入金融、铁路等关系国计民生的行业,等等。也正因如此,各种社会力量才竭力对权力及其配置施加影响,以期获得有利于自身发展的条件,最赤裸裸的就是通过行贿的方式,这也是为什么贪污腐败无论是在西方国家还是在东方国家,无论是在制度成熟国家还是尚处于社会转型的国家,都是一个极为普遍且难以有效根治的问题的重要原因。对权力施加影响的另一个重要途径就是进行游说,这在美国表现得尤为明显。美国政府的许多政策都受到利益集团影响,这在美国已是一个公开的秘密。早在19世纪30年代,法国人托克维尔就指出:"美国是世界上最便于组党结社和把这一强大行动手段用于多种多样的目标的国家。"②在美国,具有共同利益的人往往会组成团体,借助于团体的力量来实现仅靠单个个体所无法实现的目标。在华盛顿有成千上万个游说团体,其中代表经济团体的游说者数量又远远高于其他团体。经济团体主要包括工商团体、劳工团体、农业团体和职业团体。游说包括内部游说和外部游说两种方式。就内部游说而言,利益集团可以通过游说国会、游说行政机关甚至游说法院来实现自己的利益诉求。通过游说国会,获得国会的支持,利益集团就可以获得实现其目标所需要的立法帮助;通

① 周旺生:《论作为支配性力量的权力资源》,载《北京大学学报》(哲学社会科学版)2004年第4期。

② [法]托克维尔:《论美国的民主》(上卷),董果良译,商务印书馆2009年版,第235页。

过游说行政机关,与行政机关紧密合作,利益集团就能够在启动和实施阶段影响政策决定;法院在某些领域诸如教育和民权领域内对于实现利益集团的目标也具有帮助,因此也成为被游说的对象。[①] 总之,凡是权力能够影响到的领域,都必然存在各种利益集团进行游说的身影。

四、中国语境下反垄断执法权的配置

2010 年对于中国是具有深刻意义的一年,因为在这一年中国经济总量超越日本从而位居世界第二。可喜的是,中国无论是官方还是民间都较为理性地对待这一"易位",并认识到这意味着今后将承担更多的责任、面临更多的挑战。作为世界第二大经济体,中国有责任也有更大的现实紧迫感来解决自身所存在的问题,这就需要我们回归到中国的语境之下,将更多的注意力集中到中国亟待解决的问题上来。理论研究需要从中国的现实问题出发,探索可能的解决路径,创建系统化的理论体系或者借鉴外国的经验,而不是像以往那样一味地借鉴发达国家的理论,而不管其对于解决中国的现实问题是否有所助益。总之,要有中国问题意识。

具体到中国的反垄断法研究上来,同样需要结合中国市场中所存在的具体问题有针对性地展开研究。有学者认为在中国,法学界对于反垄断法的研究直到 1985 年才开始,并且在 20 世纪 90 年代初以前,这种研究尚具有明显的初级性质,即主要是"介绍国外反垄断法的一般情况,以填补人们在这方面的法律知识空白"。也正如该学者指出的那样,"这些介绍,对于反垄断法的长期研究,无疑是有重要意义的,但其初级性也是极为明显的"。[②] 但是,在过去的 20 年中,这种状况似乎并没有得到实质性地改善,当然,对于具体问题的探讨增多了,但这也主要是外国的问题,而非中国问题。因此,总的说来在《反垄断法》颁布以前,在反垄断问题的探讨中中国语境不是很强,从而使许多具有"中国特色"的垄断问题未能得以总结并在《反垄断法》的制定中得以吸纳,中国《反垄断法》的规定总体上呈现原则化、"国际化"的特征也就在情理之中了。不过可以预见,随着《反垄断法》实施的深入,在实践中将会有越

① 参见[美]托马斯·帕特森:《美国政治文化》,顾肃等译,东方出版社 2007 年版,第 300 ~ 311 页。

② 王保树:《中国反垄断法研究的现状及其展望》,载《法学评论》1991 年第 6 期。

来越多的问题不断凸显出来，这也将在客观上“迫使”反垄断法研究回归到中国的语境之下。

（一）超越反垄断法本身的权力配置

中国《反垄断法》虽然在垄断协议、滥用市场支配地位和经营者集中这些实体制度上未能更多的体现具有中国特色的成分，但在实践中反垄断执法权的配置上却进行了“弥补”。可以说改革前的中国反垄断执法模式在世界上都是独一无二的：由商务部负责经营者集中的反垄断审查；国家发改委负责查处价格垄断行为，即与价格有关的垄断协议，滥用市场支配地位，以及滥用行政权力排除、限制竞争行为；国家工商总局则负责与价格无关的垄断协议，滥用市场支配地位，以及滥用行政权力排除、限制竞争的行为。反垄断执法权的这种配置主要并非是科学、高效的执法本身的客观要求，而是混杂了过多的部门利益考量，历史也是一个重要的影响因素。

我国《反垄断法》的起草工作是由国家工商总局、商务部等部门承担的，从现实的角度来看这无可厚非，因为这些部门此前就承担着维护市场秩序的职责，深谙市场中所存在的种种问题，由其进行《反垄断法》的起草工作更具针对性。但由此而造成的问题是，在对反垄断执法权进行配置时，起草机构难以超越自身的利益考量而纯粹从保障反垄断法有效实施的角度来进行权力配置，它们都先入为主地认为自身就是实施反垄断法的天然主体，即便不能独享该权力，在与其他机构分权时，自身在反垄断执法权中也应当具有不可剥夺的一部分。例如，就国家工商总局和国家发改委之间的反垄断执法权划分来说，虽然价格垄断行为与非价格垄断行为之间存在区别，但这种区别尚未大到需要由两个不同的机构来分别负责执法。“价格垄断行为与非价格垄断行为的区分并无特别实质性的意义，其主要效果在于使人注意到，一般说来，价格垄断行为比非价格垄断行为的限制性更为严重。”①众所周知，在整个行政系统中国家发改委较之于其他行政机关而言掌握着更多的实权，人们形象地将其称为“小国务院”。反垄断执法权配置不能排除受到国家发改委影响的可能性。

---

① 许光耀：《〈反垄断法〉执法机构的管辖权划分与协调》，载《价格理论与实践》2013 年第 2 期。不过，基于当前我国反垄断执法权的实际划分，该作者认为价格垄断行为与非价格垄断行为在我国进行区分是十分必要的。

不可否认，由3个机构共同行使反垄断执法权可以形成一种竞争机制，从而激发各个反垄断执法机构执法的积极性。但是，积极有效地开展反垄断执法活动本身就是执法机构的职责所在，如果这也需要通过引入竞争予以实现的话，则对于执法机构积极执法的期望和要求也未免太低。在反垄断执法权的纵向配置方面，由于地方相关机关未能有效地参与到《反垄断法》的起草过程中，从而被边缘化，形成了当前的以中央执法机构为主体的反垄断执法体系。在《反垄断法》实施的10年时间里，反垄断执法权配置的不合理问题正日益凸显。反垄断执法权配置的完善不是一蹴而就的，但同样也不能停止努力探索，虽然依据国务院的相关规定已经形成了当前的较为稳定的反垄断执法模式，但这绝不意味着理论分析就必须局限在这一条框之中，理论应当根植于实践并具有一定的超前性或前瞻性。

（二）向反垄断法本质的回归

反垄断法是“经济宪法”，是保护市场竞争秩序的“大宪章”。作为以社会本位为本质的经济法的核心，反垄断法之社会本位体现在其对于市场竞争秩序的维护之上。“反垄断法上的社会本位是一种人文关怀的体现，它不是单纯的法律调整运用，而是立足社会，对市场秩序进行调节规制，追求市场经济的有序竞争，以达致国民经济的健康发展。”①市场经济是一种充满活力的经济，较之于自然经济和计划经济，市场经济是一种能够为社会上绝大多数人提供实现自身价值机会的经济形态，只要遵循市场经济的规律，人人都有创造财富的机会。而反垄断法则是确保市场机制有效运转的重要保障，是市场主体利益的保护者。“从反垄断法的利益保护结构看，反垄断法以社会公共利益为本位，维护整个社会利益，国家利益，保护市场竞争秩序，保护所有竞争者和消费者的利益。”②在反垄断执法权的配置方面，需要回归到社会利益本位上来，摒弃部门利益的追求，使权力及其配置真正体现经济运行规律及人民利益的要求。

“经过多年的法制建设，我国经济法和整个法治的主要矛盾已不再是无法可依，而是如何科学地执法，以保证社会主义市场经济的要求及其法的基本

① 吴宏伟、金善明：《社会本位观：反垄断法立足之本》，载《法学家》2008年第1期。

② 徐孟洲：《试论社会主义市场竞争与反垄断法》，载《中国人民大学学报》1993年第4期。

宗旨得以有效、平稳实现的问题。”[①]《反垄断法》的颁布也结束了我国在反垄断领域无专门法律可依的局面，[②]科学的反垄断执法则是当前和此后所面临的重要任务。市场情势瞬息万变，对于市场经济内的损害竞争行为，执法机构应当及时介入，以尽速恢复市场竞争秩序。垄断行为损害的利益范围广，不仅包括直接受垄断行为损害的经营者，而且消费者以及社会利益都会因垄断行为受到损害，同时，垄断行为可能还会造成不可逆转的后果，某些经营者可能会因为垄断行为而在市场上彻底消失，在执法机构介入不及时的情况下，尽管最终可以禁止垄断行为，但那些消失的经营者及其造成的其他损害可能是永远无法恢复的。这凸显出构建高效、科学、迅速的反垄断执法机制的必要性和紧迫性。总之，应避免或减少因行政系统内部的利益纷争等而导致的行政低效、妨碍经济权力有效实施的现象。

我国《反垄断法》中关于反垄断执法权的配置规定具有一定的开放性，没有明确规定具体的反垄断执法机构，这为今后反垄断执法权的优化配置提供了足够的空间。如何完善反垄断执法权的配置，这看似是一个理论问题，但实际上更是一个实践问题。任何方案的设计都必须深深根植于实践的土壤之中，必须是对实践中所遇问题的有效回应，在此基础上还需要有一定的预见性。脱离实践设计出来的制度永远都只可能是乌托邦式的构想。“行政管理技术无疑是一门科学，而且所有的科学为了不断进步，都必须逐代总结前代的经验。人们在短促的一生中，有的人笃行，有的人立言；前者在发明方法，后者在创造理论。人类就是这样一边前进，一边收集个人的不同经验果实，而逐渐建立起各门科学的。”[③]本书对于反垄断权配置的完善分析是建立在过去反垄断实践的基础之上的，并且认为反垄断执法权配置模式的优化不是一劳永逸的。相较于美国、德国等发达国家而言，我国在制定反垄断法方面已经晚于它们，但在《反垄断法》的执法方面却不再有任何理由落后。在不断的反垄断执法实践中，现行执法机制中存在的问题将不断暴露出来，这将是我们完善反垄

① 潘静成、刘文华：《经济法》，中国人民大学出版社2008年版，第90页。

② 在《反垄断法》颁布以前，对于垄断行为的查处只能依据《反不正当竞争法》中的相关条款以及其他法律中有关禁止垄断的条款，《反垄断法》是禁止垄断行为的第一部专门性法律。2017年11月4日，第十二届全国人大代表大会常务委员会第三十次会议对《中华人民共和国反不正当竞争法》进行了修订，删除了有关反垄断的内容。

③ [法]托克维尔：《论美国的民主》（上卷），董果良译，商务印书馆2009年版，第259页。

断执法权配置模式最为重要的指示器。只有在不断地根据实践需要对制度进行修正的过程中,反垄断执权配置模式才能够真正得到优化,这也是一条最为可行的路径。

第三章　反垄断执法权配置的哲学基础

综观世界上大多数国家在反垄断方面的实践，我们不难发现各国实际上都遵循着不同的历史轨迹。就反垄断法的制定来说，既有早在19世纪末就制定了反垄断法的美国，也有大量在20世纪制定反垄断法的国家，如德国、英国、日本、意大利等，还有进入21世纪以后才制定反垄断法的中国。就反垄断法的执法模式而言，既有以行政执法为主的欧盟、韩国等，也有以司法模式为主的美国。在反垄断行政执法机构的设置上，有仅设立单一执法机构的日本、欧盟，也有设立两个执法机构的美国，以及设立3个执法机构的中国。在反垄断执法的尺度上，各个国家根据不同历史时期经济发展的情况采取了宽严不同政策，等等。这似乎都彰显出在反垄断领域中存在的一种"乱象"，但这却是极为正常的。"世界上没有两片完全相同的树叶"，同样，世界上也不曾有两个在反垄断制度方面即便是高度相似的国家。这说明各个国家在反垄断法制度的发展方面实际上受到了一种"神秘"力量的支配，这即马克思和恩格斯所指的经济基础对于上层建筑的决定性作用。各国反垄断法制度及执法都不可能超越其所在的具体历史时期的社会经济状况。在完善反垄断法制度和实施反垄断法时，坚持历史唯物主义的观点，可以在看似变动不居的反垄断实践中找到一个坚实的基点，消除或减少盲目性，提高预见性,破除对于其他国家的盲信,真正做到坚持从本国的实践出发进行制度的完善和开展适时适宜的反垄断执法。

一、经济基础对反垄断法及其执法的决定性

经济社会发展的程度将决定与之相适应的法律的形态。在封建社会时期,统治阶级最为重要的任务就是维护和巩固自身的统治,在这种社会之下,社会关系相对简单,制定刑法和一定的民事法律即可以满足对社会关系调整的需要。进入资本主义社会以后,商品经济关系不断发展,出现了许多新形式的经济活动,其复杂程度远超出了简单的刑法和民法的调整范围,从而需要根据商品关系发展的需要制定相应的法律。高度发达的自由市场经济的发展是反垄断法产生的基本前提,在计划经济下,企业之间的关系不是竞争而是竞赛,在这种背景之下就不可能存在因自由竞争而产生的垄断行为,因而也就没有制定反垄断法的现实需要。可见,经济社会的发展首先将决定一个国家是否需要制定反垄断法,决定其是否具有这样的社会土壤。

其次,社会经济的发展还将决定一个国家反垄断法的内容。一般来说,在一个国家市场经济发展的早期阶段,垄断行为的形式都较为简单,因此反垄断法的规定也就不可能对市场上尚未出现的垄断行为进行规定。① 不过,随着垄断行为的日益复杂化以及新的垄断行为的出现,必然导致原有反垄断法无法适应新形势的要求,从而需要对其进行修订。例如,欧共体《罗马条约》中并没有专门针对企业合营的规制条款,虽然欧共体委员会也根据《罗马条约》第 86 条对企业合营进行规制,②但是该条只适用于已具有市场支配地位的经营者与其他经营者之间的合并,对于那些事先并不具有市场支配地位的经营者集中则不适用,因而具有很大的局限性。鉴于此,欧共体理事会于 1989 年制定了《合并条例》,从而成为欧共体竞争法的核心内容之一。

社会经济发展状况对于反垄断执法也具有决定性作用,如美国在 20 世纪 30 年代经济危机以后,市场经济处于崩溃的边缘,在这种背景下政府全面介

---

① 需要说明的是,这仅适用于那些创制反垄断法制度的国家,因为对于那些已经有他国经验可循的国家而言,即便其国内尚未出现某种垄断行为,其亦可以借鉴他国的经验而在制定反垄断法时事先予以规定。

② 该条是关于禁止滥用市场支配地位的规定。

入市场，在反垄断执法方面力度也不断加强，这一趋势一直持续到20世纪70年代。后来随着经济“滞胀”的出现，经济自由主义的呼声加强，政府不断减少对市场的干预，反垄断执法当然也日趋减弱。可见，经济的发展状况直接决定政府反垄断政策的宽严程度。

（一）马克思经典作家观点之启示

马克思是历史唯物主义的发现者。恩格斯在马克思墓前的讲话中将历史唯物主义和剩余价值理论视作马克思一生中的两大发现。历史唯物主义证明了人类历史如同生物界一样也是受一定规律所支配的，从而为人类摆脱盲目性提供了可能。马克思在《〈政治经济学批判〉序言》中集中阐述了历史唯物主义的观点。

马克思在对黑格尔法哲学进行批判性分析时，通过研究发现：“法的关系正像国家的形式一样，既不能从它们本身来理解，也不能从所谓人类精神的一般发展来理解，相反，它们根源于物质的生活，这种物质的生活关系的总和，黑格尔按照十八世纪的英国人和法国人的先例，称之为‘市民社会’，而对市民社会的解剖应该到政治经济学中去寻找。”[①]马克思对于法与物质生活的关系作出了精辟地说明，法律只能是决定于特定的物质生活关系，而不是相反。所以，有什么样的社会，就会有什么样的法律。在封建社会决不会产生当今社会中所有的铁路法、银行法等，同样，在当今文明国家中也不会有“七出”“三不去”“同姓不婚”的婚事法制度，更不会有含有“五刑”“车裂”等的刑事法制度，等等。

对于反垄断法的认识，同样不能仅从其本身出发，而是要紧密联系市场经济发展的实践来理解。由于人的认识能力是有限的，所以作为这种认识的总结的反垄断法就不可能对市场竞争秩序的方方面面都作出规定，在立法上就只能采用一种较为原则性的规定来对这种认识能力的不足进行弥补。如果为了纯粹追求立法上的完备而大肆照搬他国的规定，则只能是一种自欺欺人的表现，脱离本国的实践的法律，即使其在形式上做到科学、完备，终究也将无益于本国的实践。反垄断法只有在不断的执法过程中通过解决所遇到的种种问

① 《马克思恩格斯选集》（第2卷），人民出版社1972年版，第82页。下文中有关马克思历史唯物主义观点的引用，如无特殊说明，均引自《马克思恩格斯选集》（第2卷）中的《〈政治经济学批判〉序言》。

题才能够得以完善，我国《反垄断法》的粗线条规定也是一种次优的选择，只有如此才能够面对那些已知的以及未知的垄断行为。但是，这必然给执法人员带来诸多不便，这要求其能够深谙市场竞争之精神，真正将体现在反垄断法条文中但却并未直接表达出来的衡量标准适用于垄断案件的处理之中。

反垄断法只是对维护竞争关系的一种表达，想要真正掌握反垄断法必须具有一定的经济学基础，借此透过反垄断法的条文看到其背后所隐藏的经济规律。严格依照反垄断法的规定展开执法，归根结底是要严格遵循竞争规律的客观要求。马克思指出“对于市民社会的解剖应该到政治经济学中去寻找”，意指掌握了政治经济学的规律，也就找到解释世界的钥匙；马克思在政治经济学领域所取得的巨大成就，尤其是作为结晶之作的《资本论》的完成，无疑是奠定马克思在人类思想史中重要地位的主要原因。可以说，对经济规律和竞争规律的认知程度将直接决定反垄断执法的水平，当然，反垄断执法权能否得以科学配置在很大程度上也取决于此。

马克思在政治经济学领域的卓越研究发现：“人们在自己生活的社会生产中发生一定的、必然的、不以他们的意志为转移的关系，即同他们的物质生产力的一定发展阶段相适合的生产关系。这些生产关系的总和构成社会的经济结构，即有法律的和政治的上层建筑竖立其上并有一定的社会意识形式与之相适应的现实基础。物质生活的生产方式制约着整个社会生活、政治生活和精神生活的过程。不是人们的意识决定人们的存在，相反，是人们的社会存在决定人们的意识。”我国虽然早在20世纪80年代中后期就由国务院法制局成立了反垄断法起草小组，但是出台反垄断法仍然不具有社会需求和深厚的社会土壤，因为当时“市场经济不发达，尤其因为国家所有制在国民经济中居于主导地位，西方国家中典型的私营部门的托拉斯及有其垄断市场的情况在我国还不存在”。[①] 而虚假广告等不正当竞争的行为却大量存在，在这种社会背景之下，无论是社会舆论还是决策层都将注意力集中在对不正当竞争行为的治理上，对于尚未出现的市场经济垄断行为则自然不会给予过多关注。因此，我国在1993年就出台了《反不正当竞争法》，而作为竞争法另一重要组成部分的反垄断法则需要在不断发展的社会主义市场经济中证明其存在的价值及出台的必要性，这一过程持续了10余年的时间。虽然反垄断法的“难产”

① 史际春：《反垄断法是市场经济社会的“计划法”》，载《法学家》1993年第3期。

有部门利益之争而产生阻力的原因，正如有学者曾指出的那样，“在中国当前反垄断立法的各种阻力中，政府部门的阻力可能是最大的阻力”，[①]但是从根本上来看，还是市场经济发展水平所决定的。

在反垄断法的执法方面，有学者认为，“与很多法律制度、特别是民事法律制度相比，反垄断法属于新兴的、甚至有些‘另类’的法律制度，其实施往往受到特定的社会环境、经济形势等因素的影响”。并指出，“很多国家的反垄断法也都不是一开始就得到严格实施的。例如，被公认为世界第一部成文反垄断法的1890年美国《谢尔曼法》到20年后的1910年才开始得到严格实施；日本在美国占领下于1947年制定的《禁止垄断法》也是直到20多年后的20世纪70年代才得到比较严格的实施”。[②] 虽然该学者并没有由此而认为我国《反垄断法》也要一二十年才能得到真正的实施，但这确实是其他许多人的观点，即认为可以以美、日等国早期不严格的反垄断法实施活动来说明我国反垄断执法机构在《反垄断法》颁布以后最初的三四年时间中未展开大规模执法活动也是一种正常现象。

本书认为，《反垄断法》执行的状况，主要是由社会经济的发展所决定的。首先，2008年始于美国的金融危机开始席卷全球，已融入世界经济之中的中国经济不可避免地也会受到影响，各行业经历了不同程度的经济不景气，在这种背景之下反垄断执法机构必然慎于严格执行《反垄断法》。其次，国有企业在我国国民经济发展中居于重要地位，虽然民众对于国有企业可能存在的垄断行为反响很大，但由于反垄断执法机构之前积累丰富的针对经济垄断行为的执法经验，对国有企业采取的任何不当措施都有可能影响其所在的整个行业的发展，因此就决定了反垄断执法机构的谨慎执法态度。最后，对于那些广泛存在于全国市场的垄断行为，由于其数量多、在全国的影响也小，囿于执法力量的缺失及反垄断执法权在纵向分权方面存在不合理之处等原因，反垄断执法机构在初期难以对其展开有效的执法，从而也就留下了反垄断执法不严的印象。

马克思指出：“社会的物质生产力发展到一定阶段，便同它们一直在其中活动的现存生产关系或财产关系（这只是生产关系的法律用语）发生矛盾。

① 王晓晔：《入世与中国反垄断法的制定》，载《法学研究》2003年第2期。

② 王先林：《我国反垄断法实施的基本机制及其效果——兼论以垄断行业作为我国反垄断法实施的突破口》，载《法学评论》2012年第5期。

于是这些关系便由生产力的发展形式变成生产力的桎梏。那时社会革命的时代就到来了。随着经济基础的变更,全部庞大的上层建筑也或慢或快地发生变革。”这说明生产力决定生产关系,生产关系必须适应生产力的发展;当生产关系发生变革之后,竖立其上的法律制度也必须进行变革,否则将束缚生产力的发展。虽然我国《反垄断法》颁布才10年的时间,但这并不一定意味着《反垄断法》未出现“落后于”生产力发展要求的情况。《反垄断法》是否需要修改、完善,应当取决于其是否能够推动生产力的发展,不能仅以其颁布时间的长短作为衡量的依据。如果《反垄断法》的规定适应规制垄断行为的需要,则任何人都无法将其废除;而一旦其不再适应这种需要,则同样任何人都不能阻挡对《反垄断法》的变革和完善。依据社会经济发展的状况进行评估,如果确定《反垄断法》存在缺陷,则并不是对之前的反垄断立法的一种否定,在此问题上必须打破思想观念上的禁锢。如果《反垄断法》的出台是我国社会主义法制建设的一个里程碑,那么之后对《反垄断法》的完善则是一项更加持久的、艰巨的任务。

“无论哪一个社会形态,在它们所能容纳的全部生产力发挥出来以前,是决不会灭亡的;而新的更高的生产关系,在它存在的物质条件在旧社会的细胞里成熟以前,是决不会出现的。”马克思明确地指出了社会形态更替的关键在于其是否能够继续推动生产力的发展,这是一种生产力的标准,新的更高的生产关系能否出现,也取决于其所赖以依存的物质条件是否具备。这为我们认识人类社会发展变化的轨迹提供了一个科学的指导依据。依此推知,法律制度、生产组织方式等在其所具有的全部价值发挥出来之前,同样不会灭亡。只要市场上还存在有损害竞争的行为,反垄断法就有存在的必要,问题的关键已经从制定反垄断法转向了如何完善反垄断法。只要反垄断法中的具体条文仍能有效规制垄断行为,其就有存在的价值;但这种价值的发挥需要借助于科学合理的实施机制才能最终实现,否则就永远是虚幻的而非现实的价值。在反垄断执法权的配置上同样需要坚持生产力的标准,不能受到领导意志、部门利益等的不当影响而歪曲了权力的本质要求。

作为在反垄断法领域中尚属后起国家的中国而言,对于外国的反垄断法制及其实践,应当借鉴的是其背后所体现出来的智慧,而不应满足于形式上的照搬。恩格斯曾指出:“一切社会变迁和政治变革的终极原因,不应当在人们的头脑中,在人们对永恒的真理和正义的日益增进的认识中去寻找,而应当在生产方式和交换方式的变更中去寻找;不应当在有关的时代的哲学中去寻找,而应当在有关的时代的经济学中去寻找。”[①]对于外国反垄断法制的变迁，我们不能仅停留在对其纸面上条文更改的关注，应当将注意力延伸至条文更改背后的社会生产的变迁，因为这才是其条文更改的真正原因，以此来判断其对法条所做的修改是否必要、是否合理。如答案为肯定，则分析有哪些经验值得我们借鉴；如答案为否定，则考究有哪些教训值得我们吸取，只有这样才能真正有益于我国反垄断法治的发展。这也说明，对于外国的反垄断法制及其实践最为透彻的把握，只有在对该国经济发展的变更中所体现出来的经济规律有较为正确和清晰地认识之后才能够实现。可以说，一国的反垄断法制度是该国市场经济发展中竞争规制的缩影，仅考察该国反垄断法律文本无法获得其对我国是否具有借鉴意义的结论，因为各国经济发展的水平并非彼此吻合，尤其是对于我国而言，与那些为我们所借鉴的发达国家之间仍处于不同的发展阶段：我国尚处于社会主义市场经济发展的初级阶段，而发达国家已进入市场经济发展的中、高级阶段。就某一行业而言，在我国可能是一个新兴产业，而在国外可能已经步入成熟阶段，这样，对于后者所适用的反垄断法规则就不一定适宜于前者。此时，更应当去考察该国在该产业发展初期施行何种反垄断法则，以及这对于我国而言是否具有借鉴意义，而非一味地将注意力集中在该国当前对该产业所采取的法律规制之上。

马克思所创立的历史唯物主义揭示了人类社会历史发展的规律，使经济学、法学等成为科学。历史唯物主义拒绝从人的头脑中发明出制度，而是要求借助于人的头脑根据社会的发展规律来发现那些与之相适应的制度。在经济法学尤其是反垄断法学这一与市场经济规律联系尤为紧密的领域，法律的制定、修改、完善及实施都必须始终以社会经济的发展为根据，建立于此基石之上。

（二）李斯特经济思想之现代启示

弗里德里希·李斯特是德国19世纪上半叶著名的经济学家，他从当时德国国内的实际情况出发，提出德国应当实行贸易保护主义等一系列的政策，希望借此推动德国经济的发展。李斯特提出的许多观点，都是对当时西方国家盛行的经济学观点的批判，因为主流的经济学观点大多是代表经济实力雄厚的英国等国家的经济政策主张，这对于那些经济发展远不及英国的国家而言，

---

① 《马克思恩格斯选集》（第3卷），人民出版社1972年版，第425页。

无疑是不利于其经济发展的。李斯特是国家利益的代表者,展现出了自身的爱国主义情怀。当前的中国在世界经济中的地位,与19世纪的德国在世界经济中的地位相似,尽管李斯特当时所提出的某些经济学观点在当今可能并不适宜,但是李斯特经济学思想对于当今中国的价值主要不在于其经济学的内容方面,而在于其能够根据国家的具体情况提出能够实现国家利益最大化的政策,不是一味鼓吹那些虽然在理论上正确但在实际中却并不符合本国实际的经济学观点。这实际上是符合后来马克思所指出的经济基础决定上层建筑的观点的:德国当时国内的产业大都处于萌芽阶段,如果跟随那些产业已经很发达的英国等国家奉行自由贸易主义政策,则德国的经济无疑会遭到巨大的打击,这一现实决定了德国必须采取符合本国国家利益的政策。李斯特的经济学思想主要体现在《政治经济学的自然体系》和《政治经济学的国民体系》这两本巨著之中。这170多年前的著作对于处于经济转型时期的中国而言仍然具有借鉴和启示意义。

李斯特反对在德国实行英国的古典政治经济学理论,他认为亚当·斯密的理论只是英国统治者在依靠贸易保护主义获得成功以后对其他国家进行的一种意识形态的输出,而贸易保护主义则被英国抛弃,因为当其自身的经济实力强大以后,就无须再通过贸易保护来防止来自他国的威胁,现在需要借助推行自由贸易主义来消除其他国家的恐惧感——这种恐惧在英国未强大之前同样有过。英国采取的这种措施,正如李斯特所形容的那样:“一个人当他已攀上了高峰以后,就会把他逐步攀高时所使用的那个梯子一脚踢开,免得别人跟着他上来。亚当·斯密的世界主义学说的秘密就在这里。”英国正是在其攀登上高峰以后,将其之前所用的贸易保护主义的“梯子”一脚踢开,并竭力劝阻其他国家不要再深受贸易保护主义之“害”。“任何国家,如果靠了保护关税与海运限制政策,在工业与海运事业上达到了这样的高度发展,因此在自由竞争下已经再没有别的国家能同它相抗,当这个时候,代它设想,最聪明的办法莫过于把它爬上高枝时所用的梯子扔掉,然后向别的国家苦口宣传自由贸易的好处,用着那种过来人后悔莫及的语气告诉它们,它过去走了许多弯路,犯了许多错误,到现在才终于发现了自由贸易这个真理。”①如果那些实力较

① [德]弗里德里希·李斯特:《政治经济学的国民体系》,陈万煦译,商务印书馆1961年版,第307页。

弱的国家不从本国的实际出发,盲信于发达国家的理论,则往往会使本国尚未发育成熟的经济遭受到毁灭性的打击。一个国家应当根据自身经济发展的水平来决定应采取何种经济政策,而不应随波逐流。适合于发达国家的经济政策并不一定就适合于那些在经济上仍然处于赶超地位的国家。发达国家在鼓吹某一有利于其自身经济利益而并非能够有利于他国利益的经济政策时,往往都会将自身装扮成世界利益的代表者,从而占据道德的制高点,而其实际上却完全是一种促进本国一国之利的行为——甚至不惜诱骗他国采取并不适合该国情况的经济政策。

"虽然英国鼓吹自由贸易,但它的所作所为却完全是另一回事。英国所谓的自由贸易,是英国有权在全世界自由地销售它自己的制成品及其殖民地的产品,同时又壁垒高筑,以阻止外国产品在本国市场与它自己的产品竞争。""真正的危险是,最强大的国家会以'自由贸易'这一口号作为托辞,采取某种政策,使自己能够控制弱小国家的贸易和工业,把它们置于受奴役的地位。"①在国与国的关系上,强国与弱国从来就没有真正实现过平等,平等只存在于实力相当的国家之间。强国为了维护自身的利益,首先是从政策上向弱国施压,以确保强国所欲实行的政策能够在弱国畅行,如果这种方式难以奏效,则会采取诸如经济制裁等方式,当这一切都无法达到其预期的目的时,发达国家最终会诉诸武力。

当今的中国就如同是李斯特时期的德国一样,本国的工业尚不是很发达,而且各自都面临一个超级大国,当今的中国面对的是美国,而当时的德国面对的则是英国。本书对李斯特在当时社会环境下提出的观点的认同,绝非意味着本书主张在当今的中国也公开实行贸易保护主义,因为在中国已经加入世界贸易保护组织、融入世界经济潮流之中的今天,任何贸易保护主义不仅违反国际贸易规则,而且会致使中国在国际贸易中处于孤立,最终将损害自身的国家利益。但这绝不意味着实行完全的自由贸易主义,因为"拆除要塞、遣散军队的国家不可能得到永久和平的利益。在其他国家还保留着关税的情况下,

---

① [德]弗里德里希·李斯特:《政治经济学的自然体系》,杨春学译,商务印书馆1997年版,第22页。

废除自己的关税的国家也不可能享受到世界自由贸易的利益”。[①] 现在就让中国某些尚处于发展初级阶段的产业的这些“羔羊”和其他发达国家早已发展成熟的产业的那些“狮子”躺在一起还不安全。

由于意识形态方面的差异，某些发达国家对中国经济的快速发展总是保持着高度的警惕，并总是想方设法加以遏制，可以预见，在今后较长的一段时间内这些国家在政策定位上必然仍将中国视为潜在的敌人，其在表面上与中国的任何友好都无法掩饰或消弭这种角色定位。例如，某些发达国家，包括某些国际组织常常指摘中国的国有企业的发展，认为国有企业严重损害了市场竞争，应当尽快对其进行私有化。世界银行在2012年发布《2030年的中国：建设一个现代、和谐和富有创造力的社会》，在该报告中世界银行指出：中国的私人企业比国有企业更富有创造力，盈利性更强，也更具有创新性，因此，中国需要在今后使企业面对来自放松管制、国际贸易以及私人参与所带来的竞争。私有化和市场化改革在绝大多数生产性行业中都带来了富有活力的竞争。在金融体制改革领域，世界银行报告指出私有化将是确保国有金融机构具有商业化取向的最佳方式；主张对国有经济进行改组，要缩小国有企业的规模，对其实行私有化。[②] 世界银行该报告中的私有化建议引起了一些中国学者的反对，如在世界银行行长佐利克在北京举行记者会时曾有学者进行抗议。[③] 不可否认，国有企业自身确实存在许多问题，但是实践中许多国家进行的私有化也并未取得预期的效果，反而使其经济遭受到了前所未有的打击。总之，对于走何种道路、实行何种政策，必须从中国的实际出发，对于国有经济体制所存在的问题，不能过于简单地认为其对立面——私有经济体制——就一定能够有助于这些问题的解决。在反垄断问题上，切不可受新自由主义思

① ［德］弗里德里希·李斯特：《政治经济学的自然体系》，杨春学译，商务印书馆1997年版，第30页。

② See“China 2030：Building a modern，harmonious，and creative society”，pp. 104，105，110，118，Accessed October 10，2017. http://www.worldbank.org/en/news/feature/2012/02/27/china-2030-executive-summary.

③ 独立学者杜建国在世界银行发布会上向会场人员发放材料，指责世界银行该报告中有关对中国国有企业改革方面的建议。虽然杜建国选择的这种抗议的方式受到了一些人的质疑，但是他毕竟代表了那些反对一味信奉私有化的学者的意见，能够引起人们对私有化政策的反思。载凤凰财经网：http://finance.ifeng.com/news/hqcj/20120229/5675621.shtml，最后访问日期：2017年10月10日。

潮的不利影响,对那些占据垄断地位的国有企业贸然进行反垄断。虽然竞争很重要,但同样不能将其神化,竞争并不能解决所有的问题,如在竞争相对充分的乳制品行业,激烈的竞争并没有保证乳制品的质量,而是导致乳制品整个行业的“沦陷”。在某些领域,问题的关键并不是竞争的缺失,缺失的是监管。

李斯特用经济学的理论形象地刻画出了国家之间的利益关系,对于落后国家而言,先进国家的经验固然可以借鉴,但不可盲信。在借鉴之前,首先必须对于自身所待解决的问题有清晰的认识,而不能将借鉴本身当作一种目的。李斯特的观点实际上就体现出了经济基础决定上层建筑的原理,其中心思想就是主张以本国的经济基础——而不是他国的经济基础——来确定法律制度的构建、经济政策的选择等。对于一个法治社会来说,任何政府行为——即便其目的是更好地实现国家利益,一旦游离于法律之外,则不仅会招致本国民众的反对,而且会面临来自国际社会的压力。对于当今的中国而言,如何将国家的经济政策上升为法律的形式,并通过法律的实施来实现国家的经济政策是需要重点解决的问题。李斯特无法给当代的中国提供解决问题的具体建议,但隐含在其著作中的伟大思想对于中国选择适合自己的道路却具有重要的启示意义。

(三)当前反垄断执法之社会环境及其对反垄断执法的要求

我国在2010年国内生产总值(GDP)超过39万亿元,从而成为世界第二大经济体,2017年GDP达到82.71万亿元,①这意味着我国已经成为一个经济大国。但中国仍然是一个发展中国家。首先,我国的经济发展水平仍然较低。虽然我国GDP总量仅次于美国,但人均GDP却远远落后于发达国家,2010年在世界仅排名第90位,2017年上升到第70位,人均GDP为59,660元,而美国的人均GDP在6万多美元以上,是中国的6倍之多。我国的人均收入水平也较低,2010年是3941美元,而美国则达到了43,223美元,日本达到了39,190美元,差距巨大。不仅如此,我国居民收入差距也较大,在2010年基尼系数就已经达到了0.458,超过了国际公认的0.4的警戒线。其次,我国的经济结构不甚合理,经济发展质量也不高。在对外贸易方面,我国仍然处于全球产业链的低端;科技创新能力不足,我国仍是一个制造业大国,而非品

---

① 《中华人民共和国2017年国民经济和社会发展统计公报》,载国家统计局网:http://www.stats.gov.cn/tjsj/zxfb/201802/t20180228_1585631.html,最后访问日期:2018年3月6日。

牌大国，自主创新能力仍然较弱。[①] 我国从经济大国向经济强国的转变，较之于从经济小国向经济大国转变而言，需要更长的时间才能实现。以汽车工业为例，民族品牌屈指可数，在国际汽车行业中更是无法占据一席之地。进入世界500强企业中的中国企业，大多是国有企业，私有企业的数目十分少，企业的国际竞争力仍然较弱。这就决定反垄断执法必须符合当前中国经济形势的要求，脱离这一背景的执法必然会有损经济的发展。

"经济理论界似乎有一种普遍且根深蒂固的信念，[②]即强化竞争可以增进经济效率和社会福利。这几乎已成为一个不可争辩的定论。经济学家们醉心于完全竞争及其效率关系理论体系的构建和精雕细琢之中。对竞争普遍抱有的这种信念，使绝大多数经济学家无法忍受限制竞争的做法，即使是在一国甚至世界主要产业出现了严重的源于延续性的过剩生产能力或过度供给的过度竞争的状况下，上述理论家依然坚信，通过竞争市场的价格机制调节，可以有效地解决此类问题。"[③]对于某些词语，似乎人们先天地就倾向于将其划分为褒义和贬义：竞争往往更容易获得人们的偏爱，并被认为是好的事物；而垄断则会遭到人们的憎恶，认为垄断就一定会带来不良的后果。事实上，竞争与垄断都是中性词语，其本身并非就能绝对地引领人们走上繁荣的康庄大道或者误导社会进入衰落的深渊。

竞争也具有不利的一面，正如垄断具有有利的一面一样。日本在适用反垄断法上所采用的灵活态度可以较好地说明这一点。第二次世界大战以后，日本国民经济几近瘫痪，面临着严峻的经济复兴任务。为了防止日本的军国主义复燃，在美国的主导下，日本于1947年制定了《禁止私人垄断和确保公平交易的法》。但日本最初并没有严格实施该法，并且在1953年对该法进行了修正，放松了对经营者集中的控制，因而出现了许多企业合并的案件。"1963年，日本通产省提出'新产业体制论'，认为当时的日本企业无论是从生产规模还是在经营规模上都普遍偏小，众多的小企业在产品价格、技术改良和设备投资等方面陷入过度竞争，还不具备和外国企业竞争的实力。因此，政府应该

---

① 参见李平等：《中国从经济大国向经济强国转变对策探讨》，载《经济纵横》2012年第8期。

② 事实上，不仅经济学界，而且法学界内尤其是竞争法学界也是十分偏爱于竞争，从而将任何有碍于竞争的事物都视为是不可容忍的。

③ 曹建海：《过度竞争论》，中国人民大学出版社2000年版，第1～2页。

鼓励企业扩大规模,避免过度竞争,有意识地促进企业间的合作、提携等共同行为。"①这说明日本并没有盲目相信反垄断法所可能带来的好处,而是实事求是地分析了当时自身的国情,运用产业政策来推动国民经济的发展。这取得了良好的效果,在20世纪70年代中后期,日本的经济就已经强大到仅次于美国的程度。假使当时日本实行的是严格的竞争政策而非鼓励企业做大做强的产业政策,则其经济将不可能恢复得如此之快,对于这一点应无太大的疑问,因为绝大多数人对于日本在19世纪50年代至70年代中期所实行的产业政策都持肯定的态度。

有学者认为,虽然消费者群体利益的保护应当是竞争政策的终极目标,但是在一定的时期之内,同样需要重视企业的发展。"由于竞争政策在推行的过程中还有些许阻力,体制改革还有待进一步推进,企业规模也有待壮大,这个阶段的社会福利分配可能无法完全倾向于消费者群体,而是要关注企业成长的需求,竞争执法也可能适度放宽,但这也是世界各国在引入竞争政策初期所体现出来的共同特点。"②在国家发展的不同阶段应当实行何种经济政策,对于这一问题必须严格根据所处阶段的社会经济发展状况来确定。虽然消费者的利益在任何时期都是应当受到保护的一种法益,但是如果为了实现整个国家经济的发展,实现更大的社会利益,在一定条件下对于消费者的利益也需要做出有限的牺牲。

我国当前的经济状况虽然与第二次世界大战后的日本有本质的区别,但同样面临当时日本所面临的重大问题,即如何赶超发达国家。我国的经济已经实现了"做大"的目标,而在"做强"方面则仍然任重而道远。国家经济的强大有很多表现方式,但综观现代世界强国不难发现,其都拥有数量众多的在国际上具有较强竞争力的企业。当前我国企业之间的无序竞争、过度竞争现象严重,在这种企业竞争中虽然消费者可能会因为企业之间的价格战而享受到低价的好处,但这不仅损害了企业的正当利益,而且从长远来看也将最终损害消费者的利益、社会利益和国家利益。这就要求在反垄断执法方面,应当努力为企业的做大做强创造条件,具体而言,应当尤为注意以下几个方面:

① 戴龙:《日本反垄断法实施中的竞争政策和产业政策》,载《环球法律评论》2009年第3期。

② 徐士英:《竞争政策与反垄断法实施》,载《华东政法大学学报》2011年第2期。

第一,根据实际情况准确确定《反垄断法》适用除外及豁免的范围。我国《反垄断法》第15条对于能够被豁免的垄断协议的范围规定得比较原则,并且保持一种开放性的态度,设定了一个兜底性的条款,如果属于法律或者国务院规定的其他情形的,则可以不适用于《反垄断法》。当前应当鼓励企业在不损害消费者的利益的前提下展开各种形式的合作,以整合资源,提高经济效率,增强自主创新的能力,而不是将竞争本身作为追求的目标而放任企业之间的恶性竞争、过度竞争。"竞争可以使社会总财富最大化,但是并不必然导致财富的最优分配。当今反垄断政策强调竞争的主要目的是把社会经济这块蛋糕做大,至于如何分配这块蛋糕,主要由其他手段来决定(例如,市场或者其他方面的立法)。"①从某种意义上来说,反垄断法的主要目标不在于实现经营者与消费者之间的公平分配问题,而在于通过对自由竞争秩序的维护来为企业的发展创造良好的环境,借助于企业的做大做强来推动国民经济又好又快地发展,在此基础上实现民众的利益需求。

第二,在经营者集中方面,应当鼓励企业之间进行符合国家经济政策的集中,不断提高产业在国际上的竞争力。经营者集中政策的宽严程度可以通过经营者集中的申报标准和经营者集中的审查标准这两方面来予以控制。我国当前的反垄断申报标准是比较高的,能够达到该标准的经营者集中行为并不是很多,因此这将有利于中小企业之间的集中,应该说该申报标准是符合当前我国经济发展的实际情况的,这也是为什么将经营者集中的反垄断执法权保留在中央而未下放到地方执法机构的一个重要原因。在经营者集中的反垄断审查中,如果集中对于竞争秩序和消费者的利益影响不大,或者虽然影响较大但可以通过附加限制性条件等方式予以减小,则反垄断执法机构应当做到原则准许、例外禁止,同时要不断提高审查的效率。

第三,在国有垄断行业领域,应当持谨慎、逐步引入竞争的态度,进行渐进式的改革,切不可迫于公众舆论的压力而进行"休克疗法"式的改革,全面开放。在电信、电力、铁路等领域,因国有企业垄断确实引发了许多问题,对此社会公众的不满情绪也在日益积累,但是在这些行业中引入私有经济,以期借其与国有企业的竞争来解决现有的问题,将是一种极大的冒险。因为在这些关

① [美]欧内斯特·盖尔霍恩等:《反垄断法与经济学》,任勇等译,法律出版社2009年版,第47页。

系国计民生的领域,我们从竞争中所获得的好处将十分有限,而因竞争所可能导致的损害将是整个社会、国家都难以承受的,甚至会引发社会动乱。而且,因为“反垄断规制更倾向于关注竞争是否受到影响,而政府产业规制更看重社会公共利益或产业发展,因此很难得出结论认定竞争目标优先于社会公共利益目标或产业发展目标。”①因此,在该领域切不可贸然行之。对于这些领域中所存在的问题,应当更加注重通过加强监管来予以解决。

世界各国的反垄断执法具有共性,但更多的是各国在执法中所表现出来的体现其个性的方面,这源自各国的国情不同、一国在不同时期内的社会发展情况也不同。反垄断执法只可能是在一定社会环境中的反垄断执法,脱离特定的社会环境所展开的执法活动终将不利于实现其所执行的法律的宗旨,也有悖于历史唯物主义理论的观点。我国当前的反垄断执法必须牢牢把握住当前及今后一段时间内的国民经济的具体特点,展开与其相适应的执法,做到既不超前也不滞后。

(四)反垄断执法社会环境之发展及其对反垄断执法的要求

随着我国经济的不断发展,经济结构将不断优化,企业自身的创新能力将不断得到提升,在国际上的竞争力也将显著增强。根据我国现在经济发展的速度,到2030年我国的国民生产总值将超过美国而跃居世界第一,这标志着我国的综合国力将达到一个新的高度。按照1987年国家提出的“三步走”战略,到21世纪中叶我国将基本实现现代化,人均GDP将达到中等发达国家的水平,人们将过上比较富裕的生活。因此,可以合理预见,我国从经济大国向经济强国的转变在21世纪中叶就可以基本实现。当然,这仍然是一个总体性的、较为抽象的描述,需要依靠成千上万个具体的指标的完成来予以保证。结合现代发达国家的状况,实现经济强国的中国其图景必然包括以下几个方面:成熟的社会主义市场经济体制得以最终建立,国内市场发育成熟,投资、出口和消费三者在推动国民经济发展中所占的比例趋于合理,社会主义法治经济得以真正实现,科技创新能力得到较大提升,拥有一大批实力雄厚的、在国际上具有明显竞争力的企业,等等。当经济发展到这一阶段时,则当下所实行的法律及其执法的方式都需要进行相应的改变,否则将无法适应新的形势的需

---

① 孟雁北:《我国〈反垄断法〉之于垄断行业适用范围问题研究》,载《法学家》2012年第6期。

要从而束缚经济的发展。在新的历史条件下,由于市场经济高度发达,所以经由自由竞争而产生的经济垄断问题也将成为一个普遍的问题——正如美国等国家在自由资本主义时期所经历的那样。经过多年的反垄断实践之后,市场中的垄断问题将会更为全面地暴露出来,而反垄断法也将在此过程汇总不断得以完善、细化。

当中国经济达到发达国家水平,成为经济强国以后,对反垄断执法也将提出新的要求。经过数十年的发展以后,经营者在未来从事的垄断行为必然不似当前一般如此之显而易见,其必将采取更为隐秘的方式,经营者的“反侦察”能力也将更强。由于届时企业无论是在经济实力还是规模上都将达到一个新的高度,远非今日所能相比,因此,一旦其从事垄断行为,对于消费者和社会利益所造成的损害无论是在范围上还是在程度上都将更广、更深。但同时,企业实力的壮大将使其面临较小的国际竞争压力。因此,如果当前的反垄断执法需要重视提高企业的竞争力以应对国际竞争,那么在我国成为经济强国以后,反垄断执法的重心将更多地转向国内,更加重视对消费者利益的保护,这就要求更加关注企业的竞争行为是否会对国内的竞争秩序构成损害,也意味着将实施更为严厉的反垄断政策。

首先,在垄断协议的规制方面,由于经营者将达成更为隐秘的垄断协议,反垄断执法机构在发现此类垄断协议行为以及收集证据方面的难度将越来越大,这将是垄断协议发展的必然趋势。即便是在美国,在反垄断法颁布之初,经营者之间从事的垄断协议也是十分明显的。“在谢尔曼法通过的时候,卡特尔是美国产业的普遍特征。很多卡特尔涉及到企业之间的、公开的限制竞争协议。”但是,随着反垄断法的不断实施,垄断协议在美国朝着两个方向发展了:一是“被反托拉斯法赶入地下,从而变成了一个固定价格的秘密共谋”;二是“在某些情形下,互相竞争的销售者也许不需要进行通常意义上的共谋——也就是不需要进行任何公开的或者可以察觉的联络——就能够在定价方面进行合作”。波斯纳将第二种形式的垄断协议称之为“默示共谋”,“以此跟正式卡特尔或者地下卡特尔的明示共谋相对”。① 总之,无论是转入地下的垄断协议,还是默示共谋型的垄断协议,对于反垄断执法机构而言,它们都比

---

① [美]理查德·A. 波斯纳:《反托拉斯法》,孙秋宁译,中国政法大学出版社2003年版,第59~61页。

那种公开的垄断协议或者半隐瞒型的垄断协议更加棘手。之前所采用的那种较为宽松的政策显然无法对那些潜在的准备从事垄断协议行为的经营者构成有效的威慑,同时较轻的制裁也大大降低了从事垄断协议的经营者的违法成本,因此,必须加大对垄断协议的处罚力度。在查处垄断协议方面,由于反垄断执法机构面临的难度很大,因此必须借助于制度的设计来实现"堡垒从内部攻破",而宽恕制度在这方面无疑可以发挥很大的作用。前文曾指出,在反垄断执法初期,宽恕制度所起的作用将十分有限,因为在这一阶段,经营者大多还在"地面上"从事垄断协议行为,尚未转移到地下,因此能够较为轻易地就被发现;然而,随着反垄断执法的不断发展,这种情形将越来越不可能出现,而这正是宽恕制度发挥价值的时期。这也说明,社会实践的发展将决定作为上层建筑的法律制度价值的发挥。

其次,在经营者集中方面,国务院规定了较高的申报标准。① 有学者指出,我国设置了一个极高的门槛,这几乎是德国的1倍,并认为"我国法规设置的申报绝对数额门槛是世界上最高的,联系我国的经济发展水平和我国企业的经营能力,这是不适当的"。② 本书虽然也认为我国规定的申报标准很高,但却不同意该学者所作的该申报标准不符合我国经济发展水平和企业经营能力的结论。恰恰相反,本书认为,该申报标准是十分符合当前我国经济发展的要求的,在巨大的国际竞争压力之下,我国应当鼓励而不是遏制企业之间的集中,只要这种集中不会对整体的竞争秩序及消费者的利益构成明显的损害。"在经济全球化背景下,通过经营者集中获得'规模效应'是企业增强国际竞争力的重要手段之一。特别是发展中国家,国内经济总量较低、企业规模偏小,如果还缺乏发展的眼光和全球化的视野,仅考虑企业在国内市场上当前的表现来决定申报标准,很可能设定的门槛过低,势必会抑制企业扩大规模的动力。这对刚刚开始参与国际竞争的经济体而言,不利于其做大做强民族企业,

---

① 2008年8月3日,国务院发布了《关于经营者集中申报标准的规定》,规定达到以下标准之一的,就应当事先向国务院商务主管部门进行申报:(1)参与集中的所有经营者上一会计年度在全球范围内的营业额合计超过100亿元人民币,并且其中至少两个经营者上一会计年度在中国境内的营业额均超过4亿元人民币;(2)参与集中的所有经营者上一会计年度在中国境内的营业额合计超过20亿元人民币,并且其中至少两个经营者上一会计年度在中国境内的营业额均超过4亿元人民币。

② 刘宁元:《关于我国管制经营者集中的相关问题研究》,载《政治与法律》2009年第11期。

也会减少外国的直接投资,构成对经济发展的障碍。"[①]因此,在当前及今后一段时间内,较高的申报标准是有利于企业之间进行资源整合、展开集中的,从总体而言这对于我国经济的发展也是有利的。但是,等到将来我国进入发达的市场经济阶段以后,现行的经营者集中规制制度就显然无法适应新的形势的需要了。经营者集中都是在一定的相关市场内进行的,而相关市场的范围既可能是全球市场、全国市场,也可能仅为一县之域,这就决定即便是较小的经营者之间进行的集中活动也有可能对一定市场内的竞争秩序造成损害。这也就意味着如果在将来仍然沿用现行的申报标准,那么将有大量的具有潜在竞争损害的经营者集中处于脱法的状态而无须进行申报。如果说在国家经济尚处于赶超阶段对于那些没有明显竞争损害的经营者集中尚可予以准许的话,那么在国家已实现经济强国之后,这唯一的或者说是最为有力的抗辩理由——做强做大国内企业,应对国际竞争压力——也消失了。在这种新的形势之下,应当降低经营者集中的申报标准,当然,如果仅降低申报标准而不同时下放经营者集中反垄断执法权,那么中央执法机构将囿于自身有限的执法力量而无法对庞大数目的经营者集中行为进行审查,从而使即便能够被降低的申报标准也最终陷于一种实质上的虚置状态。因此,在未来为了减少经营者集中对竞争所造成的损害,不仅要降低申报标准,而且要下放执法权,从而使地方相关机构能够对其辖区内的经营者集中是否具有损害竞争的可能性进行审查。

最后,对于国有垄断行业的反垄断问题,我们有理由相信,在建设经济强国的过程中,这些国有垄断行业将不断地引入私有企业的力量,从而在这些领域内形成一种不同所有制企业共同竞争的局面。正如前文阐明的那样,在这些行业中私有企业的引入应当坚持渐进式的原则,因为即便是美国这样的发达国家,对于自然垄断行业也只是到了最近几十年才放松管制,引入竞争。"人们原以为具有自然垄断特性从而需要对其施加管制而不宜[②]进行竞争的行业,并不必然就是自然垄断行业。相反,人们现在认为这些行业是可以实行市场体制和开展竞争的。""最近 25 年来(具体指 1982 年至 2007 年——笔者注),美国一直执行着放松管制的政策。通过放松管制,美国消除或减少了受

① 方晓敏:《经营者集中申报标准研究》,载《法商研究》2008 年第 3 期。

② 在原文中是"不易",但根据上下文,本书认为"不宜"更符合语境,特此说明。

管制行业先前存在的大量管制措施，并最大限度地引入了竞争和市场机制。这些努力已经给消费者以及经济发展带来了巨大的利益。”①可见，即使是在奉行自由主义、实行私有制的美国，在垄断行业内放松管制、引入竞争也不是一蹴而就的，而是经历了一个漫长的过程。而对于实行社会主义公有制的中国而言，即便经过几十年的发展，实现经济强国之后，依然不能在这些垄断行业中排除国有经济，实行完全自由的市场竞争。因为无论经济如何发展，这些行业在国民经济中的特殊地位都不会改变，仍将是关系国计民生的行业，必须保持国有经济在这些行业中的支配性地位。就垄断行业内的规制而言，反垄断执法机构应当从维护竞争的角度展开执法活动，“随着经济、技术的进步，当这些行业达到一定的竞争水平，以致与一般竞争行业相比不存在特殊的竞争规制诉求，此时反垄断法就完全可以独自胜任对这些行业的竞争规制”。②而对于竞争以外的事项则应由行业监管机构负责。

二、作为上层建筑的反垄断法及其执法之于经济基础的价值

根据历史唯物主义的观点，经济基础对于上层建筑具有决定性的作用，但不能因此而认为经济基础是历史发展过程的唯一因素。在19世纪中后期，有许多青年片面地理解马克思和恩格斯提出的历史唯物主义观点，并且认为“只要掌握了主要原理，而且还并不总是掌握得正确，那就算已经充分地理解了新理论并且立刻就能够应用它了”。为了纠正这些新的“马克思主义者”的观点，晚年的恩格斯对历史唯物主义观点进行了补充，他指出，“根据唯物史观，历史过程中的决定性因素归根到底是现实生活的生产和再生产。无论马克思或我都从来没有肯定过比这更多的东西。如果有人在这里加以歪曲，说经济因素是唯一决定性的因素，那他就是把这个命题变成毫无内容的、抽象的、荒诞无稽的空话”。马克思和恩格斯虽然主张经济因素是历史发展的决定性因素，但如果认为其是唯一的决定性因素则是违背马克思和恩格斯的原意的。“经济状况是基础，但是对历史斗争的进程发生影响并且在许多情况下主要是决定着这一斗争的形式的，还有上层建筑的各种因素：阶级斗争的各

---

① [美]斯图尔特·切姆托布：《竞争机构在被管制行业中的地位和作用》，载王晓晔主编：《反垄断立法热点问题》，社会科学文献出版社2007年版，第235~236页。

② 张占江、徐士英：《自然垄断行业反垄断规制模式构建》，载《比较法研究》2010年第3期。

种政治形式和这个斗争的成果——由胜利了的阶级在获胜以后建立的宪法等等，各种法权形式以及所有这些实际斗争在参加者头脑中的反映，政治的、法律的和哲学的理论，宗教的观点以及它们向教义体系的进一步发展。这里表现出这一切因素间的交互作用。”[①]这说明，上层建筑对于经济基础具有反作用：符合经济基础要求而建立起来的上层建筑对于社会经济的发展具有促进作用；脱离于经济基础，违背其要求而建立起来的上层建筑则是社会经济发展的桎梏。

但是，对于上层建筑的这种反作用不能进行纯粹地抽象理解而排出作为主体的人的因素。有学者指出，虽然苏联哲学体系也提出上层建筑对于经济基础具有反作用的原理，但是它将上层建筑与掌握上层建筑力量的人类主体割裂开来，脱离了具体的实践来抽象地理解上层建筑与经济基础之间的关系，从而阉割掉了“活生生的人类主体与社会的主体力量格局”，阉割掉了“活生生的具体的人类实践的社会历史环境”，这将对社会主义实践产生巨大的危害。事实上，“主体力量结构对于生产关系的塑造，是具体的活生生的主体在实践过程中对生产关系的塑造。而上层建筑对经济基础的反作用则具体地包含在这活生生的历史过程中，以生动的丰富多彩的形式来实现。我们不仅需要分析上层建筑的性质，而且还要分析拥有各类上层建筑的人数、其掌握的物质化手段（政治法律工具、军队等）的强弱格局，他们的活生生的生活方式与社会组织形式等等”。[②] 在理解上层建筑对于经济基础的反作用方面，不能撇开作为主体的人及其所形成的各种利益格局所产生的影响。

反垄断法作为法律形态的上层建筑，对于社会经济发展的作用不仅取决于法律本身，还决定于实施反垄断法的主体性因素，包括执法机构的设置、执法人员的数量、执法水平等。因此，反垄断法价值的发挥，不仅需要从完善反垄断法本身入手，而且还应当关注如何最大限度地激发出相关主体在实施反垄断法方面的主观能动性。

（一）反垄断法的价值：竞争秩序与国家经济职能的维度

对于反垄断法的价值即其对于社会经济发展所具有的意义，理论界虽然具有一定的共识，但仍存在较大的分歧。例如，在美国，虽然学者们一致同意

---

① 《马克思恩格斯选集》（第4卷），人民出版社1972年版，第477页、第479页。

② 鲁品越：《生产关系理论的当代重构》，载《中国社会科学》2001年第1期。

制定反垄断法的目标是促进竞争,但对于反垄断法的终极目标为何这一问题上却持有不同的意见。芝加哥学派就认为,反垄断法的首要价值目标是经济效率,"效率是反托拉斯的终极目标,竞争只是一个中间目标,只不过这个中间目标常常离终极目标足够的近,使得法院不必看得更远"。[①] 美国历史学家理查德·霍夫斯塔特认为,美国的反垄断立法具有3种目标:一是经济方面的目标,古典的竞争模型证明了通过竞争可以实现经济效率最大化,因此国会议员可能会受到这一思想的影响而将其体现在反垄断法中;二是政治方面的目标,即反垄断法的原则是阻止私人力量的过度集中,保护民主政治体制;三是社会和道德方面的目标,竞争过程本身被认为是一种能够培养人的品格以及竞争意识——这是国民道德的根本促进因素——的一种机制,因此需要得到保护。[②] 有学者认为,美国反垄断法的目标既包括促进经济效率的提升,也包括保护消费者免受不公平的财富转移——从消费者转向垄断者,此外,反垄断法还具有其他的一些价值目标,如限制托拉斯和垄断的社会和政治权力及保护中小企业等,不过,国会最主要的目的还是确保消费者能够以竞争性的价格购买商品,以防止垄断者将消费者福利转变为垄断利润。[③]

虽然学者们对于反垄断法的价值目标观点不一,但总的来看,越来越多的学者倾向于承认反垄断法价值目标的多元性,这也是符合法律发展规律的,因为反垄断法必须具有包容性,任何主体,只要是其合法权益受到侵害并且与竞争有关,都应当能够从反垄断法中寻找到保护的依据。反垄断法所具有的多重价值目标之间并不是彼此排斥的关系,虽然从经济关系上看消费者与经营者是利益对立的两方,但是其各自的合法权益都能够得到反垄断法的保护,前提是其所宣称的权益必须是反垄断法所意欲保护的那种利益。

在反垄断法所具有的价值或者说是反垄断法的价值目标问题上,我国学

---

① [美]理查德·A. 波斯纳:《反托拉斯法》,孙秋宁译,中国政法大学出版社2003年版,第32页。

② Richard Hofstadter, *The Paranoid Style in American Politics: and Other essays*, New York: Knopf, 1965, pp. 199 – 200. 转引自 Robert H. Lande: "Wealth Transfers as the Original and Primary Concern of Antitrust: the Efficiency Interpretation Challenged", 34 *Hastings L. J.* 65。(在此十分感谢 Lande 教授邀请笔者前往巴尔的摩大学作研究,后因种种原因未前往巴尔的摩,借此机会表达本人对 Lande 教授最诚挚的谢意。)

③ Robert H. Lande: "Wealth Transfers as the Original and Primary Concern of Antitrust: the Efficiency Interpretation Challenged", *Hastings Law Journal* 34, 1982, p. 65.

者同样持有不同的观点。如有学者认为,“竞争并不是反垄断法的终极追求,竞争之所以被各国立法所重视,是因为竞争媒介了更深层的价值”,具体包括自由价值、效率价值、公平价值。[①] 虽然从本质上来讲,自由、效率和公平这3种价值都是反垄断法所追求的,但是仅仅将反垄断法的价值目标定位于这一仍然较为抽象的层面,则无法区分出反垄断法与其他法律之间的不同,因为上述3种价值可以说是法所具有的一般性价值,并非为反垄断法所特有的。另有学者认为,反垄断法的价值体系包括两个方面:其根本价值为维护社会整体效益,其基本价值为创设和维护一定的竞争秩序,而竞争秩序又体现了自由、效率、公平等具体的价值。[②] 还有学者认为,反垄断法的价值目标包括“建立和维护自由、有序的竞争秩序的基本价值目标和实现社会整体经济效率与社会实质公平的根本价值目标”。[③] 可以说,将对竞争秩序的维护作为反垄断法的价值之一,突出了反垄断法自身所特有的价值,从而能够明显地区别于其他法律的价值。事实上,其他的一些价值,如保护消费者的利益、实现经济效率、促进经济自由等都可以从良好的竞争秩序中得以实现,也就是说自由、有序的竞争秩序的维护是基础和前提,失此则上述的其他价值都将失去实现的保障和土壤。

除了维护竞争秩序之外,反垄断法还具有实现国家经济职能的价值。反垄断法是国家介入市场经济的一种重要方式,但国家并非是为了介入而介入,介入只是一种手段,而非目的本身,介入的最终目的是实现国家自身特定的经济目标。虽然国家经济职能在通常情况下都可以从自由、有序的竞争秩序中得以实现,但后者却并非必然能够保证前者的实现,因为在某些情形下,尽管竞争秩序从形式上、表面上看得到了维护,但这种维护却可能是有悖于国家经济政策要求的。例如,在一个国家经济规模较小,尚处于经济赶超时期之际,如果仅仅为了满足竞争的要求而实行严格的经营者集中申报制度和审查制度,禁止中小经营者之间进行的、对竞争影响较小的集中,则将不利于国家经济做大做强的经济政策目标的实现。因此,本书将实现国家的经济职能作为一种独立的反垄断法价值,它与维护竞争秩序的价值在大多数情况下是不冲

---

① 参见叶卫平:《反垄断法的价值构造》,载《中国法学》2012年第3期。

② 参见游钰:《反垄断法价值论》,载《法制与社会发展》1998年第6期。

③ 吴宏伟、魏炜:《论反垄断法的价值目标》,载《法学家》2005年第3期。

突的。事实上,实现国家经济职能这一价值已经体现在反垄断法的诸多条文中,反垄断法内具有实现这一职能的足够空间,如反垄断法规定经营者为了应对经济不景气而达成的某些协议可以被豁免适用反垄断法,以及设立的诸多兜底条款,等等。

总之,本书认为,作为特殊法而存在的反垄断法,其具有区别于一般法所具有的价值,维护自由、有序的竞争秩序和实现国家的经济职能这二者可以较好地体现出反垄断法所具有的独特性价值,当然,本书明确提出这两种价值,并不代表本书否定诸如保护消费者利益、实现公平等同样可以作为反垄断法价值,只不过本书认为上述的两种价值是反垄断法最为根本、最为核心的价值。

(二)反垄断执法的显性价值:创建和维护自由、有序的竞争秩序

社会只有在一定的秩序中才能够得到发展,对秩序的需求实际上表明了人对于发展的稳定性、连续性的一种追求,它可以尽可能地减小那些突如其来的、不曾被人们预料到的情况发生的可能性。良好的秩序能够提高人们行动的预见性,使其能够专注于自身的目标而无须将过多的精力耗费在对超常规发生的事件的预防和处理上。“与法律永相伴随的基本价值,便是社会秩序。消除社会混乱是社会生活的必要条件。”而消除社会混乱只能靠法律规则,“法律规则的首要目标,是使社会中各个成员的人身和财产得到保障,使他们的精力不必因操心自我保护而消耗殆尽”。[①] 在良好的社会秩序中,任何人都不用惧怕另一个人,因为即便是人与人之间发生了尖锐的利益冲突,在该种秩序中亦能够得到和平解决。其不似在混乱社会中,虽然是微不足道的利益之争,也可能会给当事人一方或双方,或者给社会带来无法预测的损害。

良好的社会秩序是正义的承载体。如果在混乱的社会中实现正义是一种奢望、不可常求之事,那么在秩序良好的社会中,正义则是一种能够被认为是理所当然的、能够反复实现的事物了。易言之,在前种秩序中,正义是非常态的,而在后种秩序中则是常态性的。这说明,创制良好社会秩序的努力同时也是一个追求构建能够实现社会正义的制度的过程。诚如博登海默所言,“秩序的维续在某种程度上是以存在着一个合理的健全的法律制度为条件的,而

① [英]彼得·斯坦、约翰·香德:《西方社会的法律价值》,王献平译,中国法制出版社2004年版,第45页、第48页。

正义则需要秩序的帮助才能发挥它的一些基本作用”。“历史表明，凡是在人类建立了政治或社会组织单位的地方，他们都曾力图防止出现不可控制的混乱现象，也曾试图确立某种适于生存的秩序形式。这种要求确立社会生活有序模式的倾向，决不是人类所作的一种任意专断的或‘违背自然’的努力。”①

总之，秩序是法律的价值之一，可以说，法律本身就是为了维护一定的秩序而存在的，同一种秩序可能需要多种法律来予以维护，而某一法律也可能具有维护多个领域秩序的功能。

反垄断法的重要价值之一就是创建和维护自由、有序的竞争秩序。而反垄断执法则是确保这一价值得以实现的保障。所谓自由竞争，就是经营者依法自主的从事经营活动，同其他企业展开正当竞争。自由是有限度的，只有在一定限度之内才是真正的自由，超出该限度则会走向反面，扼杀了自由或将最终使自身丧失自由。例如，某些规模较大的企业，如果其违反法律法规的规定，为所欲为地从事竞争活动，进行如限制其他规模较小的企业的经营范围、固定其销售价格等违法行为，则其他规模较小的企业所依法享有的竞争自由就会被践踏；同时，如果从事该违法行为的企业因种种原因而主动或被动退出市场，如被消费者所抛弃或者在承担相应的法律责任之后因在市场上再无竞争优势而被迫退出市场等，则其最终也因自身的违法行为而丧失了竞争自由。不过需要注意的是，反垄断法对市场竞争秩序的维护，并不是要对企业正当的经营决策进行干预，而只是对于那种违反法律的限制竞争行为进行矫正。“反垄断法的核心是通过制约、限制经济生活中的垄断行为，以实现理想的竞争目标。它所遵循的基本信条就是政府不直接干预企业的具体决策，而是通过调整市场结构、市场参与者的行为来改进市场绩效。”②

法律是利益的均衡器。“利益冲突是法律的产生之源”。“法律的利益平衡功能表现为，对各种利益重要性作出估价或衡量，以及为协调利益冲突提供标准。法律无法选择确认每一主体的每一项利益，但必须对各种利益冲突加以平衡，从而不致使人类社会在无谓的利益纷争中而毁灭，失去继续发展的可

---

① ［美］E. 博登海默：《法理学——法律哲学与法律方法》，邓正来译，中国政法大学出版社2004年版，第228页、第330页。

② 包锡妹：《反垄断法的经济分析》，中国社会科学出版社2002年版，第59页。

能。”[①]从某种意义上来讲，法律主要是为了保护势力较为弱小的群体的利益，因为势力较强的群体通过自身的力量就可以得到很好的保护。例如，在现实生活中往往是普通民众面临更大的食品安全问题，而对于高收入群体而言，食品安全问题则似乎是一个较为陌生的话题，因为该群体较高的生活水准已经使其远离了那些容易滋生食品安全问题的领域。当然，即便这样，有关食品安全的法律并不会因此而宣称放弃对这些高收入群体的保护，因为虽然该群体事实上无须食品安全法律的保护，但法律仍需时时为其敞开提供保护的大门，一旦其因食品安全问题而遭受到损害——如因偶然而接触到伪劣食品，或者因为从高收入群体回落到低收入群体从而可能不得不长期面临伪劣食品的潜在损害，等等——则法律都将为其提供及时的、全方位的救济。同样，自由竞争问题也主要是中小企业，而非大企业所面临的问题。政治权力具有被腐败的潜在可能性，“权力内在地存在着一种异化的机制，它的不平等性和可交换性使它有被扩张而滥加使用的可能”。[②]

经济权力也具有异化的可能性，规模强大、实力雄厚本身就是一种经济权力的表现，大企业对于其所拥有的这种经济权力必然要大加利用，这样才能体现出经济权力的“价值”，最为常见的滥用方式就是限制中小企业的竞争自由。而竞争自由一旦被限制，则市场将失去活力，从而成为一潭死水，而且还会严重扭曲市场价格机制的正常形成。“确定公平的价格是十分困难的——如果说不是不可能的话，因为对于法院而言，正如现代经济思想所指出的那样，没有公平(fair)或公正(just)的价格，除非这种价格是从自由竞争(free competition)中产生出来的。”[③]可见，虽然公平本身是很难予以准确界定的，但是对于竞争本身是否自由却能够较为容易地把握，自由的竞争与受到窒息的竞争之间的区别往往是显而易见的。通过对自由竞争的追求，以及排除各种限制自由的因素，能够实现公平的交易，经营者、消费者以及整个社会都将因此而受益。

反垄断执法所意欲创建和维护的还是一种有序的竞争秩序。此处的“有

---

① 付子堂:《对利益问题的法律解释》，载《法学家》2001年第2期。

② 林喆:《权力的交换与交换中的权力——市场经济中的权力现象剖析》，载《中国法学》1993年第5期。

③ H. Stephen Harris, Jr., Rodney J. Ganske, “The Monopolization and IP Abuse Provisions of China’s Anti-Monopoly Law: Concerns and A Proposal”, *Antitrust Law Journal* 75, 2008, p. 213.

序”,并非指由国家具体规定经营者之间竞争的次序,以创造一种形式上的有序的状态,而是指通过制度设计构建起一个合理的规则体系,经营者必须在该规则体系内展开竞争活动,而不得超越所设定的界限。这就如同足球比赛一样,世界上每年有成千上万场足球比赛,没有任何两场比赛的过程是一样的,但每一场比赛都遵循着同样的规则。也就是说,只要是在严格遵守比赛规则的前提下进行的足球比赛,即便各场比赛的过程千差万别,也不能否定这些比赛是有序进行的这一事实。“竞争是社会资源的配置,是利益的得丧变更,是优胜劣汰、生死存亡的关键问题,这就决定了竞争不能是自发无拘的,放任自流的,不是无序的而是有序的,竞争只能存在于有秩序的地方,在秩序中进行。”①有序竞争可以从动态和静态两个方面来理解。动态的有序竞争要求经营者严格遵守反垄断法的要求从事竞争活动,违背这一要求则会造成竞争秩序的混乱,同时也要求反垄断执法机构及时对失序的竞争行为进行查处,予以纠正,以尽快恢复被破坏的竞争秩序;从静态方面来看,有效的竞争是经营者的竞争行为与反垄断法的规定达到高度统一的一种良好状态。

无论是创建和维护自由的竞争秩序,还是创建和维护有效的竞争秩序,都仅仅是反垄断执法的一种显性的价值,即最为直接的价值。世界上举凡制定了反垄断法的国家,必然都不会否认保护竞争的重要性。即便各国在反垄断法价值目标的规定或期望上存在不同,但它们在对竞争的保护上是有交集的。正义是法律的基本价值,竞争则为反垄断法内部的“正义”,是正义在反垄断法领域中的具体体现,竞争在反垄断法中的地位,就如同是正义在整个法律体系中的地位一样。可以说,在市场经济国家,竞争是经济领域中的一种被普遍追求和信任的事物,因为社会经济可以通过竞争而获得持久地发展,正如艾哈德所说:“竞争是获致繁荣和保证繁荣最有效的手段。只有竞争才能使作为消费者的人们从经济发展中受到实惠。它保证随着生产力的提高而俱来的种种利益,终于归人们享受。”②竞争之所以能够发挥如此大之作用,主要是因为竞争是人类迄今为止所发现的、最能够实现资源优化配置的一种机制。虽然

---

① 邱本:《自由竞争与秩序调控——经济法的基础建构与原理阐析》,中国政法大学出版社2001年版,第282页。

② [德]路德维希·艾哈德:《来自竞争的繁荣》,祝世康等译,商务印书馆1983年版,第11页。

具体的竞争行为是由经营者根据自己的主观选择做出的,但在这种决定背后隐藏着一种客观的力量,它要求市场主体必须根据的市场的实际情况作出相应的经济决策。所以从总体上来看,竞争是以一种客观的形式体现出来的,它是众多市场主体之间的一种博弈,其所涵盖的信息远非单个的个人所能掌握和处理。因此,在自由、有序竞争之下能够确保经集体行动而进行的资源配置最为符合经济规律的要求。

创建和维护自由、有序的竞争秩序是反垄断执法的基本价值目标,也是一种显性的目标。强调这一目标的实现可以促使反垄断执法机构关注微观的执法活动,"就事论事",将注意力集中在竞争本身,而无须考虑如国家的产业政策等"外来因素"的要求。这样做所具有的积极意义在于能够确保执法的专业性,使这种执法至少从微观上、形式上和短期内看是符合竞争的要求的;而其弊端则在于使得执法机构缺乏一种宏观的眼光和思维,从而使其所进行的执法活动虽然从微观上看是维护了竞争,但从宏观上、本质上和长远来看则是不利于提升国家的整体竞争力和优化竞争结构的。因此,除了强调创建和维护自由、有序的竞争秩序这一显性的价值目标外,还必须尤为重视反垄断执法所应具有的实现国家经济职能这一隐性的价值,唯有将这二者有机地结合起来,才能够构建起完整的反垄断法价值体系,并真正发挥出反垄断法所具有的功能。

(三)反垄断执法的隐性价值:实现国家的经济职能

虽然经济职能的内容、范围和程度在不同社会形态的国家中,或同一社会形态的不同国家中具有不同的表现形式,但无论何种社会形态下的国家,都必然承担一定形式的经济职能。例如,在汉朝的时候,由于黄河水患,导致"山东被水灾,民多饥乏",而此时"富商大贾或蹛财役贫,转毂百数,废居居邑,封君皆低首仰给。冶铸煮盐,财或累万金,而不佐国家之急,黎民重困"。商人所固有的这种逐利性显然不仅对国家的统治,而且对百姓的生计都构成了严重的损害。在这种背景之下,"天子与公卿议,更钱造币以赡用,而摧浮淫并兼之徒"。[①] 国家通过制造皮币来取代铜钱以足货用,并且打击那些扰乱经济、以富噬贫的商人,以此来确保国家的经济职能得以有效实现。

就现当代史来看,日本之所以能够在第二次世界大战后迅速崛起并成为

① (西汉)司马迁:《史记·平准书第八》,中华书局2009年版,第184页。

仅次于美国的经济大国，是与其政府经济职能得到很好地履行分不开的。“为顺利完成从‘自我持续落后’向‘自我持续增长’的转变，抑制经济‘起飞’过程中不利的‘初始条件’，实现社会收益的最大化，日本新政府努力使自己成为推进从‘自我持续落后’向‘自我持续增长’转变的核心力量，不仅充当了经济与社会生活调节者的角色，而且承担了引进现代经济制度、启动工业化以及促进其发展的责任，在政治、社会、经济等几乎所有方面扮演了领导者和组织者的角色。”①

在中华人民共和国成立后，由于面临着严峻的外部国际环境，以及因饱受战争疮痍而形成的国内经济严重失衡、落后的局面，从而决定了中国只能依靠一个强有力的政府来领导社会各阶层的力量以实现国家经济的复苏重任。应当说，在中华人民共和国成立后最初的七八年时间中，由于坚持了正确的指导思想，所以在经济建设方面取得了较大的成就，基本完成了社会主义改造，第一个 5 年计划也得以提前完成，在很大程度上改变了我国工业落后的面貌。然而，自 1957 年后，随着“大跃进”及“文化大革命”等运动的相继开展，国家的经济职能偏离了正确的轨道，给整个中国造成了严重的灾难。直到 1978 年以后，国家经济职能才在不断探索中得以恢复和完善，改革开放 40 年所取得的巨大成就，显然是国家经济职能得到较好执行的结果。

总之，经济职能的履行是任何国家都不能忽视的，纵观历史不难发现，政权的更迭、社会的动荡等都与一个国家的经济职能未能很好履行有直接或间接的关系。

由于与竞争秩序相比，国家经济职能更具有政治性的色彩，或者更为准确地说是在国与国的交往中，仅以为了履行国家的经济职能为由而采取或拒绝采取某一措施，显然无法像以创建和维护自由、有序的竞争秩序为由那样更具说服力，因为后者具有更多的市场性因素，也就被赋予了更多的客观性，而由于履行国家经济职能这一理由更具抽象性，无法给人以准确的预期，从而被认为是难以接受的，尤其是在意识形态不同的国家之间尤为明显。为了减少这种冲突，当今越来越多的国家选择采用一种更为灵活的方式，将欲以实现的国家经济职能通过法律的方式表现出来，或者更为形象地说即为其“披上法律

① 徐平：《对日本政府经济职能的历史考察与研究》，中国社会科学出版社 2003 年版，第 80 页。

的外衣”,因此从表面上看虽然未直接体现实现国家经济职能的目标,但实际上却已经融入了具体的措施之中。正如北宋时期的苏轼所言,“自汉以来,学者耻言商鞅、桑弘羊,而世主独甘心焉,皆阳讳其名而阴用其实,甚者则名实皆宗之,庶几其成功”。[①] 也就是说,对于商鞅和桑弘羊分别在秦国和西汉所实行的经济改革措施,后代的学者们虽然都对其大加鞭笞,但是国家的君主却十分信奉,或者是在表面上予以避讳,而在实际上予以采纳,或者是在表面上和实际上都予以推崇,因为商鞅和桑弘羊所宣扬的经济改革措施,是能够实现国家富强之良策。

虽然在过去的40年时间中,中国不断从计划经济向社会主义市场经济过渡,但是中国现行的经济制度中依然残留有某些计划经济的因素,而且通常市场经济所具有的一些弊端也正在显现,使中国面临的发展道路更为艰巨。在人类尚未找到更为有效的经济体制之前,市场经济仍是当前及以后一段时间内最值得信赖的机制。借助于市场经济体制——前提是其弊端能够限制在一定的范围和程度之内,国家能够实现繁荣富强,市场主体能够不断改善自身的境况。

国家经济职能能否得到有效的实现,在很大程度上取决于其所依赖的媒介——市场体制,是否能够正常运转,无论是窒息竞争的垄断,还是造成混乱的无序竞争,都将严重阻碍市场机制的运行。源于市场自身内部的问题显然无法通过市场的自我“净化”予以清除,而必须借助于外力,即国家的力量来解决。反垄断执法是国家力量对于市场的一种介入,通过对损害竞争的行为的查处尽速恢复市场经济秩序,这是为国家经济职能的实现扫除障碍,其本身也是一种实现国家经济职能的具体表现。无论是中国光伏企业在欧盟遭遇到的反倾销调查,还是美国为应对中国企业而采取的种种贸易保护措施,从表面上看这都是其依据自身的法律而采取措施以避免辖区内的竞争遭受来自中国企业的“损害”,而实际上则是为了实现其自身的经济职能,只不过是采取了一种更为“法制化”、能够最大限度地避免具有意识形态冲突嫌疑的方式罢了。中国今后在实现国家经济职能时,也应当采取一种更为灵活的方式,可喜的是,在有关的反垄断执法中,已经开始有了这种尝试,并取得了较好的效果。

在2008年8月1日《反垄断法》实施1个多月之际,可口可乐公司向商务

---

① (北宋)苏轼:《东坡志林》,中华书局1981年版,第107~108页。

部进行申报，意欲并购汇源集团。商务部对此项申报进行了立案审查。经过长达半年的审查之后发布公告，认为“此项经营者集中具有排除、限制竞争效果，将对中国果汁饮料市场有效竞争和果汁产业健康发展产生不利影响。鉴于参与集中的经印证没有提供足够的证据证明集中对竞争产生的有利影响明显大于不利影响或者符合社会公共利益，在规定的时间内，可口可乐公司也没有提出可行的减少不利影响的解决方案，因此，决定禁止此项经营者集中”。[①]这是第一起被商务部禁止的经营者集中案件。

该案件公布以后，立刻引起了社会各界广泛的讨论。有学者针对商务部在案件分析中所运用的传导效应进行了分析，指出该理论本身就存在很大的争议，商务部未能就其命题进行有效的证明，缺乏对企业行为的研究和分析，从而使执法具有较大的行政性和政治性。[②] 另有学者认为，该集中活动并不会导致强有力的市场控制，相反，这种集中还能提高效率，果汁饮料市场的市场进入也并非像商务部所称的那样难，从而认为商务部做出的禁止集中的决定存在“合法但不合理”的嫌疑。[③] 还有学者认为，商务部给出的3条理由有待完善，以市场支配地位传导为理由禁止该集中缺乏根据，以中小果汁企业的生存空间受到挤压为由也不充分，而商务部提出的该集中将会提高潜在的竞争对手进入果汁市场的障碍这一理论具有较强的说服力，并认为“对商务部在本次可口可乐收购汇源案中的决定应给予鼓励和肯定”。[④]

显然，学者对于此案大多仅从纯粹的法学角度进行剖析，而很少或几乎没有涉及有关国家经济职能的层面。不可否认，商务部的公告中所阐述的理由并非绝对正确和完美，但是，如果将注意力仅仅集中在形式的公告中所可能存在的“瑕疵”，而不能透过形式的公告洞悉其背后所要体现的国家经济职能，则未免会深陷其自身所构造的法学“世外桃源”，而与现实世界严重脱离。马

---

① 中华人民共和国商务部：《关于禁止可口可乐公司收购中国汇源公司审查决定的公告》，载中华人民共和国商务部官网：http://fldj.mofcom.gov.cn/article/ztxx/200903/20090306108494.shtml，最后访问日期：2017年10月11日。

② 参见邓峰：《传导、杠杆与中国反垄断法的定位——以可口可乐并购汇源反垄断法审查案为例》，载《中国法学》2011年第1期。

③ 参见应品广：《可口可乐收购汇源案的反垄断法思考》，载《西南政法大学学报》2010年第6期。

④ 潘志成：《析商务部禁止可口可乐收购汇源的相关理由》，载《法学》2009年第7期。

克思曾说:“社会不是以法律为基础的,那是法学家们的幻想。相反地,法律应该以社会为基础。法律应该是社会共同的、由一定物质生产方式所产生的利益和需要的表现,而不是单个的个人恣意横行……这一法典(指拿破仑法典——笔者注)一旦不再适应社会关系,它就会变成一叠不值钱的废纸。”[①]在该案中,否认或者避讳谈及反垄断执法所应具有的实现国家经济职能的功能,都只可能是一种人为割裂反垄断法和与之紧密相关的国家干预之间关系的做法。脱离于具体的社会实践要求,仅满足于从法律自身来论证或否定国家经济职能的履行,从表面上看似提高了法律的地位,强化了法治的理念,实际上却是违背反垄断法的本质要求的,并将最终贬低法律的作用。

“法律是整个社会的一个组成部分,是社会的上层建筑,它根源并服务于社会的经济基础。如果脱离这样一个大局,认为法律可以独立于社会而存在,认为法律可以决定一切,从思想路线上说是本末倒置,是马克思多次批判过的‘法学家的幻想’。”[②]归根结底而言,法律是实现国家、社会目标的一种制度性工具,但其特殊性在于,一旦形成就可以被信仰,从而成为社会各主体的行为准则。但是,必须避免将这种信仰神圣化。它不同于宗教,从本质上来讲是世俗性的,因此也是可以——而且也是需要——根据实践的发展而不断作出相应的调整,不能使它超越其所服务的对象,而成为一种独立的王国而存在。

在当今的国际竞争中,从宏观层面来看,是国与国之间的实力较量;而从微观层面来看,则是具体企业之间的竞争。美国竞争战略专家波特曾提出这样的疑问,即为什么许多国家都能够在一定的产业中居于绝对的优势地位,如德国在印刷机产业、高级轿车产业和化工产业中处于主导地位,瑞士虽然是一个小国但仍能够在制药、巧克力食品等行业中占据重要地位,美国在个人电脑、软件、信用卡、电影等行业中独占鳌头,意大利在瓷砖、雪靴、包装机械以及工厂自动化设备产业中居于优势地位,而日本在家用电器、照相机、传真机以及工业机器人等产业中处于领先地位。波特认为,国家是企业在国际经济中保持创新的动力及竞争优势方面起着极为重要的作用,“国家经济若要繁荣,企业是不可少的关键因素,因为它的生产力决定了国家的生活水平,同时也形

---

① 《马克思恩格斯全集》(第6卷),人民出版社1961年版,第291~292页。

② 朱景文:《服务大局与“法学家的幻想”》,载《法学家》2006年第5期。

成企业改善效益与提高效率的能力”。①

一个国家的强盛必定是以一大批能够在主要行业中占据优势的企业为基础的,否则,国家的经济就如同是建立在散沙之上,终究是不牢固的。真正的经济自由只可能存在于经济实力大致均衡的国家之间,对于实力悬殊的国家而言,经济自由只可能存在于纸面之上和外交辞令之中。在强国与弱国之间,如果允许强国实现其所主张的“经济自由”,则将摧毁实力弱小国家尚未真正建立起来或尚处于发展初级阶段的工业;而弱国所主张的经济自由——即便是真正意义上的经济自由——必然会被经济强国以各种理由拒绝,因为强国绝不会将国家利益放置于一边,而满足在其看来并不能给本国带来任何经济利益的经济自由的要求。由于强国彼此之间互有制衡的手段,因此必定不会全然无视对方的经济自由的主张。而由于弱国对强国没有制衡手段,也就无法向强国提出经济自由的主张了,这也是“弱国无外交”这句箴言在强国与弱国经济关系上的体现。

虽然我国已经成为全球第二大经济体,但是在同发达国家、地区之间的经济交往中却仍然处于不平等的地位。例如,当这些国家、地区的企业意图收购中国企业遭到拒绝以后,往往会指责中国政府不正当干预经济自由,扣上“非市场经济国家”的帽子。而一旦当中国企业收购这些国家、地区的企业时,其政府就会以可能会威胁到国家安全等理由而予以拒绝,中国华为公司进入美国市场即深刻地说明了这一点。自从 2001 年华为正式进军美国市场,就一直遭受到来自美国政府的重重阻力,频频被美国政府以“国家安全”为由,拒绝华为在美国开展业务活动。由于美国外国投资委员会的反对,华为在 2008 年被迫放弃竞购美国网络设备制造商 3Com;2010 年由于美国商务部的阻挠,华为在竞买 Sprint 公司价值 50 亿美元移动网络设备时失败;2011 年由于美国外国投资委员会的否定,华为放弃了收购美国科技公司 3Leaf 专利的计划,等等。② 更有甚者,2018 年 2 月美国政府竟然警告美国民众不要购买华为的产品。③ 中国企业在美国所遭受到的歧视,实际上是美国维护自身国家利益的

---

① [美]迈克尔·波特:《国家竞争优势》,华夏出版社 2005 年版,第 2 页。

② 《华为在美遇阻,中国公司如何成为完整的“世界公民”》,载凤凰网:http://tech.ifeng.com/telecom/detail_2012_11/03/18807211_0.shtml,最后访问日期:2017 年 10 月 11 日.

③ 《华为美国发售 Mate SE:美政府警告民众不要买》,载新浪网:http://tech.sina.com.cn/mobile/n/n/2018-03-09/doc-ifxpwyhw1758393.shtml,最后访问日期:2018 年 3 月 16 日。

一种具体表现。如果仅仅从维护国家利益的角度来看,美国政府的做法也确实没有太多的可被非议之处。在世界"大同"之前,以国为单位彼此之间展开的利益竞争将是一个永恒的主题。

过去及当前,发达国家和地区通常是以倾销、补贴、侵犯专利权、威胁国家经济安全等理由来实行贸易保护主义,这在今后一段时间内虽然还会持续,但是为了避免直接的贸易摩擦,其也将会采用一种更为灵活、更具"市场化"色彩的方式,即通过反垄断的方式来阻止其认为有可能会损害其国家利益的外国企业经营行为,这在现实中已现端倪。2013 年 3 月 14 日美国联邦地区法院裁决认为,中国华北制药公司从事了垄断美国维生素 C 市场的价格,违反了《谢尔曼法》的规定,并对其处以 1.623 亿美元(约合 10 亿元人民币)的巨额赔偿。而据有关报道,事实的真相是,2001 年 12 月中国政府通过中国医保商会组织国内 4 家主要维生素生产企业达成了维生素出口数量和最低限价的协议,旨在避免因国内企业之间的价格战而导致欧盟和美国的反倾销指控,这却被美国理解为中国维生素企业从事垄断行为。[①] 也就是说,如果中国政府不组织这些企业达成相关协议,美国就可能会以反倾销的方式来制裁中国企业。中国维生素企业将面临两难的境地:产品价格低则可能会被认为存在倾销的嫌疑,产品价格高则可能会被认为存在垄断的嫌疑。因此,美国政府为了维护本国的利益,对于中国企业的态度也就只能是"欲加之罪,何患无辞"了。

总之,在反垄断法受到各国重视的同时,其所具有的实现国家经济职能、维护国家经济利益的功能也必将得到最大限度地发挥。本书并非是主张政府借助于反垄断法来肆意干预经济生活,而是认为在当今的国际形势之下,必须更加巧妙地运用反垄断法来维护国家正当的利益,这是政府履行经济职能的一种必然要求。

三、反垄断法及其执法发挥价值的"硬件"要件:执法权的科学配置

亚当·斯密曾经以扣针制造业内部分工所带来的极大的效率来说明分工的重要性,如果没有分工,由一个劳动者完成制针的所有工序,则纵使其竭力工作,一天也难以造出一枚针;而如果将制针工序分为 18 种操作,使每一个劳

① 参见《美国对华反垄断第一案可能引发连锁反应》,载《中国青年报》2013 年 4 月 12 日,第 5 版。

动者专职于一种或两种工序,如一人抽铁线、一人拉直、一人切割、一人削尖线的一端、一人磨另一端等,则一日可制12磅针,平均每人可制48,000枚针。[①]这就是分工所能够带来的上万倍的生产效率。

有学者认为,从根本上讲,权力分立是以劳动分工这项普通原则或职能专门化这项普通原则为基础的。"这种专门化(也就是权力分立)的决定性原因,并不是要从实践上保护公民自由,而是一种组织的需要,即如果每种机构都以特别的方式去实现某一特定的目的,那么与那种把不同的职能都归属于某个机构的做法相比较,把不同的职能归属于不同机构的做法便会使每一种职能都得到更好的履行。"[②]可见,不仅在制造业中,而且在权力的运作中——事实上,在社会生活的各领域——都有分工发挥价值的空间。但我们也不可过分推崇分工,因为在某些情况之下,适当的、必要的集中能够发挥更大的作用。

总之,对于是应当分工还是集中这一问题,并没有唯一的答案,而是要根据具体情况来决定,对于权力的配置而言亦是如此,权力配置得科学与否将直接影响到权力的运行效果,进而影响到创造该权力的法律的实施效果。

(一)执法权的科学配置包括但不限于分权

虽然可以通过分权来防止权力的滥用,但是,分权并不是权力配置的全部内容,不适当的分权会造成权力运行成本高、效率低下的局面。我国水污染防治权力的分权即深刻地说明了这一点。水具有多种用途,包括生活饮用、农业灌溉、工业用水等,我国正是根据水的不同属性来配置水污染防治权的。根据《水污染防治法》的规定,在我国,县级以上人民政府水行政部门、国土资源、卫生等众多部门对于水污染的防治都享有监督管理权。[③] 由多部门共同负责水污染的防治,虽然可能会发挥各部门的协同效应,但也有可能会造成"多龙

---

① 参见[英]亚当·斯密:《国民财富的性质和原因的研究》(上卷),商务印书馆2009年版,第3~4页。

② Bluntschli, Lehre vom modernen Staat(1852) bk. VII, chap. 7(7 ed;1886, p. 591). 转引自[美]罗斯科·庞德:《法理学》(第2卷),邓正来译,中国政法大学出版社2007年版,第327~328页。

③ 《水污染防治法》第8条第3款规定:"县级以上人民政府水行政、国土资源、卫生、建设、农业、渔业等部门以及重要江河、湖泊的流域水资源保护机构,在各自的职责范围内,对有关水污染防治实施监督管理。"

治水”的局面，出现“人人都有权管，人人都不管”的尴尬境地。“各部门、各地方都根据自己的需要来进行管理和决策，缺乏统一的协调，往往从局部的决策来看是有利的，但对整体来说却可能是有害的。”①可见，在跨行政区的水污染治理方面，一定程度的集权是必要的。

集权与分权只是权力配置的两种不同方式，彼此之间并没有绝对的优劣之分。究竟应选择何种权力配置方式必须根据权力规制对象自身的属性来决定，脱离具体的对象而空谈集权与分权是一种主观主义和经验主义的表现。

（二）执法权配置得科学与否将直接影响反垄断法实施的效果

波斯纳曾指出，“反托拉斯政策的健全不但依赖于法律规则，还依赖于执法机制。只有好的规则是不够的，还必须有执法的机制保证法律以合理的成本获得合理程度的遵守”。② 而反垄断法能否真正获得合理程度地遵守，在很大程度上取决于反垄断执法权的配置状况。

首先，反垄断执法权的配置状况将决定执法的效率。科学的执法权配置能够确保执法机构对各种限制竞争行为保持高度的警觉性，在垄断行为尚未造成实质性损害前，积极采取措施予以避免之；在垄断损害出现后，及时采取有效措施消除垄断行为，恢复市场竞争秩序。而如果反垄断执法权配置不尽合理，则不仅无法有效避免垄断损害的发生，而且在垄断损害出现后，也可能由于执法系统内部种种烦琐的行政程序，或者因执法机构之间的执法权冲突而造成扯皮拖拉，从而延误了执法的时机。反垄断执法权的配置不仅是一个“技术性”的问题，而且是涉及国际经济竞争、国内经济发展阶段、政治权力运行、历史等多重因素的一个系统性问题。我国《反垄断法》的宗旨之一即“提高经济运行效率”，这一目标的实现取决于反垄断执法的效率，反垄断执法权的科学配置是提高反垄断执法效率的基础性要件。

其次，反垄断执法权的配置状况将影响反垄断法的权威性。反垄断执法权配置不合理，大致包括两种情况：一是执法权的重叠；二是出现执法真空。在第一种情形下，对于同一种类型的垄断行为，两个或两个以上的执法机构可能都享有执法权限。例如，在 2018 年我国反垄断执法体制改革前，国家发改

---

① 王灿发：《跨行政区水环境管理立法研究》，载《现代法学》2005 年第 5 期。

② [美]理查德·A. 波斯纳：《反托拉斯法》，孙秋宁译，中国政法大学出版社 2003 年版，第 313 页。

委和国家工商总局之间反垄断执法权的划分就是以垄断行为是否涉及价格垄断为依据的，然而这一标准本身存在诸多问题。仅仅依据是否涉及价格因素而将垄断行为区分为价格垄断行为和非价格垄断行为本身并不科学，因为价格是经营行为中的核心要素，不涉及价格的经营行为几乎不存在。对于某一垄断行为，如果依据上述的分权标准，则由国家发改委对涉及价格垄断的行为进行管辖，其余则由国家工商总局管辖，这样，就会出现同一行为受到多重管辖的情形。这不仅会极大地浪费行政资源，而且给当事人造成诸多不便。同时，如果不同执法机构对于同一垄断行为做出的处理决定存在较大差异或者互相矛盾，则会极大地损害《反垄断法》的权威。就第二种情形而言，如果对于某种垄断行为，各执法机构均不享有明确的执法权限，则会出现执法“真空”的情况。市场经济形势瞬息万变，垄断行为如无法得到及时制止，则会给市场经济造成极大的损害，受垄断行为损害的经营者甚至可能会因此而被迫退出市场。无论何种情形发生，都会使反垄断法“市场竞争守护神”的光环黯然失色，其权威性也就无从谈起，而这都归因于执法权的配置本身不尽合理。

（三）反垄断执法权科学配置需注意的几点

虽然我国目前已经完成了反垄断执法权的初步配置，但这并不意味着进行这方面的探讨已无意义，恰恰相反，根据过去数年的执法实践来看，现行的执法权配置尚存在诸多问题，直接影响了《反垄断法》实施的效果。市场竞争状况并未能够得到根本性的改善，影响市场经济发展的诸多限制竞争行为依然大量存在，甚至呈现出愈演愈烈之势。在这种背景之下，如何完善反垄断执法权配置是当前理论界和实务界所面临的重要任务。由于在本书后面章节中将予以详细探讨，故在此仅简略提出在配置反垄断执法权时尤其需要注意的几点。

第一，反垄断执法权的配置必须紧密结合垄断行为的特性。由于垄断行为较之于其他的经济行为而言具有特殊性，如果脱离了垄断行为的本质属性而进行执法权的配置，则是一种“不知己亦不知彼”的表现，最终只能是“无的放矢”。这就要求我们必须深谙垄断行为的特性。过去数年的反垄断执法对于我们进一步加深对垄断行为的认识起到了重要的作用。今后必须坚持依据垄断行为的特性来进行执法权的配置。

第二，在进行反垄断执法权配置时必须排除部门利益的不利影响。此前在《反垄断法》的制定过程中，关于如何分配执法权就一直是一个激烈争论的问题，这也折射出各部门在执法权“争夺”过程中的较量，其背后则是部门利益。执法权的配置一旦演变成为利益之争，也就难以确保其能够真正以社会利益为本位、尊重行政规律和经济规律来进行了。实现反垄断执法权的科学配置，必须摒弃部门利益之争。

第三，在配置反垄断执法权的过程中，必须坚持从中国的实际情况出发，而不能照搬外国的经验。就当前的中国而言，仍然处于社会主义市场经济建设的初期，许多经济垄断行为刚刚出现，加上在之前的一二十年中对于那些已经出现的经济行为未能进行有效的规制，从而使当前我国市场上的垄断行为仍然是处于一种“初级”的形式。换言之，许多经营者的法律意识仍然很淡薄，对于其故意或无意所从事的诸多明显违反法律的垄断行为没有较为深刻的认识。总之，在当前，我国市场上的垄断行为并没有因为其极为复杂——正如发达国家那样，从而超越了许多地方执法机构的执法能力之外。我们不能人为地将我国当前的种种垄断行为想象成像发达国家市场上的垄断行为那样复杂，这是一种脱离实际的做法，在配置反垄断执法权时必须注意更多的具有中国特色的情况。

第四章　中国反垄断法执法状况评估

自2008年8月1日我国《反垄断法》正式施行至今已有10多年的时间，其在实施的过程中取得了较大的成就，但也暴露出一定的问题。在10年后的今天对其"功过"进行较为系统的评估，以及时发现问题，实现《反垄断法》自身的不断完善，具有十分重要的意义。事实上，在发达国家，对法律、法规的实施效果进行事后的评估已经成为一种常态化的制度，近年来，我国从中央到地方也正在不断进行着立法后评估的探索。无论是国外的立法评估经验，还是我国所进行的法律实施效果评估实践，都为本书对《反垄断法》实施效果进行评估提供了有益的借鉴和支持。

一、法律实施效果的评估

对于国家、企业和个人等主体而言，都有必要定期或不定期地对过往一段时间内的发展或表现进行评估，以总结经验教训，从而为下一阶段的行动提供有益借鉴和指导。对于制度的运行而言亦是如此，制度运行得有效与否，只能由实践来评判，因为"实践是检验真理的唯一标准"。评判法律实施效果的标准，就应当看其是否在定分止争方面、实现其法益目标方面真正发挥了作用，这就需要我们回归到活生生的法律实践活动中去考察。

(一)法律实施效果评估理论探析

法律实施效果评估,实际上就是在某一法律法规实施一定时间以后,对其实施所取得的成就、存在的问题等进行评估。法律实施效果评估的范围要小于立法评估,因为后者既包括立法前评估,也包括立法后评估。所谓立法前评估,是指“立法机关在进行立法预测、确定立法规划以及进行立法论证时对立法的一种预评估”,[①]其主要是对立法的必要性、可行性等进行评估,因而是立法前的一种准备。所谓立法后评估,是指在法律制定并实施一段时间以后,对法律运行的效果进行的评估。因此,法律实施效果评估与立法后评估二者在本质上是相同的。需要指出的是,此处的“法律实施效果评估”或“立法后评估”中所指的“法律”都不是狭义上的法律,而是包括法律、行政法规、地方性法规等,应当从广义上进行理解。

就法律实施效果评估主体而言,既可以是由国家权威机关所主导的,也可以是由科研教学机构、社会团体等非官方性的组织或个人进行的,并没有严格的限定,只不过官方与民间机构各自评估的效果不同罢了。官方进行的法律实施效果评估相较于民间评估而言,更能够对法律的完善产生直接的、更大的影响;而后者所进行的评估,只有当其能够被国家相关机构所采纳,才能对法律的“立、改、废”发生作用,因此其即便能够有所影响,也只可能是一种间接的影响。但是,绝不能因此而忽视民间评估的价值。有学者认为,法律评估的主体决定评估的对象,“在选择评估对象时,全国人大常委会法工委选择评估的法律、国务院法制办选择评估的行政法规、地方人大常委会和地方政府选择的地方性法律和规章”。[②] 一般而言,可以依照我国《立法法》的规定确定评估的主体,依照“谁制定,谁负责”的原则,由法律法规的制定主体负责其所制定的法律法规实施效果的评估。当然,上级机构可以对下级机构制定的相应的法律法规、规章制度等进行评估,而下级机构则不能对上级机构制定的法律法规、规章制度等进行评估,以避免因此而损害上级机构制定的法律法规、规章制度等的权威性,不过,下级机构可以向上级机构提出具体的意见和建议。

法律实施效果评估的内容,即评估什么的问题,是评估中最为重要的议题

---

① 汪全胜等:《立法后评估研究》,人民出版社2012年版,第19页。

② 席涛:《立法评估:评估什么和如何评估(上)——以中国立法评估为例》,载《政法论坛》2012年第5期。

之一。有观点认为，评估的内容就是在选取特定的评估对象之后，对其“合法性、合理性、合目的性进行评估”，“评估效果的好坏，与评估内容的选择和确立有着很大的关系”。[①] 本书认为，虽然在立法后评估中仍然可以对该法律法规的合法性问题进行评估，但这主要应当是立法前评估的工作，在立法后评估中对法律法规的合法性问题再次进行评估，就有本末倒置之嫌。不过，上级机构对于下级机构制定的规章等的合法性进行事后的评估则是必要的。另有观点认为，“评估的内容应为法实施的效果，即成本效益分析”，[②]评估法律实施的“性价比”，是否以最低的立法成本获得了最大的立法收益。不过，也有学者反对将立法后评估的内容仅仅限于立法的成本和收益，认为这是一些发达国家的实际做法，并不符合我国的国情，因为“经过长期的法治发展，这些国家的立法制度已相当成熟，法律制定后也基本不存在得不到实施的问题，有关立法制度和法律实施的内容当然不必纳入评估的范围”，而我国“法制建设的历史很短，立法体制、立法程序以及法律体系中的不少具体法律还不成熟、不完备”，这种特殊的国情就决定我们在进行立法后评估时，其内容不仅要包括立法体制、立法程序等立法制度，而且要包括法律体系及具体的法律本身，还要包括法律法规的实施情况。[③] 可以说，第三种观点所主张的评估内容的范围最广，是较为符合我国国情的。立法后评估不仅要从静态方面分析评估对象在整个法律体系中的地位、协调性问题，而且要从动态方面评估其在实施过程中对于利益相关者、经济、社会等的影响。

（二）法律实施效果评估的功能

法律实施效果评估作为一项制度，之所以能够日益受到重视，源于其所具有的独特价值。对于不同的评估主体而言，该制度所具有的价值也不同。“立法后评估针对法律制度设计合不合理、立法内容有没有针对性、规定的条款操作性强不强以及立法的实施效果好不好等问题进行评估，能比较全面、准确地把握法律的实际运行状况。这一制度的实践对于提高立法技术，优化立法程序，调高立法质量和水平具有积极意义，可以为立法部门修改、废止法规

---

① 丁贤、张明君：《立法后评估理论与实践初论》，载《政治与法律》2008 年第 1 期。

② 尤乐：《论立法评估之概念和相关辨析》，载《广西大学学报》（哲学社会科学版）2012 年第 4 期。

③ 参见刘松山：《全国人大常委会开展立法后评估的几个问题》，载《政治与法律》2008 年第 10 期。

提供重要的依据。”[①]这主要是从立法的角度来审视立法后评估的价值，有学者从不同层次来理解这种价值，认为立法后评估制度包括三大功能，即描述与评价功能、检验与改进功能、批判与反思功能。立法后评估以及其所确立的指标体系为我们提供了一个描述性的工具，而这为公正评价立法提供了前提。在此基础上对立法进行检验，及时发现漏洞并予以修缮，以先进的立法理念为后续的立法进行科学引导。在此过程中，立法机关不仅针对具体的立法进行批判，而且对整个立法制度进行反思，从而为被评估的法律及其以外的其他法律的制定完善提供指导。[②] 还有学者指出，立法后评估的价值不仅是对法律本身进行评估从而有利于法律的完善，而且对执法活动的有效性进行评估，以确定究竟是立法还是执法出现问题，进而有针对性的采取措施。“立法后评估结果的使用，一是用于对该项法律、法规的修改完善，二是对于法律法规实施的指导。借助对法律、法规实施状况的了解，确认哪些问题是法律本身的问题，哪些是执行本身的问题。对于执行中的问题，则应当通过改善执法解决；对于立法本身的问题，则应通过修改完善法律、法规来解决。”[③]立法后评估是对法律实施状况的一次“摸底”，是“实践是检验真理的唯一标准”这一原则的具体适用。法律制定得是否科学，法律实施的状况如何，都只有通过具体的法律实践予以检验。就立法后评估的价值而言，大致可以从以下几个方面予以理解。

首先，对法律的实施效果进行评估可以较为全面地了解法律在社会实践中的适应程度。在法律制定以前，只能是根据已有的实践经验及理论积累来最大限度地保证法律的科学性和合理性。法律一旦制定出来，就成为“死”的东西了，而社会实践每时每刻都在发生变化，而且还有许多情况是在立法时所没有考虑到的。因此，只有每隔一定时间对已经制定出来的法律进行评估，才能及时、准确地发现法律与实践“脱节”的地方，从而得以不断完善法律，为其注入新的血液，使其由“死法”转变成为“活法”，成为富有生命力的法律。可以说，这是立法后评估对于立法完善的最大意义。

---

① 沈国明等：《在规则与现实之间——上海市地方立法后评估报告》，上海人民出版社 2009 年版，第 16 页。

② 参见史建三：《地方立法后评估的理论与实践》，法律出版社 2012 年版，第 51 ~ 53 页。

③ 许安标：《立法后评估初探》，载《中国人大》2007 年第 8 期。

其次,对法律的实施效果进行评估可以对执法机构形成一种有效的监督。如果通过评估发现法律本身并不存在不合理的地方,则如果法律无法得到有效实施,主要原因即可归咎于执法机构的执法不力,这会促使执法机构积极改进执法工作。同时,对法律实施效果进行评估,实际上也就是对执法机构的执法工作进行考核,一旦责任制健全起来,则相关执法机构及其人员必须对其执法不力承担相应的责任,从而形成一种约束作用。

最后,这种评估可以为今后的立法、执法提供有益的经验借鉴。在评估过程中必然会或多或少地暴露出立法及执法中所存在的问题,这些问题可能是由客观方面的原因而未能预料到的,也可能是由于主观方面的原因而造成的,通过评估可以探索解决这些问题的方法,从中总结出的经验对于未来的相关实践具有重要的价值。

(三)法律实施效果评估的实践

法律实施效果评估作为一项新兴的制度,最初是在个别省市开展的,之后才在中央政府层面及全国其他省市积极开展开来。"2000 年以来,山东省人大常委会将'立法回头看'列为工作要点,在法制工作委员会的牵头组织下,先后对本省《私营企业和个体工商户权益保护条例》、《产品质量法实施办法》、《法律援助条例》和《就业促进条例》的实施情况进行立法后评估工作。"①之后,安徽、云南、甘肃、重庆、北京、上海等省市的人大常委会都对其所制定的法律、法规、规章等进行了立法后评估。2006 年国务院法制办也首次启动了对《信访条例》等 6 个行政法规的立法后评估工作。② 2010 年全国人大常委会法工委首次开展立法后评估工作,《科技进步法》和《农业机械化促进

---

① 陈书全:《论立法后评估常态化启动机制的构建》,载《现代法学》2012 年第 2 期。

② 《国务院法制办悄然启动立法后评估,运作详情披露》,载中国网:http://www.china.com.cn/policy/txt/2007 - 08/31/content_8776800.htm,最后访问日期:2017 年 10 月 12 日。据报道,国务院法制办首次进行立法后评估的行政法规包括《信访条例》《艾滋病防治条例》《蓄滞洪区运用补偿暂行办法》《个人存款账户实名制规定》《劳动保障监察条例》《特种设备安全监察条例》,通过评估摸清了在法的实施过程中遇到的问题,明确了某些问题是需要从立法层面上加以解决的。

法》被选为评估对象。[①] 这场自下而上的立法后评估运动的兴起对促进我国社会主义法治进程具有重要的意义,法律法规等作为权威的象征,其本身也成为可以被评估的对象,这就破除了对法律法规的盲目迷信,体现了对人类理性的一种尊重。

事实上,即便是在发达国家,立法后评估也仍然处于探索阶段。正如经济合作与发展组织(the Organisation for Economic Co-operation and Development, OECD)指出的那样,在许多国家,由于这一领域很少受到关注,因此立法后评估(ex post evaluation)仍然处于初期阶段。尽管立法者正在努力确保法律、规章的实施能够实现它们所要达到的目标,但是并没有足够的证据表明立法后评估在 OECD 国家中得到了系统的推行。在大多数情况下,法律、规章的影响几乎没有得到系统的评估,这主要是因为缺乏事前的分析(ex ante analysis)以及数据的匮乏。[②]

部门立法的行政审查,是当代美国行政法发展中最为重要的创新之一。1981 年基于尼克松总统时期的经验,里根总统颁布了第 12291 号行政命令,要求大多数联邦机构将拟定的新的规制呈交管理和预算办公室(the Office of Management and Budget, OMB)中的信息和规制事务办公室(the Office of Information and Regulatory Affairs, OIRA)批准。[③] 1993 年克林顿政府时期颁布了第 12866 号行政命令,旨在完善新的监管程序。为了明确联邦政府机构颁布的规章在环境发生改变之后是否仍然合理和正当,以及行政规章彼此之

① 吴邦国委员长在第十一届全国人大第三次会议上作报告时指出,要"结合常委会执法检查中发现的问题和法律实施中出现的新情况新问题,有针对性地选择一到两件事关群众切身利益的法律,开展立法后评估试点工作"。根据该要求,全国人大常委会法工委从 2010 年 3 月开始,在有关部门的协助下对《科学技术进步法》第 20 条关于财政性资金科技项目知识产权归属和使用、第 33 条关于鼓励企业增加研发投入两项制度,以及《农业机械化促进法》第 21 条关于鼓励农业机械跨区域作业服务、第 27 条关于对农民和农业生产经营组织购买先进适用的农业机械给予补贴、第 28 条关于对农业机械生产作业用燃油安排财政补贴三项制度进行了评估。载中国人大网:http://www.npc.gov.cn/npc/lfhpg/kjjbfnyjxhcjf/node_16326.htm,最后访问日期:2017 年 10 月 12 日。

② OECD, "Evaluating Laws and Regulations: The Case of the Chilean Chamber of Deputies", Accessed October 12, 2017. http://www.oecd-ilibrary.org/governance/evaluating-laws-and-regulations_9789264176263 - en.

③ Michael A. Livermore, Richard L. Revesz, "Regulatory review, capture, and agency inaction", *Georgetown Law Review*, 101, 2013, p. 1337.

间是否协调，是否存在重复或者不适当地增加负担等问题，该行政命令要求联邦政府机构必须向 OIRA 提交一份与其资源和行政权限相一致的计划。在该计划之下，联邦政府机构必须定期对现有的重要规章进行评估，以确定被评估的行政规章是否需要修改或废止，从而使政府机构能够更有效地实现其监管目标。[①] 2011 年 1 月 18 日美国总统奥巴马宣布了一项动议，旨在减少企业所承担的监管负担，鼓励联邦政府机构定期评估已颁布的法规，并促进公众参与到规则的制定过程中来，此即第 13563 号行政命令"改进监管及监管评估"。该命令指出，要对现存的重要行政规则进行定期的评估，为此，联邦政府机构应该考虑如何才能更好地促进对那些可能过时的、无效的、不充分的或者负担过重的规则进行回顾性评估，并对其进行修改、简化、扩充或者废除。[②] 美国从 20 世纪 80 年代重视立法前的评估到 20 世纪 90 年代以来对立法后评估的强调，表明立法后评估具有独特的功能，是立法前评估等制度所不能取代的。

在日本，立法后评估首先是从地方兴起的，取得成功以后才被中央政府采纳。1997 年日本北海道政府对那些长期处于停滞状态的政策进行评估，根据评估结果确定事业发展的优先顺序；1999 年日本内阁会议将行政监察局改为行政评价局，由其对政府各部门实施的政策进行评估；2002 年日本通过了《行政机构实施评估政策有关的法律》，这是日本立法后评估制度成熟的一个标志。[③]

立法后评估制度在不同国家的进展状况不同，有的国家已经探索了数十年，有的国家才刚刚启动。但无论如何，立法后评估制度作为一项有益于立法完善、执法优化的制度，正受到越来越多国家的重视。

（四）评估法律实施效果的进路

科学的方法是确保法律实施效果评估质量的一个重要因素。如果在错误或不恰当的方法指导下进行评估，则不仅无法准确获知法律实施效果的真实情况，反而会对法律的完善等工作形成一种误导。

由于不同评估主体掌握的资源不同，因此各评估主体在评估时采用的方

---

① Executive Order 12866：Regulatory Planning and Review，September 30，1993.

② Executive Order 13563：Improving Regulation and Regulatory Review，January 18，2011.

③ 参见汪全胜：《日本的立法后评估制度及其对中国的启示》，载《中州学刊》2009 年第 5 期。

法也必然不完全相同。对于评估的方法学者们有不同的理解，如有的学者从纯粹的方法论意义上来理解评估的方法，认为评估方法包括语义分析法、价值分析法、经济分析法、实证分析法、系统分析法、要素评估法。[①] 这些方法具有普遍性，不仅在立法后评估中，而且在任何社会科学研究中都有可能运用到，因此这些方法并不是立法后评估所特有的。有的学者认为，评估方法包括直接方式与间接方式，前者包括召开研讨会、调研、考察、走访，后者包括问卷调查、抽查等。[②] 无论是直接方式还是间接方式，都只是进行立法后评估的一些具体的途径，甚至可以说其只是实证研究方法中的一些具体方法。总之，当前学者们提出的许多立法后评估方法都不具有专属性。也就是说，这些方法是普遍性的，未能根据立法后评估的特点提出有针对性的、个性化的方法。

本书认为，在评估之前首先需要明确评估的对象是什么，并据此而有针对性地制定评估方法。对于一个机器而言，我们评估其效率的方法就是看其在一定的时间内生产的产品的数量的多少，或者生产一定数量的产品所花费的时间的长短。评估一个公司一定时期的发展绩效，可以分析在评估前后不同时点上该公司的市场份额是否所有增加、竞争力是否有所增强等，根据这些具体的指标来进行考察。在评估法律实施效果时，首先，要确定该法律的价值目标为何，这通常体现在该法律第 1 条中的宗旨之中，其宗旨中所规定的价值追求可以作为评估的内容或标准。其次，需要明确该法实施所涉及的利益相关者，即包括抽象的利益主体如社会、国家，也包括具体的利益主体如某一案件中的利益受损者等，法律的经济、社会影响可以通过其对利益相关者的影响来得以体现。最后，要对现实中法律实施的效果与法律实施的预期效果进行比较，分析二者之间的差距，这也是一个不断暴露问题的过程，这将为立法的完善提供有益的借鉴，从而实现评估的价值。

二、反垄断执法情况分析

对反垄断执法状况进行评估，首先需要对反垄断执法本身进行细致的考察，只有在此基础之上才能洞悉反垄断执法本身以及《反垄断法》所存在的问

---

① 参见张大伟等：《论法律评估——理论、方法和实践》，载《甘肃社会科学》2010 年第 5 期。

② 参见席涛：《立法评估：评估什么和如何评估（上）——以中国立法评估为例》，载《政法论坛》2012 年第 5 期。

题，否则评估就失去了坚实的基础，直接影响评估结果的科学性及价值。由于反垄断执法主体在中央层面包括国家发改委、商务部和国家工商总局，在地方包括被授权的有关机构，因此，在对反垄断执法情况进行考察时也就主要是以这些执法机构为主线来进行。虽然我国已经成立了国家市场监督管理总局，整合了商务部、国家发改委和国家工商总局的反垄断执法权，但是，国家市场监管总局成立的时间很短，执法案例有限。而且，本书所展开的反垄断执法评估也主要是针对过去10年时间中的反垄断执法。因此，国家市场监督管理总局的成立对我们进行反垄断执法状况评估没有影响。

（一）反垄断执法的实际参与主体

自我国《反垄断法》正式施行以来，反垄断执法机构依据法律规定在自身的职权范围内进行了大量的执法活动。从中央层面来看，在成立国家市场监督管理总局以前，进行反垄断执法的主体是商务部、国家发改委和国家工商总局三机构；在地方，根据中央执法机构的有关授权，地方有关机构也进行了执法活动。

首先，就商务系统而言，商务部依据国务院批准的“三定方案”而享有经营者集中的反垄断审查权。在其制定的《经营者集中申报办法》和《经营者集中审查办法》中也明确规定：“商务部是经营者集中反垄断审查执法机构，承担受理和审查经营者集中申报的具体执法工作。”具体而言，是由根据“三定方案”设立的商务部反垄断局承担具体的职责。因此，地方的相关商务主管部门并没有参与到经营者集中的反垄断审查中来。不过，自2009年8月起，商务部反垄断局就定期举办“《反垄断法》宣传培训班”，截至2017年10月，商务部反垄断局已经先后在宁夏、南昌、长沙、兰州、上海、西安、珠海、深圳、南京等地举办了24期培训班，培训内容包括经营者集中反垄断申报、审查制度，对未依法进行申报的案件的调查处理等。培训对象主要为各省的商务厅、行业协会、地市的商务部门以及有关企业。[①] 这种培训可以看作让地方的相关商务部门为将来的反垄断执法或者协助商务部进行反垄断审查做准备，如果从这种意义上讲，则也不妨认为地方相关商务部门也参与到了边缘性的反垄断执法工作，但最为核心的经营者集中反垄断审查仍仅由商务部反垄断局这

---

① 载商务部反垄断局网：http://fldj.mofcom.gov.cn/article/xxfb/，最后访问日期：2018年1月15日。

一唯一的机构行使。

其次,就发改委系统而言,国家发改委依据国务院批准的“三定方案”而负责“依法查处价格违法行为和价格垄断行为”。具体由国家发改委的价格监督检查司负责,查处了包括山东两医药公司垄断复方利血平原料药一案,以及三星、LG 等公司实施液晶面板价格垄断一案等。根据国家发改委制定的《反价格垄断行政执法程序规定》,国家发改委可以授权省、自治区、直辖市人民政府的价格主管部门负责其行政区域内的反价格垄断执法工作。2009 年 7 月,黑龙江省机构编制委员会决定在省物价监督管理局内设反价格垄断和市场监察处,由其依据国家发改委的授权负责反垄断执法工作。① 除了黑龙江以外,辽宁、江苏、浙江、重庆、湖北、云南、新疆等省、自治区、直辖市也设立了反垄断调查处,配备了相关的执法人员,负责反价格垄断工作。地方相关机构在对涉及价格垄断的行为进行了相关的执法,如浙江省富阳市造纸行业协会组织实施价格垄断行为,浙江省物价局在得到国家发改委的授权之后对该案进行了查处,对该协会处以最高 50 万元的罚款。

最后,就工商系统而言,国家工商总局依据国务院批准的“三定方案”,设立了反垄断和反不正当竞争执法局,由其负责垄断协议、滥用市场支配地位、滥用行政权力排除限制竞争方面的反垄断执法工作(价格垄断行为除外)。根据国家工商总局制定的《工商行政管理机关查处垄断协议、滥用市场支配地位案件程序规定》,对于在全国范围内有重大影响的,以及国家工商总局认为应当由其管辖的垄断行为,由国家工商总局负责查处。省级工商行政管理局在国家工商总局的授权下也可以负责特定垄断行为的查处,不过,这种授权是以个案的形式进行的,并且被授权的省级工商行政管理局不得再次向下级工商行政管理局进行授权。2009 年江苏省工商局在得到国家工商总局的授权后,对连云港预拌混凝土垄断协议一案进行的调查,处以 73 多万元罚款。

---

① 载黑龙江省机构编制委员会办公室网:http://218.10.65.237/Page/Article.aspx?NewsId=2cfb0e3a-18fa-4d8e-ae2a-41bb0dc4b85f,最后访问日期:2017 年 10 月 12 日。黑龙江省机构编制委员会发布《黑龙江省物价监督管理局主要职责内设机构和人员编制规定》,依据该规定,设立反价格垄断和市场监察处,承担的与反垄断执法有关的职责包括:负责对市场价格垄断执法和不正当价格行为的监管工作;按照国家发改委授权,调查、认定和查处价格垄断行为和案件;负责监督检查国家制定和实施的竞争规则落实情况,提出有关政策建议;承办价格垄断行为举报案件。

这是由国家工商总局授权省级工商部门查处的第一个案件。

（二）反垄断执法案件分析

对反垄断执法机构执法效果的评估是建立在其所处理的案件的基础之上的，在这10年的时间中，中央执法机构进行了富有成效的执法，地方相关机构在中央执法机构的授权下也不断开展执法活动，积累执法经验。下面将根据我国当前执法分工的现状对过去10年时间中的反垄断执法案件进行较为详细地梳理。

1. 工商机关查处的垄断案件

国家工商总局及其授权的相关地方工商机关负责对垄断协议、滥用市场支配地位和行政垄断的执法。2013年7月29日国家工商总局反垄断与反不正当竞争执法局的负责人通报了之前5年工商系统反垄断执法工作的情况，并于当日在国家工商总局网站上公布了所有已经结案的垄断案件处理决定，这标志着工商机关在反垄断执法方面也步入了公平、透明的时代。截至2018年1月，工商部门共查处了60多件案件，具体案件执法情况如表1所示。

表1　工商机关反垄断执法案件统计情况①

垄断协议案件			
序号	案件名称	行政处罚决定日期	查处机关
1	江苏省连云港市建筑材料和建筑机械行业协会混凝土委员会组织本行业经营者从事垄断协议案	2010年8月31日	江苏省工商局
2	江西省泰和县液化石油气经营者从事垄断协议案	2011年4月1日	江西省工商局
3	河南省安阳市旧机动车经营者从事垄断协议案	2012年1月4日	河南省工商局
4	辽宁省建筑材料工业协会组织本行业经营者从事垄断协议案	2012年3月6日	辽宁省工商局

① 需要说明的是，有的执法机构就同一起案件形成了多份决定书，如宁夏回族自治区工商局针对中国铁通涉嫌滥用市场支配地位的行为曾作出过中止审查的决定书，也作出了终止调查决定书。为避免重复统计，我们对于类似情况将仅统计一次。

续表

序号	案件名称	行政处罚决定日期	查处机关
5	湖南省永州市保险行业协会组织本行业经营者从事垄断协议案	2012 年 11 月 30 日	湖南省工商局
6	湖南省张家界市保险行业协会组织本行业经营者从事垄断协议案	2012 年 12 月 3 日	湖南省工商局
7	湖南省常德市保险行业协会组织本行业经营者从事垄断协议案	2012 年 12 月 3 日	湖南省工商局
8	湖南省郴州市保险行业协会组织本行业经营者从事垄断协议案	2012 年 12 月 3 日	湖南省工商局
9	浙江省江山市混凝土经营者从事垄断协议案	2012 年 12 月 14 日	浙江省工商局
10	四川省宜宾市砖瓦协会组织本行业经营者从事垄断协议案	2013 年 3 月 6 日	四川省工商局
11	浙江省慈溪市建设工程检测协会组织本行业经营者从事垄断协议案	2013 年 3 月 14 日	浙江省工商局
12	云南省西双版纳州旅游协会、西双版纳州旅行社协会组织本行业经营者从事垄断协议案	2013 年 4 月 7 日	云南省工商局
13	内蒙古自治区赤峰中心城区烟花爆竹批发企业实施垄断行为案	2014 年 5 月 27 日	内蒙古自治区工商局
14	重庆巫溪县东翰采石场等 4 家采石场垄断协议案	2014 年 8 月 18 日	重庆市工商局
15	上虞市商品混凝土协会及会员单位垄断协议案	2014 年 9 月 5 日	浙江省工商局
16	湖南省麻阳苗族自治县页岩砖经营者从事垄断协议案	2015 年 1 月 5 日	湖南省工商局
17	中国太平洋人寿保险股份有限公司湖北分公司等 12 家保险公司垄断协议案	2015 年 6 月 3 日	湖北省工商局

续表

序号	案件名称	行政处罚决定日期	查处机关
18	广州市番禺动漫游艺行业协会垄断协议案	2015 年 7 月 9 日	广东省工商局
19	湖南省永州奥都混凝土有限公司等 7 家公司垄断协议案	2015 年 11 月 3 日	湖南省工商局
20	中国人寿、泰康人寿等保险公司江西分公司垄断协议案	2015 年 12 月 28 日	江西省工商局
21	山东天元同泰会计师事务所有限公司临沂分所等涉嫌达成、实施划分销售市场的垄断协议案	2016 年 3 月 21 日	山东省工商局
22	湖北省保险行业协会组织本行业经营者从事垄断协议案	2016 年 5 月 6 日	湖北省工商局
23	安徽信雅达等 3 家密码器企业垄断协议案	2016 年 9 月 18 日	安徽省工商局
24	鄂尔多斯市三亚液化石油气有限公司等 3 家公司涉嫌垄断经营行为终止调查决定	2016 年 12 月 14 日	内蒙古自治区工商局
25	河南省固始县烟花爆竹厂等 5 家企业垄断协议案	2016 年 12 月 19 日	河南省工商局
26	广西壮族自治区河池市保险行业涉嫌垄断案	2017 年 3 月 20 日	广西壮族自治区工商局
27	湖南百旺金赋科技有限公司与湖南航天信息有限公司垄断协议案	2017 年 9 月 28 日	湖南省工商局

续表

滥用市场支配地位案件			
序号	案件名称	行政处罚决定日期	查处机关
1	广东惠州大亚湾溢源净水有限公司滥用市场支配地位案	2013年12月16日	广东省工商局
2	重庆燃气集团股份有限公司垄断行为案	2014年4月28日	重庆市工商局
3	北京盛开体育发展有限公司垄断案	2014年6月3日	国家工商总局
4	内蒙古自治区烟草公司赤峰市公司滥用市场支配地位案	2014年7月4日	内蒙古自治区工商局
5	江苏徐州市烟草公司邳州分公司滥用市场支配地位案	2014年9月29日	江苏省工商局
6	海南省东方市自来水公司垄断案	2015年1月9日	海南省工商局
7	中国铁通集团有限公司宁夏分公司垄断案	2015年5月14日	宁夏回族自治区工商局
8	中国联合网络通信有限公司宁夏回族自治区分公司垄断案	2015年5月14日	宁夏回族自治区工商局
9	中国电信股份有限公司宁夏分公司垄断案	2015年5月14日	宁夏回族自治区工商局
10	辽宁省烟草公司抚顺市公司滥用市场支配地位案	2015年6月1日	辽宁省工商局
11	中国移动通信集团内蒙古有限公司垄断案(中止调查)	2015年9月1日	内蒙古自治区工商局
12	中国联合网络通信有限公司内蒙古自治区分公司垄断案(中止调查)	2015年10月28日	内蒙古自治区工商局

续表

序号	案件名称	行政处罚决定日期	查处机关
13	重庆青阳药业有限公司涉嫌滥用市场支配地位拒绝交易案	2015 年 10 月 28 日	重庆市工商局
14	青岛新奥新城燃气有限公司滥用市场支配地位案	2016 年 3 月 21 日	山东省工商局
15	内蒙古自治区阿拉善左旗城市给排水公司滥用市场支配地位案	2016 年 4 月 22 日	内蒙古自治区工商局
16	内蒙古广播电视网络集团有限公司锡林郭勒分公司滥用市场支配地位案	2016 年 6 月 7 日	内蒙古自治区工商局
17	内蒙古赤峰市盐业公司滥用市场支配地位行为处罚决定	2016 年 8 月 16 日	内蒙古自治区工商局
18	江苏省电力公司海安县供电公司涉嫌垄断行为案终止调查决定书	2016 年 8 月 19 日	江苏省工商局
19	乌鲁木齐水业集团有限公司滥用市场支配地位限定交易案	2016 年 10 月 12 日	新疆维吾尔自治区工商局
20	湖南盐业股份有限公司永州市分公司垄断行为案	2016 年 10 月 26 日	湖南省工商局
21	利乐公司涉嫌滥用市场支配地位案	2016 年 11 月 9 日	国家工商总局
22	重庆西南制药二厂有限责任公司垄断行为案	2016 年 11 月 24 日	重庆市工商局
23	宿迁银控自来水有限公司垄断行为案	2016 年 11 月 28 日	江苏省工商局
24	中国铁通集团有限公司宁夏分公司涉嫌垄断行为终止调查决定书	2016 年 12 月 9 日	宁夏回族自治区工商局
25	中国联合网络通信有限公司宁夏回族自治区分公司涉嫌垄断行为终止调查决定书	2016 年 12 月 9 日	宁夏回族自治区工商局

续表

序号	案件名称	行政处罚决定日期	查处机关
26	中国电信股份有限公司宁夏分公司涉嫌垄断行为终止调查决定书	2016 年 12 月 9 日	宁夏回族自治区工商局
27	国网山东省电力公司烟台市牟平区供电公司涉嫌垄断行为中止调查决定书	2016 年 12 月 26 日	山东省工商局
28	江苏省吴江华衍水务有限公司滥用市场支配地位案	2016 年 12 月 30 日	江苏省工商局
29	宿迁中石油昆仑燃气有限公司滥用市场支配地位案	2016 年 12 月 30 日	江苏省工商局
30	武汉新兴精英医药有限公司滥用市场支配地位案	2017 年 1 月 11 日	湖北省工商局
31	国网山东省电力公司烟台市牟平区供电公司涉嫌垄断行为终止调查决定书	2017 年 6 月 30 日	山东省工商局
32	四川久远银海畅辉软件有限公司滥用市场支配地位案	2017 年 8 月 3 日	四川省工商局
滥用行政权力排除、限制竞争案件			
序号	案件名称	行政处罚决定日期	备注
1	广东省某市政府滥用行政权力排除、限制 GPS 服务市场竞争案	2011 年 3 月	广东省工商局
2	湖南省长沙市卫生和计划生育委员会制定含有排除、限制竞争内容的文件	2017 年 4 月 17 日	湖南省工商局

资料来源:原国家工商行政管理总局网站。

第一,案件类型方面。自 2008 年至 2018 年年初查处的案件来看,垄断协议案件有 27 起,滥用市场支配地位案件 32 起,滥用行政权力排除、限制竞争案件 2 起。可见,工商机关反垄断执法的重点集中在垄断协议以及滥用市场支配地位的案件上,而仅有两起滥用行政权力排除、限制竞争案件的执法。即便是在我国建立了公平竞争审查制度以后,工商部门依据该制度查处滥用行政权力排除、限制竞争的案件仍然仅有 1 起。

在国家工商总局 2013 年发布的 12 个垄断协议案件中，除了 3 个案件是直接由经营者自身达成垄断协议的外，其余 9 个皆为行业协会组织本行业的经营者从事垄断协议的行为。这表明，在当时许多行业协会非但未能依法引导本行业的企业从事正当的生产经营活动，反而利用自身的权力组织本行业的经营者从事违法行为，严重违背了行业协会本身所应具有的功能。正如有学者在 10 多年前就指出的那样，“行业协会的反竞争行为为谋求超额利润，人为地限制竞争，不但置消费者利益于不顾，也抑制了经营者对提高产品质量、降低成本采用新技术的内在动力，对社会产生了不可低估的危害”。[①] 行业协会组织本行业的经营者从事垄断行为这一现象并非当前才出现。虽然我国《反垄断法》明确禁止行业协会从事这种行为，[②]但许多行业协会仍然冒天下之大不韪。单就法律制度而言，可能有两方面的原因：一是《反垄断法》本身对行业协会所从事的限制竞争行为规定存在欠缺；二是现行的反垄断执法机制难以保证对此类限制竞争行为展开全方位地、有效地查处。但是从之后陆续公布的 15 个垄断协议案件来看，其中有 11 个案件是由经营者直接达成的，仅有 4 个案件是由行业协会组织达成的。这表明行业协会组织达成垄断协议的行为经过前期的反垄断执法得到了一定的遏制，但经营者直接达成垄断协议的势头在不断增强。

工商机关查处的滥用市场支配地位案件，大多是由公用企业所从事的，如燃气集团、烟草公司、电信公司、电力公司、自来水公司等。由一般企业所从事的滥用市场支配地位的案件则相对较少，仅包括北京盛开体育发展有限公司、重庆青阳药业有限公司、利乐公司、重庆西南制药二厂有限责任公司、武汉新兴精英医药有限公司和四川久远银海畅辉软件有限公司滥用市场支配地位案共 6 起案件。

工商机关查处的滥用行政权力排除、限制竞争案件目前仅有两起。数量很少，其中一起是广东省工商局查处的该省某市政府滥用行政权力排除、限制

---

① 梁上上：《论行业协会的反竞争行为》，载《法学研究》1998 年第 4 期。

② 我国《反垄断法》第 12 条规定，“行业协会应当加强行业自律，引导本行业的经营者依法竞争，维护市场竞争秩序。”并且在第 46 条法律责任中规定，行业协会违反反垄断法的规定，组织本行业经营者达成垄断协议的，“反垄断执法机构可以处五十万元以下的罚款；情节严重的，社会团体登记管理机关可以依法撤销登记”。

GPS 服务市场竞争的案件,另外一起是湖南省工商局在我国公平竞争审查制度建立以后依据该制度对长沙市卫生和计划生育委员会所制定的文件进行审查时,发现其文件含有排除、限制竞争的内容,因而向该部门发出了行政建议书。

第二,执法主体方面。就 2008 年至 2018 年年初查处的垄断案件而言,许多省市的工商部门都开展了反垄断执法,有的省市工商部门的执法非常突出,取得了很大的成绩,当然也有部分省市的工商部门到目前为止仍然没有展开反垄断执法。国家工商总局以及各省市工商部门反垄断执法案件的分布情况,如表 2 所示:

表 2　工商机关反垄断执法案件分布情况

执法机关	案件数量(件)
国家工商总局	2
湖南省工商局	9
内蒙古自治区工商局	8
江苏省工商局	6
宁夏回族自治区工商局	6
重庆市工商局	4
山东省工商局	4
浙江省工商局	3
湖北省工商局	3
广东省工商局	3
江西省工商局	2
河南省工商局	2
辽宁省工商局	2
四川省工商局	2
云南省工商局	1
安徽省工商局	1
广西壮族自治区工商局	1
新疆维吾尔自治区工商局	1
海南省工商局	1

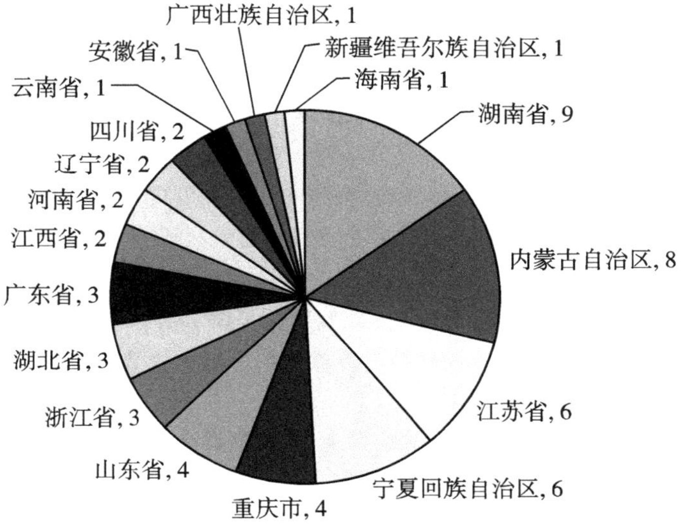

图 1　国家工商总局以及各省市工商局查处垄断案件的情况

从图 1 可以看出,我国目前已经有许多省市的工商部门已经开展反垄断执法,其中,湖南省、内蒙古自治区、江苏省以及宁夏回族自治区 4 个省、自治区的工商部门已经开展了卓有成效的反垄断执法工作,重庆市、山东省、浙江省、湖北省和广东省的工商部门在反垄断执法工作方面也在稳步推进,江西省、河南省等省的反垄断执法值得期待,安徽、云南、广西壮族自治区等省、自治区的反垄断执法也取得了零的突破。总体而言,上述这些省级工商部门的反垄断执法已经走上了正轨。但是我们也应当注意到,有的省市如北京市、陕西省、贵州省等省市工商部门的反垄断执法仍然没有任何进展,在《反垄断法》实施已 10 年的今天,这并非是一种正常现象。

就上述案件来看,除了两个案件是由国家工商总局查处以外,其他全部由国家工商行政管理总局授权地方工商机关进行查处,这表明地方相关工商机构承担起了主要的反垄断执法工作。从案件发生的地域来看,既有经济发达的东南沿海地区,也有中部地区的一些省份,而西部地区的相关案例则相对较少,这说明垄断行为的发生与经济水平的发展程度有着较为紧密的联系。①

2. 商务部反垄断局查处的垄断案件

商务部反垄断局具体负责对经营者集中行为进行反垄断审查。自《反垄断法》从2008年实施以来,相较于国家工商总局和国家发改委而言,商务部受理的垄断案件数量是最多的。一方面,是由于在案件的处理程序上,商务部无须像其他两个执法部门一样必须通过种种方式主动发现市场上所存在的垄断行为并进行查处,而是只需被动地接受经营者的申报,②这就为商务部提供了案源上的保证;另一方面,大多数的经营者集中对于市场竞争的影响都较小,因而无须对其展开十分细致地分析,这就确保了案件处理的效率。上述两方面原因促使商务部在查处的案件数量方面占据了较大优势。下面就商务部反垄断审查的具体情况予以研究。

首先,从商务部反垄断审查的结果来看,依据具体的审查情况可以分为三种情形:一是无条件批准;二是附加限制性条件批准;三是禁止。根据商务部公布的数据,2012年11月16日商务部反垄断局公布了自2008年8月1日至2012年9月30日无条件批准的经营者集中案件,共计458件。③ 自2012年第4季度起,商务部反垄断局开始按季度定期公布无条件批准的经营者集中案件,共1494件(见图2),因此,截至2017年12月31日,商务部反垄断局无条件批准的经营者集中案件为1952件(458+1494=1952)。商务部反垄断局附条件批准的经营者集中案件为35件(见表3),禁止2件。因此,截至2017年12月31日,商务部反垄断局共审查了1989件经营者集中案件。

① 不过,宁夏回族自治区工商部门展开了富有成效的反垄断执法,这也说明经济因素并不是决定性的。

② 当然,对于那些达到申报标准而未申报的经营者集中,商务部有权也有义务去进行查处,商务部于2011年12月发布了《未依法申报经营者集中调查处理暂行办法》,以专门规范达到申报标准但未依法申报的经营者集中地调查处理,以此促使经营者主动进行申报。就总体上而言,在现实中,商务部所处理的大多数案件都是根据经营者的主动申报而进行的。

③ 《经营者集中反垄断审查无条件批准案件信息统计情况》,载商务部反垄断局网:http://fldj.mofcom.gov.cn/article/zcfb/201211/20121108437868.shtml,最后访问日期:2018年1月24日。

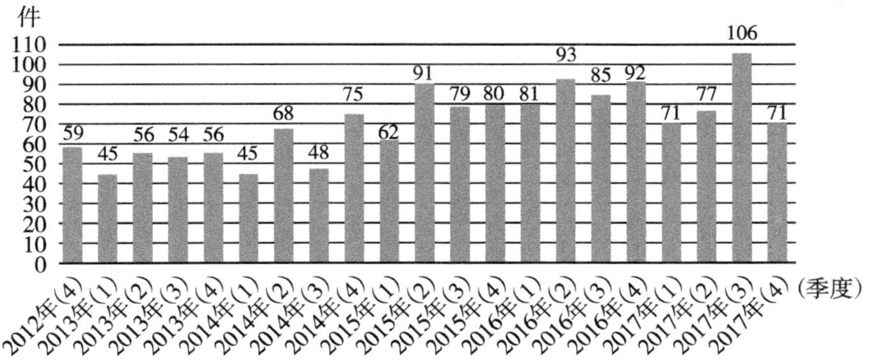

图 2 2012 年第四季度至 2017 年第四季度无条件批准的经营者集中案件

表 3 2008~2017 年附条件批准的经营者集中案件

序号	案件名称	结案日期
1	英博收购 AB 公司案	2008 年 11 月
2	三菱丽阳公司收购璐彩特公司案	2009 年 4 月
3	通用汽车收购德尔福案	2009 年 9 月
4	辉瑞公司收购惠氏公司案	2009 年 9 月
5	松下公司收购三洋公司案	2009 年 10 月
6	诺华公司收购爱尔康公司案	2010 年 8 月
7	乌拉尔公司并购谢尔维尼特公司案	2011 年 6 月
8	佩内洛普收购萨维奥案	2011 年 10 月
9	通用中国与神华煤制油设立合营企业案	2011 年 11 月
10	希捷收购三星硬盘业务案	2011 年 12 月
11	汉高香港与天德化工组建合营企业案	2012 年 2 月
12	西部数据收购日立存储案	2012 年 3 月
13	谷歌收购摩托罗拉案	2012 年 5 月
14	联合技术收购古德里奇案	2012 年 6 月

续表

序号	案件名称	结案日期
15	沃尔玛收购纽海控股股权案	2012 年 8 月
16	安谋、捷德和金雅拓组建合营企业案	2012 年 12 月
17	嘉能可收购斯特拉塔案	2013 年 4 月
18	丸红公司收购美国高鸿公司案	2013 年 4 月
19	美国百特国际有限公司收购瑞典金宝公司案	2013 年 8 月
20	联发科技公司吸收合并开曼晨星半导体公司案	2013 年 8 月
21	赛默飞世尔科技公司收购立菲技术公司案	2014 年 1 月
22	微软收购诺基亚设备和服务业务案	2014 年 4 月
23	默克公司收购安智电子材料公司案	2014 年 4 月
24	科力远、丰田中国、PEVE、新中源、丰田通商拟设立合营企业案	2014 年 7 月
25	诺基亚收购阿尔卡特朗讯股权案	2015 年 10 月
26	恩智浦收购飞思卡尔全部股权案	2015 年 11 月
27	百威英博啤酒集团收购英国南非米勒酿酒公司股权案	2016 年 7 月
28	雅培公司收购圣犹达医疗公司股权案	2016 年 12 月
29	陶氏化学公司与杜邦公司合并案	2017 年 4 月
30	博通有限公司收购博科通讯系统公司股权案	2017 年 8 月
31	惠普公司收购三星电子有限公司部分业务案	2017 年 10 月
32	加阳公司与萨斯喀彻温钾肥公司合并案	2017 年 11 月
33	马士基航运公司收购汉堡南美船务集团股权案	2017 年 11 月
34	日月光半导体制造股份有限公司收购矽品精密工业股份有限公司股权案	2017 年 11 月
35	贝克顿—迪金森公司与美国巴德公司合并案	2017 年 12 月

其次，从上述统计能够看出，无条件批准的案件占了总案件数量的约98.14%。这说明在过去及当前一段时间内，商务部对于经营者集中总体上持

一种较为宽松的态度，只要经过调查，认为经营者集中对于市场竞争没有不利影响，则商务部会迅速处理，无条件通过该类经营者集中。在美国，司法部和联邦贸易委员会也批准了绝大多数的经营者集中申报。如在 2005 年，两部门共受理了 1695 件经营者集中申报案件，其中联邦贸易委员会禁止或附条件通过了 14 起，司法部禁止或附条件通过了 4 起，也就是说在 1695 件案件中只有 18 起被禁止或附条件通过，仅占案件总数的 1.06%。[①]

3. 发改委机关查处的垄断案件

国家发改委及其授权的地方价格主管部门负责反垄断价格执法工作。在 2013 年以前，国家发改委只进行了有限的执法活动，但进入 2013 年以后却针对市场上的垄断行为数次开出巨额罚单，引起了社会的广泛关注。地方上的相关执法机构在国家发改委的授权下也展开了一定的反垄断执法活动。反价格垄断案件具体情况如表 4 所示。[②]

表 4　发改委系统反垄断执法案件统计情况

价格垄断协议案件			
序号	案件名称	公布时间	查处机关
1	南宁、柳州米粉生产商价格垄断协议案	2010 年 3 月 31 日	广西壮族自治区物价局
2	广东海沙联盟价格垄断协议案	2010 年 4 月	广东省物价局
3	厦门市餐饮具消毒行业垄断协议案	2010 年 4 月 27 日	福建省厦门市物价局
4	浙江省富阳市造纸行业协会组织经营者达成价格垄断协议案	2011 年 1 月 4 日	浙江省发改委
5	湖北省十堰市豆制品加工户垄断协议案	2011 年 2 月	湖北省物价局

① See Edwin S. Rockefeller, *The Antitrust Religion*, Cato Institute, 2007, p. 8.

② 在行政机关滥用行政权力排除、限制竞争案件的统计中，对于未经相关反垄断执法机关查处而由涉嫌滥用行政权力的机关主动纠正的案件，我们认为这不是相关反垄断执法机构主动执法的结果，因此不在统计范围之内。

续表

序号	案件名称	公布时间	查处机关
6	山东潍坊顺通医药有限公司和潍坊市华新医药贸易有限公司垄断协议案	2011 年 11 月 15 日	国家发改委
7	湖北通城县房屋中介协会价格垄断案	2012 年 1 月	湖北省物价局
8	茅台限制转售价格垄断案	2013 年 2 月 22 日	贵州省物价局
9	五粮液限制转售价格垄断案	2013 年 2 月 22 日	四川省发改委
10	合生元等奶粉企业价格垄断案	2013 年 8 月	国家发改委
11	上海黄金饰品行业协会及部分金店价格垄断协议案	2013 年 8 月 9 日	上海市发改委
12	浙江省保险行业协会组织达成并实施垄断协议案	2013 年 12 月 30 日	国家发改委
13	日立等 8 家日本汽车零部件企业垄断协议案	2014 年 8 月 15 日	国家发改委
14	精工等 4 家日本轴承企业价格垄断协议案	2014 年 8 月 15 日	国家发改委
15	湖北一汽大众销售公司固定转售价格及限定最低转售价格垄断案	2014 年 8 月 18 日	湖北省物价局
16	湖北 4 家宝马 4S 店价格垄断协议案	2014 年 9 月 1 日	湖北省物价局
17	吉林亚泰等 3 家水泥企业价格垄断案	2014 年 9 月 9 日	吉林省发改委
18	博士伦、尼康限定镜片最低转售价格案	2014 年	北京市发改委
19	江苏奔驰与经销商达成并实施限定最低转售价格的垄断协议案	2015 年 5 月 20 日	江苏省物价局
20	广东省东风日产与经销商达成并实施固定汽车转售价格的垄断协议案	2015 年 9 月 10 日	广东省发改委

续表

序号	案件名称	公布时间	查处机关
21	甘肃省武威市凉州区沃丰汽车修理厂等达成并实施价格垄断协议案	2015 年 9 月 25 日	甘肃省发改委
22	8 家滚装货物国际海运企业价格垄断协议案	2015 年 12 月 15 日	国家发改委
23	湖北孝感市驾校协会组织达成并实施价格垄断协议案	2016 年 1 月	湖北省物价局
24	5 家别嘌醇片药品生产企业垄断协议案	2016 年 1 月 15 日	国家发改委
25	陕西省机动车辆检测协会西安分会组织实施价格垄断协议案	2016 年 4 月	陕西省物价局
26	海韩泰轮胎销售有限公司达成并实施价格垄断协议案	2016 年 4 月 13 日	上海市物价局
27	连云港致诚等 6 家化工企业达成并实施价格垄断协议案	2016 年 5 月 24 日	江苏省物价局
28	3 家艾司唑仑药品生产企业达成垄断协议案	2016 年 7 月 22 日	国家发改委
29	重庆新日日顺上海分公司等 3 家公司达成并实施最低转售价格协议案	2016 年 8 月 12 日	上海市物价局
30	美敦力实施价格垄断协议案	2016 年 12 月 5 日	国家发改委
31	上汽通用汽车销售公司达成并实施限定转售最低价格垄断协议案	2016 年 12 月 23 日	上海市物价局
32	上海领鲜物流有限公司达成并实施限定向第三人转售商品最低价格垄断协议案	2016 年 12 月 29 日	上海市物价局

续表

序号	案件名称	公布时间	查处机关
33	施乐辉医用产品国际贸易公司达成并实施固定转售价格垄断协议案	2016 年 12 月 29 日	上海市物价局
34	广东省惠东县申通快递等 5 家快递公司达成并实施价格垄断协议案	2016 年 12 月 29 日	广东省发改委
35	山西省 18 家机动车检测机构达成并实施价格垄断协议案	2017 年 1 月 4 日	山西省发改委
36	贵州毕节市 5 家机动车检测机构达成并实施价格垄断协议案	2017 年 1 月 4 日	贵州省发改委
37	中国联通丹东市分公司达成并实施纵向垄断协议案	2017 年 3 月 16 日	辽宁省物价局
38	北京市物业评估监理协会组织达成并实施价格垄断协议案	2017 年 5 月 27 日	北京市发改委
39	浙江省杭州市富阳区造纸业协会组织达成并实施价格垄断协议案	2017 年 7 月 10 日	浙江省发改委
40	山西省电力行业协会组织达成并实施直供电价格垄断协议案	2017 年 8 月 3 日	山西省发改委
41	西宁市驾驶员培训协会组织驾校达成并实施价格垄断协议案	2017 年 9 月 8 日	青海省发改委
42	18 家聚氯乙烯树脂经营者实施价格垄断协议案	2017 年 9 月 27 日	国家发改委

续表

滥用市场支配地位案件			
序号	案件名称	公布时间	查处机关
1	武汉盐业分公司滥用市场支配地位案	2010 年 11 月 15 日	湖北省物价局
2	湖北景琦医药新科技发展有限公司滥用市场支配地位案	2015 年 1 月 29 日	湖北省物价局
3	高通公司滥用市场支配地位案	2015 年 2 月 9 日	国家发改委
4	中石油昆仑燃气咸宁分公司等 5 家天然气公司滥用市场支配地位案	2016 年 7 月 12 日	湖北省物价局
5	吉林省吉化集团滥用市场支配地位案	2017 年 3 月 16 日	吉林省发改委
6	中国联通丹东市分公司滥用市场支配地位案	2017 年 3 月 16 日	辽宁省物价局
7	两家异烟肼原料药生产企业滥用市场支配地位案	2017 年 7 月 28 日	国家发改委
8	上海、天津、青岛、宁波港口滥用市场支配地位案	2017 年 11 月 15 日	国家发改委
滥用行政权力排除、限制竞争			
1	山东省交通厅滥用行政权力排除、限制竞争案	2015 年 3 月 9 日	国家发改委
2	蚌埠市卫生计生委滥用行政权力排除、限制竞争案	2015 年 8 月 17 日	国家发改委
3	甘肃省武威市道路运输管理局及道路运输协会滥用行政权力排除、限制竞争案	2015 年 11 月 5 日	甘肃省发改委
4	榆林市环境保护局滥用行政权力、排除、限制竞争案	2016 年 12 月 16 日	陕西省物价局

续表

序号	案件名称	公布时间	查处机关
5	西宁市交通运输局滥用行政权力排除、限制竞争案	2016 年 12 月 26 日	青海省发改委
6	北京市住建委滥用行政权力排除、限制竞争案	2016 年 12 月 29 日	北京市发改委
7	深圳市教育局滥用行政权力排除、限制竞争案	2016 年 12 月 29 日	广东省发改委
8	上海市交通委滥用行政权力排除、限制竞争案	2016 年 12 月 29 日	上海市发改委
9	抚顺市服务业委员会滥用行政权力排除、限制当地会计师事务所行业竞争案	2016 年 12 月 29 日	辽宁省物价局
10	湖北省监利县城市综合管理局滥用行政权力排除、限制竞争案	2016 年 12 月 30 日	湖北省物价局
11	新疆维吾尔自治区塔城地区卫计委排除、限制竞争案	2017 年 4 月 6 日	新疆维吾尔自治区发改委
12	深圳市卫计委涉嫌滥用行政权力排除、限制竞争案	2017 年 4 月 7 日	广东省发改委
13	成都市国资委滥用行政权力排除、限制竞争案	2017 年 7 月 14 日	四川省发改委
14	四川省江安县卫计局滥用行政权力排除、限制竞争案	2017 年 8 月 29 日	四川省发改委
15	青海省人力资源和社会保障厅省金保工程管理办公室滥用行政权力排除、限制竞争案	2017 年 9 月 4 日	青海省发改委
16	广西壮族自治区道路运输管理局滥用行政权力排除、限制竞争案	2017 年 9 月 8 日	广西壮族自治区发改委

续表

序号	案件名称	公布时间	查处机关
17	云南省迪庆藏族自治州人民政府滥用行政权力排除、限制竞争案	2017 年 9 月 12 日	云南省物价局
18	江苏省质监局排除、限制竞争案	2017 年 9 月 26 日	江苏省物价局
19	浙江省台州市住建局行政垄断案	2017 年 9 月 29 日	浙江省物价局
20	浙江省丽水市建设工程造价管理处行政垄断案	2017 年 10 月 11 日	浙江省物价局
21	江苏省连云港市车管所滥用行政权力排除、限制竞争案	2017 年 10 月 31 日	江苏省物价局
22	黑龙江省部分市(县)行政垄断案	2017 年 11 月 28 日	黑龙江省物价局
23	武汉市江夏区公安分局、黄冈市国土资源局滥用行政权力排除、限制竞争案	2017 年 12 月 1 日	湖北省物价局
24	辽宁省锦州市商务局滥用行政权力排除、限制竞争案	2017 年 12 月 5 日	辽宁省物价局
25	广西壮族自治区百色市房产管理局滥用行政权力排除、限制竞争案	2017 年 12 月 8 日	广西壮族自治区发改委
26	兰州市安全生产监督管理局滥用行政权力排除、限制竞争案	2017 年 12 月 12 日	甘肃省发改委
27	河北省蔚县人民政府滥用行政权力排除、限制竞争案	2017 年 12 月 12 日	河北省物价局
28	甘肃省白银市住房和城乡建设局滥用行政权力排除、限制竞争案	2017 年 12 月 13 日	甘肃省发改委
29	辽宁省锦州市古塔区卫生监督所滥用行政权力排除、限制竞争案	2017 年 12 月 14 日	辽宁省物价局

续表

序号	案件名称	公布时间	查处机关
30	青海省环保厅在社会环境监测管理中滥用行政权力排除、限制竞争案	2017年12月15日	青海省发改委
31	重庆市永川区公共资源综合交易管理办公室滥用行政权力排除、限制竞争案	2017年12月25日	重庆市物价局
32	太原市住房和城乡建设委员滥用行政权力排除、限制竞争案	2017年12月27日	山西省发改委
33	北京市朝阳区农村工作委员会滥用行政权力排除、限制竞争案	2017年12月27日	北京市发改委
34	中国证券业协会滥用行政权力排除、限制竞争案	2017年12月27日	北京市发改委
35	天津市人力社保局妨碍医药市场竞争案	2017年12月28日	天津市发改委
36	延安市卫计局滥用行政权力排除、限制竞争案	2017年12月29日	陕西省物价局
37	上海市交通委滥用行政权力排除、限制竞争案	2016年12月29日	上海市发改委
38	宿州市卫生和计划生育委员会滥用行政权力排除、限制竞争案	2016年12月29日	国家发改委
39	枣庄市质量技术监督局滥用行政权力排除、限制竞争案	2018年1月2日	山东省物价局
40	潍坊市住房城乡建设局、财政局、发展改革委滥用行政权力排除、限制竞争案	2018年1月2日	山东省物价局
41	江西省上饶市广丰区人民政府办公室滥用行政权力排除、限制竞争案	2018年1月5日	江西省发改委

续表

序号	案件名称	公布时间	查处机关
42	江西省鄱阳县城市管理局滥用行政权力排除、限制竞争案	2018 年 1 月 5 日	江西省发改委
43	包头市住房保障和房屋管理局纠正滥用行政权力排除、限制竞争案	2018 年 1 月 9 日	内蒙古自治区发改委
44	乌海市住房和城乡建设委员会纠正滥用行政权力排除、限制竞争案	2018 年 1 月 9 日	内蒙古自治区发改委
45	北京住房公积金管理中心滥用行政权力排除、限制竞争案	2018 年 1 月 9 日	北京市发改委
46	西安市住房保障和房产管理局滥用行政权力排除、限制竞争案	2018 年 1 月 12 日	陕西省物价局
阻碍反垄断调查			
1	潍坊隆舜和医药涉嫌原料药价格垄断案	2017 年 2 月 12 日	山东省物价局

第一，案件类型方面。自 2008 年 8 月 1 日至 1 月 28 日，发改委系统共查处了 42 起价格垄断协议案件、8 起涉及价格因素的滥用市场支配地位案件、46 起滥用行政权力排除、限制竞争的案件，以及 1 起阻碍反垄断调查的案件。可见，发改委系统查处的案件主要为垄断协议案件以及滥用行政权力排除、限制竞争的案件，滥用市场支配地位的案件仅有 8 起。滥用行政权力排除、限制竞争的案件绝大多数都集中在 2016 年 12 月以后，这是因为我国于 2016 年 6 月建立了公平竞争审查制度。2016 年 6 月 14 日国务院发布了《国务院关于在市场体系建设中建立公平竞争审查制度的意见》（国发〔2016〕34 号），旨在“规范政府有关行为，防止出台排除、限制竞争的政策措施，逐步清理废除妨碍全国统一市场和公平竞争的规定和做法”。① 公平竞争审查制度的建立，对

① 《国务院关于在市场体系建设中建立公平竞争审查制度的意见》，载中央人民政府网：http://www.gov.cn/zhengce/content/2016－06/14/content_5082066.htm，最后访问日期：2018 年 1 月 29 日。

于有效规制行政机关滥用行政权力排除、限制竞争具有重要的价值。

就垄断协议案件来看,在发改委系统所查处的 42 起案件中,仅有 10 起案件是由行业协会组织达成的,这说明大多数的案件都是由经营者之间达成的,这既有可能是因为行业协会认识到了其自身所负有的“加强行业自律、引导本行业的经营者依法竞争,维护市场竞争秩序”的职责,①从而不再组织本行业的经营者达成垄断协议,也有可能是因为有的行业不存在相关的行业协会,因此这些垄断协议只能由经营者彼此之间共谋达成。

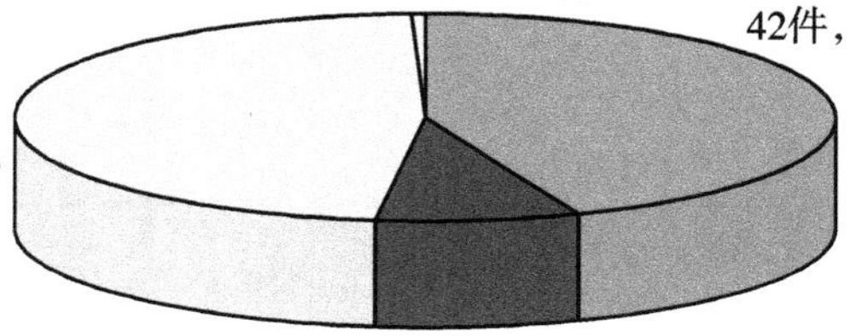

图 3　发改委系统反垄断执法案件类型

第二,执法主体方面。上述案件中,国家发改委查处了 16 起案件,其余案件都是由地方反垄断执法机构查处的。国家发改委以及地方相关省级发改委或物价局查处案件的情况如表 5 所示:

表 5　发改委机关反垄断执法的分布情况

执法机关	案件数量(件)
国家发改委	16
湖北省	10
上海市	8
北京市	6

① 我国《反垄断法》第 11 条规定:“行业协会应当加强行业自律,引导本行业的经营者依法竞争,维护市场竞争秩序。”

续表

执法机关	案件数量(件)
广东省	5
辽宁省	5
甘肃省	4
江苏省	4
青海省	4
陕西省	4
浙江省	4
广西壮族自治区	3
山西省	3
四川省	3
贵州省	2
吉林省	2
江西省	2
内蒙古自治区	2
山东省	3
重庆市	1
福建省	1
河北省	1
黑龙江省	1
天津市	1
新疆维吾尔自治区	1
云南省	1

在上述97起案件中，国家发改委查处了16起，其余81起案件都是由地方反垄断执法机构查处的。这也说明地方反垄断执法机构正日渐成为反垄断执法的重要力量。发改委系统查处的垄断案件的数量能够在几年中得以迅速增长，也主要得益于公平竞争审查制度的推行。事实上，许多省、市、自治区所查处的垄断案件，主要是或全部是行政垄断的案件。例如，江西省、内蒙古自治区、山东省、重庆市、河北省、黑龙江省、天津市、新疆维吾尔自治区和云南省所查处的全部都是行政垄断的案件。在各个省市的发改委或物价局之间，反垄断执法的案件数量也存在比较大的悬殊，如有的省市如湖北省和上海市的执法数量就比较多，而有的省市的案件数量则非常少，甚至有的省市的发改委或物价局到目前为止仍然没有展开反垄断执法，如湖南省、河南省。在发改委系统内部，国家发改委的反垄断执法处于主导性的地位，查处了许多在国内外具有重要影响力的案件，对地方发改委机关或物价局具有较强的引领作用。

三、垄断案件复杂程度评估

反垄断法学界普遍认为，《反垄断法》是一部专业性很强的法律，在对垄断案件进行分析时需要具有经济学的背景，进行专业的分析。学者们从不同的角度来论证垄断案件所具有的专业性、复杂性的特征。例如，在论证垄断民事案件中原告举证困难时，有学者以垄断协议案件为例，指出“卡特尔[①]特别是价格固定、划分市场、串通招投标等‘硬核’卡特尔极为隐秘，即使是具有相关专业知识且有强有力作支撑的专业执法人员，要发现这类行为也非常困难”，因此对于私人个体而言就基本上是不可能完成的；并指出，即便是在滥用市场支配地位案件中，原告能够证明此类行为的存在，但欲证明其违法性则又是一件难事，因为“对垄断行为进行合理性分析是一项非常专业、非常复杂的工作，需要丰富的经济学专业知识和市场影响知识，绝大多数私人原告不具备这方面的知识”。[②] 有学者在论证引入专家参与制度的必要性时指出，垄断行为本身具有复杂性，“虽然各国反垄断法规制的垄断行为主要是限制竞争协议、滥用市场支配地位的行为和经营者集中三种，但每一种行为都相当复

① 垄断协议，卡特尔是德国竞争法中所使用的概念。

② 参见郑鹏程：《〈反垄断法〉私人实施之难题及其克服：一个前瞻性探讨》，载《法学家》2010年第3期。

杂。以滥用市场支配地位行为为例,该行为的构成设计相关市场认定、行为方式的识别、限制竞争程度的衡量等多个方面,其中的每一个方面又比较复杂”。[①] 还有学者通过指出反垄断执法的专业性来论证反垄断执法权权力独享制所具有的独特优势,“执法机关在调查处理具体的案件时要判断诸如相关市场、市场集中度、经济效率、有效竞争、公共利益等具有高度专业属性的问题,涉及‘经济与法律层面的专业判断’,因而需要具备足够专业水平的执法机关以执行反垄断法”,而较之于权力分享制而言,独享制可以最大限度地整合执法资源,从而满足执法专业性的要求。[②] 总之,在进行反垄断法领域内具体制度构建时,学者们往往都会将自己的论证建立在“垄断案件具有复杂性、专业性”这一前提之上。

垄断案件中涉及大量的经济分析,因此较之于其他的案件而言更具复杂性,即便是具有经济学背景,也并不能一定确保执法人员或法官能准确地处理垄断案件。正如阿里达(Areeda)、卡普罗(Kaplow)等教授指出的那样,尽管经济学理论对于分析垄断案件来说是必不可少的,但希冀借此而获得明确的答案则往往是不可能实现的。复杂的经济生活可能会超过理论分析工具和经验知识的发展,在检视某一特定行为或市场结构时,对于其经济效果我们常常仍然一无所知,往往也不能预测禁止一些行为的后果。因此,我们将不断地面对这样一个问题:在一个特定的案件中,当经济事实可能很晦涩时,当相关的经济理解可能是有争议的或不明确时,当法规不能给我们提供一个明确的价值选择时,在寻找经济真理的道路上我们到底应该走多远?[③] 对于这个问题并没有明确的答案,只能根据具体的案情、在维护公平、自由竞争理念的指导下作出具体的选择。不可否认,一般而言垄断案件确实比较复杂,但我们切不可因此而片面地认为所有的垄断案件都很复杂,并将所主张的制度构建建立在这一前提之上,如果这样,则犯了“一刀切”的错误。

在我国反垄断法制度构建过程中,借鉴了发达国家的一些先进经验,在此

---

① 董新凯、郁尊科:《论反垄断法实施中的专家参与问题》,载《安徽大学学报》(哲学社会科学版)2010 年第 1 期。

② 参见王健:《权力共享制抑或权力独享制——我国反垄断执法机关权力配置模式及解决方案》,载《政法论坛》2013 年第 3 期。

③ See Phillip E. Areeda, Louis Kaplow, Aaron S. Edlin, *Antitrust Analysis: Problems, Text, and Cases*, Aspen Publishers, Inc. 6 edition 2004, p. 4.

过程中不免将关注的焦点和研究的重点集中在这些国家那些最为经典的案例之上,因为一般而言,只有通过这些案例才能更好地掌握这些国家反垄断法制度的精髓。然而,这些案件之所谓经典,正是因为其在该国反垄断法制度发展历程中具有里程碑式的意义——或者通过该案件确定了一些新的原则,或者是在该案件中引入了新的分析方法,等等。对于借鉴学习本身而言,这样做并无不妥。但是,如果因此而脱离我国的具体国情,在探讨我国反垄断法制度构建的过程中,仍然以发达国家中的案例作为背景,忽视或者故意无视中国市场上垄断行为的具体情况,则不可能借鉴国外反垄断法制度的精髓,最终只可能出现南橘北枳的结果。

总之,虽然从一般意义上来看,可以认为垄断案件是复杂的,对执法人员或法官的专业知识要求很高,但是,如果具体到某一个国家——尤其是发展中国家,具体到该国某一个特定的发展阶段,如果仍然持这种观点的话,则未免过于武断了。即便是美国,在《谢尔曼法》颁布前后的数十年时间中,垄断案件也并非十分复杂。例如,早在 1882 年,作为最为人所知的最大的托拉斯——标准石油(Standard Oil)——就成立了。该托拉斯成功地控制了石油行业,并维持了这种控制许多年。不仅在石油行业,在其他行业诸如钢铁、电力以及其他一些公共事业行业中,也都相继成立了托拉斯组织。① 而这种托拉斯是一种十分明显的限制竞争行为。这或许也是为什么《谢尔曼法》第 1 条将一切(着重号为作者所加)限制州际或与外国的贸易、商业的行为——无论其采取的是合同、托拉斯或者其他形式的合作,或者共谋的方式——都规定为非法的原因了。本书将对我国现有的垄断案件进行初步评估,以判断案件复杂程度以及该复杂程度的案件对于执法人员专业知识水平的要求,从而做到从本国当前的实际出发,为后文相关问题的探讨及制度设计提供支持。本书将从垄断协议案件、滥用市场支配地位案件、经营者集中案件以及滥用行政权力排除限制竞争案件分别探讨各类型案件的复杂程度。②

---

① See Eleanor M. Fox, *Cases and Materials on U. S. Antitrust in Global Context*, West, 3rd edition 2012, p. 4.

② 需要说明的是,尽管我国《反垄断法》所规定的垄断行为并不包括滥用行政权力排除、限制竞争的行为(参见《反垄断法》第 3 条),但鉴于在实践中这种滥用行政权力排除限制竞争的行为确实对竞争构成了严重的损害,而且尤其是在公平竞争审查制度建立以后,相关反垄断执法机构查处了许多此类案件,因此本书仍然将其纳入评估的范围。

(一)垄断协议案件复杂程度

1.工商机关查处的垄断协议案件

截至2017年年底,工商机关共查处垄断协议案件27起。这些案件主要涉及建筑业、保险业等,具体统计情况如表6所示。

表6　工商系统查处垄断协议案件涉及的行业领域

序号	案件涉及领域	案件(仅列明案件简称)	案件数量(件)
1	建筑行业	连云港混凝土垄断协议案、辽宁建筑材料垄断协议案、江山混凝土垄断协议案、宜宾砖瓦垄断协议案、慈溪建设工程垄断协议案、巫溪采石场垄断协议案、上虞混凝土垄断协议案、麻阳页岩砖垄断协议案、永州混凝土垄断协议案	9
2	保险行业	永州保险垄断协议案、张家界保险垄断协议案、常德保险垄断协议案、郴州保险垄断协议案、湖北太平洋人寿等垄断协议案、江西保险垄断协议案、湖北保险协会垄断协议案、河池保险业垄断协议案	8
3	石化行业	泰和液化石油气协议案、鄂尔多斯液化石油气垄断协议案	2
4	烟花爆竹业	赤峰烟花爆竹垄断协议案、固始烟花炮竹垄断协议案	2
5	其他	安阳旧机动车垄断协议案(机动车)、西双版纳旅游垄断协议案(旅游业)、番禺动漫垄断协议案(娱乐业)、山东会计师事务所垄断协议案(会计业)、安徽密码器垄断协议案(银行业)、湖南税务垄断协议案(税务业)	6

从上述统计可以看出,当前工商机关查处的垄断协议案件,有1/3集中在建筑行业,这表明该行业中经营者达成垄断协议的情形仍然十分普遍,建筑行业的经营者之间或者在行业协会的主导下达成垄断协议,一般是为了划分市场、限产、限定或固定价格,都属于本身违法的横向垄断协议,对竞争的危害程度很大。例如,在连云港市混凝土垄断协议案中,连云港混凝土委员会组织该

市16家企业达成分割销售市场垄断协议，订立了“行业自律条款”及“检查处罚规定”，确定各成员的市场份额，并明确规定了监督、处罚措施。在该案中，相关经营者从事垄断协议行为本身事实清楚、证据确凿，执法人员只要掌握最基本的反垄断法知识，就可以直接判断出这是违反《反垄断法》的垄断协议行为，而无须进行复杂的经济分析。

垄断协议案件集中的另外一个领域就是保险行业，案件数量达到了8起，仅次于建筑行业。该领域的垄断协议案件同样并不复杂。例如，在湖南永州保险行业协会垄断协议案中，湖南省永州保险行业协会组织永州市12家保险企业签订《永州市新车保险服务中心合作公约》，成立新车中心，由该中心负责全市所有新车承保业务，参与公约的各保险公司相应停止新车承保业务；根据各保险公司上一年度在车险业务市场所占比例确定各公司当年度的新车保险计划额度。该案是典型的由行业协会组织该行业经营者从事垄断协议行为的案件，利用达成的公约排除各保险企业之间的竞争，划分新车保险业务市场份额，是明显的违反《反垄断法》的行为。该案事实清楚，不属于复杂案件，保险业内的其他案件类似。

在石化、烟花爆竹以及其他领域中，经营者所达成的垄断协议与建筑行业、保险行业经营者达成的垄断协议类似，都是应当适用本身违法原则的案件，这类案件违法性的认定并不存在疑难，在查明案件基本事实之后即可直观地看出其对竞争造成的严重损害。

2. 发改委机关查处的垄断协议案件

根据国家工商总局和国家发改委关于反垄断执法权的划分，国家发改委主要负责涉及价格因素的垄断协议案件的查处，①地方相关发改委机关相应的也主要负责涉及价格因素的垄断协议的查处。在垄断协议案件中，“固定或者变更商品价格”的垄断协议是对竞争损害最为严重的垄断协议类型，因此往往受到各国反垄断法的严厉打击。从国家发改委和地方相关发改委查处

---

① 需要说明的是，尽管从理论上可以依据垄断协议是否涉及价格因素而将其区分为涉及价格的垄断协议与不涉及价格的垄断协议，但在实践中经营者之间达成的垄断协议往往同时涉及多种情形，包括固定价格、划分市场、限定生产等。因此，工商部门查处的垄断协议案件可能同时也会涉及价格因素，而发改委查处的垄断协议案件也可能会涉及非价格因素。但总体来看，工商部门和发改委在具体的执法中形成的默契是，如果垄断协议案件主要涉及的是价格因素的，则由发改委进行查处，如果主要涉及的是非价格因素的，则由工商部门进行查处。

的垄断协议案件来看，既包括“固定或者变更商品价格”的横向垄断协议，也包括“固定向第三人转售商品的价格”和“限定向第三人转售商品的最低价格”的纵向垄断协议，都对竞争构成了严重的损害。价格垄断协议案件通常都适用本身违法原则，尽管经营者也可以提出抗辩，但由于这种类型的垄断协议对竞争造成的损害很大，而且很明显，因此，经营者所提出的抗辩往往很难得到执法机关的支持。例如，在国家发改委查处的8家日本汽车零部件生产企业达成价格垄断协议的案件中，这8家企业通过双边或多边会谈，共同协商价格，减少彼此之间的竞争，以便在与汽车制造商的交易中获得更有利的价格，这不仅损害了下游汽车制造商的利益，而且也会最终损害消费者的利益；国家发改委查处的4家日本轴承企业达成价格垄断协议案也存在类似的情况。① 在上海物价局查处上汽通用汽车销售有限公司与交易相对人达成并实施纵向垄断价格案中，上汽通用汽车销售有限公司作为上汽通用汽车有限公司的总经销商，与上海地区的相关经销商达成并实施“限定向第三人转售商品最低价格”的垄断协议，案件本身并不复杂，反垄断执法机构能够直接从总经销商向各经销商发布的相关文件中对所涉及的垄断行为作出判断，并不存在案件定性方面的疑难问题。当然，在垄断协议案件证据收集方面，反垄断执法机构面临很大的挑战，甚至会遭到被调查企业的强烈对抗，如国家发改委40多名执法人员在调查美敦力涉嫌从事纵向垄断协议的案件时，就曾被围困在美敦力公司中国总部6小时。② 虽然垄断协议案件调查取证困难是一个普遍存在的问题，但这并不代表案件本身复杂，只要能够掌握相关的证据，就能够发现案情本身还是相对简单的，在垄断行为的认定方面并不存在困难。

综上所述，本书可以得出这样的结论，即这些案件本身事实清楚，当事人所从事的都是明显违反《反垄断法》的行为，在对这些行为性质的认定上并不存在疑难之处，执法机构只要查清基本的案件事实，就可以直接判断出这些行为的违法性。从整体上看，上述案件中当事人所从事的基本上都是划分市场、固定价格等属于本身违法的垄断行为。这是当前许多经营者从事垄断协议行

---

① 《日本十二家企业实施汽车零部件和轴承价格垄断被国家发展改革委罚款12.35亿元》，载国家发改委网：http://www.ndrc.gov.cn/xwzx/xwfb/201408/t20140820_622759.html，最后访问日期：2018年2月2日。

② 参见《美国美敦力公司对抗调查，发改委40多人被困6小时》，载中国青年网：http://news.youth.cn/gn/201612/t20161209_8930495.htm，最后访问日期：2018年2月5日。

为的现状,它既表明许多经营者尚不了解最基本的反垄断法知识,未认识到自身行为的违法性,同时也表明当前的执法任务之重,这主要不是表现在案件的复杂性方面,而在于市场上有大量的违法行为存在,从而需要执法机构加大执法的力度。

(二)经营者集中案件复杂程度

截至2018年12月31日,商务部共审结1989件经营者集中案件。对于商务部受理案件的复杂性评估,本书不可能采取逐案分析的方式,这一方面是由于商务部没有详细披露无条件通过案件的具体情况,另一方面在于文章结构不允许进行如此安排。因此,对于经营者集中案件复杂程度的评估,不能从微观即个案上入手,而只能从宏观上进行定性分析。

事实上,在商务部审结的1989件案件中,只有35件是附条件通过的,2件被禁止的,其余的1952起案件都是无条件通过。虽然无条件通过的经营者集中本身并不能说明案件不复杂,但至少表明这些经营者集中对于市场竞争不会产生明显的影响。在《反垄断法》实施初期,一般来说反垄断执法机构都会采取谨慎的执法态度。换言之,如果没有明确、充分的证据证明某一经营者集中不会产生明显的限制竞争效果,执法机构不会绝对无条件通过该经营者集中。因此,从某种意义上来说,这1952起无条件通过的案件也从侧面反映出商务部受理的这些经营者集中案件是比较简单的,至少不是复杂的或疑难案件。① 当然,附条件批准的35起案件和禁止通过的2起案件本身正是因为其比较复杂,商务部才进行了详细地调查和分析,附加相应的限制性条件,或者直接予以禁止从而减少或消除其损害竞争的效果。因此,从整体上看可以认为商务部所受理的案件大部分是不复杂的,事实上有很大一部分经营者集中案件是通过简易程序进行审查的。②

---

① 事实上,商务部反垄断局在2013年4月发布了《关于经营者集中简易案件适用标准的暂行规定(征求意见稿)》,公开征求社会意见。该征求意见稿的起草必定与反垄断局在2013年以前的五年多时间中的反垄断审查有密切的关系,其中所列的简易案件标准可能正是其在对2013年以前600多起案件的审查过程中总结出的,而不可能凭空臆造。

② 2014年2月11日,商务部制定了《关于经营者集中简易案件适用标准的暂行规定》,对那些案情简单,对市场竞争的影响效果并不复杂的案件适用简易程序。

(三)滥用市场支配地位案件复杂程度

1. 工商机关查处的滥用市场支配地位案件

工商机关查处的滥用市场支配地位案件,大多都是由公用企业所从事的。这些公用企业大多是该领域中产品或服务的唯一提供商,因此具有市场支配地位。工商机关在对这些案件展开查处时,在判断这些公用企业是否具有市场支配地位方面,并不存在困难。而从工商机关查处的公用企业滥用市场支配地位案件来看,这些公用企业所从事的,主要是限定交易、①搭售②等典型的滥用市场支配地位行为,案情并不复杂,工商部门只需要收集到基本的证据,就不难对公用企业所涉嫌从事的滥用市场支配地位进行准确界定。

工商机关还查处了几起非公用企业所从事的滥用市场支配地位案件。其中有2起案件是由国家工商总局查处的,即北京盛开体育发展有限公司(以下简称北京盛开体育)滥用市场支配地位案和利乐公司滥用市场支配地位案。北京盛开体育滥用市场支配地位案本身并不复杂,其作为2014年巴西世界杯门票的大中华区独家代理商,在门票的销售市场上具有垄断地位。但是,北京盛开体育却利用这种垄断地位,搭售其他的服务,是一种典型的滥用市场支配地位行为。利乐公司滥用市场支配地位案则要相对复杂,国家工商总局作出了长达47页的行政处罚决定书,此案的调查前后持续有4年多的时间,国家工商总局通过多种方式对相关事实展开调查,并就案件涉及的专业技术、经济学的问题展开了大量的论证与咨询。

2. 发改委机关查处的滥用市场支配地位案件

发改委机关查处的滥用市场支配地位案件数量并不多,从前文的统计来看,主要共有8起案件。从这8起案件来看,武汉盐业、中石油昆仑燃气咸宁

---

① 例如,在"宿迁中石油昆仑燃气有限公司滥用市场支配地位案"中,宿迁中石油昆仑燃气有限公司"限定房地产开发企业只能将所开发住宅小区的燃气管道工程交由当事人承建","限定房地产开发企业在与其签订的《燃气管道报装合同》中所需用的施工材料只能由当事人提供"。参见"竞争执法公告2017年10号",载国家市场监督管理总局官网:http://www.saic.gov.cn/fw/bsdt/gg/jzzf/201704/t20170407_261189.html,最后访问日期:2018年3月7日。

② 例如,在"湖南盐业股份有限公司永州市分公司垄断行为案"中,湖南盐业股份有限公司永州市分公司组织和要求其下属公司在向零售商批发食盐时实行强制搭售行为,在销售畅销盐时,搭售滞销盐。参见"竞争执法公告2016年14号",载国家市场监督管理总局官网:http://www.saic.gov.cn/fw/bsdt/gg/jzzf/201612/t20161223_231635.html,最后访问日期:2018年3月7日。

分公司、吉林吉化、中国联通丹东分公司滥用市场支配地位案这4起案件所涉及的都是公用企业，而公用企业所从事的滥用市场支配地位的通常都很容易判断。另外4起滥用市场支配地位案件中，有2起是由医药公司所从事的，案件本身也并不复杂。国家发改委查处的高通滥用市场支配地位案，是相对复杂的一个案件，该案涉及的是标准必要专利的反垄断问题，高通的专利被纳入标准之中从而成为标准必要专利，高通因此而获得了市场支配地位。本案涉及较为复杂的技术问题，在认定高通公司是否在相关市场内具有市场支配地位时，国家发改委展开了大量的技术分析。不过，一旦认定高通具有市场支配地位以后，其所从事的滥用市场支配地位行为的判定却并不存在太大的困难。

（四）滥用行政权力排除、限制竞争案件复杂程度

从反垄断执法机构查处的滥用行政权力排除、限制竞争行为来看，尤其是国家发改委依据公平竞争审查制度所查处的案件，绝大多数都是由于相关的行政机关发布了具有排除、限制竞争内容的政策措施，这些政策措施的排除、限制竞争效果是很明显的，在对这些政策措施的排除、限制竞争效果进行认定方面也不存在困难。从总体上来看，滥用行政权力排除、限制竞争的案件并不复杂。

（五）总结

通过上文对工商系统、商务部以及发改委机关执法案件进行分析，本书对于垄断案件复杂程度得出以下结论：

第一，就垄断协议而言，在过去10多年中，经营者所从事的垄断协议行为，其内容大多是固定商品价格、划分销售市场等，对市场竞争损害极大，应当适用于“本身违法原则”进行处理。对于这些案件来说，只要获得相关的证据，就可以直接判断出这些案件的违法性，而无须进行复杂的经济分析，因而这些案件本身并不属于复杂案件。

第二，就经营者集中行为而言，不可否认，商务部禁止的2起和附条件通过的30余起案件本身比较复杂，但其余无条件通过的1900多起案件则可认为是属于简易案件，能够较为容易地判断出这些经营者集中对于市场竞争不会造成明显地不利影响。例如，虽然所有参与集中的经营者的营业额达到了申报的标准，但是其所占市场份额总和较小，或者该经营者集中活动发生在中国境外，对中国境内市场竞争影响较小，等等。总之，对于这些经营者集中案件而言，都是无须进行复杂分析的案件，因而商务部所审结的大部分案件都不属于复杂案件。

第三，就滥用市场支配地位案件而言，反垄断执法机构所查处的案件大多数涉及的都是公用企业，对这些公用企业具有市场支配地位的认定并不存在困难，而且它们所从事的滥用市场支配地位的行为也很明显。不过，反垄断执法机构查处的有一些案件也逐渐呈现出复杂化的趋势，如国家工商总局查处的利乐案、国家发改委查处的高通案，相对来说都是比较复杂的。

回归到中国的实际案例可以发现，当前我国的经营者所从事的垄断行为远没有想象中的那样复杂。至于有学者将反垄断执法描述为"专业性极强、复杂程度极高"的工作，[①]本书无法查究其究竟是基于何种证据而得出这种结论。之所以有许多人先入为主地、不区分具体情况的认为垄断案件都具有复杂性、需要进行专业判断，大抵都是源于立足于发达国家的具体实践而作出的结论，因而这种脱离中国具体实践的做法必然不准确。对中国垄断案件的具体情况有较为深入地把握之后，再在此基础上因地、因时进行制度探索才具有价值。

四、反垄断执法机构执法能力评估

反垄断执法机构的执法能力直接关系到《反垄断法》实施的效果。"执法能力，就是指顺利完成执法活动所必需的主观条件。"[②]在本书中主要是指执法人员在对具体案件分析、处理过程中所表现出来的专业技能水平。由于发达国家的反垄断执法机构经过数十年乃至百余年的发展，其无论是在机构的设置上，还是在执法人员专业素养方面，都处于日趋成熟的阶段。例如，在美国，作为美国反垄断法实施机构之一的司法部反垄断局共设有 14 个处，据 2005 年的统计，反垄断局"有 770 名工作人员，其中 569 名是法学家、经济学家以及相关的专业人员"，另一执法机构联邦贸易委员会 2006 年的财政预算为 2 亿美元，工作人员有 1022 名，其中有 600 多名是法学家和经济学家。在欧盟，负责执行欧共体竞争法的欧共体委员会竞争总局，下设有 10 个局，而这

---

① 参见许鹭嘉：《我国反垄断执法机构革新探析》，载《学术探索》2013 年第 3 期。

② 王青斌：《论执法保障与行政执法能力的提高》，载《行政法学研究》2012 年第 1 期。

10个局下又设有36个分局,竞争总局共有560名工作人员。[①] 与美国、欧盟相比,我国显然还处于不断探索的阶段。无论是机构设置、人员配置,还是执法人员的专业素质方面,与发达国家相比都还有一定的差距。但我们切不可因此而断言我国反垄断执法人员的专业水平不高、无法胜任反垄断执法要求。因为执法水平是通过具体的执法活动体现出来的,而不是通过与其他国家相比。如果未具体考察我国反垄断执法人员的执法活动就笼统地认为我国执法人员水平不高,则未免是一种过于武断和不负责任的做法。在下文中,本书将撷取数个典型案例,以对中央3个执法机构以及地方相关执法机构的执法水平加以评估。

(一)原国家工商总局及地方工商系统反垄断执法能力评估

2008年7月国家工商总局在原公平交易局的基础上组建了反垄断与反不正当竞争执法局,[②]以具体负责有关的反垄断和反不正当竞争执法工作。反垄断与反不正当竞争执法局内设有综合处、反垄断执法处、反垄断法律指导处、反不正当竞争处和案件督查协调处。[③] 在《反垄断法》通过以后,国家工商总局通过开展培训等形式,不断加强执法人员的执法能力建设。据国家工商总局副局长介绍,2008~2013年以来,"全系统共培训执法人员超过3000人次",同时还积极与多个国家和地区展开了竞争执法交流与合作。[④]

本书将选取东、中、西部三个省份地区所发生的垄断案件,对地方工商系统相关机关的执法能力进行评估。这三个具有代表性的案例为浙江省江山市混凝土经营者从事垄断协议案、湖南省永州市保险行业协会组织本行业经营

---

① See Global Competition Review, The 2006 Handbook of Competition Enforcement Agencies, pp. 49-54, 194-195, 198-199. 参见王晓晔:《关于我国反垄断执法机构的几个问题》,载《东岳论丛》2007年第1期。

② 由于反垄断与反不正当竞争执法局是国家工商总局内部的一个部门,因此在本书探讨的范围内,当使用国家工商总局的表述时,如无特殊说明,均指代国家工商总局内部的反垄断与反不正当竞争执法局。同样,商务部与国家发改委也分别与其内部的反垄断局和价格监督检查与反垄断局在同一意义上使用,以便文字简练。

③ 参见国家工商总局反垄断与反不正当竞争执法局网:http://www.saic.gov.cn/fldyfbzdjz/jgsz/,最后访问日期:2018年9月25日。

④ 《国家工商总局副局长孙鸿志出席中国竞争政策论坛并致辞》,载国家工商总局网:http://www.saic.gov.cn/fldyfbzdjz/gzdt/201308/t20130807_137098.html,最后访问日期:2018年9月25日。

者从事垄断协议案、四川省宜宾市砖瓦协会组织本行业经营者从事垄断协议案。这3个案件前文已作简要介绍,详情请参见国家工商总局网站,故在此不再详述。本书将从执法机构对案件事实的认定、竞争分析、法律适用、处理结果和案件透明性这几个方面对其执法能力进行评估。

1. 浙江省江山市混凝土经营者从事垄断协议案。第一,就案件事实的认定来看,经过浙江省工商局的调查,查明了3家经营者达成垄断协议的具体细节,其中证据充足,达25份之多,既询问了当事人,也询问了受该垄断行为影响的混凝土用户,证据的证明力强。第二,在竞争分析方面,工商局认为三个当事人达成口头垄断协议损害了江山混凝土市场的竞争环境,剥夺了用户的选择权,妨碍了当地建筑市场的健康有序发展。工商局没有对竞争分析展开详细地讨论,这也与本案案情简短、竞争损害效果明显有关。第三,在法律适用方面,工商局的执法依据是《反垄断法》第13条第1款第3项,即禁止具有竞争关系的经营者达成"分割销售市场或者原材料采购市场",对于这一项的适用是正确的,但根据工商局的调查,当事人不仅分割了销售市场,而且还固定了混凝土的价格,因此执法依据还应当包括《反垄断法》第13条第1款第1项的规定,即禁止具有竞争关系的经营者达成"固定或者变更商品价格"的垄断协议。从这一点来看,工商局在法律适用上存在遗漏,但这对案件的定性并没有太大的影响。第四,在处理结果方面,浙江省工商局根据《反垄断法》第46条的规定,对3个当事人分别处以其上一年度销售额1.5%的罚款。但工商局对作出这一相对较轻处罚并没有说明具体的原因。第五,在案件透明性方面,虽然浙江工商局公布了大量的信息,但是对于一些较为核心的证据如对当事人所作的询问笔录等则并没有公布其具体内容,因此在案件透明性方面有待提升。总体来看,浙江省工商局在该案件的处理过程中能够严格依据《反垄断法》的规定收集证据,正确分析当事人行为的竞争影响,在查明案件情况的基础上作出合理的处罚决定,对该案件的查处体现出了浙江省工商局较高的执法能力。

2. 湖南省永州市保险行业协会组织本行业经营者从事垄断协议案。第一,在案件事实方面,湖南省工商局收集了19份能够证明当事人组织达成、执行垄断协议的证据,并且对每一份证据所能够证明的事实逐一进行了说明,从而清楚地展现了案件的事实。第二,在竞争分析方面,工商局对保险协会组织各保险企业达成垄断协议行为的性质进行的认定,认为其实质上就是"划分永州市区域销售新车保险的商品数量”的行为,并对其竞争损害进行了分析。此外,工商局还详细分析了该行为不适用豁免规定的原因。第三,在法律适用方面,工商局认为当事人的行为违反了《反垄断法》第16条和《工商行政管理机关禁止垄断协议行为的规定》第9条第2项的规定,在法律的适用上是正确的。第四,在处理结果方面,工商局认为当事人主观上属故意,垄断行为影响范围大、涉及新车数量较多,涉及保险金额较大,考虑到违法行为持续时间较短这一因素,决定对永州市保险协会处以40万元罚款。工商局在作出处罚决定时,综合考虑了各方面的因素,既包括情节加重因素,也包括可予以减轻处罚的因素,综合来看,该处罚决定是合理的。第五,在案件透明性方面,工商局提供了详细的证据,并且披露了许多案件信息,从而极大地提高了案件的透明度。不过,需要特别指出的是,湖南省工商局并未明确说明为何未追究参与垄断协议的12家保险公司的责任,并对其进行处罚,可以说,这是本案的不足之处。但是从整体上来看,湖南省工商局体现出了较高的执法能力。

3.四川省宜宾市砖瓦协会组织本行业经营者从事垄断协议案。第一,在案件事实方面,四川省工商局掌握了大量的证据,对案件事实描述得较为详细,条理清晰。第二,在竞争分析方面,指出协会组织企业从事垄断协议,控制了市场砖瓦的生产数量,严重限制了市场竞争,认为垄断协议行为导致退出市场的企业发展停滞,同时也不利于生产企业通过技术创新等来提高自身竞争力,而且还阻碍了地方经济的发展。应当说,工商局对于竞争的分析是比较全面的。第三,在法律适用方面,工商局根据《反垄断法》第16条的规定对砖瓦协会作出了处罚的决定,依据第13条第1款第2项的规定对参与垄断协议的经营者进行了处罚,法律适用上是正确的。第四,在处理结果方面,工商局既对协会作出了处罚,也对经营者作出了处罚,在处理上是全面的,从而确保了所有违反《反垄断法》的主体都受到相应的处罚。工商局认为,行业协会“积极推动垄断协议的达成,并积极组织实施,严重破坏了宜宾市砖瓦市场竞争秩序,造成了严重的社会危害后果”,因而决定对其处以50万元的罚款,这是对行业组织罚款的最高额,结合砖瓦协会行为对竞争的危害来看,这一处罚是合理的。工商局还根据参与垄断协议经营者的具体情况分别作出了不同金额的罚款。总体而言,案件处理结果方面是合理的。第五,在案件透明性方面,工商局对于所有证据皆只列明证据名称,并没有披露重要证据的详情,因此在案件透明性方面还有待改进。从总体上看,四川省工商局有较高的执法能力。

通过对东、中、西3个省份工商局的反垄断执法活动进行考察,笔者发现反垄断执法水平与地区经济发展程度方面并没有直接的关联,3个省份的执法机构都表现出了较高的执法能力,案件事实的查处方面是明晰的,证据充足,分析合理,处理结果正确。虽然在案件的透明性方面仍有较大的改进空间,但这并不妨碍得出这3个执法机构执法能力较高的结论。通过上述评估,就目前的执法情况来看,本书可以得出以下结论,即工商系统的反垄断执法能力是能够满足当前反垄断执法要求的,总体水平较高。

(二)商务部执法能力评估

由于商务部并没有授权任何地方商务部门以经营者集中审查权,因此仅需评估商务部的执法能力。2008年8月商务部正式成立反垄断局。事实上,在反垄断局成立以前,商务部就一直负责外国投资者对我国境内企业并购的申报审查工作,因此成立的反垄断局也就主要负责经营者集中的反垄断审查。反垄断局内设有办公室、竞争政策处、商谈处、法律处、经济处、监察执法处和委员会协调处共7个处,①共同负责反垄断执法工作。

《反垄断法》并不要求反垄断执法部门公布无条件通过的案件的信息,而商务部选择主动公布无条件通过案件的信息,则是其不断提升自身透明度的一种努力。尽管如此,商务部所公布的有关无条件通过案件的信息仍然十分有限,②所以无法对这些案件展开具体的分析。本书只能选择信息披露得较为充分的附条件通过案件和禁止性案件作为对象来对商务部的执法能力进行评估。本书无法对这些案件逐一进行分析,同时为了避免因评估对象范围过小而影响评估结果的准确性,本书将以年份为依据,对商务部最初5年所查处的案件进行评估,③力求实现评估的科学性。本书不具体介绍案件详情,④而

---

① 载商务部网:http://fldj.mofcom.gov.cn/article/gywm/200811/20081105868495.shtml,最后访问日期:2018年4月26日。

② 其中,对于2008年8月1日至2012年9月30日的案件,商务部仅公布了案件名称和参与集中的经营者名称。自2012年第4季度开始,增加了经营者集中案件的结案时间这一信息。

③ 之所以选择最初5年的案件,事实上是因为本书采取了一种更为“苛刻”的标准,以考察商务部反垄断局在经营者集中审查初期、尚没有执法经验的情况下,其执法能力的情况。

④ 该6个案件的案情介绍及商务部的具体分析详见商务部反垄断局网:http://fldj.mofcom.gov.cn/article/ztxx/。

主要从竞争分析、处理结果等几个方面,对商务部反垄断局的审查活动进行评估。

案件一:英博公司收购AB公司案(2008年)

从该经营者集中案对于我国啤酒市场竞争的影响方面来看,虽然英博公司和AB公司都是境外企业,但是由于二者都是国内主要啤酒生产企业的股权持有者,因此不可避免地会对我国啤酒行业竞争产生影响。2007年我国啤酒总产量为3931.37万千升,[①]其中,华润雪花啤酒产量为690万千升,青岛啤酒505万千升,燕京啤酒402万千升,[②]市场份额分别达到17.55%、12.85%和10.23%。为了更为清晰地展现英博公司收购AB公司对于我国啤酒市场的影响,请见图4。

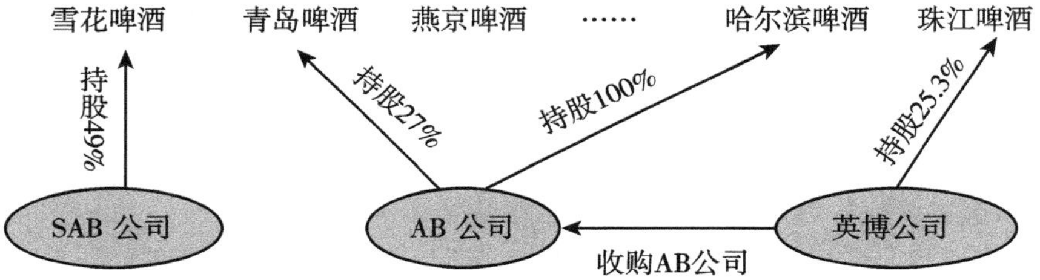

图4 英博公司收购AB公司对我国啤酒市场结构的影响

英博公司收购AB公司,将导致我国啤酒行业竞争格局较大的改变,原AB公司所拥有的青岛啤酒及哈尔滨啤酒的股权都将转移到英博公司。在并购前,英博公司在中国有珠江啤酒、雪津啤酒、金龙泉啤酒、金白沙啤酒、KK啤酒、红石梁啤酒、双鹿啤酒等多个区域强势品牌。据报道,2007年英博公司在中国的市场份额达到11.4%,“拥有20家工厂,啤酒销量为334万千升,在福州、浙江等多个省份都拥有市场第一、第二的份额”。而AB公司2007年“在华市场份额是9.6%,拥有15家啤酒厂,产品销售完成282万千升”。[③] 英博公司与AB公司合并以后,按照2007年的数据,新成立的公司在中国的啤

① 参见中国酿酒工业协会啤酒分会:《2007年我国啤酒工业概况分析》,载《啤酒科技》2008年第4期。

② 参见王瀛:《英博携手AB,啤酒巨头瓜分中国市场》,载《中国经济周刊》2009年第5期。

③ 陈福香:《英博收购AB对啤酒行业暂无大影响》,载新浪财经网:http://finance.sina.com.cn/chanjing/b/20080722/10445118392.shtml,最后访问日期:2018年10月1日。

酒产量将达到616万千升，仅次于雪花啤酒。商务部在收到申报材料以后，对于该合并所可能带来的竞争影响进行了分析。但是在商务部的公告中并没有详细分析，而仅提到“此项并购规模巨大，合并后新企业市场份额较大，竞争实力明显增强”。虽然商务部的分析结论正确，但未在公告中进行详细分析不能不可谓是一个缺憾，尤其是没有对相关市场、市场集中度等因素进行分析。[①] 但这是商务部所公布的第一个经营者集中案例，仍处于不断地探索阶段。

从商务部的处理结果来看，商务部并没有禁止该合并，但为了减少该集中对于我国市场竞争的不利影响，附加了一定的限制性条件。这些限制性条件主要是为了限制合并后的企业继续向市场上其他企业进行“扩张”，包括不得增持合并前双方已持有股权公司（青岛啤酒公司和珠江啤酒公司）的股权，也不得寻求持有其他在合并前双方均未持股份的公司（包括雪花啤酒公司和燕京啤酒公司）的股权，同时，明确了英博公司在股权结构发生变动时的告知义务。通过这些限制性条件，可以确保合并后的市场结构能够处于可控的范围之内，不会进一步引发可能会对市场竞争造成不利影响的结构变动。从总体上看，商务部的处理结果是合理的。

当然，也有学者在比较我国商务部和美国相关机构对该案件的不同审查程序以后，得出结论认为，我国经营者集中审查程序“缺乏公开性、参与性和中立性等构造设计”，指出“这些程序构造方面的不同，可能会影响我国审查执法决定的准确性和公正性”。[②] 虽然这与商务部反垄断执法能力本身没有直接的关系，但是对于该学者的观点本书需要明确几点：

首先，美国对该案件进行审查时，其所赖以遵循的程序是经过100多年的探索才形成，而对于尚属首次进行反垄断执法的商务部而言，即便是存在该学者所指出的上述问题，但这亦不是商务部本身能够解决的，严格说来，商务部在程序上严格遵循了《反垄断法》的规定。

其次，就公开性而言，虽然整个案件在公告以前从表面上看一直处于不公

① 当然，商务部未在公告中对这些因素进行分析并不代表其在具体的案件处理过程中没有进行分析。

② 潘志成：《中美经营者集中审查程序比较——以英博收购AB案为例展开》，载《中外法学》2010年第3期。

开的状态,但事实并非如此,正如商务部在公告中所言,其在审查的过程中"听取了相关啤酒业协会、国内主要啤酒生产企业、啤酒原料生产企业以及啤酒产品销售商的意见"。换言之,该案件至少在该行业内是公开的,最多是未向社会公众公开。因此,该学者得出的"我国商务部的整个审查程序均处于不公开的状态"这一结论是不周延的。

再次,就参与性而言,正如前文所述,相关协会、啤酒生产企业、销售商都有机会表达自己的意见,这也是一种参与的形式,他们的意见也并不一定都会被听取,采纳与否取决于其意见正确与否。正如该学者所指出的那样,即便是在美国,在该案中相关利害关系人及公众提出的4份评议意见也未被美国司法部采纳,司法部认为"评议意见所提出的竞争损害疑虑缺乏理论和事实依据",并将对这些意见的答复刊登在联邦公报上。

最后,就中立性而言,该学者认为,商务部在该案件中既担任审查者又担任决定者,这种双重角色身份导致其缺乏中立色彩,而在美国,执法机构担任审查者和检控者的角色,法院担任裁决者的角色,这种程序构造能够实现中立。如果基于该学者的这种假设,那么所有的行政执法活动都是无法实现中立性的了,因为行政机关既是审查者又是决定者。这样理解未免将中立性狭隘化了,事实上,如果当事人对于行政机关的决定不服,是可以向法院提起行政诉讼的。另外,对于该学者最后的建议中有一条提出应当将《经营者集中审查办法》中第7条中的"可以"改为"应当",即"商务部应当主动或应有关方面的请求召开听证会……"按照如此之设计,则所有的案件的审查都必须进行听证,其现实可行性、必要性仍有待研究。回归到案件本身而言,本书认为尽管商务部在信息披露等方面应该进一步加以改进,但这并不影响本书对商务部在该案中所表现出来的执法能力进行的判断。

案件二:可口可乐收购汇源案(2009年)

虽然商务部在公告中表明其从市场份额、市场集中度等方面对该经营者集中进行全面审查,但却并没有在公告中进行详细地分析,而这又是评估该并购竞争影响的关键因素。该并购发生之时,可口可乐公司在碳酸饮料市场上占据了54%的市场份额,而汇源的市场份额大小则取决于相关市场如何界定:如果将相关市场界定为"非碳酸饮料"市场,则汇源的市场份额就小于20%;如果相关市场为"纯果汁"市场,则汇源的市场份额将达到42%~46%

之多。[①] 因此，欠缺对相关市场的界定、市场集中度等的分析是商务部在审查该案件中的不足之处，也是许多学者所诟病的。商务部的公告十分简短，而且没有对产品市场——其定义为“果汁”，进行详细地经济分析。[②]

商务部从3个方面对该经营者集中所可能产生的限制竞争效果进行了分析。

第一，根据传导理论，商务部认为可口可乐公司可能将其在碳酸饮料市场上的支配地位传导到果汁饮料市场，从而损害竞争。[③] 有学者对商务部采用传导理论提出了质疑，认为这一理论是局限于《反垄断法》作为公法和规制政策的角度（市场理论）作出的，缺乏对企业多元化经营（企业理论）的关注。通过考察美国法律判决及主流学术著作观点以后，该学者认为杠杆理论实际上已经死亡，商务部仍以该理论作为决定的依据是不恰当的。[④] 外国也有学者认为杠杆原理无论是在美国还是欧洲都仍是具有争议性的。[⑤] 虽然理论界基于杠杆原理的争议性而认为商务部采用该理论存在不妥，但是既然该理论具有争议性，就表明只要没有充分的理由能够证明该理论错误，该理论就仍然具有适用的空间。虽然商务部没有披露其使用杠杆原理的具体理由，但这并不表明其没有充足的理由、证据支持其运用该理论。因此，如果仅从杠杆原理存在争议性的角度来论证商务部的决定不合理，则这一论证本身是不充分的。当然，商务部也存在较大的不足，即未能对其所主张的传导效应进行充分的说明。

第二，商务部禁止该经营者集中的另一个理由是认为该集中会增强市场

---

① See Eva Choi, “Seeking Stones in the Red River: The Inevitable Evolution of China's Anti-monopoly law”, 7 *Journal of Law, Economic&Policy* 163.

② See Susan Beth Farmer, “The Impact of China's Antitrust Law and other Competition Policies on U. S. Companies”, 23 *Loy. Consumer L. Rev*. 34.

③ 传导效应即杠杆原理（the theory of leveraging），即企业利用其在某一市场的垄断力来增强其在另一市场垄断份额的行为。See Jennifer M. Clarke-Smith, “The Development of the Monopolistic Leveraging Theory and its Appropriate Role in Antitrust law”, 52 *Cath. U. L. Rev*. 179, 2002 - 2003.

④ 参见邓峰：《传导、杠杆与中国反垄断法的定位——以可口可乐并购汇源反垄断法审查案为例》，载《中国法学》2011年第1期。

⑤ See Nathan Bush, “Constraints on Convergence in Chinese Antitrust”, 54 *Antitrust Bull*. 87, 2009, footnote 183.

进入壁垒,从而不利于我国果汁行业的持续健康发展。根据有关调查,截至2008年年底,中国果汁饮料市场上有超过300家企业,其中绝大多数都是中小企业,70%的企业的年营业收入少于1亿元人民币。在中国果汁饮料企业之间的竞争十分激烈,主要有三大竞争集团:第一竞争集团是我国台湾地区企业,如统一、康师傅等;第二竞争集团是著名的本土企业,包括汇源果汁及娃哈哈集团;第三竞争集团包括可口可乐公司和百事公司。而如果可口可乐公司能够成功收购汇源果汁,那么其将获得中国果汁市场30%~40%的营业收入。① 因此,从这个方面来看,商务部担心该集中会导致市场进入壁垒的提高是有根据的。

第三,商务部认为该集中会对中小型果汁企业产生不良影响,抑制中小企业的竞争能力和创新能力。对于这一理由,有学者根据《反垄断法》是"保护竞争而不是竞争者"这一原则对商务部进行了批驳,认为《反垄断法》的实施应当是保护公平的竞争和防止限制竞争行为,而不应当是保护现实的竞争者本身;商务部将保护中小竞争者作为考虑的因素,表明其在竞争分析中考虑了产业政策的要求。② 的确,按照通常的观点,即依据"保护竞争而不是竞争者"的原则,反垄断执法机构在对经营者集中进行反垄断审查时应当仅关注该集中对竞争的影响,而不应刻意去关注该集中是否会挤压中小经营者的生存空间。但是,如果这一集中会导致市场结构发生巨大变化时,则不能不分析具体情况而以"保护竞争而不是竞争者"作为驳斥的理由。并且,即便是被奉为反垄断法原则的"保护竞争而不是竞争者"的论断本身,如果脱离了具体的语境来理解它,也必然会出现巨大的偏差。③

商务部的处理决定引起了国外学者的热议,西方学者的一个主流观点认为,商务部在处理这个案件中受民族主义支配,顺应了公众反对外国企业收购

---

① Research Report on the Mergers and Acquisitions of Chinese Fruit Juice Drink Industry, 2009, Accessed October 5th, 2011. http://www.articlesbase.com/press-releases-articles/research-report-on-the-mergers-and-acquisitions-of-chinese-fruit-juice-drink-industry-2009-834727.html.

② See Eva Choi, "Seeking Stones in the Red River: The Inevitable Evolution of China's Anti-Monopoly Law", 7 *Journal of Law, Economics & Policy* 163.

③ 吴宏伟、谭袁:《保护竞争而不保护竞争者?——对主流反垄断法观点的审视》,载《北方法学》2013年第4期。

中国本土著名公司的意愿，[①]认为国家产业政策和政治方面因素的考量在推动商务部作出这个决定方面起到了很大的作用。[②] 由于商务部在公告中并没有说明其是否是基于国家经济安全、产业政策等方面的原因而禁止该集中，因此上述学者的观点也只能是一种猜测。

总体而言，商务部在该案件的处理中存在许多问题，如没有对相关产品市场进行界定，也未对市场集中度等进行评估。对于争议最大的，即关于对竞争产生不利影响的3点理由，商务部也没有进行详细地分析。此外，救济程序也不透明，对于所附加的限制性条件、可口可乐公司提出的修改方案等也未予以披露。但是，本书对于商务部的处理结果持认可态度。如果可口可乐公司成功收购汇源果汁公司，则其将成为中国果汁饮料市场上的垄断者，虽然其市场份额可能没有超过50%，但是鉴于果汁饮料市场分散的市场格局，有数百家果汁饮料企业，因此即便其市场份额低于50%亦不影响其垄断地位。作为可口可乐这样一个世界性的超级公司，其一旦在中国果汁饮料市场上占据垄断地位，则对于该市场的发展无疑是不利的。虽然我们不能武断地认为可口可乐公司就一定会滥用其市场支配地位，但对于仍处于反垄断执法初期的商务部而言，采取谨慎的措施无论如何都不为过。

案例三：诺华收购爱尔康案（2010年）

商务部将本案的相关产品市场界定为眼科抗炎、抗感染化合物市场和隐形眼镜护理产品市场，认为该集中会排除、限制这两个市场上的竞争。

首先，就眼科抗炎、抗感染化合物市场而言，集中前在中国市场上，诺华的市场份额低于1%，而爱尔康的市场份额则达到60%之多。商务部认为诺华虽然为了确保此次集中顺利通过而作出策略性退出全球和中国市场的决策，但这并不能够保证其不会在集中之后凭借巨大的优势从而重新进入该市场，这可能会对该市场产生排除、限制竞争的效果。为了避免这种情况的发生，商务部在附条件批准该集中时要求诺华履行更为彻底的义务，以消除商务部的竞争忧虑，即诺华自2010年年底起5年内不得以任何形式在中

---

① See Christopher Hamp-Lyons, "The Dragon in the Room: China's Anti-monopoly Law and International Merger Review", 62 *Vand. L. Rev.* 1577, 2009.

② See Mark Williams, "Foreign Investment in China: Will the Anti-monopoly Law be a Barrier or a Facilitator?", 45 *Tex. Int'l L. J.* 127.

国市场从事眼科抗炎、抗感染化合物产品的业务。有观点认为,商务部所采取的这一救济措施是很难让人理解的,因为诺华在中国的相关市场上的市场份额是十分小的,即便是合并之后,新成立的实体也不可能大幅度地扩大其市场份额;即便商务部有充足的理由来支持其论断,也可以采取一种更为有效的救济方式,即要求诺华将其在该市场上的业务出售给其他的经营者,而不是要求其退出该市场,因为这可以使消费者有更多的选择机会。[①] 也有学者认为,商务部的该决定会引发救济措施适当性的问题,并可能会使公众怀疑执法机构在竞争利益分析方面的智慧。[②] 上述观点的确具有较强的说服力,但我们不能忽视这样一个事实,即诺华制药公司是一家全球性的医药巨头。据报道,诺华公司(Novartis)在2010年是全球第三大医药公司,仅次于美国辉瑞公司(Pfizer)和欧盟赛诺菲—安万特公司(Sanofi-Aventis)。[③] 虽然在中国,诺华在眼科抗炎、抗感染化合物这一市场上的份额不足1%,但是一旦其收购了爱尔康这一在中国市场上占据60%以上份额的公司,则诺华能够迅速在中国成为这一市场上的垄断者,再凭借其自身强大的医药研发能力,必然能够不断扩大其在华的市场份额,这将进一步挤压该市场上其他中小企业的生存空间。在了解这一背景之后也就不难理解商务部进行该种救济的原因了。

其次,在分析该集中对隐形眼镜护理产品市场的影响时,商务部运用到了协同效应理论。在审查过程中,商务部认为集中后的企业在中国隐形眼镜护理产品市场上将占据20%的市场份额,仅次于拥有30%市场份额的海昌公司。而"诺华的全资子公司上海视康贸易有限公司与海昌签署了《销售和分销协议》,海昌成为上海视康在中国境内唯一的经销商"。该协议可能会导致集中后的企业与海昌在产品的价格、数量、销售区域等方面进行协调,从而可

---

① See Hannah Ha, Gerry O'Brien, "Unusual Remedies a Feature of Mofcom's 6th Conditional Clearance Decision", http://www.mayerbrown.com/files/Publication/967c3a04-6e4d-4fe6-87c6-070dba6dd979/Presentation/PublicationAttachment/d95d82d9-1a83-44bd-9572-1a2eff821564/Unusual-Mofcom.pdf.

② See Eleanor M. Fox, Michael J. Trebilcock, The Design of Competition Law Institutions: Global Norms, Local Choices, Oxford University Press 2013, p. 221.

③ See "2010 Top 20 Pharmaceutical Companies Report, Contract Pharma Magazine", Accessed July 9, 2018, http://www.contractpharma.com/issues/2010-07/view_features/2010-top-20-pharmaceutical-companies-report/.

能严重损害隐形眼镜护理产品市场上的竞争。有观点认为，该案件是商务部对协同效应理论进行最为全面讨论的代表性案例，因此商务部在该案件中所做的决定是很重要的。[①] 企业合并可能会促使合并后相关市场上的企业协调彼此之间的经营行为，或使这种协调具有可能性，而这会损害消费者的利益，并减损市场竞争。相互协调行为是指多个企业彼此之间根据其他企业的行为来相应调整自己的经营策略，而只有这样才能使每一个企业都是有利可图的。这种协调行为会使企业丧失为消费者提供更好商品或服务的动机，而这原本可以使其从竞争对手那里吸引更多的顾客；协调行为也会增强企业提高价格的动机，而不用过分担心这会导致自身的顾客流向竞争对手。[②] 也就是说，协调效果反映了这样一个事实，即当一个集中行为改变了某一行业的竞争格局时，它可能会对该行业中的经营者进行共谋的可能性产生影响。[③] 例如，在该案中，合并后市场上的企业数量将减少，如果该市场上的企业数量足够少的话，那么企业彼此之间就会形成一种默示共谋，即虽然企业之间没有达成垄断协议，但是由于彼此能够预料到对方的经营行为，从而心照不宣地采取相同的经营策略。一般而言，协同效应理论主要用于分析横向经营者集中。在本案中，合并后的企业与海昌公司同处于隐形眼镜护理产品市场，彼此之间具有竞争关系。但是诺华的全资子公司与海昌公司之间签订了《销售和分销协议》，这也是商务部担心合并后的企业与海昌公司进行协调的原因，因此在所附加的限制性条件中要求诺华终止与海昌之间的《销售和分销协议》，以尽可能地减少其对竞争的不利影响。

商务部对该案件的处理虽然受到了一些质疑，但从整体而言本书认为，处理结果是比较合理的，其不仅结合该集中在中国市场上所可能产生的不利影响进行了有针对性地分析，而且采取的救济措施也能够有效地减少该集中对竞争的不利影响。当然，商务部在对该案件的处理过程中仍然暴露出了一些问题，主要是在信息披露、案件透明性方面仍然做得不够。

---

① See Matthew I. Danzig, "China's New Guidelines on the Assessment of the Effect of the Concentration of Business Operators on Competition", 20 *WTR Currents: Int'l Trade L. J.* 24.

② See U. S. Department of Justice (DOJ) & Federal Trade Commission (FTC), "Horizontal Merger Guidelines § 7", 2010, available at http://ftc.gov/os/2010/08/100819hmg.pdf.

③ See William E. Kovacic, Robert C. Marshall, "Quantitative Analysis of Coordinated Effects", 76 *Antitrust L. J.* 397, 2009 - 2010.

案件四：希捷收购三星硬盘业务案(2011 年)

在该案件中，商务部从相关市场、行业采购模式、产能利用、产品创新、市场进入、对消费者的影响等 8 个方面，对该经营者集中的竞争影响进行了全面分析。商务部认为，硬盘市场可以构成独立的相关商品市场，相关地域市场则为全球市场，而硬盘市场又可以分为“企业级应用、台式电脑应用、便携式电脑应用和消费电子产品应用等细分的相关商品市场”。欧盟委员会在处理该案件时则根据硬盘的技术特点如尺寸对其进行了细分，认为硬盘相关市场具体包括：(1)关键业务企业级硬盘；(2)3.5 英寸关键业务硬盘；(3)3.5 英寸台式机硬盘；(4)3.5 英寸 CE 硬盘；(5)2.5 英寸移动硬盘；(6)2.5 英寸 CE 硬盘。[①] 商务部具体考察了硬盘市场的状况，发现该市场集中度、透明度较高，这增加了生产商之间采取协调行为的风险；该市场进入门槛较高，近十年未有新的竞争者进入，硬盘产品同质化明显，硬盘产品的主要下游客户是大型电脑生产商；由于该市场仅有 5 家生产商，因此维持一定的生产商数量对于确保当前大型电脑生产商对硬盘的采购模式具有十分重要的影响；该行业产能不过剩，且充分的竞争对于保持该行业的创新是必不可少的；硬盘市场的涨价将最终由消费者来承担，电脑生产商不会因此而遭受损失，因为其会将这种涨价转嫁给消费者。对相关市场状况有较为清晰地了解是正确分析该集中对市场竞争影响的基础。商务部对竞争的分析较全面，可以说这是在之前的审查中所没有的，是其执法水平不断提高的一个重要标志。

鉴于该集中可能会排除、限制硬盘市场竞争，商务部采取了行为救济措施，以尽可能地减少这种损害。其采取的救济措施达到六项之多，且很有针对性，主要目的在于继续确保三星硬盘作为一个独立的竞争者而存在，维持该市场上一定数量的竞争者，同时要求希捷公司在集中以后的三年内每年至少投资 8 亿美元，以继续保持其创新性。不过，虽然从表面上看这些救济措施较为全面，但其能否真正解决该集中可能带来的竞争损害还有待时间检验。在救济措施中，商务部要求希捷应当维持三星的销售团队，保持三星的生产线独立运转，在三星销售团队和希捷销售团队之间设立防火墙，以防止彼此协调经营信息，等等。一旦希捷收购三星硬盘业务成功，则欲消除其内部之间的协调是

① See Case No COMP/M. 6214 – Seagate / HDD Business of Samsung, p65, http://ec.europa.eu/competition/mergers/cases/decisions/m6214_20111019_20682_2390485_EN.pdf.

十分困难的。

对于该集中,欧盟委员会作出了与我国商务部不同的处理决定。欧盟委员会经过调查、评估之后认为,希捷并购三星硬盘业务这一交易不会对欧盟或其内部重要市场的有效竞争构成重大损害,并于2011年10月19日批准了该集中,没有附加限制性条件。商务部根据该交易对我国市场的潜在影响作出相应的处理决定,而没有受到欧盟决定的影响,应当说这是值得赞赏的。也正如有观点认为,"商务部得出与欧盟委员会不同的结论,以及在其公布的决定中进行了较之于之前决定而言更为详细地分析,这都显示出商务部在世界舞台上日益增长的信心"。①

案例五:谷歌收购摩托罗拉移动案(2012年)

谷歌收购摩托罗拉移动一案在全球主要司法辖区都获得了批准。在2012年5月19日商务部批准该集中之前,欧盟委员会和美国司法部就于2012年2月13日同日分别批准了该交易。欧盟委员会认为该交易不会在操作系统和专利等方面对市场状况有重大的改变,②美国司法部反垄断局经过深入的调查分析之后也认为该交易不可能会实质性地减少竞争。③ 商务部对于该案件也进行了全面、深入的分析。

谷歌公司不仅是搜索引擎公司,而且是移动智能设备操作系统的提供商,摩托罗拉是移动智能终端的生产商,因此商务部将相关市场界定为移动智能终端及其操作系统是正确的。商务部经调查发现,摩托罗拉公司在移动智能终端市场上不具有明显优势,但谷歌所开发的安卓操作系统在中国市场上占据了73.99%的市场份额,具有市场支配地位。当前市场上主要有安卓、IOS和Windows Phone三大操作系统,移动智能终端对于其选定的操作系统具有很强的依赖性,转向另一操作系统的成本非常大。在中国,大多数智能手机都

---

① Mofcom's Conditional Approval for Western Digital's Acquisition of Hitachi's Hard Disk Drive Business, 2012, http://www.linklaters.com/Publications/AsiaNews/LinkstoChina/Pages/MOFCOMs-Conditional-Approval-Western-Digitals-Acquisition-Hitachis-Hard-Disk-Drive-Business.aspx.

② See "Mergers: Commission approves acquisition of Motorola Mobility by Google", Accessed Oct 12, 2017. http://europa.eu/rapid/press-release_IP-12-129_en.htm.

③ See Accessed Oct 12, 2017. http://www.justice.gov/opa/pr/2012/February/12-at-210.html.

采用的是安卓操作系统，因此谷歌收购摩托罗拉移动以后，可能会对其他采用安卓系统的智能终端生产商造成不利影响，对该问题商务部也进行了调查分析。商务部认为谷歌收购摩托罗拉移动之后，可能会利用后者的专利来从事垄断行为，损害市场竞争和消费者利益。在市场进入方面，移动智能终端市场是一个高度集中的市场，进入该市场需要进行巨大的资金和技术投入，而且在不同操作系统之间转换的成本也很高，种种因素导致该市场的进入壁垒极高。在综合考虑上述因素以后，商务部认为该集中会对市场竞争造成损害。从总体上来看，商务部对于该集中的分析是正确的，但是在某些论断方面仍欠周延，如商务部指出“谷歌收购摩托罗拉移动的主要目的就是拥有这些手机专利”，尽管许多媒体都持这种观点，但本书认为作为反垄断执法机构，在没有足够证据的情况下，作出此类结论时需谨慎。

针对可能造成的竞争损害，商务部要求谷歌在两个方面遵守一定的义务：首先，在安卓操作系统方面，谷歌必须保证5年内继续在免费和开放的基础上许可安卓平台，以非歧视的方式对待所有原始设备制造商。应当说，5年时间的“保护期”可以为智能终端制造商、软件开发者、消费者提供足够的时间采取相应的应对措施。而且，即便是5年之后，谷歌也仍有可能继续在免费和开放的基础上许可安卓平台。因此，商务部所采取的这一救济措施能够消除该集中所具有的竞争损害影响。其次，在专利使用方面，商务部要求谷歌在许可摩托罗拉移动专利方面遵守公平、合理和非歧视的义务，这就可以避免谷歌滥用其通过并购所享有的专利从事损害竞争的行为。

商务部对于该案的处理受到了国外一些学者的指责，他们认为，商务部要求谷歌5年内继续在免费和开放的基础上许可安卓平台是对谷歌知识产权的侵犯，以此来保护中国国内企业和消费者的利益，并主张美国政府动用政治经济权力迫使中国改造自身的集中审查机制，使其与美国注重创新价值和知识产权保护的并购审查机制相一致。① 本书认为，在经营者集中审查时不可能不考虑该集中对于本国市场竞争及消费者的影响，在竞争和知识产权这二者之间并非对知识产权的保护就高于对竞争的保护，而希冀通过本国的影响力来“改造”他国的法律制度，则更是一种现代性的经济政治强权。回归到本

① See Brett M. Neve, "China, Google, and the Intersection of Competition and Intellectual Property", 38 *N. C. J. Int'l L. & Com. Reg.* 1091, 1105, 2013.

案，本书认为商务部在该案件的处理中信息披露比较全面，而且在竞争分析及救济措施的设置方面都比较合理。

案件六：嘉能可收购斯特拉塔案（2013 年）

嘉能可收购斯塔拉塔一案对于我国矿产资源（主要是铜精矿、锌精矿和铅精矿）市场将产生较大影响，且这些资源的稳定供应对我国经济发展及经济安全也有着更为直接的意义，因此商务部对于该案件进行了谨慎的审查，采取措施以尽可能避免该集中对于我国铜、锌、铅精矿市场所带来的不利影响。

在竞争分析方面，商务部将相关商品市场界定为铜精矿、锌精矿和铅精矿市场，相关地理市场是全球市场，但主要对中国市场进行了重点分析。在这三种精矿中，该集中又尤其对铜精矿市场的影响较大。因此，商务部从含铜资源量、铜精矿市场控制力、铜产业链整合、铜精矿供应合同条件、铜精矿市场进入和消费者影响这 6 个方面对该集中对铜精矿市场的影响进行了细致地审查，认为该集中在这 6 个方面都会造成不利影响。由于我国对于锌精矿和铅精矿的进口依赖度较低，因此该集中对于锌精矿和铅精矿市场的影响相对于铜精矿市场而言要小，商务部仅从市场控制力、产业链整合、市场进入者 3 个方面对这两个市场的竞争影响进行了分析。从总的方面来看，商务部对于相关商品市场的界定准确，尽管该交易涉及了铬矿、锌金属、铅金属、再生铜等多种矿产，但中国对这些矿产的进口依赖度较低，而且集中双方在中国市场的份额也较小，因此将这些矿产排除在相关商品市场范围外，有利于商务部重点分析受影响较大的市场。同时，即便是对于受影响较大的铜精矿、锌精矿和铅精矿这 3 个市场，商务部也根据其受影响程度的不同作了进一步的区分。相关商品市场的准确界定是分析该集中竞争效果的前提。就商务部的具体竞争分析而言，其依据我国《反垄断法》第 27 条所规定的在审查经营者集中时应当考虑的因素对该集中进行了细致地分析，有具体的数据支持，逻辑清楚，论证也较为合理。

就救济措施而言，鉴于铜精矿市场受到的影响要更大，因此商务部的救济措施也主要是针对该市场。商务部要求嘉能可在集中之后剥离拉巴邦巴斯项目的全部权益，这种资产剥离的救济方式主要是为了避免因集中后企业在铜矿资源市场上占据过大的市场份额而对下游市场造成不利影响，这种结构性的救济方式能够迅速恢复市场竞争结构，消除或减轻竞争损害。此外，商务部要求嘉能可在 2020 年以前持续向中国企业提供一定数量的铜精矿，这样可以避免集中后的企业利用其优势地位控制向国内企业出口铜精矿的数量，提高价格，从而损害国内相关企业的利益。对于锌精矿和铅精矿的市场救济，商务部同样要求嘉能可公平、合理地同中国客户展开交易。需要特别指出的是，商务部首次在该案件中公布了救济承诺方案，这样就更便于社会了解该案件的一些详细信息，同时也可以发挥社会监督作用，以更好地促使收购方履行其承诺。应当说，这些救济措施的采取可以有效地减少该集中对于我国相关市场竞争和该市场中企业的影响，就总体上而言，这些救济措施是富有成效的。

通过上文对商务部2008～2013年经营者集中反垄断审查活动的评估，笔者发现，虽然商务部最初的审查活动无论是在对具体案件的竞争分析还是在救济措施的采取、信息的披露等方面都尚有不足，但随着执法活动的不断深入，其在执法水平上有了质的提高。例如，就公告的形式而言，经过不断的探索，目前已经形成了“一、立案和审查程序；二、竞争分析；三、附加限制性条件的商谈；四、审查决定”，另外附加救济方案或者承诺方案的固定模式。竞争分析是案件处理中的重要部分，竞争分析的效果将直接决定案件是否能够得到正确的处理，商务部执法能力的提升也可以从其发布公告中的竞争分析变化中得以体现（如图5所示）。

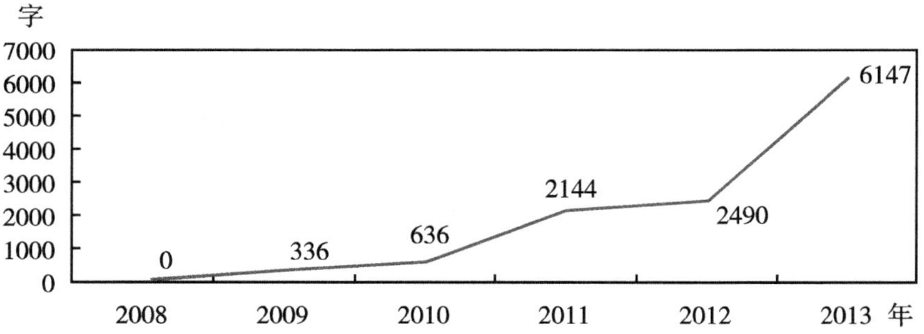

图5　商务部反垄断局竞争公告竞争分析字数

虽然竞争分析的字数本身并不是评判案件处理水平的一个比较准确的指标，即竞争分析的字数多并不一定代表着案件处理水平高；反之，也不能说明案件处理水平低。但竞争分析的字数毕竟可以从一个侧面反映出执法机构在案件分析中的思路、事实的认定、证据的采纳与排除等，而这显然是无法在较短篇幅中能够实现的。综观发达国家反垄断执法机构的审查报告，其往往达到数十页甚至上百页。

(三)国家发改委及地方发改委系统反垄断执法能力评估

国家发改委未像商务部和国家工商总局那样对其所办理的案件以系统、程式化的方式予以公布,[①]本书将选择数例较为典型的案件进行评估。本书选择的评估对象是由国家发改委处理的合生元等奶粉企业价格垄断案,以及2起由地方相关执法机构处理的案件——富阳造纸行业协会价格垄断案和五粮液、茅台价格垄断案。[②]

案件一:合生元等奶粉企业价格垄断案

国家发改委仅在其官方网站主页上以新闻的形式向外界披露了该案件的有关信息。[③] 虽然国家发改委对该案件的处理结果得到了社会的普遍认可,但是仅就披露该案件的形式以及披露内容的详细程度方面都是远远不够的。相比之下,国家工商总局和商务部则要远远领先于国家发改委,可以说,前二者在案件公告的形式方面已经与发达国家相差无几。因此关于本案更为详细的信息,只能借助于权威媒体对国家发改委相关执法人员的采访获知。

价格垄断行为一般而言违法性十分明显,因此对于这类案件查处的关键在于证据的收集。据有关媒体报道,发改委共派出了26个调查小组,300多人次陆续到合生元、美赞臣等多家外资乳粉企业中进行调查。而这些企业自知其行为违法,所以通过各种方式拒绝调查,故意隐匿资料或者提供虚假材料。面对这种情况,国家发改委执法人员也展现出了其调查取证的能力,“违

---

① 当然,国家发改委自2014年开始,在其网站上公布了一系列的行政处罚决定书,在执法透明度方面取得了重大进展。不过,国家发改委在处罚决定书发布的方式方面还有待改进。例如,对于查处的垄断协议案件,国家发改委将其对每一个参与垄断协议的经营者都作出了行政处罚决定书,并将这些行政处罚决定书全部发布在其网站上,标题都为“国家发展和改革委员会行政处罚决定书〔××××年〕×号”,这让查阅者很难准确在众多的行政处罚决定书中查找到所要检索的案件。在披露方式方面,可以借鉴国家工商总局,将属于同一个案由的所有行政处罚决定书予以汇总。

② 在茅台、五粮液价格垄断案处理过程中,虽然国家发改委也曾约谈过这两家企业,但由于该案的最终处罚决定是分别由贵州省物价局和四川省发改委作出的,因此在此处将其认定为地方执法机构处理的案件。另外,由于这两起案件的性质、情节、处理方式类似,故将二者视作一起案件予以讨论。

③ 《合生元等乳粉生产企业违反〈反垄断法〉限制竞争行为共被处罚6.6873亿元》,载国家发改委网:http://www.sdpc.gov.cn/xwfb/t20130807_552991.htm,最后访问日期:2017年10月16日。

法证据是调查人员从经销商和超市上千份材料中反复对比、核查和找相关销售人员核实后才发现的”。[①] 执法人员还动用了专业的电脑技术来获取证据，“执法人员搜查了一家企业的电脑，从删除的邮件中恢复了相关资料，发现企业明确提示员工控制经销商转售的价格，找到了企业违反反垄断法的证据”。[②] 该案的调查取证显示出国家发改委具有较高的执法能力，这实际上也是其在《反垄断法》颁布以前查处价格违法行为的过程中不断积累的结果。

从该案的处理结果来看，国家发改委根据各企业违法行为的严重程度、配合调查的表现以及事后整改的效果，对各个企业给予了不同的处罚，有3家乳粉企业还被免除处罚。可以说，这种处罚既可以严厉打击那些严重的价格垄断违法行为，从而对社会其他企业起到很好的警示作用，又能通过区别对待体现出执法机构鼓励违法企业积极配合调查、有效消除不良后果的政策导向，有利于《反垄断法》宽恕制度作用的发挥。

该案件涉及企业多、社会影响大，国家发改委积极调查取证，并有针对性地采取了相应的处罚措施，收到了较好的社会效果，对于维护乳粉企业市场竞争具有重要意义。虽然国家发改委在案件的披露、公告的形式和内容方面尚有很大的不足，但仅从该案件的查处来看，国家发改委还是具有较高的执法能力。

案件二：富阳造纸行业协会价格垄断案

该案件是由国家发改委授权浙江省相关执法机构查处的，由国家发改委予以简短披露。[③] 浙江省相关执法机构调查发现自2010年以来，富阳市造纸行业协会先后组织20余家常务理事单位召开5次会议，以协调白纸板的出厂价格，并且经过调查掌握了每一次会议所达成的协议内容。这明显是由行业协会组织本行业企业达成价格垄断协议的行为，这种价格协调行为排除了白纸板市场上的竞争，严重损害了市场竞争秩序。应当说，该案件本身并不复杂，关键在于证据的收集，竞争分析相对而言简单。

---

① 《发改委披露乳粉垄断案调查过程，部分企业明知故犯》，载新华网：http://news.xinhuanet.com/food/2013-08/07/c_125130794.htm，最后访问日期：2017年10月17日。

② 《乳企6.7亿罚单背后：被删邮件露马脚》，载新浪网：http://finance.sina.com.cn/chanjing/gsnews/20130808/030616379621.shtml，最后访问日期：2017年10月17日。

③ 《浙江省富阳市造纸行业协会组织实施价格垄断行为受到严厉处罚》，载国家发改委网：http://jjs.ndrc.gov.cn/gzdt/t20110119_391551.htm，最后访问日期：2017年10月17日。

在案件处理结果方面,浙江省物价局对富阳市造纸行业协会处以最高的罚款,但对价格垄断协议的参与企业并没有给予相应处罚。笔者认为,鉴于该案比较典型,对于竞争的损害较大,可以同时对行业协会和参与企业进行处罚,以更好地起到警示作用。

根据案件公告,国家发改委在2010年8月即接到了相关举报,并由其展开了相关调查。后由国家发改委副主任于12月13日作出重要批示,决定移交浙江省查处。也就是说,该案件在国家发改委"停留"的时间长达4个月,然后才由该案件所在地的相关执法机构进行查处。这暴露出案件查处效率低下的问题,反映出在当前的权力分配方面还存在有较大的问题,反垄断执法机构内部的不协调会直接影响市场竞争秩序的迅速恢复。

案件三:五粮液、茅台价格垄断案

2009年以来,五粮液公司与全国经销商达成垄断协议,限定经销商转售五粮液白酒的最低价格,通过多种方式对不执行最低限价的经销商进行处罚。四川省发改委认为五粮液公司违反了我国《反垄断法》第14条关于禁止纵向垄断协议的规定,对五粮液公司依法处以2.02亿元罚款。① 无独有偶,茅台公司自2012年以来也采取了类似的经营策略,贵州省物价局依法对其处以2.47亿元的罚款。②

在竞争分析方面,四川省发改委和贵州省物价局都认为五粮液、茅台分别与其各自的经销商从事的最低限价是一种纵向垄断协议行为,这一分析是正确的。五粮液、茅台与经销商之间分别处于上、下游市场,是一种纵向关系,五粮液、茅台规定经销商的最低销售价格,是属于我国《反垄断法》第14条第2项规定的"限定向第三人转售商品的最低价格"的行为,是一种十分明显的价格垄断行为。有观点认为,五粮液和茅台酒属于高档白酒,其所从事的限定最低转售价格行为对社会的影响较小,而且是一种品牌内而非品牌之间的竞争限制,并进而对该案的处理提出质疑。笔者认为,第一,无论是普通商品还是高档商品,其价格变动都会对消费者产生影响,执法机构不应当对消费者进行

---

① 《五粮液公司实施价格垄断被处罚2.02亿元》,载四川省发改委网:http://info.sc.cei.gov.cn/dir25/159074.htm,最后访问日期:2017年10月20日。

② 《贵州物价局公布罚单,茅台价格垄断被罚2.47亿》,载中国新闻网:http://finance.chinanews.com/cj/2013/02-22/4588648.shtml,最后访问日期:2017年10月20日。

区分，认为高档商品的消费者经济实力强而无须保护。对于任何消费者，只要其合法利益受到了垄断行为的不当损害，都应当进行保护。第二，虽然五粮液、茅台所实施的行为都是一种品牌内的限制竞争方式，但其具有很强的示范效应，正如四川省发改委所指出的那样，“五粮液公司的价格垄断行为在行业内起到了负面的示范效应，已经有其他白酒品牌开始对经销商进行类似限制和处罚”。因此，不能排除茅台效仿五粮液公司的可能性。如果不对这种行为进行查处，则其他白酒企业，无论是高档白酒企业还是中、低档白酒企业，也有可能采取类似策略。

此外，本书认为，五粮液和茅台公司的经营行为除了构成纵向垄断协议外，还具有滥用市场支配地位的嫌疑。从外部来看，确实是五粮液、茅台与经销商达成纵向垄断协议，对此无异议。但是我们必须注意到，经销商并非自愿与五粮液、茅台达成此类垄断协议，更为准确地说经销商是被迫达成垄断协议的。事实上，许多经销商因为没有遵守限价协议而遭受到了五粮液和茅台的处罚。可见，从五粮液、茅台与其经销商的关系上来看，是五粮液和茅台滥用自身的优势地位强迫经销商达成此类垄断协议的。虽然五粮液和茅台在整个白酒市场上并不占据市场支配地位，但二者都主要是高端白酒品牌，因此在高端白酒市场上是具有市场支配地位的。换言之，在本案中应当将相关产品市场界定为高端白酒市场，而不是整个白酒市场。另外，从经销商与白酒生产商之间的关系来看，前者对后者有很强的依赖关系，因为前者投入了大量的前期资金，如果一旦被取消经销资格，将会对其造成重大损失，因此经销商往往是弱势的一方。

从案件处理结果来看，虽然四川省发改委和贵州物价局分别对五粮液和茅台公司处以巨额罚款受到了社会的广泛认可，但是其处罚的合理性仍然值得商榷。依据我国《反垄断法》第45条的规定，“被调查的经营者承诺在反垄断执法机构认可的期限内采取具体措施消除该行为后果的，反垄断执法机构可以决定中止调查”。在本案的调查过程中，五粮液和茅台分别发布公告，宣布取消违反《反垄断法》的营销行为，进行整改。尽管是否决定中止调查是反垄断执法机构的自由裁量权，但鉴于该案的处罚金额巨大，因此执法机构还是应当披露其未中止调查的原因。此外，由于该案件涉及范围广、影响较大，由地方执法机构进行处理是否合适也值得讨论，因为这直接关系罚款是上交给地方财政还是上缴给中央国库，对于该问题，后文还将进行讨论。

通过对国家发改委及地方相关价格执法机构的执法活动进行考察，本书发现价格垄断行为的竞争分析一般而言较为简单，这是因为价格垄断行为的违法性较为明显，无须经过复杂的分析可以直接依据《反垄断法》认定其违法，而这类案件查处的关键在于证据的收集。从总体上看，国家发改委和地方相关价格执法机构具有较高的执法能力，在社会上引起较大反响的反垄断案件基本上也是由发改委系统展开执法进行查处的，如液晶面板垄断案，乳粉企业垄断案，上海黄金饰品价格垄断案，五粮液、茅台价格垄断案等。但我们同样需要看到，发改委系统的反垄断执法较之于商务部和工商系统的反垄断执法而言，在许多方面还有非常大的改进空间，如信息披露。本书担心发改委系统在反垄断执法上走向了这样一条道路，即仅关注案件的社会影响度，而忽视了自身执法的规范性、透明性建设，这与工商系统和商务部形成了鲜明的对比，后二者所查处的案件，除了商务部审理的可口可乐收购汇源果汁一案具有较大社会影响外，其他为社会公众所熟知的并不多，但工商系统和商务部在案件的规范性、透明性方面显然要远远强于发改委系统。

五、中国反垄断执法状况评估结论

本书对我国反垄断执法状况进行评估，目的是对我国这10多年的反垄断执法有一个较为全面、深刻的了解。本书认为，如果缺乏对中国现实的最基本认识，则所进行的制度构建必定没有坚实的基础，脱离实际而凭空臆想的理论不仅无法对经济社会发展起到指导作用，反而会阻碍其发展。在对我国市场上的垄断案件以及执法机构的执法活动进行考察后，本书可以谨慎地得出以下结论。

第一，当前市场上国内企业从事的垄断行为普遍并不复杂，但如果一方或双方是外资企业、跨国企业，则该类案件仍较为复杂。具体而言，国家工商总局及地方工商系统所处理的案件基本上都是国内企业所从事的垄断协议、滥用市场支配地位行为（价格垄断行为除外），透过这些案件可以看出从事这些垄断行为的经营者或行业协会反垄断法意识淡薄，许多经营者公然达成垄断协议，许多行业协会也肆意组织本行业的经营者从事垄断行为。国家发改委及地方价格主管部门所处理的价格垄断行为中，有乳粉企业价格垄断案、液晶面板价格垄断案等案件为外资企业所为，这些案件在证据收集方面具有一定的难度，从而使得案件查处较为复杂，但一旦收集到证据，案件本身的分析也就较为容易；而其他的案件皆为国内企业所为，加上是价格垄断行为，从而使得这些案件的违法性更加显而易见，如五粮液、茅台价格垄断案与广东海沙价格垄断案等。商务部处理的大多是在中国有业务的国外企业之间的合并，或者国外企业与中国企业合并的案件，这些案件较为复杂，如诺华收购爱尔康、嘉能可收购斯特拉塔等案件，合并方同时向全球主要司法辖区如美国、欧盟进行申报，这些案件对于这些司法辖区的执法机构而言可能不是很复杂，但是对于尚处于反垄断执法初期的商务部而言则仍具有一定的难度。

第二，从过去10多年时间的反垄断执法实践来看，总体而言，中央反垄断执法机构及相应的地方执法机构在其所处理案件的过程中表现出了较高的执法能力，而且随着执法过程的推移，其执法能力也不断得以提高，但是在案件处理的透明性、规范性等方面仍有较大的改进空间。作为反垄断执法的后发国家，反垄断执法机构在《反垄断法》颁布以后进行了大量的培训，学习借鉴发达国家的执法经验，从而使其自身的执法能力在短期内得以提升。不过我们也应当注意到，执法机构之所以表现出较高的执法水平实际上也与当前我国垄断案件普遍较为简单有关。同时，各个执法机构表现出来的执法能力也存在一定的差异。由于商务部反垄断审查在本质上是一种被动的执法，即只有在经营者进行申报以后才能进行审查，[①]因此其在《反垄断法》正式施行之日起实际上就已经展开了实质性地执法工作，在10多年的时间里已经审理了1900余件案件，其无论是在案件处理的效率、规范性、透明性还是处理结果的合理性方面都表现出了较高的执法水平。国家工商总局和地方工商系统反垄断执法的工作集中在对垄断协议的查处方面，从其公布的案例来看，执法机构在处理案件中表现出较高的执法水平，在证据的收集、竞争分析等方面都渐趋成熟。国家发改委和地方价格主管部门在反价格垄断方面的工作引起了很大的社会反响，2013年对多个企业处以亿元以上的罚款，这种“风暴式”的执法凸显出国家发改委和地方价格主管部门的执法决心和执法能力，但这依然掩饰不了其在执法方面所存在的诸多不足，国家发改委和地方价格主管部门目前是3个执法系统中唯一没有对其所查处的案例进行系统化、规范化公布的

---

① 当然，对于应当申报而未申报的经营者集中，商务部可以主动进行调查处理。商务部于2011年12月颁布了《未依法申报经营者集中调查处理暂行办法》，以规范达到申报标准但未依法申报经营者集中的调查处理。

执法机构，而在这方面的努力已刻不容缓。

第三，总体而言，当前反垄断执法机构的执法能力与市场上垄断案件的复杂程度具有相适性。换言之，无论是反垄断中央执法机构还是相关的地方执法机构都能够较好地胜任反垄断执法工作。在中国，理论界普遍认为《反垄断法》是一部专业性很强的法律，而我国反垄断执法机构尤其是地方相关机构执法能力不够，进而认为执法能力的欠缺是影响我国《反垄断法》有效实施的一个重要原因。本书认为，在一般意义上而言，《反垄断法》的确是一部专业性很强的法律，在具体的案件中可能需要进行复杂的经济分析，但是，如果具体到特定国家的特定时期，则上述判断可能并不能完全适用。我们在反垄断法制建设过程中学习和借鉴了发达国家的经验，这对于中国迅速构建起较为完善的反垄断法制度而言起到了巨大的作用，但是我们也不能忽视在此借鉴过程中可能由于主、客观方面的原因而导致的片面性。一般而言，在学习借鉴他国经验时一般都会考察其核心制度，如在分析其案例时一般都会选择那些经典的案例，但是，这些经典案例之所以经典，很大原因即在于在这些案例中法院提出了一个新的原则或理论，或者解决了一个争议性的问题，从而对以后的法律实践具有重大影响，可以说这些案件本身是十分复杂的。因此，对发达国家反垄断法制度进行考察往往是对其制度中最为复杂的部分进行考察，从而就会形成这样一种印象，即中国市场上的垄断行为也是很复杂的，也需要进行复杂的经济分析，而反垄断执法机构刚刚开始执法，执法能力有限，无法有效应对复杂的反垄断案件，事实上，这是严重脱离中国实际的一种看法。本书在对中国反垄断现实情况进行较为细致、全面的考察之后发现，在仍处于向社会主义市场经济过渡过程中的中国，市场上的许多企业才刚刚"学会"采用垄断的方式来谋取利益，它们并不像发达国家企业那样在这方面"老练成熟"，可以说仍处于"步履蹒跚"的初始阶段，而反垄断执法机构对这些案件的处理表明其目前完全有能力应对当前市场上的垄断案件，案件复杂程度并没有超出执法机构的能力范围。

第四，反垄断执法权的配置存在固有缺陷，这直接影响了对市场上垄断行为的规制，市场上垄断行为依然较严重，全国竞争秩序依然堪忧。虽然在过去10多年的时间中反垄断执法不断取得突破，其中2013年的反垄断执法尤为引人注目，但繁荣的表象掩盖不了反垄断执法所遇到"瓶颈"。相对于全国市场上存在的大量限制竞争行为而言，用"蜻蜓点水"来形容当前有限的反垄断执法亦不为过。这并非是由于反垄断执法机构故意怠于执法——事实上,当前的分权使执法机构之间也有一种竞争,从而促使其主动或迫于社会压力积极展开执法活动,而是由于反垄断执法权力配置从一开始就受到了各种因素的干扰,从而使其偏离了权力科学配置的正常轨道。虽然在现行的反垄断执法权分配模式确定以后理论界对此予以默认,并再鲜有探讨,但这并不意味着"存在即合理",相反,当前的"存在"只是在特定历史条件下的一种折中选择,一旦条件成熟,必定需要回归到最为符合反垄断执法权本质要求的轨道上来。

第五章　反垄断执法权的横向配置

反垄断执法权的横向配置，是指反垄断执法权在同一级政府各部门之间的配置问题，具体而言是指如何在中央政府各部委（包括直属机构）之间，省、市、县级政府各部门之间分配反垄断执法权。究竟是由单一的机构统一行使反垄断执法权，还是由多家机构共享？该问题的答案不取决于外国的经验，也不取决于主观意志，而是根植于能够确保《反垄断法》得到有效实施的反垄断执法权的本质要求。这就需要在进行权力横向配置时排除一切不符合权力本质要求的干扰因素，从而使符合权力运行的规律得到切实遵循。

一、反垄断执法权分立的“来龙”

在成立国家市场监督管理总局以前，在中央层面，反垄断执法权是由国家发改委、商务部和国家工商总局3家机构共同享有，这一分权现状的形成并非是一蹴而就的，如果不了解其深刻的历史背景及形成的原因，则无法对其是否合理作出准确的判断。

（一）实质意义上的反垄断法的历史发展脉络

虽然直到2007年8月30日才制定通过了我国第一部《反垄断法》，但是这并不意味着在此之前没有相关的对垄断行为进行调整的规章制度。反垄断法包括形式意义上的反垄断法与实质意义上的反垄断法，前者即为我国2007年所制定的《反垄断法》,而所谓实质意义上的反垄断法,是指调整垄断行为的法律规范的总和,既包括以法典形式表现出来的《反垄断法》,也包括其他含有反垄断规定内容的法律法规。

事实上,早在1980年国务院就发布了《关于开展和保护社会主义竞争的暂行规定》,这是我国第一个关于保护竞争的规范性文件,可以说是我国最早的"反垄断法"。该规定中的一些内容即便在当今依然适用,如该规定允许和提倡各种经济成分之间开展竞争,要求必须打破地区封锁和部门分割,等等。虽然经过30多年的发展,但这些问题仍未得到很好的解决,足见在中国反垄断任重而道远。当然,囿于特定历史条件的限制,该规定的许多内容没有也不可能摆脱当时计划经济体制的束缚,但是,作为当代中国最早的竞争宣言,该规定所体现出来的竞争精神使其在我国反垄断法史上具有不可磨灭的里程碑意义。除了该规定这样一般性文件以外,其他一些更为具体的行政法规也对反垄断问题进行了规定。例如,1987年9月国务院颁布了《价格管理条例》,将"企业之间或者行业组织商定垄断价格"的行为认定为价格违法行为;1987年10月国务院颁布了《广告管理条例》,规定"在广告经营活动中,禁止垄断和不正当竞争行为"。在其他一些行政规章、文件中也对保护竞争、反对限制竞争行为作出了相应的规定。但总体来看,这一时期的关于反垄断的规定是分散的,缺乏整体性、系统性,而且由于存在于各类法规之中,从而使其缺乏规范性,内容有重复。[①] 并且很多也只是"一般性地规定'防止'或'禁止垄断',很像是政策性的口号或宣告"。[②] 经济体制改革的不断深化越来越要求制定一部系统性的竞争法规对市场上出现的限制竞争行为进行规制,但由于当时理论界和实务界普遍认为制定反垄断法的时机不成熟,因此最终于1993年制定通过了《反不正当竞争法》,并在其中规定了一些属于反垄断的制度,如公用企业滥用独占地位限定交易行为,行政机关滥用权力排除、限制竞争行为,掠夺性定价行为,搭售或附加其他不合理条件的行为等。事实上,在《反垄断法》颁布之前,我国反垄断工作的主要执法依据就是《反不正当竞争法》中的这些反垄断条款,尽管未能制定单独的反垄断法,但这在当时至少解决了无法可依的局面。

---

① 参见吴炯:《维护公平竞争法》,中国人事出版社1991年版,第209页。

② 王存学:《竞争法与市场经济》,工商出版社1995年版,第214页。

虽然我国《反垄断法》的起草过程异常缓慢,但反垄断的现实要求在其他法律法规中得到了部分实现。1997 年制定的《价格法》就明确禁止经营者从事"相互串通、操纵市场价格","为了排挤竞争对手或者独占市场,以低于成本的价格倾销","提供相同商品或者服务,对具有同等交易条件的其他经营者实行价格歧视"等垄断行为;1999 年《招投标法》要求招标人不得限制投标人之间的竞争,同时投标人也不得相互串通投标报价;2000 年国务院制定《电信条例》,其中规定电信监管遵循"破除垄断、鼓励竞争"的原则,要求电信业务经营者不得"以排挤竞争对手为目的,低于成本提供电信业务或者服务",等等;2001 年国务院颁布《关于禁止在市场经济活动中实行地区封锁的规定》,禁止地方各级政府及其所属部门实行地区封锁行为,或者制定实行地区封锁或者含有地区封锁内容的规定;2003 年国家发改委制定《制止价格垄断行为暂行规定》,禁止经营者通过达成协议或者滥用市场支配地位从事价格垄断行为;2004 年修订的《对外贸易法》禁止经营者在对外贸易经营活动中实施垄断行为,等等。当然,反垄断的规定还存在于许多法律法规之中,这些法律法规从不同领域、行业的角度对垄断问题进行了相应的规定。

上述法律法规中虽然包含有关于禁止垄断的内容,但毕竟都过于分散、简单,有一些充其量只是一种象征性地规定,这越来越不能满足对垄断行为进行系统性规制的现实需要。在这种背景下,立法机构加快了反垄断法的立法进程,并最终于 2007 年 8 月 30 日审议通过了《反垄断法》,至此,我国反垄断法的法典化最终得以完成。不过,从长远来看,虽然运用类比的表述,将《反垄断法》的制定看作中国在反垄断制度构建这一"万里长征"中走出的第一步有些过于谦虚,但其制定确实只是代表着一个阶段性的任务的完成,因为任何法律制度的构建与完善都不是一劳永逸的。为了增强《反垄断法》的可操作性,反垄断执法机构制定了相应的反垄断指南,例如,国家发改委于 2010 年制定了《反价格垄断规定》《反价格垄断行政执法程序规定》;商务部于 2009 年制定了《经营者集中审查办法》《经营者集中申报办法》,2010 年制定了《关于实施经营者集中资产或业务剥离的暂行规定》等;国家工商总局于 2009 年制定了《工商行政管理机关查处垄断协议、滥用市场支配地位案件程序规定》《工商行政管理机关制止滥用行政权力排除、限制竞争行为程序规定》等。

通过对实质意义上的反垄断法进行考察之后可以发现,实质意义上的反垄断法要远早于形式意义上的《反垄断法》法典,而且在《反垄断法》制定以后，实质意义上的反垄断法仍将通过各种途径继续得以发展，这既包括反垄断执法机构制定相应的反垄断指南，也包括其他新的法律法规对反垄断作出规定，等等。实质意义上的反垄断法的发展为形式意义上的《反垄断法》的制定积累了经验，准备了条件，而形式意义上《反垄断法》则又是对实质意义上反垄断法的一种升华与总结。通过实质意义上的反垄断法的发展历程，我们可以从中洞悉到反垄断执法权的演变。

（二）实质意义上的反垄断法的多个执法机构

法律法规的颁布实际上伴随的也是权力的创制。某行政部门实施某一法律法规，既是其职责，也是其所享有的一种权力。对于某一法律法规而言，在其正式施行之前，必须首先确定执法机构。有学者认为有 4 种选择方式：(1)非创设型或共同执法型，即不新设专门的执法机关，而是由现有的行政机关依其职权分工，共同执法；(2)创设型，即创设专门的执法机构；(3)选择型，即在现有的行政机关中选择某一机关作为执法机关；(4)综合型，即将上述 3 种方式综合起来，先在现有的行政机关中选择某一机关，在其内部创设专门的执法机构，并规定其他的行政机关在其各自的职权范围内也负有维护该法律法规的义务。① 在我国，行政机构的创设需要严格依据相关行政组织法来进行。改革开放以来，我国先后进行了包括 1982 年、1988 年、1993 年、1998 年、2003 年和 2008 年的 6 次大的行政机构改革；创制了一种“三定”方式，即定职能、定机构、定人员，“使得行政机关的职能界定、内部机构设置和编制规模，都有一个大致的规范可以遵循”。② 因此，一般的法律是无权创设新的行政机构的，虽然我国《反垄断法》第 9 条规定由国务院设立反垄断委员会，但其只是一个议事协调机构，根据国务院办公厅《关于国务院反垄断委员会主要职责和组成人员的通知》，其具体工作是由商务部反垄断局承担的。

总之，无论是 20 世纪所制定的《价格管理条例》《反不正当竞争法》《价格法》等，还是 21 世纪颁布的《电信条例》《对外贸易法》等，都不可能创设新的机构，即便是《反垄断法》也无法设立实体的反垄断执法机构。这就决定了这些实质意义上的反垄断法只能由当时已有的行政机关负责予以实施。具体而言，当时负责市场监管和行政执法的工商行政管理部门自然有权依据《广告

---

① 参见王全兴：《竞争法通论》，中国检察出版社 1997 年版，第 189 ~ 190 页。

② 应松年：《完善行政组织法制探索》，载《中国法学》2013 年第 2 期。

管理条例》《反不正当竞争法》等相关法律法规对市场上的各种不规范的经营行为——相当于今天的各种限制竞争行为、不正当竞争行为——展开执法活动；当时负责价格监督检查的物价管理部门，则有权依据《价格管理条例》以及后来的《价格法》对企业之间“商定垄断价格”“相互串通操纵市场价格”等价格违法行为进行查处；第八届全国人大一次会议批准设立的国内贸易部负责“拟定商品市场和商品流通领域交易法规，制定管理办法，保护公平竞争，打破条块分割、地区封锁和垄断，促进全国统一市场的形成”。[①] 因此，虽然当时没有统一的反垄断法，但在实践中实施事实上反垄断法的机构却有很多，这种政治实践对于后来反垄断执法权的配置具有十分重要的影响。

二、中国的现实选择——反垄断执法权的横向分权

由于权力的配置较之于反垄断法实体制度而言更具有政治性，因此国家体制差异较大的发达国家的现实做法对于中国并没有多大的借鉴意义。从我国自身现实出发，“自然而然”或者更为准确地说是在激烈的博弈中，形成了当前的分权模式。当某一权力已为某一机构独享时，该机构会是集权的坚定捍卫者，只要不为形势所迫，其不会主动分权；在某一新设权力的“归属”尚悬而未决时，一切皆有可能独享该权力的机构都会竭力往之，如实属难以自己独享而又有可能为其他机构所独享时，则众机构又会坚定地拥护分权。

（一）横向分权格局的形成

在我国，自 1988 年起新一届全国人大一次会议都会通过相应的国务院机构改革方案，以根据现实的要求对国务院机构进行改革。例如，1988 年第七届全国人大一次会议通过《关于国务院机构改革方案的决定》，撤销了国家经济委员会、煤炭工业部等 12 个部委，新组建了国家计划委员会、物资部等 9 个部委；第九届全国人大一次会议通过了《关于国务院机构改革方案的决定》，决定撤销冶金工业部、国家经济体制改革委员会等 15 个部委，新建国土资源部等 4 个部委；第十一届全国人大一次会议通过了《国务院机构改革方案》，

---

① 国务院办公厅：《国务院办公厅关于印发国内贸易部和国家粮食储备局职能配置、内设机构和人员编制方案的通知》，载人民网：http://www.people.com.cn/item/flfgk/gwyfg/1994/112901199405.html，最后访问日期：2017 年 10 月 12 日。

组建工业和信息化部等部委,撤销信息产业部等部委。[①] 由于我国《国务院组织法》体系结构上有失粗疏,因此只能通过"三定方案"来予以补救,"这一规范体系构成了我国国务院组织法律体系的现行框架"。[②] 在现实政治运行中,一般由需要重新规定调整自身职责的部委拟定"三定方案",然后报经国务院批准生效。每一届全国人大一次会议都要选举产生新一届国家机构,确定中央政府组成部门,因此,对于新设立的机构需要通过制定"三定方案"来确定自己的主要职责、内设机构和人员编制,如十一届全国人大一次会议决定组建交通部,交通运输部经过一年的时间完成了"三定方案",并最终于2009年3月获得了国务院批准。对于那些仍然予以保留的部委,如果其需要重新调整职权,或者设立新的内部机构,则也需要重新制定"三定方案"并报经国务院批准,如国务院于2008年8月批准了中国人民银行的重新拟定的"三定方案"。

我国《反垄断法》于2007年8月30日正式通过,法律本身并没有明确规定具体的执法机构,而是授权国务院予以确定。由于《反垄断法》自2008年8月1日起施行,因此必须在此日期之前确定反垄断执法机构。在2008年3月第十一届全国人大一次会议召开以后,共有3个部门在其拟定的"三定方案"中规定了有关反垄断执法的职能,即国家发改委、商务部和国家工商总局。2008年8月国务院相继批准了这3个部门的"三定方案",从而使这3个部门共同享有反垄断执法权。

2008年7月26日国务院公布了国家工商总局的"三定方案",即《国家工商行政管理总局主要职责内设机构和人员编制规定》。依据该规定,国家工商总局内部设立反垄断与反不正当竞争执法局,其主要职责包括:"拟定有关反垄断、反不正当竞争的具体措施、办法;承担有关反垄断执法工作;查处市场中的不正当竞争、商业贿赂、走私贩私及其他经济违法案件,督查督办大案要案和典型案件。"[③]

2008年8月21日国家发改委公布了获得国务院正式批准印发的《国家

---

① 参见新华网"历届全国人大历次会议"数据库,载新华网:http://news.xinhuanet.com/ziliao/2003-01/18/content_695280.htm,最后访问日期:2017年10月12日。

② 张越:《修正〈国务院组织法〉片论》,载《行政法学研究》1999年第1期。

③ 《工商总局主要职责内设机构和人员编制规定》,载中央人民政府网:http://www.gov.cn/gzdt/2008-07/26/content_1056531.htm,最后访问日期:2017年10月27日。

发展和改革委员会主要职责内设机构和人员编制规定》。依据该“三定规定”,国家发改委内部设立价格监督检查司,其主要职责包括:“起草有关价格监督检查法规草案和规章;指导价格监督检查工作,组织实施价格检查,依法查处商品价格、服务价格、国家机关收费中的价格违法行为,依法查处价格垄断行为;按规定受理价格处罚的复议案件和申诉案件。”①

2008 年 8 月 22 日商务部公布了国务院批准的商务部新“三定方案”——《商务部主要职责内设机构和人员编制规定》。依据该规定,商务部设立反垄断局,其主要职责为:“依法对经营者集中行为进行反垄断审查;指导我国企业在国外的反垄断应诉工作;开展多双边竞争政策国际交流与合作。”②

至此,在 2008 年 8 月 30 日以前反垄断执法权在中央执法机构之间的分配最终确定,从而形成了国家市场监督管理总局成立以前的执法模式。其中,经中央编办批准,国家发改委价格监督检查司于 2011 年 7 月更名为价格监督检查与反垄断局,以突出其所承担的反价格垄断职能。

(二)横向分权形成的历史因素考察

前文对我国实质意义上的反垄断法进行了考察,发现在《反垄断法》颁布以前,《广告管理条例》《反不正当竞争法》《价格法》等法律法规在不同程度上发挥了反垄断法的作用,成为当时对市场上所出现的垄断行为进行规制的依据。而执行这些实质意义上的反垄断法的机构自然也就获得了分享反垄断法执法权的历史资本。实际上,不仅实质意义上的反垄断法执法活动,而且《反垄断法》起草过程中有关机构的参与,对于反垄断执法横向分权的最终形成也具有十分重要的影响。

我国早在 20 世纪 80 年代中后期即开始了《反垄断法》的起草工作。1987 年 8 月国务院法制局成立了由国家体改委、③国家工商局等 7 个部门组成的反垄断法起草小组,着手反垄断法的起草工作,当时起草小组持的是统一立法模式的理念,即准备制定统一的竞争法。1988 年起草小组拟定了《禁止垄断

---

① 《国家发展改革委新“三定”方案获国务院批准》,载国家发改委网:http://www.sdpc.gov.cn/xwfb/t20080821_231799.htm,最后访问日期:2017 年 10 月 26 日。

② 《商务部新“三定”方案获国务院批准》,载商务部网:http://www.mofcom.gov.cn/article/ae/ai/200808/20080805739577.shtml,最后访问日期:2017 年 10 月 27 日。

③ 2003 年国务院机构改革时,体改委与国家发展计划委员会合并,成立了现在的国家发展和改革委员会,因此国家体改委也是国家发改委的前身。

和不正当竞争暂行条例草案》。但当时社会对于是否需要制定反垄断法具有较大的分歧,“其中一种较为典型的看法是,我国现在正处于市场经济的初始阶段,企业的规模化程度太低,规模经济还没有实现,现在进行反垄断立法是不明智的”。[①] 当时国家经贸委等部门也对市场进行了调查,认为市场上的垄断现象确实不突出,而各种不正当竞争行为才是市场上最需要予以解决的问题。因此,统一式的立法模式遭到了否定,从某种意义上来看这也加快了反不正当竞争法的立法进程。1989 年去掉了原草案中的反垄断部分,形成了第 5 稿《制止不正当竞争条例》。但由于条件不成熟,因此草案一直没有上报国务院。1991 年年底,反不正当竞争法被列入第七届全国人大常委会的立法规划,国家工商行政管理局被确定为唯一的起草单位。1992 年 10 月国家工商行政管理局完成《反不正当竞争法》的起草工作,后经广泛征求意见和论证进行修改后,国家工商行政管理局于 1993 年 3 月正式向国务院上报送审稿。国务院提出相关修改意见,在修改之后讨论通过了《反不正当竞争法(草案)》,并提请 1993 年 6 月召开的全国人大常委会二次会议审议,审议提出了修改意见,全国人大法工委、国务院法制局和国家工商管理局进行了相应的修改,并最终于 1993 年 9 月由全国人大常委会三次会议审议通过《反不正当竞争法》。[②]

《反不正当竞争法》的通过并不意味着反垄断法的制定可以暂缓。事实上,在随后的 1994 年,反垄断法的制定首次被列入全国人大常委会的立法规划,成立了由国家经贸委和国家工商行政管理局的人员组成的反垄断法起草小组,但是,在第八届全国人大期间反垄断法未能够出台。1998 年反垄断法又被列入了第九届全国人大常委会的立法规划,但是直到 2003 年第十届全国人大一次会议之后,反垄断法的起草才真正得以从实质上予以启动。第十届全国人大一次会议通过了《国务院机构改革方案》,决定组建商务部,国务院同年 4 月批准了《商务部主要职责内设机构和人员编制规定》,其中规定商务部承担“研究拟定规范市场运行、流通秩序和打破市场垄断、地区封锁的政

---

① 刘大洪:《我国反垄断立法的新视野》,载《中国法学》1998 年第 2 期。

② 参见王学政:《中国反不正当竞争法的理论与立法经验》,载《中国工商管理研究》1998 年第 11 期。

策,建立健全统一、开发、竞争、有序的市场体系"的职责。[①] 商务部经过立法调研、起草、广泛征求意见和论证以后,最终形成了《中华人民共和国反垄断法(送审稿)》,并于2004年3月上报国务院法制办进行审议。国务院法制办对该送审稿进行了修订,在广泛征求意见的基础上最终形成了《反垄断法(草案)》。2006年6月7日召开的国务院常务会议讨论并原则通过了《反垄断法(草案)》。2006年6月24日国务院首次将《反垄断法(草案)》提请第十届全国人大常委会第二十二次会议审议,此即该草案的"一读";2007年6月25日第十届全国人大常委会第二十八次会议对经过修改的《反垄断法(草案)》进行了第二次审议,此即该草案的"二读";2007年8月24日全国人大常委会第二十九次会议对草案进行第三次审议,《反垄断法(草案)》经过了"三读",经过细微调整之后终于于2007年8月30日得以通过。至此,如果从1987年国务院最初成立反垄断法起草小组起算,《反垄断法》经过了20年的漫长立法过程后终于得以问世。

从上述《反垄断法》的起草过程中可以看出,国家发改委(其前身之一的国家体改委)、商务部(包括改组之前的国家经贸委和2003年组建的商务部)和国家工商总局(以前的国家工商局)都在不同程度上参与了《反垄断法》的起草工作,而且这些部门本身就承担有执行实质意义上反垄断法的职能,因此,这些历史因素的叠加就不断强化了3个部门与《反垄断法》之间的关系。在确定《反垄断法》的执法机构时,这3个部门也就"近水楼台先得月",自然就成为执行《反垄断法》的"最佳人选"。同时,任何一个部门都没有充分且正当的理由、足够大的权力排除其他部门参与执法。换言之,不可能由单一的部门独揽反垄断执法大权,因此只得由3个部门共享。总之,之前的横向分权是有深刻历史原因的,如果忽视这一点,则对反垄断执法横向分权的了解就只能是"片段式"的。不了解历史,就不可能准确地预测未来,尽管这种对未来的预测即便是在对历史有透彻地了解的情况下也是十分困难的。

(三)横向分权形成的部门利益分析

20世纪70年代,芝加哥大学斯蒂格勒(Stigler)教授发表了《经济规制原

---

① 《国务院办公厅关于印发商务部主要职责内设机构和人员编制规定的通知》,载中央人民政府网:http://www.gov.cn/zwgk/2005-08/12/content_22110.htm,最后访问日期:2017年10月28日。

理》一文,提出政府规制是因行业的需要而产生的,并依据实现行业利润最大化的要求来设计和运行。在斯蒂格勒教授看来,国家机器和国家权力对于社会上的每一个行业来说,都既可能是一种资源,也可能成为一种威胁。国家权力可以抑制也可以推动行业的发展,可以对某行业进行征税也可以给予补贴,因此,国家能够选择性的帮助或者损害大多数行业的发展——事实上其的确这样做过。为了能够从政府那里获得对自己更为有利的规制,许多行业都需要向政党支付其所需要的两样东西,即选票和资源。所谓资源支持,既包括向政党提供竞选资金,以及更为直接的方式如雇佣该党的成员。在竞选方面,各行业可以通过各种宣传活动,鼓励本行业及其他相关行业的成员联合起来支持某一政党。① 斯蒂格勒的这一观点颠覆了传统上将政府看作社会公共利益代言人、并无自身独特私利的这一形象。政党通过某些行业的支持赢得竞选,得以组建政府,作为回报,政府对这些行业进行有利于其发展的规制。因此,政府也具有自己的利益,从而使其掌握的公权力为部分行业——而不是整个社会——服务。

20 年后,伊利诺伊大学厄巴纳—香槟分校的斯彼勒(Spiller)教授在斯蒂格勒教授理论的基础上展开了进一步的研究。斯蒂格勒教授所指规制其实主要还是政党的一种政策,而斯彼勒教授则认为,对行业的干预政策很少是由政治家直接实行的;相反,这些干预政策往往是由国会或总统授权的规制机构、部门或者法院来实施的。而规制机构的行为从本质上来讲是难以察觉的,因此,国会或总统的这种授权就会使被授权的规制机构享有自由裁量权。这样,这些规制机构就可能会追求一种与授权机构所期望的不同的利益。② 针对这一问题,有观点认为,国会等机构具有足够的权力来控制被授权的机构,因此可以抑制后者追求自身的利益。③ 不过,斯彼勒教授指出,即便是国会,准确地说是国会议员,其也有自身的利益追求,他们需要利益集团为其选举提供支

---

① See George J. Stigler, "The theory of economic regulation", *the Bell Journal of Economic and Management Science* 2, 1971.

② See Pablo T. Spiller, "Politicians, interest groups, and regulators: a multiple-principals agency theory of regulation, or 'let them be bribed'", *Journal of Law and Economics* 33, 1990.

③ See Barry R. Weingast, "the congressional-bureaucratic system: a principal agent perspective (with applications to the SEC)", Public Choice 44, *Carnegie Papers on Political Economy*, Volume 4, 1984.

持。这样,利益集团就可以通过两种途径来影响规制结果:间接的方式,即通过选举来影响国会议员,进而通过国会议员对规制机构施加影响。换言之,在这种情况之下,国会议员将其对规制机构的影响作为一种筹码,以换取利益集团的选举支持;直接的方式,即直接影响规制机构。这样,为了争取规制机构采取某一规制措施,在国会议员和利益集团之间就形成了一种竞争。但是,斯彼勒教授认为,在一定条件下,国会更希望允许利益集团采取直接的方式影响规制机构,虽然从表面上看这样做会减少国会对规制机构的控制,但这意味着规制机构可以有更大的自由裁量空间,因而可以提高利益集团向规制机构寻租的"租金"。而规制机构是由国会来任命的,实际上规制机构也需要向国会寻租,这样,对于规制机构从利益集团那里获得的租金,国会亦可以抽取一部分。因此,最终来看,国会允许利益集团直接向规制机构进行寻租实际上可以增加国会的总体利益。

斯蒂格勒教授和斯彼勒教授对美国政治的分析展现出规制机构及国会都具有自身的利益,而不似之前人们所普遍认为的那样,即公权力机构除了实现公共利益以外不存在自身独特的利益。在我国,部门利益往往借助于行业规制这一载体表现出来。"行业规制权显然是一种稀缺资源,掌握这种稀缺资源的部门便拥有了许多特权,利用这些特权就有寻租的可能,因此,任何部门都希望拥有行业规制权。""拥有规制权的部门人员可以在行业市场中进行寻租活动,部门利益可以转化为个人利益。"①由于我国行政体制改革仍处在不断的探索阶段,政府职能也逐步从过去的"管制型"向"服务型"转变,这意味着政府内部的权力格局正处于不断变动的过程之中,并且将在较长时间内维持这样一种态势。因此,任何部门在改革中都有可能面临被撤销或重组的命运,当然也有可能被赋予更多的权力,不管怎样,当各部门对自身将来的命运充满不确定性时,为了尽可能减少改革对自身所可能造成的不利影响,其在这种变动发生之前唯一可以做的,就是尽可能地扩大或巩固自身已有的权力,并为其存在寻找更多的依据。如果在美国,政治机构的自身利益主要表现为获得利益集团在竞选中的支持,从而得以赢得选举,进而获得权力,那么,在中

① 陈富良:《放松规制与强化规制——论转型经济中的政府规制改革》,上海三联书店 2001 年版,第 37 ~ 38 页。

国,政府机构①的部门利益则主要表现为通过各种可能的方式为自身存在的合理性和必要性寻找依据,而最为有效的"填充物",就是各种规制权。"在欧洲竞争法系统中,官僚扮演主角,但是另一些演员也经常有着重要影响,而且也不能免于系统内的(经常是隐蔽的)权力之争。"②

反垄断执法权作为一种规制权,自然也成为中央政府各部委争逐的对象。在《反垄断法》颁布以前,有些部委内部就设有专门的机构,针对市场上的各种垄断行为展开执法活动。对于这些部委而言,在《反垄断法》颁布以后如果不能继续使自己享有这种权力,则其就失去了继续执法的合法性,从而其内部之前所设的相关机构就面临着被撤销的"危险",因此,其必定会在权力的重新"洗牌"中尽可能地确保自身不受到太大的冲击,甚至还可以凭借自身在反垄断这一领域中的执法经验这一优势,来获取更多的权力。而对于那些本身尚不具有反垄断执法权的部委而言,其亦可以在这场权力的配置中提出一些要求,一旦能够获得批准,则伴随该权力而来的是可以设置新的机构、编制相应的人员。政府部门往往具有扩张的本性,这也是为什么赋权容易而收权难的一个重要原因。正如公共选择理论的创始人,诺贝尔经济学奖得主詹姆斯·布坎南所指出的那样,"由于政府官员也是个人利益最大化者,他们总是希望不断扩大机构规模,增加其层次,扩大其权力,以相应地提高其机构的级别和个人待遇"。③ 在这种部门利益的驱动之下,政府部门往往是从自身利益出发,而非从反垄断执法权最为有效的执行、对垄断行为最为有效的规制来推动反垄断执法权的配置,这样就不可避免地会违背经济权力运行的本质要求,从而使其遭到扭曲。

(四)补救机制——反垄断委员会的设立

历史、政治等方面的原因决定了当时不可能设立一个独立的反垄断执法机构,而只可能继续由当时的执法机构承担反垄断职责。换言之,设立独立的

---

① 在这里不包括中央政府和地方政府,因为无论如何改革,政府作为一个整体是不会消失的,改革所改变的主要是政府内部机构的权力分配,当然,改革也会涉及政府与市场之间的关系,因而会对政府整体性的权力也有影响,但这最终影响的还是政府内部的具体部门。

② [美]戴维·J.格伯尔:《二十世纪欧洲的法律与竞争》,冯克利、魏志梅译,中国社会科学出版社2004年版,第16页。

③ 忻林:《布坎南的政府失败理论及其对我国政府改革的启示》,载《政治学研究》2000年第3期。

执法机构在当时并不具有现实可能性，虽然有许多学者在理论上进行呼吁，但政府部门对此却并不支持，在立法上也有难度，而且还涉及政府机构改革，这些都是当时所面临的现实困难。可以说，在《反垄断法》颁布以前，在国家机构内部实际上就已经达成了这样一种共识，即反垄断执法机构的确定不应对当时的行政体系构成较大冲击，因为行政机构的改革是一个涉及深层次政治体制改革的问题，而《反垄断法》在当时显然不被认为能够担当如此之重任。任何改革欲取得成功，首先必须面临紧迫的现实压力，其次还要有一个大致明确的改革方向，否则都将停留于口头上，这两个条件在当时都不具备，因此最为稳妥的办法也就只能是维持现状或对其进行微调了。

虽然许多学者呼吁成立一个独立的反垄断执法机构，但最终还是形成了多头执法的局面。有学者就指出，"就同一职能设置多个机构与设置单一机构相比，执法成本高而效率低，且这些机构之间不可避免地会产生争执和摩擦"，另外，由于具体执法机构"均附属于国务院部委，级别不高，权威不大，而且因其主管部门特别是国家发展改革委员会是制定和执行国家宏观经济政策的重要机构，作为其下属机构的反垄断执法机构很难保持独立性"。[①] 需要指出的是，立法机构并非是因为未预见到这些缺陷而选择分头执法的模式，最终之所以仍然进行如此之制度设计，主要原因在于分头执法模式的实践阻力小，可以迅速确保《反垄断法》得以通过并实施。正如国务院法制办有关人员指出的那样，成立一个独立、权威的反垄断机构，"需要对现有多个部门的职能进行重新调整，影响面较大，而且专门的执法机构系统往往设置许多业务处室，造成这一系统规模庞大。这不但与目前关于反垄断执法的规定有一定冲突，还会增加行政成本，与当前精简机构的精神不符，也不利于今后国务院统筹考虑机构改革"。而如果将当时的反垄断执法职能进行整合，交由已存在的一个部门统一承担，这种方案"也涉及较大的部门职能调整，特别是将一个部门的职能调整为由其他部门承担，在某种意义上比交由一个新设立的机构承担的难度更大"。[②] 由此看来，选择由国家发改委、商务部和国家工商总局这 3 个部门共同执法是由当时的实践所决定的，尽管从理论上看其他改革方案可能更合理，但都不符合当时实践的要求。

---

① 王晓晔：《〈中华人民共和国反垄断法〉析评》，载《法学研究》2008 年第 4 期。

② 倪娜、万欣：《我国反垄断的实施机制、模式及其改革构想》，载《改革》2010 年第 3 期。

当然,在《反垄断法》中没有明确规定反垄断执法权由上述3家机构共同承担,而只是授权国务院规定,这样既可以满足当时由3家机构共同执法的实践需要,又不至于过于僵化,排除今后适时进行改革的可能性。同时,为了尽可能减少因执法权分立而导致的“各自为政”、执法冲突等问题,国务院就《中华人民共和国反垄断法(草案)》向全国人大常委会作说明时指出,“为了协调反垄断执法,保证反垄断执法的统一性、公正性和权威性,有必要设立国务院反垄断委员会”,承担“协调重大反垄断案件的处理以及协调反垄断执法机构的工作”等职能。① 全国人大常委会采纳了这一建议,决定设立反垄断委员会这一议事协调机构,以协调各执法机构之间的执法活动。《反垄断法》第9条规定,“国务院设立反垄断委员会,负责组织、协调、指导反垄断工作”。2008年7月28日国务院发布了《关于国务院反垄断委员会主要职责和组成人员的通知》,决定由当时的国务院副总理王岐山担任主任,商务部部长、国家发改委主任、国家工商总局局长以及国务院副秘书长担任副主任,国家发改委、工业信息化部、财政部、商务部等14个部委的副职领导人担任委员。同时规定国务院反垄断委员会的具体工作由商务部承担。2008年9月国务院副总理、国务院反垄断委员会主任王岐山主持召开了国务院反垄断委员会第一次会议,审议通过了《国务院反垄断委员会工作规则》,明确规定“反垄断委员会主要通过召开委员会全体会议、主任会议和专题会议履行职责,不替代成员单位和有关部门依法行政。国务院、发展改革委、工商总局3个部门要依法履行反垄断执法的职责”。②

当时政府承诺在其剩余的任期内不再设置任何新的机构,这意味着反垄断委员会就只能是一个联络办公室,而没有独立的人员编制及预算。③ 据商务部发言人介绍,国务院反垄断委员会成立之初,其办公室就设在商务部反垄

---

① 曹康泰:《关于〈中华人民共和国反垄断法(草案)〉的说明——2006年6月24日在第十届全国人民代表大会常务委员会第二十二次会议上》,载全国人民代表大会网:http://www.npc.gov.cn/wxzl/gongbao/2007-10/09/content_5374671.htm,最后访问日期:2017年11月12日。

② 《王岐山主持国务院反垄断委员会会议,审议工作规则》,载中央人民政府网:http://www.gov.cn/ldhd/2008-09/13/content_1095069.htm,最后访问日期:2017年11月12日。

③ Yong Huang, "Pursing the Second Best: The History, Momentum, and Remaining Issues of China's Anti-monopoly Law", *Antitrust Law Journal* 75, 2008, p. 117.

断局。[①] 反垄断委员会成立以后所做的主要工作是制定了《国务院反垄断委员会关于相关市场界定的指南》,[②]在协调反垄断执法机构之间的执法方面尚没有任何实践,有关反垄断执法机构工作人员认为原因在于这 3 个部门分工明确,在实际工作中还未遇到有交叉办案的情况,也没有什么具体协作。[③] 然而本书认为,反垄断委员会之所以在协调反垄断执法方面没有取得实质性进展,主要原因可能并不在于执法机构之间没有执法冲突,而在于执法机构之间并没有将这种冲突公开化,彼此之间形成了一种"默契",即只要对方的执法活动没有明显"侵犯"本部门的执法权限,则选择予以容忍,毕竟,社会上特别是理论界对于 3 个部委共同执法的科学性持质疑态度,如果执法机构之间暴露出其在现实执法中的冲突,则无疑又为批评者提供了最好的佐证。此外,反垄断委员会的内部机构设置也限制了其协调反垄断执法职能的发挥,因为反垄断委员会由国务院副总理及有关部委的主要负责人组成,虽然看似级别很高,能够很好地协调各部委之间的关系,但实际上,除非是有特别重大的垄断案件且执法机构之间存在重大分歧,才有可能由国务院副总理及各部委主要负责人来对该案件进行协调外,其他在执法机构之间存在冲突的一般垄断案件由国务院副总理等来协调既不可能、也不现实。当然,根据《关于国务院反垄断委员会主要职责和组成人员的通知》,反垄断委员会的具体工作是由商务部承担的,这似乎可以解决上面所提及的问题,但是,在解决一个问题的同时又出现了新的问题,即商务部本身就是反垄断执法机构,难以确保其在协调时保持中立性。商务部与其他执法机构处于同一层级,事实上,与号称"小国务院"的国家发改委相比,商务部的权力要明显弱于前者,这就使商务部能否真正发挥实际协调职能存在较大疑问。

尽管因受制于多重因素,导致反垄断委员会在实践中难以有效发挥其协调反垄断行政执法工作的职能,但是,我们不能因此而完全否定立法机构希冀

---

① 参见商务部新闻发言人姚坚在商务部 2011 年 6 月 15 日例行新闻发布会的信息披露,载商务部网:http://www.mofcom.gov.cn/article/ae/ah/diaocd/201106/20110607600552.shtml,最后访问日期:2017 年 11 月 12 日。

② 事实上,该指南是由国务院反垄断委员会授权商务部反垄断局制定并以反垄断委员会名义发布的。

③ 《"中国式反垄断"争议》,载新华网:http://news.xinhuanet.com/fortune/2013-02/27/c_124391771.htm,最后访问日期:2017 年 11 月 12 日。

通过设立该委员会而尽可能减少因权力分散而导致执法冲突的这一努力,至少它提供了这样一种机制,从而避免了制度上的空白与漏洞。反垄断委员会的设立是部门利益妥协的结果,它代表着当时无法完全克服部门利益而作出的一种无奈选择;但从另一个方面看,它又在一定程度上象征着反对部门利益而取得的胜利,毕竟其或多或少对部门利益之争形成了一种制衡。

(五)短期内的次优选择

正如有学者所指出的那样,任何制度的设计都不能脱离具体的国情,以及该国情下的政治体制。学者可以从纯粹的理论层面对某一制度进行理想化的构建,而无须对这种制度实践的失败承担责任。而政治家则不同,其必须权衡各种因素,也许政治家在理论上也认可学者所提出的理想化构建方案,但政治现实却可能迫使其作出更为实际的选择,因为其必须承担因制度设计失败而可能带来的一切风险。换言之,相比于学者而言,政治家需要考虑更多的因素,其最终的制度方案可能是众多方案中最能够符合当时政治现实的。

为了减少制度运行的风险,在某些制度运行前可以通过进行局部试点,以检验其是否合理,并在试点中总结经验,以不断完善制度设计。然而,另外一些制度设计可能无法事先进行试点,这可能是由于时间紧迫,必须尽快做出政治抉择,而试点一般都需要持续较长时间才能够真正达到评估检验的目的;也可能是由于该制度本身的性质决定了不适宜进行试点,如中央认为应属于中央权力的制度构建,就很难在地方进行试点。既然在某些情况下制度构建无法进行试点,但又有构建的现实要求,为了尽可能减少政治风险,最为稳妥的办法就是在不对现有权力配置格局构成较大冲击的情况下,由可能涉及的相关机构进行博弈,由其共同提出一个彼此都能够接受的构建方案,这样可以最大限度地减少阻力,也可以避免造成较大的波动。

任何制度的创建与完善都不是一劳永逸的,其必定要经历一个长期的过程,特别是在没有经验可供借鉴的情况下更是如此。在我国进行的大多数制度构建,实际上都没有先例可循,即便在该领域内国外有类似的制度,但政治体制方面的差异也决定了我们不可能也不能照搬国外的做法,而必须结合本国国情进行制度创新。某一制度构建起来之后,即便其在短期来看是合理的,但其必定要在实践中不断接受检验,在可控的范围内进行"试错",而这些检验、"试错"的结果,则正是不断进行制度完善的最根本性依据,也就是说,制度如何完善不是臆想出来的,而是实践的要求与结果。因此,从这种意义上可以说，从长期来看，任何制度都不可能是固化的，而必须在发展的实践中不断进行调整。

就我国反垄断执法权而言，目前的这种配置模式可以说是在当时的政治环境下所能够做出最为实际的选择，就短期而言则确实是一种次优选择，它至少保持了一种政治稳定，也确保了《反垄断法》能够尽快得以实施，并在实践中取得了一定的成效。但正如上文所言，反垄断执法权配置模式不是绝对的，而是要接受实践的检验，并根据实践的要求进行完善。事实上，分权式的横向配置模式在实践中已经暴露出许多弊端，限制了《反垄断法》功能的进一步发挥；不过，从某种意义上来说，实践中暴露出来的问题也具有积极意义，因为其是进一步推动权力配置改革的最强大推动力。

三、反垄断执法权现行横向配置模式弊端分析

尽管分权式的反垄断执法权横向配置模式在短期内是一种次优选择，但其具有固有的、无可避免的弊端。这种弊端既包括在该配置模式确定之前及确定后之初决策层、理论界就已经意识到的，也包括在该执法模式运行过程中新暴露出来的。对于这种弊端认识得越深刻、越全面，就越有利于提出无限接近于符合权力运行本质要求的改革方案。

（一）横向权力配置模式的弊端

对于改革之前的反垄断执法权横向配置模式，当时理论界已经从不同角度对其所存在的弊端进行了论述。有学者在该模式正式确定之前就指出，由3家机构分割执行《反垄断法》，“这种格局很难使我国反垄断执法机构真正成为一个独立机构，即独立地执行国家的竞争政策”。例如，国家发改委主要是一个宏观调控机构，它主要考虑的是国家的产业政策，如果由其执行《反垄断法》，则其很难独立地执行《反垄断法》和国家的竞争政策。[①] 有观点认为，“反垄断执法‘权分三家’格局的弊端，不仅仅是多头执法带来的行政成本的耗费和行政效能的降低，更重要的是执法权威的弱化和执法独立性的丧失”。[②] 例如，国家工商总局是国务院的一个部级单位，其是否能够对同样是部级单位或更为强势的铁路、银行等垄断行业展开反垄断执法活动尚有很大

---

① 参见王晓晔：《关于我国反垄断执法机构的几个问题》，载《东岳论丛》2007年第1期。

② 司龙、司虎：《反垄断执法所争为何》，载《南风窗》2008年第18期。

疑问。也有学者指出,由多家机构共同承担反垄断执法工作,会影响反垄断执法工作的集中、统一进行,而且还会导致各执法机构之间相互争权或者互相推诿。[①] 还有学者认为,首先,由3家机构共享反垄断执法权——“这种僵硬的划分很难应对市场中复杂多变的垄断行为”,因为经营者采用的垄断行为可能既包括价格因素,也包括非价格因素;其次,由多家执法机构共同执法,会导致执法尺度不一的问题,这会导致不公平的结果;最后,权力共享模式会影响执法效率,增大协调成本。[②]

可见,理论界对于横向配置模式的弊端具有以下几个方面的共识:第一,人为分割反垄断执法权会导致执法冲突或真空。垄断行为难以简单地被区分为价格垄断行为和非价格垄断行为,经营者从事的垄断行为可能包括多种形式,例如经营者之间既从事固定价格行为,又划分商品销售市场,依据现行权力划分模式,则国家发改委和国家工商总局都有权力进行查处,这样就会导致执法冲突;即便是商务部负责的经营者集中案件,也有可能与国家发改委和国家工商总局的执法权相冲突,有的经营者并非是真正进行集中,而是借集中的形式进行串谋。此外,既然有权力的重叠,就同样可能存在权力的真空,从而形成一个“三不管”地带——国家发改委、商务部和国家工商总局均不管。第二,反垄断执法3家分权会影响执法效率。分权同时也意味着执法资源的分散,在处理案件过程中就不能集中优势执法资源进行查处,从而影响执法的效率。另外,机构之间的协调也具有很大的时间成本,较之于机构内部的协调而言,机构之间的协调往往要耗费更多的时间。第三,由3家机构共同执法会影响执法的独立性和权威性。3家机构既要执行国家的产业政策,又要执行竞争政策,这种角色的重叠可能会影响其独立地贯彻《反垄断法》的竞争要求。而且,作为设置于国家发改委、商务部和国家工商总局内部的反垄断执法机构,从行政级别来看,其实际上仅为司局级单位,而当前许多中央国有企业的

① 参见王先林:《理想与现实中的中国反垄断法——写在〈反垄断法〉实施五年之际》,载《交大法学》2013年第2期。

② 参见王健:《权力共享制抑或权力独享制——我国反垄断执法机关权力配置模式及解决方案》,载《政法论坛》2013年第3期。

行政级别为副部级，甚至正部级，[①]面对如此"强势"之央企，一旦其从事垄断行为，则反垄断执法机构是否能够展开有效的执法？至少从现实情况来看，这种担心是不无道理的。

（二）分权还是分工？

"分权"一词在英文中有两种表达方式，即"decentralization"和"separation of powers"，虽然这两种表述方式都可翻译成为"分权"，但是在英文中其意思却有很大差别。作为分权的"decentralization"是与集权"centralization"相对应的，主要描述的是中央与地方的权力关系，而"separation of powers"则主要是指同一层次的国家权力划分。如果"decentralization"是指纵向的中央与地方分权，那么"separation of powers"则是指权力的水平划分。

对于我国反垄断执法权的横向配置问题，虽然从形式上看，3 家机构共同执法格局的形成也可算作一种"分权"，但严格来说，其充其量仅是一种"分工"，原因如下：第一，这种"分权"不是为了彼此制衡，防止权力的滥用。作为同级行政机关，国家发改委、商务部和国家工商总局之间难以形成有效监督，并且最初确定由 3 家机构共同执法的目的也并非是加强彼此之间的监督，而主要是满足各部门扩张自身权力的需要，因此，从权力监督制衡的角度为反垄断执法机构之间的分权寻找理由是不具有充分性的。第二，没有明显的证据显示反垄断执法权的分立与执法效率的提高之间有必然的联系。反垄断执法权分权局面只不过是之前执法模式的一种延续罢了，继续由 3 家机构负责此前由其所各自承担的相应反垄断职责，只不过执法的依据由之前的《反不正当竞争法》《价格法》等法律法规中的"实质反垄断法"条款转变为真正形式意义上的《反垄断法》。总之，执法模式并没有改变。而在过去，这种执法模式并没有显示出其具有高效率性的特征，在未从本质上对这种执法模式进行根本性调整的情况下，也就不能奢望这种执法模式能够在其延续状态中具有提升效率的功能。第三，即便反垄断执法权确有分权的必要，那么，分权模式也并非理想选择，可以说是一种不具科学性的分工。正如有学者在《反垄断法》

---

① 据有关媒体统计，在国资委网站列出的 115 家央企名录中，前 54 家企业"一把手"多为"副部级"。"国有重点骨干企业"的"一把手"甚至可能是"正部级"，如前中国商用飞机有限责任公司董事长、党委书记张庆伟出任时其级别为正部级，因为在此之前其担任国防科工委的主任。参见《资料：国企领导行政级别由来》，载中国网：http://news. china. com. cn/rollnews/news/live/2013 - 11/18/content_23463140. htm，最后访问日期：2017 年 11 月 18 日。

颁布以前就指出的那样，由国家发改委、商务部和国家工商总局共同执法，可能会在各机构之间产生冲突，在反垄断政策的确定，行政实践，执法的程序、标准及决定等方方面面造成矛盾和无效率。① 另外，3 家机构之间的分工虽然从表面上看比较明确，但做如此之划分实际上是忽视了现实生活中垄断行为的复杂多样性，而从理论上进行脱离实际的人为分割。"一个卡特尔从事的既可能是固定价格行为，也可能达成其他限制性条件，一个具有市场支配地位的经营者可能从事一系列的限制竞争行为，包括与价格有关的或与价格无关的行为，这些在现实生活中都是很常见的。"②

总之，我国 3 家机构分权执法格局的形成，既不是为了实现彼此之间的制衡，也未提高执法效率，其主要是为了满足 3 家机构的权力需要而作的一种本身并不科学的分工。在前文中本书认为，分权的执法格局是一种次优选择，这并不是指在众多的选择方案中其缺陷较少，而是指在当时的环境之下，为了确保《反垄断法》制定之后能够顺利得以实施，这种方案是最能够符合这一要求的，也仅是在这种意义上，本书认为其是次优选择。分权俨然是当时 3 家机构所追求的目的，这样博弈的结果虽然满足了各机构自身的权力要求，但对《反垄断法》的整体性实施是不利的。事实上，这种缺陷在《反垄断法》实施伊始就已经凸显出来，面对市场上令人堪忧的竞争环境，执法机构在最初几年内并未能展开实质有效的执法活动，尽管在最近一年内查处了数起社会影响较大的案例，但这轰轰烈烈的表象仍无法掩盖因执法权配置缺陷所导致的固有矛盾，而且，因执法机构之间的执法权冲突而引发的问题也逐渐显现。

（三）执法定位——政绩导向还是竞争秩序导向？

在之前 3 家机构共同执法的格局下，既然 3 家机构都已经获得了一定的权力，那么各执法机构又是如何定位自己的执法活动呢？当然，执法机构都必然会宣称自身的执法宗旨是查处垄断行为，维护公平、自由的市场竞争秩序，而没有任何"私心"。但本书欲透过表象去探寻隐藏在此之后的真相，以求得知在过去数年的执法活动中，相关机构的执法定位究竟是以维护市场竞争秩

① H. Stephen Harris, "The Making of an Antitrust Law: The Pending Anti-Monopoly Law of the People's Republic of China", *Chicago Journal of International Law* 7, 2006 - 2007, p. 171.

② Mark Furse, "Merger Control in China: the First Year of Enforcement", *European Competition Law Review* 31, 2010, p. 101.

序为导向，还是仅以此为“幌子”，而追求诸如政绩等其他背离反垄断法要求的事物？本书曾在第四章中对反垄断执法机构的执法能力进行过较为全面地评估，得出结论认为，单就这些案件本身来看，反垄断执法机构在查处过程中表现出了较高的执法能力，其能力与当前我国市场上垄断行为的复杂程度是大致相符的。那种脱离我国具体国情，简单地将我国市场上的垄断行为想象成像发达国家那样复杂的做法是不符合实际的。不过，有一个问题却值得我们深思，即为什么当前反垄断执法机构所主动处理的案件数量如此至少，究竟是市场秩序良好、无案可查，还是因为执法权配置模式的缺陷导致大量的垄断行为无法得以查处？答案显然不是前者。市场上的垄断行为依然泛滥，如在银行、电信、医药、保险、汽车和旅游等行业，垄断行为就比较严重，[①]其他行业的竞争状况也未有实质性地差异。既然如此，那么执法数量较少是否是执法权配置模式存在缺陷所致呢？

如果将执法机构视作接受国家的委托进行执法，那么作为受托人其是否能够勤勉地完成受托义务，在很大程度上也取决于其是否能够从该受托事项中实现自身的利益。“如果把执法代理人的行为变化简化为受到来自声誉的非货币收益，来自政府的货币和非货币激励（包括直接的货币激励和间接的晋升制度引起的控制权激励），执法努力给执法代理人带来的负效用三个变量的影响，那么，在其他两个变量不变的情况下，当来自政府的货币和非货币激励变化很大，执法代理人的行为实际上就被高度政治化了。”[②]执法机构是由执法人员所组成的，执法人员能够通过其执法表现获得体系内部的激励，通俗而言即其“业绩”。由于并非所有的案件查处都能够与业绩挂钩，对于许多案件，即便是投入大量人力、物力进行调查，其最终结果可能也不显著，在这种情况之下，有的执法机构往往会进行选择性执法，有针对性地选择那些最有可能提升其业绩的典型垄断案件，而非泛泛展开毫无选择的执法。

理论界对反垄断执法 3 家分权格局所存在的种种弊端早已预料，但对于该格局所带来的执法机构之间的竞争却是出乎许多学者的意料，有学者就指出，由 3 家机构共同执法这样一种执法体制，“也许有一个客观的好处，就是 3

---

① 《反垄断大棒还会打向谁，六大行业垄断现象最严重》，载新华网：http://news.xinhuanet.com/fortune/2013－08/16/c_125180075.htm，最后访问日期：2017 年 11 月 21 日。

② 戴治勇：《选择性执法》，载《法学研究》2008 年第 4 期。

个反垄断执法机构之间，尤其是国家发改委和国家工商总局之间，在反垄断执法上也会存在相互竞争的问题，即一家在反垄断执法取得进展会对另一家产生无形的压力，从而在一定程度上会强化我国的反垄断执法"。[①] 也有学者认为，执法竞争克服了反垄断执法机构在科层结构中地位低、资源少的限制，在显性与非显性指标上都有较好的表现。[②] 确实如此，打破了执法权的"垄断"，反倒在执法机构之间形成了"竞争"。由于存在3个执法机构，从而有了参照的对象。任一机构，只要其在执法数量、所查处案件的社会影响等方面具有明显优势，就可使其"脱颖而出"，而商务部显然首先扮演了这样的角色。在案件的社会影响度方面，可口可乐收购汇源果汁一案在社会上引起了广泛的讨论，特别是在案件数量方面，商务部于2012年11月16日公布了其自《反垄断法》实施至2012年9月30日所审结的458件无条件批准的案件，[③]这既显示了商务部在《反垄断法》实施的最初四五年时间中所做的大量工作，同时也对国家发改委、国家工商总局形成了一种无形的压力，因为后二者在此之前所进行的反垄断执法屈指可数。[④]

但是，国家工商总局和国家发改委在2013年的反垄断执法工作取得了突破性进展。国家工商总局2013年7月26日集中公布了地方机构所查处的12起案件，国家发改委也在2013年集中查处了进口奶粉企业价格垄断案等多起社会影响较大的价格垄断案。两机构之所以能够在2013年取得执法的突破

---

① 王先林：《理想与现实中的中国反垄断法——写在〈反垄断法〉实施五年之际》，载《交大法学》2013年第2期。

② 参见李剑：《中国反垄断执法机构间的竞争——行为模式、执法效果与刚性权威的克服》，载《法学家》2018年第1期。

③ 《经营者集中反垄断审查无条件批准案件信息统计情况》，载商务部网：http://fldj.mofcom.gov.cn/article/zcfb/201211/20121108437868.shtml，最后访问日期：2017年11月22日。

④ 不过，需要指出的是，在执法数量方面形成如此大的反差实际上也与案件的性质有关，正如前文第四章所指出的那样，商务部所负责的经营者集中反垄断审查，实际上主要是一种被动的执法，即在经营者向其主动申报以后进行审查。当然，商务部如发现存在达到申报标准但未进行申报的案件，也可以主动进行查处，但总的来看这种情形较少。例如，我国2008～2013年上半年商务部共审结642件经营者集中案件，而依法查处的未依法申报的案件仅为6件。参见尚明：《商务部反垄断工作五年回顾和展望》，载《中国价格监督检查》2013年第9期。而国家发改委和国家工商总局负责垄断协议、滥用市场支配地位等案件的查处，这些案件需要执法机构主动查处，因此，至少就案源方面而言，商务部较之于另外两个部门要占据优势。但是，即便存在这一客观原因，国家发改委和国家工商总局所查处的垄断案件数量仍明显偏少。

性进展，可能是因为两机构之前数年的执法准备，从而得以在2013年“厚积薄发”，但我们同样没有充分的理由排除是因为面临来自商务部的间接压力所致，因为在与商务部反垄断执法工作存在明显差异的情况下，对于国家发改委和国家工商总局两机构，无论是就行政体制内部还是社会监督方面而言，都面临着较大的压力。尤其是国家工商总局集中披露所查处的垄断案件，更是从一个侧面反映出其希冀借此来彰显自身的执法成果及在信息公开、透明性等方面所做的努力，因为这些案件许多都是在数年前就已经查处完毕，其原本可以——事实上也应当——在数年前就陆续公布，选择集中在2013年公布，可以看作因执法机构之间的竞争压力而倒逼改革的有力例证。

从反垄断执法机构特别是国家发改委和国家工商总局的近些年的执法来看，其执法定位仍然存在一定的偏差。本书发现，对于市场上存在的大量垄断行为——尽管不具有如五粮液、茅台垄断案那样大的影响，但由于其数量众多，因而给消费者造成的损害实际上也更直接、更大——国家发改委和国家工商总局尚未真正展开大范围的执法活动。换言之，其仍将自身的执法集中在“大案”“要案”上，[①]致使其延误了通过在大量执法中积累执法经验的时机。执法分权体制无意间在3个执法机构之间引入了竞争，正如过去二三十年间地方政府之间的竞争虽然推动了整个国民经济的发展，但也造成了地方政府唯经济论，忽视了社会、文化、生态等的综合发展。反垄断分权使各执法机构也具有了更强的部门利益，但过去数年的执法状况却不断在证实这样一个现象，即各执法机构将执法视作维护本部门利益、谋求政绩的一种工具、手段，而不是将维护公平、自由的竞争秩序本身视作执法的目的。这种执法定位的错位，分散了执法机构的“精力”以及本来就十分有限的执法资源，使各执法机构都谋求如何使自身“看起来”在反垄断方面比其他机构取得的成绩更大，这掺杂了不当的利益考量，脱离了反垄断执法所应当予以遵循的本质。

（四）分权弊端的个案分析——以对企业合营的规制为例

“Joint Venture”这一术语在国内被翻译成为“企业合营”。有学者认为，“Joint Venture”这一术语“主要是指竞争者之间的各种联合或合作，这种联合

---

① 国家发改委尚查处了数例价格垄断的“大案”“要案”，但截至2013年11月，根据国家工商总局公布的信息来看，其尚未亲自查处相关案件，所公布的12例案件均由地方相关工商机构查处，从而陷入了一种“大案无法查、小案不愿查”的尴尬境地。

或合作可以很紧密，也可以很松散，不一定非要形成一个‘合营企业’”，因此主张采用“企业合营”的表述。[①] 本书同意上述看法，认为将“Joint Venture”翻译为企业合营更为准确。企业合营的界定比较困难，美国律师协会认为，在反垄断法下，“Joint Venture”这个术语没有一个单一的、被界定得很好的定义，在最广义上，它包括任何合作性行为——企业的完全合并除外——由各种独立的企业集中资源，旨在生产或者销售某一产品或服务，或者获取某种急需的投入，或者实现其他一些共同的目标。企业合营的形式可以从松散的合同性安排，到各企业在某一商业领域内进行资源的完全整合——这在效果上与一个完全的合并类似。[②] 可用图6将企业合营与垄断协议、经营者集中的关系清楚的予以展现：

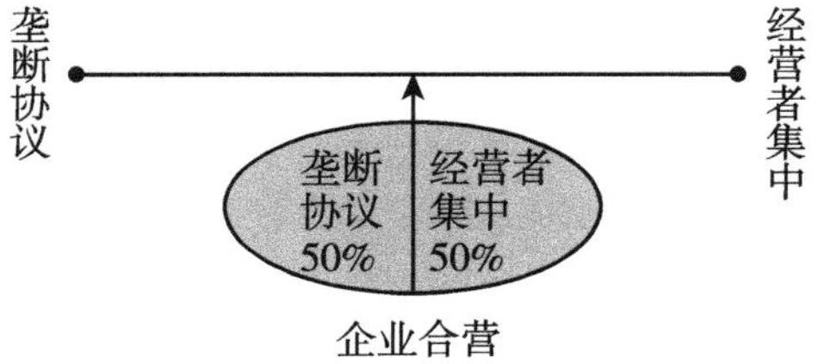

图6　企业合营与垄断协议、经营者集中关系

企业合营在本质上是指2个或2个以上的企业[③]共同合作以完成某一仅靠单个企业所无法完成的经济目标，在此过程中必然要签订相关的协定，这种协定协调了企业之间的行为，因而类似于垄断协议；同时，企业合营的完成又需要各企业各自进行一定的投资，包括资金、技术、知识产权等，因此企业合营又可以看作是各企业部分资源的整合，类似于各企业的部分集中。从上可以看出，企业合营行为既含有垄断协议的因素，也包含经营者集中的因素，但二者所占的比例在具体企业合营中有所不同。当企业合营中垄断协议的因素更

---

① 美国律师协会反垄断分会：《企业合营——竞争者之间合作行为的反垄断分析》，孟雁北、李然译，北京大学出版社2011年版，第5页。该书原版名为“Joint Ventures—Antitrust Analysis of Collaborations Among Competitors”，孟雁北教授和李然律师在翻译该书时未将“Joint Ventures”翻译成“合营企业”，而是翻译成“企业合营”，详细分析见该书第5页以下脚注说明。

② ABA Section of Antitrust Law, Antitrust Law Developments(6th ed. 2007), p. 433.

③ 严格而言，不仅仅限于企业，只要其是一个独立的经济实体即可。

多一些时，其就更偏向于垄断协议，在图 6 中椭圆就会向线段的左侧偏移；当经营者集中的因素更多一些时，企业合营就更偏向于经营者集中，在图 6 中椭圆就会向线段的右侧偏移。概括而言，企业合营是一种界于垄断协议和经营者集中之间的经营行为。正如布拉德利教授所言，企业合营“甚于简单的合同安排而不及于合并，它仍旧是一个混合的法律实体”。[①]

在许多国家或地区，反垄断执法权往往是由单一的机构享有的，即便是由多个机构共同享有，权力也往往并非依据垄断行为的类型——垄断协议、滥用市场支配地位和经营者集中——而是根据垄断行为所涉及的不同行业进行大致划分的。因此，对于这种可能同时构成多种垄断行为的企业合营的查处，对于采用单一执法机构的国家或地区，只需在该机构内部进行协调即可，而不涉及不同机构之间的协调，因此难度就很小，从而不会影响企业合营案件的查处。对于美国等实行 2 个机构共同执法的国家而言，从总体上而言，由于 2 个执法机构之间主要依据行业进行划分，因此在企业合营的查处方面尚不存在太大的问题。下面就典型国家或地区查处企业合营的执法展开简要分析。

1. 美国。美国联邦反垄断执法机构为司法部（Department of Justice，DOJ）和联邦贸易委员会（Federal Trade Commission，FTC）。依据美国反垄断法，这 2 个执法机构均有权对所有行业中的限制竞争行为展开调查、执法，这就不可避免地会发生一定的冲突。为了避免这种冲突，DOJ 和 FTC 之间建立了一种联络机制，在正式调查进行之前，2 个机构都需要获得彼此的许可（clearance）。至于具体由哪一机构负责执法，则取决于违法行为的性质，涉及的企业、行业或者产品的类型，以及各机构的专长和经验等因素。在实践中，DOJ 通常会将所有涉及《罗宾逊—帕特曼法》的垄断行为（价格歧视垄断行为）转交给 FTC，而 FTC 也会将固定价格或者其他可能构成刑事违法的垄断行为转交给 DOJ。如果一个机构在某一特定的行业领域具有显著的经验，那么对于涉及该行业领域垄断行为的调查也就通常由该机构展开执法。[②] DOJ 和 FTC 经常联合发布指南，以共同规范对垄断行为进行执法。例如，2 个机构

---

① Joseph F. Brodley, "The Legal Status of Joint Ventures under the Antitrust Laws: A Summary Assessment", *Antitrust Bull* 21, 1976, p. 454.

② Thomas V. Vakerics, Antitrust Basics, Law Journal Press, 2012, § 2.01, pp. 4 – 5.

在2000年联合发布了《关于竞争者协同行为的反垄断指南》,[①]后于2010年联合发布了新的《横向合并指南》。[②] 这两个指南是DOJ和FTC查处企业合营行为的重要依据。对于企业之间的协同行为,如果其资源整合尚未达到能够被认为是经营者集中的程度,则对于这种企业合营行为就要适用《关于竞争者协同行为的反垄断指南》,由实施机构依据其中所规定的分析工具对该种企业合营行为展开反垄断审查。[③] 而如果企业合营达到了与横向合并高度类似的程度,则适用《横向合并指南》对其进行分析。[④] 可见在美国,虽然DOJ和FTC之间的执法权存在一定的重叠,但2个机构通过合作、协调,不仅在案件执法权归属的确定上避免了冲突,而且形成了统一的执法指南,因此对于企业合营的查处自然不存在障碍。

2. 欧盟。对于企业合营问题的处理,欧盟前后采取了不同的判定标准。1989年欧共体委员会制定了《企业合并控制条例》,[⑤]该条例第3条第2款将企业合营行为分为合作性合营和集中性合营两种,前者是指各合营方进行的具有协调彼此之间竞争性行为的目的或效果的合营;如果企业合营不会导致各合营方之间,或各合营方与所成立的合营企业之间的协同,并且所成立的合营企业持续履行一个自主经济实体的所有功能,则这种企业合营就是集中性合营,因而被认为构成经营者集中。但是,正如有学者所指出的那样,在实践中,集中性合营与合作性合营之间的差别是很难界定的。一方面,是由于界定各合营参与方之间进行协调行为的目的或其潜在效果是十分困难的,这种界定必须建立在对参与企业未来行为的预测之上;另一方面,这种区分也将意味

---

① Federal Trade Commission & U. S. Department of Justice, "Antitrust Guidelines for Collaborations among Competitors(April 2000)", Accessed Oct. 31, 2017. http://www.ftc.gov/os/2000/04/ftcdojguidelines.pdf.

② U. S. Department of Justice & Federal Trade Commission, "Horizontal Merger Guidelines (August 19, 2010)", Accessed Oct. 31, 2017. http://www.justice.gov/atr/public/guidelines/hmg-2010.pdf.

③ Bruce D. Sokler, Yee Wah Chin, Kathryn E. Walsh, "A consideration of DAGHER and the Antitrust Standard for Joint Ventures", *NYU Journal of Law & Business* 1, 2004, p. 310.

④ Byron F. Egan, "Joint Venture Formation", 44 *SPG Tex. J. Bus. L.* 129, p. 149.

⑤ "Council Regulation (EEC) No. 4064/89 of 21 December 1989 on the control of concentrations between undertakings", Accessed Oct. 31, 2017. http://eur-lex.europa.eu/LexUriServ/LexUriServ.do? uri = CELEX:31989R4064:EN:HTML.

着在案件的性质和处理的程序方面会存在根本性的不同。① 1997 年欧共体委员会对 1989 年《企业合并控制条例》进行了修订,②删除了原条例中关于构成合作性合营的内容,而径直规定只要所成立的合营企业能够持续履行一个自主经济实体的所有功能,则该企业合营就构成经营者集中,这也就是所谓的"全功能"(Full Functions)标准。凡是不满足"全功能"标准的企业合营,都将依据《欧共体条约》第 81 条(后来的《关于欧盟功能的条约》第 101 条)关于禁止垄断协议的规定进行处理。在欧盟负责竞争执法的行政机关是欧盟委员会竞争总司,竞争总司下设有 9 个部门,分别以 A ~ H,以及 R 命名,其中 B ~ H 部门具体负责竞争执法工作。B、C、D、E、F 每一部门都负责反托拉斯、国家援助及合并案件的查处,但每个部门负责不同行业。例如,B 部门负责能源与环境领域内的反托拉斯、国家援助和合并案件,C 部门负责信息、电信和媒体行业,D 部门负责金融服务行业,等等。G 部门是专门负责卡特尔案件查处的部门,H 部门是专门负责国家援助案件查处的部门。③ 因此,对于企业合营这种行为而言,尽管其既有可能涉及垄断协议又有可能涉及经营者集中,从而使其较之于一般的垄断行为而言更为复杂,但究竟由哪一具体机构负责查处,则只不过是竞争总司内部的分工问题罢了,而不涉及不同机构之间的协调。例如,就某一能源行业的企业合营而言,无论其是更类似于垄断协议从而需要依据垄断协议的相关规定进行分析,还是其更类似于经营者集中从而需要依据经营者集中制度进行查处,在竞争总司内部,都将由 B 部门具体负责,因为如前文所述,B 部门具体负责能源和环境领域内的垄断案件,包括反托拉斯、合并

① Edurne Navarro et al., *Merger Control in the EU—Law, Economics and practice*, Oxford University Press, 2005, p. 38.

② "Council Regulation (EC) No 1310/97 of 30 June 1997 amending regulation (EEC) No 4064/89 on the control of concentrations between undertakings", Accessed Sept. 12, 2017. http://eur-lex.europa.eu/LexUriServ/LexUriServ.do?uri=CELEX:31997R1310:EN:HTML.

③ 在此需要说明的是,在欧盟层面,竞争政策主要包括 4 个方面,即反托拉斯(antitrust)、卡特尔(cartels)、合并(merger)以及国家援助(State aid),其中,反托拉斯又包括垄断协议和滥用市场支配地位两个方面,而卡特尔则是指一群类似的、彼此独立的企业联合企业固定价格、限制产量,分割市场或消费者,可见,卡特尔实际上就是本身违法的垄断协议行为,规制卡特尔因而也就是反托拉斯的一种类型,反托拉斯包括卡特尔,只不过因为卡特尔的危害性更为严重、明显,因而将其单独作为一种分类。上述说明是作者访问欧盟委员会网站整理总结得出,载 http://ec.europa.eu/competition/index_en.html,最后访问日期:2017 年 12 月 2 日。

和国家援助。综上所述,企业合营在欧盟内部的查处亦不存在障碍。

3. 德国。根据德国《反限制竞争法》,[①]企业合营可受到《反限制竞争法》中以下两条的规制:第一,该法第35条、第36条关于经营者集中的规定;第二,该法第1条关于禁止横向限制竞争协议的一般性规定。这样,德国联邦卡特尔局就可以因企业合营导致了相关市场上市场支配地位的形成或加强而禁止该企业合营(这被称为是结构性方法),或者因成立企业合营而签订的协定及其他附属协定违反了德国《反限制竞争法》第1条的规定而禁止该企业合营(这被称为是行为性方法)。[②] 在德国联邦卡特尔局内部设有12个决议处(Decision Divis-ion),是联邦卡特尔局的核心组成部分,具体负责卡特尔、企业合并和滥用市场支配地位垄断行为的查处。其中,前9个决议处划分的依据是国民经济行业,如第1决议处负责的行业包括矿石及其他非金属矿的开采、建筑行业及相关服务、房地产及相关服务、木材行业;第2决议处负责的行业包括农业,食品行业,皮革及皮革制品、鞋,清洁剂及洗浴用品,食品和饮料的批发、零售。第10决议、第11决议、第12决议3个决议处则共同负责对行政犯罪、垄断协议犯罪行为提起控告。因此,在德国对于企业合营行为的查处也不涉及不同机构之间协调的问题,对于特定行业内的企业合营问题,将由特定的决议处负责查处。

通过上文的简要介绍可以发现,美国、欧盟及德国都不是以垄断行为的性质为依据对反垄断执法权进行分权,因而企业合营这种可能同时涉及垄断协议及经营者集中的行为,在这3个司法辖区内都不存在执法的障碍,能够在其各自的执法体制中得到很好的监管。那么,企业合营在中国反垄断分权体制下又是如何受到监管,其监管效果又如何呢?

就我国改革之前而言,企业合营案件是由商务部具体负责的,截至2013

---

① 英文名为"Act Against Restraints of Competition",德文名为"Gesetz gegen Wettbewerbsbeschränkungen",简称GWB,其中B是"Beschränkungen"缩写,中文意思为限制。

② Jochen Burrichter, Dr Thorsten Mäger, Rod Carlton, Alison Byrne, "Joint Ventures Under EU and National Competition Laws", in Essays in Eva Micheler and D. D. Prentice, *Joint Ventures in English and German Law*, Portland: Hart Publishing, 2000, p. 133.

年9月30日,企业合营案件在商务部审结的所有案件中占到了1/4之多。[①]如果依据我国反垄断分权体系来说,国家发改委、商务部和国家工商总局3个部委都有权对企业合营行为展开执法:对可能构成经营者集中的企业合营由商务部负责反垄断审查,对可能构成垄断协议的企业合营则由国家发改委和国家工商总局负责执法。不过,虽然从理论上看可以明确地将企业合营简单地区分为构成经营者集中的企业合营和构成垄断协议的企业合营,但在实际具体执法中却存在较大的困境。以企业合营是否达到国务院规定的经营者集中申报标准为依据,[②]可以分为以下两种情形:

1.达到申报标准的企业合营。这种情形又可以细分为两种子情形:(1)企业合营可能更倾向于构成经营者集中,此时由商务部负责进行反垄断审查是不存在问题的。但是,对于企业合营中所包含的构成垄断协议的部分,是否仍应由商务部进行分析,如此,则在现行的反垄断执法权分权体制下,商务部是否有"越权"之嫌?那么,如果由国家发改委和国家工商总局予以负责呢,这又需要首先根据构成垄断协议的部分是否含有价格因素来确定具体是由国家发改委还是国家工商总局负责执法,确定之后的机关与商务部之间又是什么关系呢?是以商务部的反垄断审查为"主程序",将国家发改委或国家工商总局对垄断协议部分的处理视作该"主程序"的一部分,还是由国家发改委或国家工商总局单独对构成垄断协议的部分进行查处,并作出独立的处理决定?上述问题都是因当前的反垄断执法权不当分权所导致的。(2)企业合营更符合垄断协议的特征,此时理应由国家发改委或国家工商总局查处,但对于其中涉及的经营者集中部分应如何处理,由国家发改委或国家工商总局依据经营者集中制度展开审查显然超出了其职权范围,那么照理就应由商务部依法对涉及的经营者集中部分展开反垄断审查。问题在于,这种更符合垄断

---

① 根据商务部公布的数据,2013年9月30日以前,商务部反垄断局共审结705件案件,其中有20件为禁止或附条件批准的案件,在这20件案件中有3件为附条件批准的企业合营案件;有685件为无条件通过的案件,其中有180件为无条件批准的企业合营案件,因此,企业合营案件总数为183件,占案件总数的比例为25.96%。具体数据来源于商务部反垄断局网:http://fldj.mofcom.gov.cn/。

② 以是否达到申报标准为依据并不代表本书预设所有的企业合营都构成经营者集中,而是以此为依据分析在构成经营者集中的企业合营和构成垄断协议的企业合营情况下,当前的反垄断执权分立会造成怎样的执法困境。

协议特征的企业合营,可能是各合营方借用企业合营之名,从事协调彼此之间经营行为之实,对这种在本质上明显不构成经营者集中的行为展开经营者集中反垄断审查是否是一种执法资源的浪费?

2. 未达到申报标准的企业合营。在这种情形下,同样可以依据企业合营是更符合经营者集中特征还是垄断协议特征而细分为两种子情形进行分析:(1)企业合营更符合经营者集中特征。在这种情形之下,由于未达到申报标准,因此商务部对此企业合营不具有管辖权,故而只能由国家发改委或国家工商总局依据垄断协议的规定对其展开执法。但是在现实中,各合营方却有可能采用规避垄断协议规制的方法,尽可能使其企业合营行为从表面上看起来类似于经营者集中行为,因为经营者集中审查程序相对于垄断协议审查程序而言,一般来说所耗费的时间更短、效率更高,这在 20 世纪 90 年代的欧盟是有过先例的。如前文所述,欧盟曾将企业合营分为合作性的合营和集中性的合营两种,如果被认定为是合作性的合营,则需要依据《欧共体条约》第 81 条关于禁止垄断协议的规定进行查处,这就意味着调查时间更长,也将在从本质上看更加严格的标准之下进行分析。因此,也就不难理解为什么许多律师为了获得共同体竞争机关对企业合营的批准,而想方设法将企业合营"伪装"成为经营者集中,这样就能够在更为有效率的合并规制程序下受到审查了。[①] 因此在我国,一旦企业合营未达到申报标准,并且各合营方通过各种"包装"手段使其看似更像经营者集中,则这种企业合营行为将不受商务部审查,同时国家发改委和国家工商总局认为其属于经营者集中范围而放弃或忽视对其涉及垄断协议的部分进行审查,结果则是造成了执法的"真空"。(2)企业合营更符合垄断协议的特征。此种情形应由国家发改委或国家工商总局查处,对于企业合营中可能涉及的经营者集中部分,则同样可能面临着无人监管的境况:一方面,企业合营未达到申报的标准从而不受商务部的审查;另一方面,国家发改委和国家工商总局亦无权展开经营者集中的反垄断审查。

可见,由于我国反垄断执法权的横向配置是以垄断行为的性质进行划分的,从而导致了现实执法中的种种困境。本书以企业合营为例对当前执法体制进行检视,发现虽然从表面上看主要由商务部对企业合营展开反垄断审查,

① Edurne Navarro et al., *Merger Control in the EU—Law, Economics and practice*, Oxford University Press, 2005, pp. 38 – 39.

似乎未导致执法权的冲突及由此而引发的种种问题，但实际上却蕴含了巨大的执法重叠与“真空”，而且，随着国家发改委和国家工商总局执法的不断深入，这种矛盾也将日益凸显。

（五）反垄断委员会协调功能阙如

立法机构在制定反垄断法的过程中意识到，如果由多个机构共同执法的话，则不免可能会产生执法冲突，为了尽可能避免这种冲突，立法机构决定设立反垄断委员会。我国《反垄断法》第 9 条第 1 款第 4 项规定，反垄断委员会履行“协调反垄断行政执法工作”的职责，可以说，这是设立反垄断委员会的主要初衷。随着市场经济发展的不断深化，政府经济职能也不断得以扩展，从以前的“守夜国家”转变成为当今的经济国家。伴随政府经济职能的扩张也不可避免地造成不同国家机构之间的职能冲突，这就有必要在这些不同的机构之间进行协调，以尽可能将这种冲突消弭在行政机构内部，防止因行政权力自身的问题影响对市场经济的有效规制。

美国有学者认为，之所以需要在联邦政府各机构之间进行协调，主要源于这样一个事实，即对于数以千计的公务员，以及政府各部门、被委任的官员而言，他（它）们彼此之间所承担的职责或享有的权力有可能相互重叠，因此，当他（它）们履行这些职责或行使权力时，就有可能会影响其他人员或机构。例如，在美国至少有 16 个联邦机构都承担有与能源价格和供应有关的职责，因而导致在许多领域存在潜在的冲突以及职责的重叠。在某些情形下，各机构之间的职能出现重叠，如一个机构可能负责含铅油漆监管；另一机构可能负责汽油中的铅排放；还有一个机构可能负责保护儿童免遭铅污染。在另外一些情形下，各机构之间的职能又可能存在一定的冲突，如一个机构的职能可能是保证所有的医用注射器都是一次性的，从而保护病人的安全；另一机构可能担心处理废弃注射器的能力不足；还有机构关心的可能是日益增多的废弃医用注射器对环境造成的损害。① 无论是权力的重叠还是权力的冲突，都要求在不同的权力机构之间进行协调。如果权力的重叠和冲突是由于权力本身无法截然予以划分从而不可避免，那么，事后的协调则是尽可能减少这种重叠或冲突所带来的不良影响的有效方式。

---

① Stephen G. Breyer et al., *Administrative Law and Regulatory Policy—Problems, Text, and Cases*, Aspen Publishers, 2006, p. 75.

反垄断委员会主要由国务院副总理,国家发改委、商务部和国家工商总局这3个反垄断执法机构的部委负责人,以及工业信息化部、银监会、证监会、保监会等行业监管部门的副职领导人组成。从反垄断委员会的组成人员可以看出,反垄断委员会主要是通过联席会议的方式行使职权。就执法活动的协调而言,可以包括一般性协调与具体案例协调两种。所谓一般性协调,是指通过制度设计,明确彼此存在重叠或冲突的执法权之间如何予以界分,因而可以说是一种长效机制;而具体案例协调,则是指执法权重叠或冲突在具体案例中出现以后,采取措施在各执法机构之间进行协调,以确保案件得以妥当解决,因而是一种个案协调。从反垄断委员会的组成来看,其应当是以具体案例协调为主。从过去的执法活动来看,反垄断委员会尚没有展开任何协调活动,其原因在前文中已有所论述。本书认为,反垄断委员会的协调解决机制与当前的反垄断执法权分权体制之间存在矛盾。赋予反垄断委员会协调反垄断执法活动的职能,是建立在反垄断执法权分权会导致执法冲突这一前提之上的,这在理论上是具有共识的,而且,上文对企业合营的分析也可以证明在实践中这种执法冲突也是潜在存在的。但是,反垄断委员会协调机构构建起来之后,反垄断执法机构之间的执法权冲突似乎并不存在,至少从现实来看尚没有出现3个机构因执法权重叠而导致的冲突,甚至之前为学者们所普遍担心的价格垄断与非价格垄断行为难以区分的问题,似乎在国家发改委和国家工商总局之间也没有出现冲突的案例。那么,究竟是赋予反垄断委员会协调功能的前提不成立,还是另有原因呢?答案当然为后者。

之所以在现实中未暴露出执法权冲突的问题,原因在于部分冲突被有的执法机构故意掩盖起来了,因为一旦现行的分权体制暴露出较多的执法冲突,则将凸显出分权的弊端。当前,部分部门利益依赖于反垄断执法权的分权。上文曾论证到,反垄断执法权分权在短期内是次优选择,因为这种执法体制面临的阻力最小,最能够保证《反垄断法》制定以后的迅速实施。原本,这种执法体制所存在的弊端可以通过反垄断委员会这一补救机制的协调得以尽可能减小,但有些执法机构为了部分利益将原有的弊端通过妥协掩盖,使表面上“相安无事”,却显然已经影响到了对垄断行为的有效规制。可见,必须对“短期内的次优选择”中的“短期”作进一步的限定,其只能是数年。即意味着,对反垄断执法权的横向配置必须进行改革,即便不能立刻开始,也必须从理论上进行探索,而不能有须臾的耽搁。可喜的是,在《反垄断法》实施近满10周年的 2018 年 3 月，反垄断执法体制从“三家分权”走向了统一，至少从形式上结束了分立的局面，但这只是一个新的开始，实现这一统一执法机构内部职权的优化，将是一个更为艰巨的任务。

四、反垄断执法权横向配置“去脉”(一)：中期目标

2013 年 11 月 12 日党的十八届三中全会通过了《中共中央关于全面深化改革若干重大问题的决定》，明确指出要切实转变政府职能，深化行政体制改革，这就要不断“优化政府组织结构”，因为“转变政府职能必须深化机构改革”，具体而言，就是要不断“优化政府机构设置、职能配置、工作流程，完善决策权、执行权、监督权既相互制约又相互协调的行政运行机制”。另外，还要推进法治中国建设，“深化行政执法体制改革。整合执法主体，相对集中执法权，推进综合执法，着力解决权责交叉、多头执法问题，建立权责统一、权威高效的行政执法体制”。[①] 改革开放以后党的历次三中全会都聚焦改革，但基本上都是“专注于某个领域或者某个方面的改革，而且都以经济体制改革为重点”，而党的十八届三中全会是“自党的十一届三中全会以来党就改革作出的最全面、最系统的一次部署。正因为这样，全面改革就成为党的十八届三中全会《决定》的重大历史特点”。[②] 本书相信，在全面改革过程中，过去一直制约反垄断执法权科学配置的各种阻碍性因素也必将得到最大限度的清除。相信到 21 世纪 20 年代初期，该决定中所提到的“优化政府机构设置、职能配置”“整合执法主体，相对集中执法权”等目标将得以实现，相对应，本书认为可以将 2020 年作为反垄断执法权横向配置初步得到优化的时间节点。到 2020 年，反垄断执法权横向配置应当初步实现执法权的相对集中，基本消除执法冲突，权力配置能够基本满足反垄断有效执法的要求，本书将此作为反垄断执法权横向配置的中期目标。

(一)权力配置模式构建的渐进性与阶段性

从改革完成的形式来看，似乎是新事物对旧事物的一种瞬间替代，但大多数成功的改革其过程本身往往却是循序渐进的。改革实际上就是对旧的生产

---

① 《中共中央关于全面深化改革若干重大问题的决定》，载新华网：http://www.sc.xinhuanet.com/content/2013－11/15/c_118164288.htm，最后访问日期：2017 年 12 月 6 日。

② 《全面深化改革的重大意义》，载《人民日报》2013 年 12 月 4 日，第 7 版。

关系、上层建筑进行的一种调整，这就必然会触动其利益建立在旧的生产关系基础之上的利益集团，纵观古今中外之改革不难发现，改革总是新制度的倡导者与旧制度的维护者之间的较量和斗争。改革、发展和稳定三者之间是紧密相联的，改革能否成功，很大程度上取决于能否处理好与发展和稳定的关系，必须把“改革的力度，发展的速度和社会可承受的程度统一起来”。以计划生育政策为例，党的十八届三中全会决定调整完善计划生育政策，这是人口结构发展的一种必然要求，之后又根据计划生育政策实施的效果而完全放开“二胎”。

虽然反垄断执法权横向分权体制具有固有的弊端，但这并不意味着分权的对立面——集权就一定是最佳选择。一方面，集权的时机尚取决于制度运行所依赖的社会环境发展的具体阶段，即如果集权而非分权确实是最优的选项，则仍应当选择适当的时机进行，过早或过晚的集权都可能导致无法收到预期的效果；另一方面，集权本身还有不同的形式，如果仅仅是因为分权存在弊端而强调集权，将分散的权力简单地予以组合，则可能出现“形聚而神不聚”的情形，其实质与分权无异。针对反垄断执法权分权所存在的弊端，许多学者提出了集权的建议，即由单一独立的机构承担反垄断执法权，这些集权方案大致相同，不过还是存在一定的差别，大致可以分为以下三类：

1. 仅主张整合执法权，而未明确表明是否应由反垄断委员会承担。如王晓晔教授认为，应当将 3 个反垄断执法机构“整合为一个统一的机构，并赋予其必要的权威和地位，即成为一个直属于国务院的部级机构”。[①] 章彦英等学者也认为，应当在条件成熟时，整合 3 个部委的执法职能，“组建统一的反垄断执法机构，可以称其为‘国家反垄断总局’，直接隶属于国务院，成为国务院所属的直属机构，正部级建制，行使国务院授权的广泛行政执法权”。[②]

2. 主张将 3 个部委的反垄断执法权统一于反垄断委员会，由后者统一行使。如王先林教授认为，可以将“现有相关部门如国家工商总局、商务部、国家发改委中与反垄断执法有关的内部机构统一并入国务院反垄断委员会，从而将该委员会改造成为一个统一的执法机构”。[③] 有学者希望反垄断委员会

---

① 王晓晔：《〈中华人民共和国反垄断法〉析评》，载《法学研究》2008 年第 4 期。

② 章彦英、解志勇：《我国反垄断执法机构设置问题研究——以美国、德国为参照》，载《国家行政学院学报》2008 年第 2 期。

③ 王先林：《竞争法学》，中国人民大学出版社 2009 年版，第 332 页。

能够“吸纳现有的国家发改委、商务部和国家工商总局的反垄断执法工作，从而改造成实质性的执法机关，最终实现权力共享制模式过渡到权力独享制模式”。[①] 有学者在主张将反垄断执法权集中到反垄断委员会以后，进一步在反垄断委员会下设“相对独立的执法机构负责执行反垄断法”。[②]

3. 主张统一反垄断执法权，并撤销反垄断委员会。有学者主张，“将商务部、发改委、工商总局3家机构目前专职负责反垄断的司、局职责及人员剥离出来，以此为基础组成单一的反垄断执法机构，进而取消反垄断委员会的建制，将该委员会的职责并入单一的反垄断执法机构”。[③]

上述学者的观点没有本质的区别，本书对于集权的观点从根本上来说是认同的。但是，上述诸观点所提出的完善建议不免过于笼统，更似是在分权的道路上迷途知返后重返到集权的道路上来，或者是预见到分权的道路走不通而寄希望于集权能够发挥功能，至于怎样实现集权却没有明确的认识，换言之，问题不在于是否需要统和反垄断执法权，而在于如何进行。或许来自权力部门的这一观点对理论界所容易犯的从理论到理论、脱离实际、“纸上谈兵”式的做法有所借鉴意义：“任何一部新法律的制定，都不可能对历史和现状视而不见。我国反垄断执法分头执法的现状，是我国法律体系的现状、行政管理体制的特点以及部门职责分工等多种因素决定的。这是一种无法回避、也不应回避的客观现实，其对反垄断法中如何设计我国反垄断机构，必然会形成相应的制约和影响。”[④]理论界和国家权力机构在制度构建方面各有优势，相较于权力系统而言，理论界能够摆脱具体利益的束缚，从一种相对超然的层面进行制度探索，如此进行的制度设计可能从根本上来说是完美的，以至于权力机构本身都不得不承认，但是，超然同时也可能意味着脱离实际，从而导致其所提出的理想方案在现实中行不通。国家权力机构深谙权力运行环境，其确实能够真正做到从政治现实出发进行制度完善，但是，从现实出发往往也意味着

---

① 王健：《权力共享制抑或权力独享制——我国反垄断执法机关权力配置模式及解决方案》，载《政法论坛》2013年第3期。

② 刘桂清：《反垄断执法机构新论——竞争政策与产业政策协调发展的视角》，载《天津法学》2010年第2期。

③ 李俊峰：《产业规制视角下的中国反垄断执法架构》，载《法商研究》2010年第2期。

④ 曹康泰：《中华人民共和国反垄断法解读——理念、制度、机制、措施》，中国法制出版社2007年版，第181页。

不免受到许多不合理政治因素的影响，其所进行的制度完善通常是利益博弈后的结果，虽然能够在现实中得到较容易地推行，但却总离理想的制度方案有较大的差距。因学者和政治家“身份”不同而造成的制度设计方面的差异不能完全被消除，但却能够被无限缩小，方法就是尽可能使“理想的方案”与“现实的方案”相融合。对于学者而言，应当结合现实将其“理想的方案”分成若干阶段性目标，而非是好高骛远欲图一蹴而就；对于政治家而言，则应当多一分“理想色彩”，减少过多的现实利益的羁绊，实现可能的制度设计跨越式发展。对于反垄断执法权横向配置制度构建这一命题，从理论上来说就是要认识到“理想制度设计”实现的渐进性与阶段性，不能仅提出笼统的目标而忽视了进行符合实际的阶段性制度构建。

（二）影响制度构建的主要因素考察

无论是制度的构建还是制度的运行，都是在一定的政治、经济、社会等环境下进行的，因此不能脱离具体的环境进行制度构建。同时，一旦某种制度形成，其又会对政治、经济、社会等的发展产生直接作用，因此可以说制度与其外部的各种因素之间是一种互相影响的关系，不能孤立地看待问题。本书在此部分欲图在21世纪前10余年发展情况的基础上，预测至21世纪20年代初的发展趋势，进而结合这种具体的环境因素，提出切合实际的反垄断执法权横向配置中期目标。

1.从政治方面来看，自21世纪之初，作为政治体制改革重要内容的政府机构改革，继续处于不断的探索之中。2002年11月党的十六届二中全会通过了《关于深化行政管理体制和机构改革的意见》，指出要深化改革，进一步转变政府职能，改进管理方式，国务院根据这个意见形成了《国务院机构改革方案》，并提交第十届全国人大第一次会议审议，这启动了我国改革开放以来的第5次大规模的机构改革，①此次改革的目的是进一步转变政府职能，改进

---

① 改革开放以后，国务院分别在1982年、1988年、1993年和1998年进行了4次规模较大的政府机构改革。1982年政府机构改革将国务院的100个部门缩减至61个；1988年改革的重点是推动政府从直接管理为主向间接管理为主，将原有的45个部委缩减为41个；1993年改革的重点是转变政府职能，以顺应建设社会主义市场经济体制的要求；1998年改革的重点是实现政企分开，将国务院原有的40个部门缩减至29个。前4次改革的目标主要是转变政府职能，精简机构、优化政府结构，为以后的改革积累了经验，但是也存在忽视政府社会管理和公共服务职能的问题。参见《新中国成立以来历次政府机构改革》，载中央人民政府网：http://www.gov.cn/test/2009-01/16/content_1206928.htm，最后访问日期：2017年7月8日。

管理方式，新组建了商务部，将国家发展计划委员会改组为国家发展和改革委员会。2003年国务院机构改革的背景是我国在2001年加入了世界贸易组织，因此必须对国家机构进行改革，以顺应融入世界经济的现实需要。此外，2003年改革较之于前几次改革而言的一个较大不同，就是突出了政府的社会管理和公共服务职能。不过，应当注意的是此次改革未能解决一些部委之间职能交叉重叠的问题。2008年2月党的十七届二中全会通过了《关于深化行政体制改革的意见》，提出要在2020年建立起比较完善的中国特色社会主义行政管理体制，明确要进一步加快政府职能的转变，推进政府机构改革，以及探索实行职能有机统一的大部门体制。2008年3月第十一届全国人大第一次会议通过了《关于国务院机构改革方案的决定》，此次改革加强和改善了宏观调控，积极探索了大部门体制改革，整合了一些职能相近的部门。2013年2月党的十八届二中全会召开，全会强调，“行政体制改革是推动上层建筑适应经济基础的必然要求，要深入推进政企分开、政资分开、政事分开、政社分开，健全部门职责体系”，要建设“职能科学、结构优化”的政府。[①] 全会通过了《国务院机构改革和职能转变方案》，并最终在第十二届全国人大第一次会议得以通过，此次政府改革的重点是转变政府职能，理顺职责关系，稳步推进大部门制改革。2018年3月党的十九届三中全会召开，全会提出，“转变政府职能，优化政府机构设置和职能配置，是深化党和国家机构改革的重要任务”，“调整优化政府机构职能，合理配置宏观管理部门职能，深入推进简政放权，完善市场监管和执法体制”，“强化事中事后监管，提高行政效率，全面提高政府效能”。[②] 全会通过了《深化党和国家机构改革方案》，并最终在第十三届全国人大第一次会议得以通过。该方案对我国反垄断执法体制进行了重大改革，组建国家市场监督管理总局，将原来的3个执法机构的反垄断执法职责进行整合，统一由国家市场监督管理总局承担。此次改革改变了之前我国分权式的反垄断执法模式，组建了统一的反垄断执法机构，这是重要的改革步骤，但不是改革的终点。如何优化反垄断执法体制，仍然任重而道远。

---

① 《中国共产党第十八届中央委员会第二次全体会议公报》，载中国共产党新闻网：http://cpc.people.com.cn/n/2013/0301/c64094-20638535.html，最后访问日期：2017年7月9日。

② 《中共十九届三中全会在京举行》，载人民网：http://politics.people.com.cn/n1/2018/0301/c1001-29840365.html，最后访问日期：2018年5月29日。

综观20世纪初10多年来的政府机构改革可以发现,处理好政府与市场的关系、确保政府机构能够适应市场经济发展是机构改革的一条主线,特别是自党的十七届二中全会提出要实行大部门体制改革以来,2008年和2013年的两次改革都进行了积极有效的探索。例如,在2013年政府机构改革中,整合加强了食品药品管理机构,"将食品安全办的职责、食品药品监管局的职责、质检总局的生产环节食品安全监督管理职责、工商总局的流通环节食品安全监督管理职责整合,组建国家食品药品监督管理总局"。① 这实际上是尊重了食品安全监管的客观规律,能够确保对生产、流通、消费环节的食品的安全性、有效性实施统一监管。"政府职能转变,必须朝着有利于市场经济的方向转变,朝着有利于全面建成小康社会的方向转变。这才是机构改革和政府职能转变之'经',才是长久之'道',方向之'道',根本之'道'"。②

2. 从经济方面来看,自2001年加入世界贸易组织以后,我国融入了世界经济发展的大潮流中,获得了前所未有的发展机遇。同时,加入世界贸易组织也对我国经济体制改革形成一种"倒逼"机制,促使我国加快改革经济体制中不合理的部分,建设现代的市场经济体制。经过多年的发展,我国在2010年超过日本成为世界第二大经济体,这表明我国社会主义市场经济建设所取得的巨大成就。但我们也应当警惕,如果不进一步完善社会主义市场经济体制,则很有可能陷入"中等收入陷阱"。竞争规律是市场经济的基本规律之一,市场经济的繁荣离不开竞争的有序开展。自从20世纪90年代初确定建设社会主义市场经济体制以后,21世纪最初10余年继续从各个方面不断予以完善,从党的历次大会中可以寻找到这种努力的踪迹。下面结合党的数次重要会议所做的决定中有关竞争的规定予以分析(见表7)。③

---

① 《关于国务院机构改革和职能转变方案的说明》,载中央人民政府网:http://www.gov.cn/2013lh/content_2350848.htm,最后访问日期:2017年7月9日。

② 杨小军:《政府机构改革之根本:遵从经济社会发展规律》,载《中国党政干部论坛》2013年第4期。

③ 由于第十七届三中全会作出的是有关农村改革的决定,因而没有市场竞争的相关规定,故不在此表中予以分析。以下资料均来源于中国共产党新闻网:http://cpc.people.com.cn/GB/64162/64168/index.html,最后访问日期:2017年7月9日。

表 7　中国共产党数次重要会议决定中有关竞争的规定

会议决定	有关竞争规定的表述
党的十六大报告（2002 年）	……推进垄断行业改革，积极引入竞争机制。 ……放宽国内民间资本的市场准入领域，在投融资、税收、土地使用和对外贸易等方面采取措施，实现公平竞争…… ……在更大程度上发挥市场在资源配置中的基础性作用，健全统一、开放、竞争、有序的现代市场体系……整顿和规范市场经济秩序……打破行业垄断和地区封锁，促进商品和生产要素在全国市场自由流动
党的十六届三中全会决定（2003 年）	……更大程度地发挥市场在资源配置中的基础性作用，……建设统一开放竞争有序的现代市场体系…… ……其他行业和领域①的国有企业，通过资产重组和结构调整，在市场公平竞争中优胜劣汰…… ……放宽市场准入，允许非公有资本进入法律法规未禁入的基础设施、公用事业及其他行业和领域。…… ……加快推进和完善垄断行业改革。对垄断行业要放宽市场准入，引入竞争机制…… ……加快建设全国统一市场……促进商品和各种要素在全国范围自由流动和充分竞争。废止妨碍公平竞争、设置行政壁垒、排斥外地产品和服务的各种分割市场的规定，打破行业垄断和地区垄断……
党的十七大报告（2007 年）	……从制度上更好发挥市场在资源配置中的基础性作用…… ……形成各种所有制经济平等竞争、相互促进新格局……深化垄断行业改革，引入竞争机制……推进公平准入，改善融资条件，破除体制障碍，促进个体、私营经济和中小企业发展……加快形成统一开放竞争有序的现代市场体系
党的十八大报告（2012 年）	……更大程度更广范围发挥市场在资源配置中的基础性作用 ……推动经济更有效率、更加公平、更可持续发展…… ……保证各种所有制经济依法平等使用生产要素、公平参与市场竞争、同等受到法律保护……

① 即指不关系国家安全和国民经济命脉的非重要行业和非关键领域。

续表

会议决定	有关竞争规定的表述
党的十八届三中全会决定（2013 年）	……使市场在资源配置中起决定性作用和更好发挥政府作用…… ……政府的职责和作用主要是……保障公平竞争，加强市场监管，维护市场秩序…… ……保证各种所有制经济依法平等使用生产要素、公开公平公正参与市场竞争、同等受到法律保护…… ……根据不同行业特点实行网运分开、放开竞争性业务，推进公共资源配置市场化。进一步破除各种形式的行政垄断 ……废除对非公有制经济各种形式的不合理规定，消除各种隐性壁垒…… ……必须加快形成企业自主经营、公平竞争，消费者自由选择、自主消费，商品和要素自由流动、平等交换的现代市场体系，着力清除市场壁垒，提高资源配置效率和公平性。 改革市场监管体系，实行统一的市场监管，清理和废除妨碍全国统一市场和公平竞争的各种规定和做法，严禁和惩处各类违法实行优惠政策行为，反对地方保护，反对垄断和不正当竞争……
党的十八届四中全会决定（2014 年）	社会主义市场经济本质上是法治经济。使市场在资源配置中起决定性作用和更好发挥政府作用，必须以保护产权、维护契约、统一市场、平等交换、公平竞争、有效监管为基本导向，完善社会主义市场经济法律制度……依法加强和改善宏观调控、市场监管，反对垄断，促进合理竞争，维护公平竞争的市场秩序……
党的十九大报告（2017 年）	……经济体制改革必须以完善产权制度和要素市场化配置为重点，实现产权有效激励、要素自由流动、价格反应灵活、竞争公平有序、企业优胜劣汰……深化国有企业改革，发展混合所有制经济，培育具有全球竞争力的世界一流企业。全面实施市场准入负面清单制度，清理废除妨碍统一市场和公平竞争的各种规定和做法，支持民营企业发展，激发各类市场主体活力。深化商事制度改革，打破行政性垄断，防止市场垄断，加快要素价格市场化改革，放宽服务业准入限制，完善市场监管体制……

从党的上述 7 次重要会议表述中可以看出，对于市场竞争的保护历来受到重视。党的十六大报告关注的重点是垄断行业的改革。党的十六届三中全会作出了《中共中央关于完善社会主义市场经济体制若干问题的决定》，这是一个全面的有关市场经济体制改革的方案，因此其在对市场竞争的规定方面也更全面，既包括不同所有制企业之间的公平竞争问题，也包括垄断行业的自

由竞争，还有禁止行政垄断的相关规定。党的十七大和十八大报告中有关竞争的表述相对较少，但仍然涵盖了主要的竞争问题。党的十八届三中全会作出了《中共中央关于全面深化改革若干重大问题的决定》，为到2020年全面建成小康社会作出了全面的规划，对维护市场竞争的规定也较为详细，也更具针对性。如果说在21世纪最初几年中还是迫于国际压力，从而对竞争进行有限保护的话，那么，在头10年的最后几年，尤其是《反垄断法》颁布以后，我们已越来越清醒地认识到市场竞争的重要性，也越来越主动地采取切实有效的措施予以维护。党的十九大报告提出要"清理废除妨碍统一市场和公平竞争的各种规定和做法"，这是对2016年我国所建立的公平竞争审查制度的重申。

较之于前几次会议，党的十八届三中全会在对市场作用的认识上有了新的突破。党的十六大报告、十六届三中全会决定、十七大报告、十八大报告都指出要发挥市场在资源配置中的基础性作用，而党的十八届三中全会则提出要使市场在资源配置中起决定性作用，虽然仅仅是数个字的差别，但其影响深远，从"基础性作用"到"决定性作用"的跨越，标志着我们对社会主义市场经济的认识又达到了一个新的高度。观念上的转变固然很重要，但其是否能够真正得以落实，还在于实践中的努力。"使市场在资源配置中起决定性作用必须具备一个完备的现代市场体系。而一个完备的市场体系体现在市场主体的自由度、市场规则的透明度、市场决定价格的机制、市场的开放度。"①在资源配置中起决定性作用的"市场"，既可能是一个统一、开放、竞争、有序的市场，也可能是一个分裂、封闭、垄断、无序的市场，显然，只有前一种市场才能是一个真正能够确保资源得以优化配置的市场。如今将市场的地位提升到"决定性"的地位，也就表明我们不得不在创建统一开放竞争有序的市场方面下更大的决心。过去一直存在而且将来也可能出现的新的阻碍因素，不管其来自体制内部还是市场本身，都不能再次成为阻碍市场完善的力量。从过去数十年的发展以及党的十八届三中全会、党的十九大作出的全面规划，我们可以预测在2020年以前的数年中，市场竞争秩序，以及维护市场竞争秩序的反垄断执法权都将在市场经济发展的大浪潮中得到洗礼，影响反垄断执法权优化配置的诸如部门利益因素等也将在此巨大的改革浪潮中得以涤除，正如党的

---

① 乔榛：《如何认识使市场在资源配置中起决定性作用》，载《光明日报》2013年12月6日，第11版。

十八届三中全会《中共中央关于全面深化改革若干重大问题的决定》中所指出的——“改革市场监管体系,实行统一的市场监管”,尽管在整个决定中看似不起眼,但这又如何能妨碍其成为未来数年中优化反垄断执法权的指导方针呢?

3. 从国际因素来看,如何在激烈的国际竞争中不断增强我国企业的竞争力,维护国家利益,仍然是今后一段时间内反垄断执法需要解决的重要问题。经济全球化促使世界各国经济不断融合,各国许多企业都跨出国门在世界舞台上展开竞争。这对于我国反垄断执法来说面临着双重的挑战:一方面,要通过积极展开反垄断执法,维护国内市场竞争秩序,使国内企业能够通过竞争不断增强实力,从而能够在世界市场上具有较高的竞争力;另一方面,许多外国企业的经营行为也会对我国市场的竞争秩序构成影响,应通过有效的反垄断执法,维护我国企业以及国家利益。当今世界的经济秩序是发达国家所主导的,反垄断法律规则也不例外。我们应清醒地认识到,虽然我国经济总量已跃居世界第二位,但在当今世界经济秩序中仍然不占据较大的话语权。作为反垄断领域中的后起国家,如何增强自身的话语权,改变不合理的旧经济秩序,仍然是处于崛起中的中国需要面临的挑战。

2013 年 3 月 15 日美国地区法院纽约东区布鲁克林联邦法院陪审团作出裁决,认为数家中国维生素 C 生产企业进行价格合谋,损害了美国企业和消费者的利益,要求支付高达 1.62 亿美元的罚款。这被认为是中国企业在美国遭受的第一起反垄断案件。① 事实上,被陪审团称为价格合谋的行为,实际上是企业执行当时政府部门强制性要求而采取的行为。这首先需要交代当时的背景。2001 年随着中国加入世界贸易组织,中国企业的出口市场也得到了扩大,由于产品成本较低,因此出口到发达国家时被认为是低于成本价销售,从而遭到了发达国家的反倾销调查。为了避免反倾销指控,当时政府通过中国医药保健品进出口商会实行“出口预核签章制度”,对出口产品价格进行协调审核,这实际上是政府采取的一种出口监管行为。根据国际法,一国法院不应

① 2016 年 9 月 20 日,美国联邦第二巡回法院根据国际礼让原则作出判决,撤销美国纽约东区布鲁克林联邦法院针对河北维尔康制药有限公司及其母公司华北制药有限责任公司的维生素 C 反垄断判决。载新浪网:http://finance. sina. com. cn/roll/2016 - 09 - 27/doc-ifxwermp4055565. shtml,最后访问日期:2018 年 1 月 10 日。

对其他国家的国家行为进行管辖。然而在此案中，美国法院无视这一原则，而且在中国商务部多次向其提出书面声明后仍然置若罔闻。2013 年 3 月 19 日中国商务部发言人表示，“相关中国企业是为执行当时中国政府部门的强制性要求而采取的相应的行为。美国法院基于中国企业在中国的合法行为而对其处以巨额的惩罚性赔偿，是完全不合适的。对于中国企业依据中国政府的强制性要求而采取的行为进行管辖，显然有违‘国际礼让’原则，有违‘国家强迫’理论以及‘国家行为’理论”。[①] 可以看出，中国企业如果定价低，则会被认为是倾销，如果提高价格，则又会被认为是垄断，不免令中国政府和企业难以有效应对。正如科斯教授曾经所抱怨的那样，他被反垄断法烦透了，因为“如果价格涨了，法官就说是这是垄断，当价格跌了，他们就说这是掠夺性定价，当价格保持不变时，他们又说这是默示共谋”。[②] 在判例法系国家，法官的自由裁量权比较大，对于反垄断法这一不确定性更为突出的法律而言，则更加降低了企业的预期。或许隐藏在反垄断法实施背后的国家利益一直是各国反垄断实施机构所不愿承认的，而更愿以保护竞争、保护消费者利益作为作出处理决定或判决的理由，但本书认为，借助反垄断法来维护国家利益并不是不可告人的秘密，因为在国与国的交往中，国家利益始终是最为重要的。波音合并麦道案更是直观地说明了这一点。

20 世纪 90 年代波音合并麦道案是影响很大的一起经营者集中案件，但美国和欧盟对该合并采取了截然不同的态度，这显然不是由于执法机构执法能力不同所造成的。应该说，美国和欧盟在反垄断法领域无论是就立法还是实施来说，都是处于世界先进行列的。那么使不同实施机构对相同的案件作出不同处理决定的原因是什么呢？波音公司是全世界最大的商业喷气式飞机制造企业，当时在该市场占据了全球 64% 的市场份额，它在全球只有两个竞争对手：一个是美国企业麦道公司，占据 5% 左右的市场份额；另一个是空中客车（简称空客）公司，拥有 30% 左右的市场份额，是由英国、法国、德国和西班牙 4 个国家共同组建的。在该案中，波音公司的市场份额很高，而且商业喷

---

① 商务部 2013 年 3 月 19 日例行新闻发布会，载商务部网：http://www.mofcom.gov.cn/xwfbh/20130319.shtml，最后访问日期：2017 年 7 月 11 日。

② Edmund W. Kitch, "The Fire of Truth: A Remembrance of Law and Economics: At Chicago, 1932 – 1970", *The Journal of Law and Economics* 26, 1983, p. 193.

气式飞机的市场进入门槛是非常高的,一旦波音并购麦道,则在全球市场上就只有波音与空客2家竞争者。当时就有这样一种猜测,即美国政府是希望借助此次并购来打造一个“全国冠军”(national champion)作为单一的强大公司,以同空客展开竞争。当然,负责此案调查的美国联邦反垄断执法机构之一的联邦贸易委员会否认了这一猜测,而是从竞争专业角度分析,认为麦道公司在商业喷气式飞机市场上不再构成一个竞争性的力量,因而波音收购麦道公司不会实质性地减少竞争或产生垄断。甚至当时克林顿政府也出面,向欧盟委员会解释该并购不会对竞争构成损害。而欧盟委员会经过调查后却得出结论认为该合并会增强波音公司的市场支配力,在附加众多的限制性条件以后才最终批准了该合并。该案件也引起了美国和欧洲对彼此决定的猜疑:欧盟民众更愿意相信美国对该合并亮绿灯实际上是采取一种产业政策,以促使波音公司成为美国的“全国冠军”;而美国大多数民众也相信欧盟反对该合并也是在采取产业政策,以保护空客公司成为欧洲的冠军。[①] 可以试想,如果美国和欧盟在这个案件中进行换位,则彼此可能又会持有相反的立场。

各国之间的竞争归根结底还是经济的竞争,因此在当今世界各国经济融合更为紧密的情况之下,冲突与摩擦也不可避免。企业的经营行为往往既具有促进竞争的一面,也具有限制竞争的一面。各国都可能会从本国利益出发,有选择性地强调本国企业经营行为促进竞争的一面,而尽可能掩盖其限制竞争的一面,这都是国家利益使然,从根本上来说也无可厚非。但是还是应当坚持最基本的竞争公平与正义。在发达国家制定的经济秩序之下,我国反垄断执法机构应当尽可能运用反垄断法的力量维护我国的正当利益。不科学的反垄断执法模式无法有效维护公平、有序、自由的市场竞争秩序,国内企业之间将继续处于无序竞争、过度竞争的局面,自然也就无法发挥出竞争的最大价值,企业亦难以借助正当的竞争最终提升自身的竞争力。不科学的反垄断执法模式也无法对影响到我国市场的外国企业竞争行为进行有效规制,损害的不仅是国内企业和消费者利益,而且包括社会利益及国家利益。从严峻的国际经济形势来看,我国反垄断执法模式也面临着进行改革的现实压力。

---

① See Eleanor M. Fox, *Cases and materials on U. S. antitrust in global context*, West Academic Publishing, MN, 2004, pp. 404 – 409.

(三)他山之石能否攻玉?

当今世界有100多个国家或地区都制定了反垄断法,作为维护市场竞争的基本法律。在反垄断法的实施方面,各个国家和地区依据本国本地区的政治、历史等情况构建了相应的反垄断法实施体制,并组建了反垄断执法机构。纵观世界各国各地区,较早制定反垄断法,而且反垄断执法机构一直保持稳定未进行大规模改革的大概只有美国、德国、日本和欧盟。大多数发展中国家都是在最近一二十年的时间里才制定反垄断法,而反垄断执法机构的设置更是在不断的探索之中。也有一些发达国家,虽然很早就制定了反垄断法,但这只是形式意义上的反垄断法,这些国家真正意义上的反垄断法也大多是在20世纪七八十年代重新制定的,其反垄断执法机构的设置也仍处于不断完善之中。虽然我国直到2007年才制定统一的反垄断法,较之于其他国家地区而言在时间上落后很多,但是这也意味着我们能够有经验可循。尽管如此,本书认为,由于中国的国情,决定了我们不能完全照搬其他国家的模式,但其他国家的做法,尤其是那些曾与我国当前执法模式类似,并且在近些年进行过改革完善的国家,确实能够给我们提供有益的启示。英国、法国和巴西在最近几年中都对其原有的反垄断执法体系进行了改革,下文将对这种变革进行梳理,以探究是否能够对我国反垄断执法权配置中期目标的确立及实现有所借鉴。

1. 英国

美国《谢尔曼法》的通过被认为是现代竞争法的起始点,但事实上,这一法律又根植于更为久远的法律。正如起草《谢尔曼法》的参议员谢尔曼所说的,他起草的这部法律并没有创造新的法律原则,而仅仅是重申了古老而被广泛认可的普通法原则。[①] 而其所指的普通法,则是英国的法律。正是从这个意义上可以说,英国的竞争法实际上要比美国的反垄断法早数个世纪。"对各种各样的垄断行为从法律上进行控制,至少可以追溯到13世纪。"[②]不过,英国现代意义上的反垄断法,则兴起于第二次世界大战以后。在第二次世界大战这样特殊的时期,国民经济的运行的效率不需要企业之间的激烈竞争来保障,因为反抗法西斯的热情就足以鞭策产业的高效运转。战时经济实际上

---

① Mark Furse, *Competition Law of the EC and UK*, Oxford University Press, 2008, p. 3.

② Richard Whish, *Competition Law*, Butterworth & Co. (Publishers) Ltd., 1985, p. 26. (thereinafter cited as Richard Whish, Competition Law.)

也是一种高度受到政府管制的经济。然而,一旦战争结束,人们就会冷静下来进行思考,在战时出现的各种垄断、限制竞争行为是否会对公共利益造成损害?

最终在1948年,"英国国会通过了《垄断和限制性行为法案》(the Monopolies and Restrictive Practices Act),并根据该法案设立了垄断和限制性行为委员会(the Monopolies and Restrictive Practices Commission)"。该法案同时赋予贸易局(Board of Trade)向委员会报告市场上所存在的限制竞争行为,[①]贸易局可以要求委员会对这些行为展开调查。委员会所履行的职能比较简单,只是负责"调查和报告","它没有专属的管辖权,不能作出决定,也不能采取救济性措施"。[②] 1956年英国制定了《限制性贸易行为法案》(the Restrictive Trade Practices Act),将垄断和限制性行为委员会更名为垄断委员会(the Monopolies Commission),同时还新设限制性行为法庭(Restrictive Practices Court),实行限制性贸易协议登记员(registrar of restrictive trading agreements)制度,该登记员的办公室设立在贸易局内。[③] 1965年英国制定《垄断与并购法案》(the Monopolies and Mergers Act),该法案允许垄断委员会对一些企业合并也展开调查。1973年英国又通过了《公平贸易法案》(the Fair Trading Act),该法案第4条第(1)款决定将垄断委员会更名为垄断与合并委员会(the Monopolies and Mergers Commission)。《公平贸易法案》还授权国务大臣设立公平贸易局长(the Direct General of Fair Trading)这一职位。"从一般意义上来看,局长和办公室的其他职员在英国竞争政策的发展方面,尤其是在行政调查制度方面发挥了至关重要的——甚至可以说是中心——作用。局

---

① Valentine Korah, *Competition Law of Britain and the Common Market*, Elek Books Limited, 1975, p. 19.

② Barry J Rodger, Angus MacCulloch, *The UK Competition Act: A New Era for UK Competition Law*, Hart Publishing, 2000, p. 2. (thereinafter cited as Barry J Rodger, Angus MacCulloch, The UK Competition Act.)

③ Records of the monopolies and mergers commission, predecessors and successors, Accessed Sept. 13, 2017. http://discovery.nationalarchives.gov.uk/SearchUI/details? Uri = C166.

长有权将垄断行为移交给垄断与合并委员会。"①当然,在随后一些年中英国又制定了一些新的有关竞争的法律法规,如 1976 年制定了《限制贸易行为法案》(Restrictive Trade Practices Act 1976), 1980 年制定了《竞争法案》(Competition Act 1980),这些法案都根据实践的发展对之前的有关竞争法案进行了不同程度的修订。

不过,尽管之前的这些有关竞争的法律,以及根据这些法律所构建起来的竞争执法机制在维护市场竞争方面发挥了较大的作用,但是其本身仍然存在着诸多问题。正如有学者所指出的那样:"之前的制度总体而言是无效率的,难以理解的,极其难以操作的。竞争执法机构缺乏足够的权力和资源来确保竞争法律能够得到有效的实施,还会深受政治的影响。限制竞争的商业行为肆行,处于无监控状态,无法受到应有的处罚。"②再者,英国于 1973 年加入了欧共体,因此也需要确保其国内的竞争法与《欧共体条约》中的竞争制度保持一致,否则英国企业需要遵守两种法律,从而增加了其负担,这也是促使英国进行竞争法制度改革的一个重要原因。终于在 1998 年,英国制定了《竞争法》。不过,在对此竞争法进行分析之前,需要首先总结 1948 ~ 1998 年这 50 年间英国竞争执法体制的特征。以 1973 年英国制定《公平贸易法案》为界限,在此之前 1948 ~ 1973 年的 25 年间,竞争执法机构主要为委员会制,即 1948 年的垄断和限制性行为委员会以及 1956 年更名的垄断委员会,这一委员会履行的主要职责是对涉嫌垄断的行为展开调查。而自 1973 年起,由于设立了公平贸易局长,③从而改变了之前的执法模式,"……这一法案(指 1973 年《公平贸易法案》)的重要性更表现在其设立了公平贸易局长这一职位,从

---

① Richard Whish, Competition Law, pp. 40 – 41. 需要指出的是,在原文中作者的表述是"局长有权将垄断行为移交给垄断委员会"(the Monopolies Commission),严格来讲,此处用"垄断委员会"并不准确,因为英国在 1973 年已将垄断委员会更名为垄断与合并委员会。垄断委员会只存在于 1956 ~ 1973 年。

② Maher M. Dabbah, *EC and UK Competition Law: Commentary, Cases and Materials*, Cambridge University Press, 2004, p. 14.

③ 事实上,同时设立的还有公平贸易办公室(the Office of Fair Trading, OTF),公平贸易局长是 OFT 的长官, OFT 主要是在公平贸易局长的领导下进行工作。竞争法一般将相关职权分配给公平贸易局长,而不是直接分配给 OFT,不过,在现实中这些职权是在公平贸易局长的领导下由 OFT 员工具体实施的。See Martin Coleman, Michael Grenfell, *The Competition Act 1998—Law and Practice*, Oxford University Press, 1999, p. 15 and the footnote 3 on this page.

而深刻地改变了英国竞争法的机构框架"。[①] 也就是说,自 1973 年开始,形成了垄断与合并委员会、公平贸易局长这 2 个执法机构。公平贸易局长主要是收集相关的信息和证据,以协助垄断与合并委员会对垄断行为展开调查。

1998 年《竞争法》的重要作用就是,如同欧盟其他国家一样,英国借此次修法使本国竞争法与欧盟竞争法保持一致。就竞争执法机构的改革而言,在 1998 年《竞争法》通过以前曾有过激烈的争论,主要是围绕是否需要建立统一的执法机构这一议题。当时保守派的态度很坚决,认为应当继续保持公平贸易局长和垄断与合并委员会之间的分立,不应当设立统一的机构以代替这二者,而工党则认为应当将上述两机构整合为一个统一的机构。不过,当选为首相的工党领袖布莱尔则在 1997 年承认,由一个单一的机构来同时履行检察官、法官和陪审团的职责是不公平的。这也就直接导致 1998 年通过的《竞争法》仍然维持多部门执法的格局。[②] 1998 年《竞争法》最为重要的是第 1 部分,即"竞争",在该部分中构建起了垄断协议与滥用市场支配地位制度。根据该法,公平贸易局局长享有广泛的权力,如其享有调查的权力,可以决定是否对垄断协议和滥用市场支配地位予以豁免,作出相关的处理决定,等等。《竞争法》将之前的垄断与合并委员会更名为竞争委员会(Competition Commission),垄断与合并委员会的职能全部转移给竞争委员会,同时竞争委员会内部还设有上诉机构,对于公平贸易局局长所作出的处理决定,当事人如果不服,可以上诉至竞争委员会。可见,较之 1973 年《公平贸易法案》,在 1998 年《竞争法》下,公平贸易局长和竞争委员会的职能发生了很大的改变。

虽然在 1998 年通过了《竞争法》,但这并没有停止英国进一步完善竞争法律制度的改革。时隔 4 年之后,英国又颁布了《企业法》,从而对之前的竞争法制度进行了一次较大的革新。"促进 2002 年《企业法》出台的直接推动力量源于英国政府。在 2001 年竞选时,英国政府声明:通过给竞争当局更多的独立性和加强英国竞争制度及促使英国竞争制度的现代化来提升企业及其生产力;同时,改革破产法和处理损害消费者的贸易实践,使英国成为世界上

---

① Barry J Rodger, Angus MacCulloch, The UK Competition Act. p. 4.

② Martin Coleman and Michael Grenfell, *The Competition Act* 1998: *Law and Practice*, Oxford University Press, 1999, p. 13. 需要说明的是,作者在原文中的表述用公平贸易办公室来代替公平贸易局长,因为其认为法案所赋予公平贸易局长的职责实际上都是由公平贸易办公室的职工来履行的。原因详见该书第 15 页下第 3 脚注。

从事商业活动的最佳场所。"[①]2002 年《企业法》对竞争执法体系作出了较大的调整,决定撤销公平贸易局局长这一职位,将其所有的职能全部移交给公平贸易办公室,由后者取代前者履行竞争执法职能。之所以作出如此调整,是因为"人们逐渐认识到,将如此重要的权力给予单个的办公室负责人是不恰当的"。[②] 公平贸易办公室的一般职能包括收集信息、向公众以及有关政府部门提供信息等,还有权将有关涉嫌垄断的案件移交竞争委员会,由竞争委员会对其展开调查。当然,公平贸易办公室还享有之前公平贸易局局长所享有的权力。此外,2002 年《企业法》还设立的竞争上诉法庭(the Competition Appeal Tribunal),其前身实际上是 1998 年《竞争法》下的竞争委员会的上诉机构,将其独立出来,主要是基于行政执法权与司法权分权的考虑。竞争委员会的主要职能是在公平贸易办公室(有时也包括国务大臣)向其移交经营者集中案件以后,或者在公平贸易办公室、行业规制机构或国务大臣向其移交市场上所存在的排除、限制以及扭曲竞争的案件后,对这些案件展开调查。竞争上诉法庭不是行政执法机关,不过可以涵盖在竞争实施机关概念之序。

为了更为清晰地展现英国自 1948 年以来的主要竞争法律以及主要的竞争执法机构,下面通过表 8 予以总结。

表 8　英国不同时期竞争法律及竞争执法机构

不同时期的主要竞争法律	不同时期的主要竞争执法机构
1948 年《垄断和限制性行为法案》	垄断和限制性行为委员会
1956 年《限制性贸易行为法案》	垄断委员会
1973 年《公平贸易法案》	垄断与合并委员会 公平贸易局局长(公平贸易办公室)
1998 年《竞争法》	竞争委员会 公平贸易局局长(公平贸易办公室)
2002 年《企业法》	竞争委员会 公平贸易办公室

① 王健:《2002 年〈企业法〉与英国竞争法的新发展》,载《环球法律评论》2005 年第 2 期。

② Richard Whish, David Bailey, Competition Law, Oxford University Press, 2012, p. 63.

尽管在其他国家看来,英国已经形成了较为科学的竞争执法体系,但英国自身并不满足。2012年3月15日英国政府宣布了改革竞争制度的计划,其中的一项重要改革计划就是要将现有的竞争委员会(Competition Commission,CC)和公平贸易办公室(the Office of Trade,OFT)进行合并,从而设立一个新的单一的竞争执法机构,即竞争与市场监管局(Competition and Markets Authority,CMA)。英国商业创新技术部(Department for Business Innovation & Skills)指出,当前的竞争执法机制过于复杂,而且各机构的职能还存在重叠。进行改革的目的就是要通过简化程序以使竞争执法体制更加富有效率,提升制度的威慑效果,并尽可能减轻对商业的不必要的负担。新设立的竞争与市场监管局将统一负责企业合并的规制、市场调查、卡特尔和反托拉斯案件的查处,以及部分公用事业领域的竞争维护。商业创新技术部认为,统一的竞争执法机构能够带来以下几个方面的好处:(1)能够确保竞争执法的一致性,在作出处理决定方面也可以形成更为简化的方式;(2)在处理案件方面更为灵活,能够集中资源以解决现实中最为重要的竞争问题,也可以促使行业监管者更多地运用反垄断和市场工具来解决竞争问题;(3)在案件处理方面更为迅速,减少不必要的程序负担;(4)单一的强有力的竞争执法机构更具专业性,因而在竞争实施方面能够更好地领导行业监管机构,而且,单一的竞争执法机构也更有利于英国在国际上发出权威的声音;(5)能够提升责任感与透明度。① 2012年5月英国政府将改革法案提交给议会,2013年4月25日议会最终通过了上述议案。不过,新设立的竞争与市场监管局在2014年春季正式开始履行全部的职能。②

通过上文对英国竞争执法体制较为详细的梳理可以看出,英国在1948年至当前60多年的时间里,一直未停止对其竞争体制的完善,1998年与2002年的改革甚至只相隔4年的时间。这对于我国竞争执法体制的完善具有一定的启发,即任何制度,无论其最初设计得如何完美,一旦其不能有效满足现实的需求,就应当"毫不吝啬"地对其进行改革,而不能有任何惰性。另外,英国经

---

① "Competition reforms to strengthen UK's world class regime", Accessed Sept. 16, 2017. http://news.bis.gov.uk/content/Detail.aspx? ReleaseID = 423713&NewsAreaID = 2.

② See "Competition Commission (UK) website: Institutional reform", Accessed Sept. 17, 2017. http://www.competition-commission.org.uk/policy.

过 60 多年的探索，最终走上了一条统一竞争执法机构的道路，虽然这本身并不能代表是一种规律，但至少表明其具有一定的合理内核，对此，我们不能熟视无睹。

2. 法国

1986 年是法国竞争法发展的一个转折点。在 1986 年以前，法国没有系统的竞争法，而只是在部分法典中有少许的法条对相关竞争问题作出碎片化的规定。“拿破仑刑法典第 419 条禁止某些操纵市场的行为，在其他一些法典中也分散着类似的规制措施，但是尚未形成统一保护竞争的法律框架。”① 1986 年法国颁布了《1986 年 12 月 1 日法令》（the Ordinance of December 1, 1986），该法令禁止限制竞争协议、滥用经济力量，以及在产品分销中的限制性或歧视性行为。1996 年法国颁布第 96—588 号法律（Law No. 96—588），对 1986 年法令进行了修改。1996 年法律主要引入了禁止特定形式的掠夺性定价行为规则，并修改了对分销行为的规制。② 法国依据 1986 年法令构建起了竞争法执法体系。具体而言包括两个行政执法机构，当然，对于竞争案件法院也享有管辖权，但其是司法机构。

第一个竞争行政执法机构是法国经济部内部的竞争、消费者事务和欺诈防范部门（Division for Competition, Consumer Affairs and Fraud Prevention, DGCCRF），该部门主要负责防止企业滥用市场支配地位，为限制竞争行为受害者提供帮助，保护公共利益，防止市场免受限制竞争行为的损害。另外一个执法机构是竞争委员会（the Competition Council），这是一个独立的行政机构，竞争委员会主要履行以下两项职能：（1）咨询的职能。应政府、立法委员会、地方行政机构、专业团体、工会、消费者团体、行业组织等的请求，竞争委员会可以对任何有关竞争的法律问题作出回应，提供相应的意见。此外，如果特定监管条例的实施会对竞争产生影响，则在这些条例制定时必须向竞争委员会进行咨询。政府在对企业并购或者合并采取措施之前，如果这些并购或合并活动可能会对竞争产生不利影响，则政府也必须事先向竞争委员会进行咨询。

---

① David J. Gerber, Richard Azarnia, "Dirigisme and the Challenge of Competition Law in France", *Cardozo Journal of International and Comparative Law* 3, 1995, p. 10.

② James J. Garrett, *World Antitrust Law and Practice: a Comprehensive Manual for Lawyers and Business* 1999 *Supplement*, Aspen Law & Business, 1999, p. 27 (thereinafter cited as: James J. Garrett, World Antitrust Law and Practice).

甚至,当法院在审理案件的过程中遇到有关竞争问题时亦可以向竞争委员会进行咨询,竞争委员会应提供其意见。(2)作出裁决的职能或者称作为权力,这是竞争委员会最为主要的职能。竞争委员会有权对涉嫌垄断协议、滥用市场支配地位的行为进行审查,以决定这些行为是否违法或者是否能够得到豁免。竞争委员会能够处以罚款以及发布禁止令,但是它不能作出损害赔偿的决定。①

法国的竞争执法体制自 1986 年形成以后就没有进行过调整,由竞争委员会和经济部两个机构共同负责。但是,随着时间的推移,法国也逐渐认识到由两个机构共享竞争执法权会存在效率低下、功能重叠等问题。因此,法国最终在 2008 年对其竞争执法体制进行了较大的改革。2008 年 8 月 4 日法国颁布了《经济现代化法案》(the Law on the modernization of the economy,LME),决定将竞争委员会与经济部内部负责竞争执法的机构予以整合,从而设立一个单一的、独立的竞争执法机构——竞争监管局(the Competition Authority),竞争监管局自然也就成为法国当前负责实施竞争法的唯一政府机构。

竞争监管局享有广泛的执法权力,包括准予临时救济,发布禁止令,采取行为性结构性救济措施,处以罚款,接受经营者旨在恢复市场竞争秩序的承诺,监督决定的实施,以及之前由经济部所享有的对经营者集中行为进行反垄断审查的权力,等等,这些权力之前都是由竞争委员会和经济部所共同享有的,现在自然全部转移给竞争监管局。由单一的竞争监管局负责竞争执法事务,不仅提升了效率,而且有助于增强公平性。正如法国竞争监管局局长布鲁诺·拉萨尔所说的那样,要使可问责性、可预测性和(执法)质量成为构建竞争监管局的内核,并使其成为任何执法活动首要考虑的因素。② 单一的竞争执法机构无疑更有利于实现上述目标。

经过 20 多年的发展,法国也走上了统一竞争执法机构的道路。相较于《法国民法典》对我国影响之大,法国竞争法则相对陌生,不仅国内鲜有介绍法国竞争法的相关资料,即便是在英语国家亦是如此,其中最主要的原因在于语言。可以说,法国竞争法及其演变对于我们而言仍是一块处女地。法国作

① James J. Garrett, World Antitrust Law and Practice, p. 27.

② Bruno Lasserre, "the new French competition law enforcement regime", 5 *Competition L. Int'l* 15, 2009.

为一个法制健全、发达的国家，在数百年的进程中积累了大量的经验。虽然法国现代竞争法起源相对较晚，直到 1986 年才颁布了竞争法令，但在其深厚的法治基础之上，加之欧盟竞争框架的“软约束”促使其不断调整本国竞争规制，以不断符合欧盟竞争法的要求，因此，法国也构建起了相对成熟的竞争法律制度，其放弃了实行 20 多年的双机构分权体制，转而采用单一的竞争执法机构，必定有其深刻的原因，从道路选择上来看也可以为我们提供一种借鉴。

3. 巴西

巴西最早的竞争法可以追溯到 1962 年，该年 9 月 10 日，巴西第 4137 号法律(Law No. 4137/62)正式实施，其旨在禁止滥用经济力量的行为，并对那些有可能损害或限制竞争的行为以及合同进行控制。不过，囿于当时整个国家都缺乏竞争文化，从而导致第 4137 号法律无法真正发挥作用。1988 年巴西颁布了新的宪法，其中第 170 条和第 173 条明确规定要保护企业自由、竞争自由，限制不公平贸易行为以及滥用经济力量的行为，这实际上就是在宪法中明确了保护竞争的原则。为了更好地贯彻宪法所提出的原则，巴西在 1990 年 12 月 27 日正式实施第 8137 号法律(Law No. 8137)，对破坏经济秩序的犯罪行为进行了规定。时隔一年之后，巴西又实施了第 8158/91 号法律(Law No. 8158/91)，其中也规定了保护自由竞争的条款。不过，之前所颁布的这些法律都只是对保护竞争作出了分散性的规定，为了更好地保护竞争，就必须要制定一部系统性的竞争法律。最终在 1994 年，第 8884 号法律(Law No. 8884)实施，从而取代了之前的第 4137/62 号法律以及第 8158/91 号法律，第 8884 号法律也被称作竞争法。①

第 8884 号法律构建起了巴西的竞争行政执法制度，将竞争执法权分配给 3 个政府部门，分别是财政部的经济监督秘书处(Secretariat of Economic Monitoring of the Ministry of Finance, SEAE)、司法部的经济法秘书处(Secretariat of Economic Law of the Ministry of Justice, SDE)和经济保护行政委员会(Administrative Council of Economic Defense, CADE)。CADE 是决策机构，SEAE 和 SDE 的职能主要是向 CADE 提出建议。

具体而言，在经营者集中反垄断审查领域，竞争法要求所有的交易都必须

① Marjorie Holmes, *Competition Law and Practice: A Review of Major Jurisdictions*, CMP Publishing Ltd., 2009, pp. 8 - 9.

接受3个机构的审查。SEAE和SDE分别负责从经济的角度和法律的角度对企业合并以及其他需要进行申报的交易行为进行初步的分析，并可以发布不具约束力的意见，以建议批准、附条件批准或者禁止所审查的交易。在收到SEAE和SDE的建议之后，CADE可以自行展开分析并作出相应的处理决定。这3个机构都可以要求相关当事人提供更多的信息。在其他领域也即垄断协议和滥用市场支配地位领域内，上述3个机构也各自承担着不同的执法职能。SDE负责对涉嫌限制竞争的行为展开反垄断调查，如果有需要，SDE可以请求SEAE从经济学方面展开分析，提供分析意见。一旦SDE完成调查，就可以将相关材料移送至CADE，并可提出对经营者进行处罚或者撤销对经营者的控告的建议。如果CADE认为应当获取更多的信息以展开进一步的调查，则其可以亲历而为或者要求SDE进行。CADE可以自行作出其认为合理的处罚决定，包括中止调查或者解散公司等，而不受SDE意见的约束。①

不过，尽管看似上述3个机构之间职能划分得较为清晰，但在实践操作中不断暴露出许多问题。当前制度的低效变得越来越明显，主要表现在合并后的强制审查制度，3个执法机构之间功能的重叠，以及执法资源的缺乏。② 为了解决上述问题，立法机构自2000年就不断尝试修改竞争法，但大多数的努力都未能收到成效，不过，最终还是在2011年取得了成功。2011年巴西通过了12529/2011号法律，并自2012年5月起正式生效，这是巴西新的竞争法，其对之前的竞争执法体制进行了较大的改革。

巴西重新对竞争执法体制进行改革的主要目的在于提高执法效率，更加有效地分配人力资源，以及避免工作的重叠，因为在之前的法律体系下各个机构的职责都存在不同程度的交叉。改革之后，SDE被合并到CADE中，虽然SEAE作为与CADE平行的机构仍然存在，但是其仅仅负责推广竞争文化，而不再承担任何调查以及经营者集中审查的功能。从而设立了一个超级CADE（“Super CADE”）。现在，CADE主要由以下几个部门组成：(1)一般监督办公室，承担类似于以前SDE的调查职能以及DEAE的合并分析职能；(2)行政

---

① ABA Section of Antitrust Law: *Competition, Laws outside the United States*, 2nd Edition, 2011, pp. Brazil – 6 – 7.

② “Brazil's New Competition Law: Promising but Challenging”, Accessed Oct. 18, 2017. https://www.competitionpolicyinternational.com/brazil-s-new-competition-law-promising-but-challenging.

审理委员会,由 1 名主席和 6 名委员长组成;(3)经济研究部,它并入了之前 SDE 的经济部。法律允许新成立的 CADE 雇用 200 余名的职员。[①] 经过改革可以看出,现在巴西负责竞争行政执法事务的就是单一的超级 CADE,从而整合了之前分散的竞争执法权力。

上文对英国、法国和巴西 3 个国家竞争行政执法体系的变革进行梳理,这 3 个国家都在最近几年的时间里相继对其坚持了数十年的执法体制进行了改革,整合了之前分散的竞争执法权。这 3 个国家进行改革的主要目的也大致相同,都是为了提高执法效率,消除因不同执法机构之间职权重叠所造成的执法冲突,以及更为有效地实施竞争法。殊途同归,这 3 个国家都作出了统一竞争执法权的选择。这 3 个国家的改革经验表明,一旦当分权成为阻碍实现竞争法的目标时,就应当毫不迟疑地实现必要的集权,而不能被历史、由其是部门利益所禁锢。当然,虽然从表面上看这 3 个国家都实现了竞争执法权集权,但是其集权的具体形式又是各不相同的,都要依据本国的具体情况进行。我们应当透过集权的表象看到隐含于其背后的本质,即经济权力的配置必须遵循经济规律,符合经济权力的本质要求。可能有人会质疑道,上述 3 个国家之所以统一竞争执法权,是基于其数十年分权实践所暴露出来的弊端而采取的应对措施,因此是现实的要求。而我国《反垄断法》尚实施 10 年多的时间,仅仅基于这 10 年多的实践就断言我国也应当统一反垄断执法权,是否过于武断?对于这一疑问,本书有两点意见:第一,在前文中本书已经分析了当前反垄断执法权分权体制所表现出来的种种弊端,而且,从实质意义上的反垄断法来看,我国由多个机构共同负责执法的实践至少也可以追溯到 21 世纪初,即在过去 10 余年多机构共同负责实质意义上的反垄断执法,市场竞争状况并没有得到明显改善,垄断现象反而愈演愈烈,我们不能忽视这种现实;第二,这些国家经过几十年的经验总结才得出应当进行集权,并不意味着我们也必须等到几十年后再根据之前的实践来看是否需要进行改革,而且我们也并非是照搬照抄他国经验,而只是从数个国家的发展中看到一种趋势,检视这些国家之前所遇到的问题当前我们是否正在经历,分析这些国家当前的改革措施能否对我们的发展提供有益的启示。这样就可以避免那种机械地经验借鉴。总

---

① The handbook of Competition Enforcement Agencies 2013: A Global Competition Review Special Report, p. 34.

之,归根结底还是要立足于我国的现实进行制度的完善。如果上述3个国家的实践能够对我们有所启示,那么就要消除执法机构内部的功能的重叠与冲突,尊重权力运行的规律,以提高执法效率、确保法律得到切实有效地实施为目的进行执法权力的配置。

(四)中期反垄断执法体制的设计构想

经济体制改革的一个重要目标就是使市场在资源配置中起决定性作用,如果在之前“市场发挥基础性作用”这一框架之下,诸多限制竞争行为还未让我们感受到对实现长期经济目标的巨大阻碍,那么现在,任何垄断行为都将直接损害“市场起决定性作用”这一目标的实现。换言之,对市场发挥作用定位的调整,决定了我们对垄断行为所能采取的“容忍度”必须降至为零。随着中国的不断崛起,来自国际上的压力也越来越大,必须摒弃过去那种“粗放式”的发展方式,借助于市场的力量发展“集约型”经济,从而提高国际竞争力,同时也必须更加有效地运用反垄断法来防范国际垄断行为给我国造成的损害。总之,我们面临着积极有效实施反垄断法的现实压力和需求。正如习近平同志所指出的那样,“打铁还需自身硬”,再先进完备的法律,如果没有高效科学的执法机制,则法律的功能亦无法实现。然而,当前反垄断执法体制暴露出来诸多问题,这已在上文中予以详述。因此,在反垄断法领域内,我们面临的一个重要任务就是对当前的反垄断执法体制进行改革。

上文已经介绍了英国、法国和巴西的改革,它们都改变了过去竞争执法权分散的局面,转而由统一执法机构负责执法。那么,我们是否也可以加以借鉴,撤销当前3家机构共同执法的做法,设立一个独立的统一的反垄断执法机构呢?在综合考虑政治现实等因素后,本书认为我们不能进行“休克疗法”式的改革,在2020年以前设立一个独立的反垄断执法机构难度很大,不具有可能性。虽然现实要求我们必须进行改革,但也不意味着我们盲目冒进,不考虑各种制约性因素而走向另一个极端。

我们必须结合现实进行渐进式的改革方式,这不是保守主义,而是尊重现实。有许多学者曾笼统的提出改革方案,认为应当将当前的3个反垄断执法机构整合成为一个独立的反垄断执法机构,而且为了增强其权威性,要使重新设立的机构成为一个部级单位。这是一种理想化、简单化的做法,没有提出具体的改革方案和步骤,也没有具体考察影响改革的各种现实因素,因此这种建议的现实意义有限。即便能够将3个执法机构整合为一个独立的执法机构,那么这种机械地组合也难以发挥整体大于部分的效果，因为我们不能孤立地看待这3个执法机构。以商务部反垄断局为例，尽管在商务部内部负责反垄断执法的仅为反垄断局，将反垄断局“剥离”出来使其成为新设立机构的一部分，其执法人员也加入新的执法机构，这看似只涉及机构、权力和人员的转移，转移前后该部门在履行职能方面似乎不会受到影响。然而事实并非如此简单，作为商务部系统内部的反垄断局与从商务部割离出来的反垄断局，其在发挥职能方面必然会存在差别，因为当反垄断局作为商务部内部的一个部门时，其与商务部内部的其他部门也具有各种联系，能够享受到商务部系统内部的种种资源，这对于其功能的发挥是具有一种无形的价值的。而如果仅为了实现形式上的统一，就将国家发改委、商务部和国家工商总局三部委内部负责反垄断执法的机构“剥离”出来整合为一个统一的机构，则在这“统一的机构”之下的3个反垄断执法机构，将难以发挥其原本在国家发改委、商务部和国家工商总局内部的那种功能。也就是说，贸然将3个反垄断执法机构从其原属的部委中“剥离”出来，虽然可以满足形式上统一的要求，但同时也可能产生新的问题，那就是这3个反垄断执法机构可能无法享受到其原有的优势，从而影响其职能的发挥。

因此，我们必须走一条渐进式的道路，防止因追求某一目标而忽视所采取措施所具有的“副作用”。本书认为，就中期目标也即2020年左右的目标而言，我们最有可能和最具现实性的目标就是实现反垄断执法权的有限整合，而非成立一个具有所有反垄断执法权的单一机构。

立法机关曾就反垄断执法机构的设置问题表示，“立法应当有一定的前瞻性，为今后的机构改革和职能调整留有余地”。[①] 因此，在我国《反垄断法》中，除了反垄断委员会以外，并没有明确具体的反垄断执法机构，国家发改委、商务部和国家工商总局都是在《反垄断法》制定以后由国务院确定的。有许多学者主张，将反垄断委员会改造成为今后独立的反垄断执法机构。本书认为，尽管依据《反垄断法》规定，反垄断委员会并不具有执行反垄断法的实权，而仅是一个议事协调机构，但这并不影响将来在修法时是否赋予其相关的权力。因此本书在进行制度设计时，仍选择以反垄断委员会作为“改造的对

① 全国人大常委会法制工作委员会经济法室：《〈中华人民共和国反垄断法〉条文说明、立法理由及相关规定》，北京大学出版社2007年版，第44页。

象”,当然,本书所进行的制度设计并不会因为将来另外重新设立一个反垄断执法机构——无论其命名为反垄断局、公平交易委员会或者反垄断委员会等,当然,现在是国家市场监督管理总局——而失去意义,因为本书主要只是借用了“反垄断法委员会”这一名称以及其“外壳”组织而已,所进行的制度构造都不会局限于此。接下来本书将首先对当前反垄断委员会的组织结构进行分析,由于在前文中已有具体探讨,因此不再重复,而直接用图表的形式予以展现,请参见图7。①

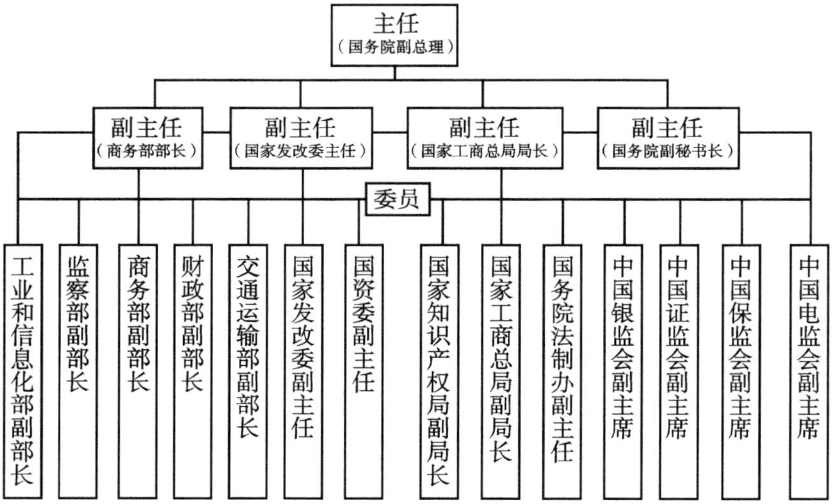

图7 反垄断委员会组织结构

从图7可以看出,反垄断委员会的行政级别还是很高的,由国务院副总理担任主任,甚至比之前有学者所主张的设立一个“部级”的反垄断执法机构的级别还要高。不过,反垄断委员会并不是一个执法机构,而只是一个议事协调机构。在4位副主任中,有3位是由当前3个反垄断执法机构所属部委的长官所担任的,从这也可以看出反垄断委员会主要是协调3个反垄断执法机构

① 该图表是根据国务院办公厅所发布的《关于国务院反垄断委员会主要职责和组成人员的通知》绘制的,当然,在国务院反垄断委员会成立以后,国务院又经历了部门改革,如电监会就被撤销,与以前的国家能源局重组为新的国家能源局。在该图表中展现的仍然是反垄断委员会最初成立时的组成人员。

之间的执法活动。在14名委员中，除了当前3个反垄断执法机构所属部委的副职领导人以外，其余都是由行业监管部门或者与反垄断执法有密切关系的部门的副职领导人担任，这也反映出国务院希冀通过反垄断委员会协调反垄断执法与行业监管之间的关系的意图。应该说，如果反垄断委员会切实能够发挥协调功能，那么将在很大程度上消除当前因反垄断执法权分立所导致的诸多问题，也可以理顺反垄断执法与行业监管的关系，从而也就能够确保《反垄断法》的有效实施，总之，现存的问题都将不成其为问题。但是，反垄断委员会难以真正发挥协调作用，这在前文中已经作了详细分析，在此不再赘述。不过，本书认为可以以反垄断委员会为载体，通过对其进行改造，从而使其成为未来一段时间内反垄断实践对实现反垄断执法权有限统一、整合的要求。

反垄断委员会议事协调职能的定位，表明立法机关意识到反垄断执法权应当实现一定程度的整合，只不过当时各方面条件都不成熟，因而无法成立一个统一的反垄断执法机构，因此，设立反垄断委员会也可以看作实现"曲线救国"的一种无奈之举。但是，我们应当注意，一时能够成为阻碍改革的理由不能永久成为阻碍改革的理由，随着实践的发展，有利于改革的因素可能会增加，同时，阻碍改革的因素亦可能随着利益的固化而得到增强，总之，我们必须抓住有利时机，不留余力地推进改革的进程。而无论是从政治方面、经济方面还是国际方面来看，当前都是我们推动反垄断执法体制改革的有利时期，因此，必须抓住此时机推进制度完善。

反垄断委员会的主要职责是"协调反垄断行政执法工作"。立法机关设立反垄断委员会是期望其能够"促使各部门按照统一的执法原则、执法程序、执法尺度去执行反垄断法"，"同时，在对重大反垄断案件的处理上，如果有关部门的意见发生分歧，国务院反垄断委员会也可以进行协调，以保证反垄断执法工作的顺利进行"。[①] 也就是说，反垄断委员会的这种协调主要还是在具体案件中对执法机关执法活动的协调。那么，有哪些案件是有可能需要反垄断委员会进行协调的呢？立法机关认为"重大反垄断案件"可能需要反垄断委员会进行协调，此处的"重大"究竟为何？

本书认为，可以从案件的复杂程度和影响大小两个方面来理解"重大"。

---

① 全国人大常委会法制工作委员会经济法室：《〈中华人民共和国反垄断法〉条文说明、立法理由及相关规定》，北京大学出版社2007年版，第45页。

因此，可以以案件的复杂程度和影响大小[①]为依据，将垄断案件区分为以下四类：(1)案情复杂、影响重大的垄断案件。这类案件往往需要多部门通力合作，共同进行查处，由反垄断委员会进行协调自然合理和必要。(2)案情复杂、影响较小的案件。这类案件虽然潜在的影响较小，但由于很复杂，由单一的执法机构进行查处，或者由多个机构独自进行查处而不展开合作，都有可能使案件无法得到有效处理，尽管单个案件的影响较小，但数量上的累加也可以使这类案件的整体社会影响较大，因此这类案件也应当由反垄断委员会展开协调。(3)案情简单，影响较大的案件。在这种情形下，由于案情简单，应该说由单一的执法机构展开执法本应是不存在什么问题的，但由于这类案件往往涉及到众多部门的利益，因此反而可能使该类案件难以由单个机构进行查处，从而需要反垄断委员会的在众多相关部门中进行协调。不过，本书认为，对于这种因部门利益而导致需要反垄断委员会进行协调的案件，实属不应该通过反垄断委员会进行“和事佬”式的协调，因为这虽然从表面上看是解决了案件，但却同样助长了部门利益之风。真正的解决途径应当是通过制度改革，使各部门利益服从反垄断执法的大局。(4)案情简单、影响较小的案件。这类案件无须反垄断委员会进行协调，对于这一点应当没有疑义。

反垄断执法权应当统一，尽管在当时立法史上无法实现这一目标，但反垄断委员会的设立也可以看作一种“雏形”：通过在国家发改委、商务部、国家工商总局领导人以及其他相关部门的副职领导人之间进行协调，似乎就等同于是在各反垄断执法机构以及行业监管机构之间进行协调。这样，就总体而言，在处理垄断案件时，国家机关内部就实现了某种统一、协调，从而是“一致对外”，而无相互冲突的情况，从本质上来看，这似乎与由统一反垄断执法机构作出决定并无二致，但事实却并非如此简单。首先，我们必须承认设立反垄断委员会的初衷是好的，但正是由于立法机关迫切希望能够弥补因执法权分散所带来的弊端，导致其认为只要将有关部委的领导人组织起来形成一个委员会就可以解决这一问题，从而忽视了在具体执法过程中，不熟悉业务的领导人之间的协调远远不如身处执法第一线的执法机构之间的沟通有效。通俗举例而言，国家发改委主任与商务部部长之间就某一垄断案件进行协商，其实际效果就比不上由国家发改委的价格监督检查与反垄断局和商务部的反垄断局之

① 此处所说的案件的影响，主要是指垄断行为可能给市场竞争和社会利益所造成的损害。

间的具体协商。规定由国务院副总理和相关部委领导人作为反垄断委员会组成人员，从表面上看是体现了对反垄断委员会协调工作的重视程度，然而实际效果却可能事与愿违，因此还不如由行政级别虽然较低，但却能够发挥真正实际协调效果的反垄断执法机构人员作为反垄断委员会的组成人员。

当然，可能有反对意见认为，反垄断委员会虽然是在各部委领导人之间进行协调，但协调的结果最终还是由各领导人传达给本部门负责反垄断执法的相关机关，从最终结果来看，仍然相当于是各执法机构之间的协调。本书并不否定部委领导人之间的协调是实现具体执法机构之间协调的一种间接方式，但如果我们没有足够充分的理由证明部委领导人之间的协调就一定强于具体执法机构之间的直接协调，那么为什么不采取后一种方式呢？根据我国《宪法》第 90 条的规定，[①]部委领导人承担的主要是一种宏观层面的领导作用，而不应拘泥于具体案件的执法活动中。虽然从反垄断法的角度来看，似乎部委领导人承担协调职能也是一种较为宏观、抽象的工作，但是就其所承担的所有职能而言，则仍然是相对微观的。本书认为，与其设立一个行政级别较高但却无法发挥实际功能的“空架子”，还不如组建一个由真正了解哪些事项需要协调、如何进行有效协调的执法人员组成的实干部门。在关系市场经济能否健康发展的反垄断领域，实质要重于形式。

此外，应当构建反垄断行政执法协调职能的长效机制。虽然当前的反垄断委员会具有协调的职责，但是该职责长期处于“休眠”的状态，个中原因前文已有较为详细的论述。概言之，造成这种“休眠”状态的原因并非是由于反垄断行政执法无须协调，而是由于执法冲突被执法机构有意地予以掩盖了，从而无法通过正常的途径公开或者进入反垄断委员会协调的范围。退一步而言，即便当前反垄断委员会制度的设计是科学的、合理的，但如果其根本就无法“涉足”反垄断执法的协调事务，则其亦无法发挥出应有的功能，这就如同是巨型油轮驶入内河、高级跑车陷入沼泽一般。

因此本书认为，为了更好地保障反垄断执法的协调统一性，应当将部分反垄断执法实体权力内置于反垄断委员会内部，尽管我们无法在短期内将所有的反垄断执法权都集中于反垄断委员会，但可以通过循序渐进地方式，不断向

---

① 《宪法》第 90 条第 1 款规定，“国务院各部部长、各委员会主任负责本部门的工作；召集和主持部务会议或者委员会会议、委务会议，讨论决定本部门工作的重大问题”。

其赋予反垄断执法的实权，以促使其更好地发挥反垄断执法协调功能。当然，这并不是说要大大削弱当前各反垄断执法机构的执法权，恰恰相反，在本书设计的中期目标框架内，当前的各执法机构仍将发挥重大的作用。不过，反垄断委员会与各执法机构的角色定位还是会发生较大的变化：反垄断委员会不再仅仅是一个居于外围的协调机构，其也要承担必要的反垄断执法实权；各反垄断执法机构将不再各自为政展开独立分散式的执法，而是在反垄断委员会这一机构的领导协调之下进行具体的反垄断执法工作。根据上文所做的分析，特绘制所构想的反垄断委员会结构图，如图 8 所示。

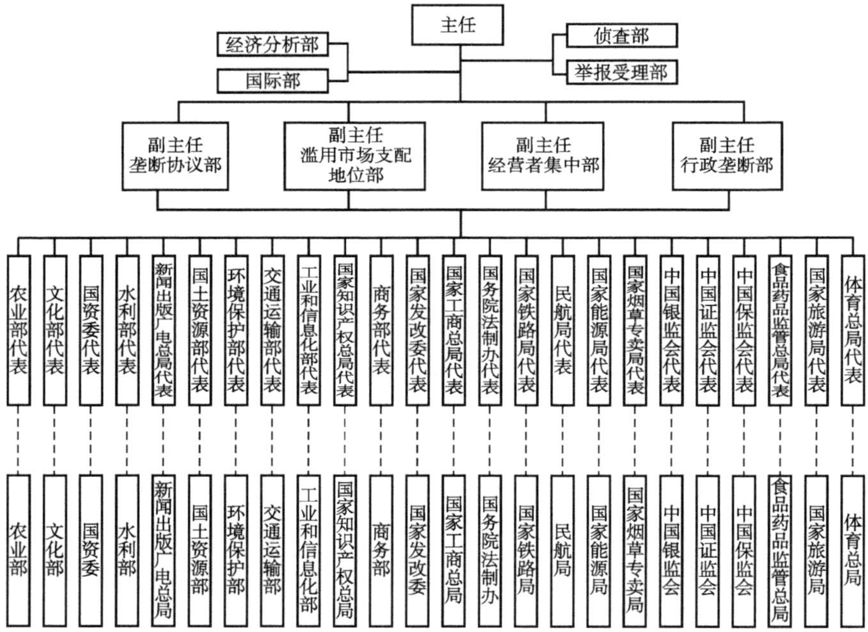

图 8　中期反垄断委员会设计构想

基于前文较为深入的研究，本书提出了如图 8 所示的构想建议，认为这是在 2020 年左右能够予以实现的目标，而不是脱离实际的“超前”设计。下面就图 8 予以说明。

首先，反垄断委员会由主任负责领导委员会的全部工作，设有 4 名副主任，并根据垄断行为类别设立垄断协议部、滥用市场支配地位部、经营者集中部和行政垄断部(统称为反垄断执法部),分别由4名副主任负责这4个部门的工作。当前反垄断执法权的划分依据的是各执法机构过去执法的传统,如商务部以前负责企业并购的审查,国家发改委负责价格执法方面的工作,因此在确定反垄断执法权时,就相应由商务部负责经营者集中的反垄断审查,由国家发改委负责反价格垄断。这样进行职权划分虽然能够发挥执法机构的经验优势,但是却并不能反映垄断行为本身的特征,这样导致的结果就是,实质上属于同一种类型的垄断行为,多个执法机构可能都具有执法权,从而出现执法冲突。在世界上绝大多数司法辖区都认为,垄断协议、滥用市场支配地位和经营者集中制度是反垄断法的“三大支柱”,这3种垄断行为各自具有明显的特征,能够与其他垄断行为区分开来。而行政垄断虽然在大多数国家和地区都或多或少、以这种或那种形式存在,但是在我国尤为明显,为了强化对行政垄断行为的规制,我国在反垄断法中亦对其进行了规定。因此,我国反垄断法中实际上包括了“四大支柱”。由4名副主任分别负责这4种垄断行为的查处,能够较为清晰地从宏观层面进行分工,同时也有利于加强对各类反垄断执法工作的领导。

其次,反垄断委员会除了应当设立上述四大垄断行为执法部以外,还应当设立相关的辅助部门,以保证及时发现垄断案件以及准确查处案件。反垄断委员会应当具有实体执法权,其应当能够主动查处垄断行为,或者应有关主体的请求而查处垄断行为。换言之,应当有健全的制度以保障垄断案件能够顺畅地进入反垄断委员会。为了实现上述目标,本书认为应当设立一个侦查部,由其实时对市场竞争状况进行监督,一旦发现有涉嫌垄断的行为,应立即展开初步调查,如经调查发现该垄断行为具有较大的违法性嫌疑,则应由侦查部将此类案件移交给反垄断委员会其他部门,以便展开进一步审查。但是,由于中国市场很大,因此如果完全依赖于反垄断委员会主动侦查垄断行为,则很有可能导致大量的垄断行为成为“漏网之鱼”,毕竟,侦查部的人力、物力都是有限的,不可能对市场上所有的垄断行为都明察秋毫,因此,在反垄断侦查领域也必须借助于群众的力量,即那些深受垄断行为损害的人或者其他利害相关者。因此,应当在反垄断委员会内部设立一个举报受理部,以专门接受任何个人和单位的举报。另外,由于一些垄断案件需要展开经济分析,而且随着《反垄断法》的不断实施,这种趋势会越来越强,为了更加准确地处理这类案件,有必要成立专门的经济分析部,由全职或兼职的经济学家组成,从而为案件的具体处理机构提供经济分析支持。随着反垄断法在世界上大多数国家得以制定和广泛地实施,以及越来越多的垄断行为已经超出一国之界,许多国家和地区之间都展开了双边、多边或区域性的反垄断执法合作。我国自《反垄断法》实施以来,反垄断执法机构也同其他国家相关机构展开了不同形式的合作,例如2011年7月27日,国家发改委、商务部和国家工商总局与美国负责反垄断执法的司法部、联邦贸易委员会在北京共同签署了《中美反托拉斯和反垄断合作谅解备忘录》,旨在促进中美双方更为有效地执行竞争法律和政策。① 但是,3家执法机构的现状也给我国与其他国家展开反垄断合作带来诸多不便,外国相关机构需要同时面临3家机构。鉴于此,应当在反垄断委员会内部设立一个国际部,以专门负责对外代表统一的反垄断执法机构与其他国家或地区的相关机构展开合作。

最后,在反垄断委员会委员的组成方面,应当包括当前的反垄断执法机构,也应当包括所有可能与反垄断执法相关的国家机构。垄断行为既有可能出现在第一产业、第二产业,也有可能发生在第三产业,也就是说,只要有经济活动的地方,就有可能产生垄断。当前,反垄断执法机构在进行执法时,对于可能涉及某一特定行业的垄断行为,反垄断执法机构往往需要征求主管该行业的相关政府部门的意见,如商务部反垄断局在对经营者集中案件进行审查时,往往"向政府有关部门……广泛征求了意见"。② 这也表明,虽然反垄断执法机构在竞争分析方面具有优势,但其对具体行业的情况则不如行业监管机构那样熟悉;反之,行业监管机构虽然了解其主管行业的基本情况,但是在竞争分析方面则又会略显能力欠缺,即"术业有专攻"之理。那么,能否将反垄断执法机构和行业监管机构各自的优势实现互补呢?正是基于这样一种追求,本书认为,可以由当前的反垄断执法机构和各有关政府部门选派一名代表,作为反垄断委员会的委员,这些委员可以根据其原属部委所处理或涉及到的最高频率的垄断行为类型而"集中于"反垄断委员会的垄断协议部、滥用市场支配地位部、经营者集中部或者行政垄断部。例如,如果交通运输行业内部

---

① 《中美共同签署反托拉斯和反垄断合作谅解备忘录》,载中华人民共和国中央人民政府网:http://www.gov.cn/gzdt/2011-07/27/content_1914969.htm,最后访问日期:2017年10月24日。

② 商务部在其发布的附条件批准经营者集中公告中,往往会写明其在审查的过程中征求了政府有关部门、相关行业协会、竞争者以及专家的意见。

出现的更多的是垄断协议行为，则交通运输部代表就可以经常与垄断协议部保持密切的沟通与交流。当然，这并不是绝对的，并不意味着交通运输部代表就固定于垄断协议部。应当指出的是，当某一垄断案件进入某一反垄断执法部以后，该部副主任就可以依据该案件可能涉及的行业而召集相关部委代表，组成一个临时的案件处理小组，不过，一般来说一个临时案件处理小组的成员应当至少包括商务部代表、国家发改委代表或者国家工商总局代表三者之一。该临时案件处理小组的主要任务是在副主任的领导下对该案件中所可能涉及的主要问题进行协调，拟订出案件的总体处理方案。由于代表人数相对较少，因此在案件的具体处理方面，仍需要借助于各代表所属部委的力量。在图 8 中，各部委代表与其所属部委之间的关系是用虚线进行标示的，旨在表明该代表与其所属部委之间不是领导与被领导的关系，该代表只是将某些具体的反垄断执法事务交由其所属的部委进行查处，以发挥后者的执法力量优势。最终的反垄断决定仍然由反垄断委员会各反垄断执法部作出。通过这样的制度设计，就可以保证案件所涉政府部门之间的协调，得以在反垄断执法部内进行，从而确保了执法的统一性。

通过对反垄断委员会进行改造，使其成为一个具有一定反垄断执法权的实体性机构，既可以实现反垄断执法权的有限整合，也可以确保改革方案遇到较小的阻力，还能够满足维护市场经济竞争秩序的要求。采取循序渐进的改革并不意味着是进行没有原则的妥协；相反，这是一种实事求是的做法。改革的目的是确保能够创造和维护一个自由、公平和有序的市场竞争秩序，如果不尊重“经济基础决定上层建筑”这一客观规律，而纯粹追求设立一个强势的、独立的反垄断执法机构，则不免有本末倒置之嫌：不是将反垄断执法机构当作维护市场经济秩序的一种工具、手段，而是将其本身当作一种目的。这样做的结果往往会事与愿违。不过，一旦条件成熟，社会经济发展到了新的阶段，则又应当毫不迟疑地推动进一步的改革。改革应当具有一定的前瞻性，我们在设计反垄断执法体制改革中期目标的同时，也应当确定我国未来反垄断执法体制所应当达到的长期目标。

（五）国家市场监督管理总局的成立及对其的回应

就在本书准备付梓之际，我国反垄断执法体制发生了重大的变革。2018 年 3 月中共中央印发了《深化党和国家机构改革方案》，对党和国家的相关机构的设置进行了改革，旨在进一步优化职能配置。其中，与反垄断执法体制有关的改革内容是,将组建国家市场监督管理总局。根据改革方案,“将国家工商行政管理总局的职责,国家质量监督检验检疫总局的职责,国家食品药品监督管理总局的职责,国家发展和改革委员会的价格监督检查与反垄断执法职责,商务部的经营者集中反垄断执法以及国务院反垄断委员会办公室等职责整合,组建国家市场监督管理总局,作为国务院直属机构”。① 由新组建的国家市场监督管理总局“承担反垄断统一执法”的职责。如果仅从统一反垄断执法权这个方面来看,目前的改革确实已经提前两年实现了本书在前文所提出的中期改革目标。并且,2018 年 9 月 10 日中国机构编制网也发布了《国家市场监督管理总局职能配置、内设机构和人员编制规定》,规定国家市场监督管理总局的主要职责。依据该“三定方案”,国家市场监督管理总局“负责反垄断统一执法”,“统筹推进竞争政策实施,指导实施公平竞争审查制度,依法对经营者集中行为进行反垄断审查,负责垄断协议、滥用市场支配地位和滥用行政权力排除、限制竞争等反垄断执法工作。指导企业在国外的反垄断应诉工作。承担国务院反垄断委员会日常工作”。国家市场监督管理总局内设反垄断局,负责“拟订反垄断制度措施和指南。组织实施反垄断执法工作,承担指导企业在国外的反垄断应诉工作。组织指导公平竞争审查工作。承担反垄断执法国际合作与交流工作。承办国务院反垄断委员会日常工作”。② 从短期来看,可以合理预见的是,国家市场监督管理总局只是之前 3 个反垄断执法机构的一种形式上的整合,之前 3 个执法机构的工作人员将会划转至国家市场监督管理总局内部,这些执法人员仍然会依据他们之前所承担的反垄断执法权,在新的国家市场监督管理总局内部展开具体的执法工作。但从长期来看,国家市场监督管理总局内部的职能应该会不断地实现实质上的整合。

本书在前文中提出在 2020 年实现反垄断执法权的初步统一,此次在 2018 年就实现了这一目标,这说明改革的力度是非常大的,超出了笔者的预期。虽然当前的改革契合了本书所提出的设立统一执法机构的建议,但是,本书在中期改革目标总所提出的对策建议与当前的改革在具体的机构设置等方面还是

---

① 《中共中央印发〈深化党和国家机构改革方案〉》,载中央人民政府网:http://www.gov.cn/zhengce/2018-03/21/content_5276191.htm#allContent,最后访问日期:2018 年 3 月 30 日。

② 《国家市场监督管理总局职能配置、内设机构和人员编制规定》,载中国机构编制网:http://www.scopsr.gov.cn/bbyw/qwfb/201809/t20180910_308245.html,最后访问日期:2018 年 9 月 10 日。

存在很大的不同,毕竟,国家机构改革的形式本身就是开放性的,需要考虑诸多政治因素才能最终确定。

实践是检验真理的唯一标准。本书的研究结论、提出的对策建议是否正确,也应当由实践来予以检验。当然,这里的"实践",并不是具体的、现实的政治制度改革,而应当是反垄断执法的效果:垄断行为是否能够在所建议的反垄断执法体制之下得到有效的制止,市场竞争秩序是否能够得到有效的维护。

五、反垄断执法权横向配置"去脉"(二):长期目标

任何改革都不可能一蹴而就,也不可能一帆风顺。改革意味着对原有制度以及在该制度下所形成的利益格局进行重新调整,因为它们已经成为实践进一步向前发展的桎梏,这也表明改革往往是对现实需求的一种回应。没有任何现实根据和现实需求的改革是无法得到坚定的拥护的;而真正基于实践要求的改革尽管在短期内可能会受到一定的阻挠,但从长期来看却是任何力量都无法阻却的。

如果上文所设计的中期改革方案在某些方面考虑到许多影响改革的不利因素,从而有针对性地作出调整,那么长期目标的设计则将排除任何在当前看来是有可能阻碍改革的不利因素的影响,当然这不是要脱离实际,而是力求反映被诸如部门利益因素等所掩盖的实践的真实要求。在设计长期目标时所考虑的诸多因素较之于中期目标所考虑的外部因素而言,有人可能会觉得过于完美,但本书认为这是制度完善进步的自然结果,而非臆造。运用发展的眼光来看,在当前可能仍属于奢想的事物在将来则可能成为常态,正如在几十年以前甚至不曾为人们所预料到的先进事物在当今被我们视为普通之物一样。长期目标实现的时间点虽然可能无法被完全精确,但是也并非遥遥无期,结合国家发展的战略目标,本书认为在中华人民共和国成立 100 周年即 2049 年前后,国家各项制度都将趋于成熟,届时实现反垄断执法权横向配置的长期目标也就不再是不可期的了。

(一)何为长期目标以及如何确定?

反垄断执法权横向配置的长期目标,是相对于当前的执法权配置模式以及中期目标而言的,它由前二者发展而来但又要高于前二者。长期目标的确定既不能滞后也不能明显超前,确定长期目标的基本依据是社会实践发展的要求。

虽然我们不能完全准确地预测30多年以后中国发展所能达到的程度，但这并不代表我们不能从历史发展的规律中以及对未来发展的预测中获得一个大致准确的答案。例如，根据党所确定的经济发展战略以及其所实现的情况，我们可以有信心推断出2049年前后我国发展的状况。邓小平同志曾在20世纪80年代提出中国发展的“三步走”战略，并在党的十三大报告中得到了明确地阐述：第一步，实现国民经济生产总值比1980年翻一番，解决人民的温饱问题；第二步，到20世纪末，使国民生产总值再增长一倍，人民生活达到小康水平；第三步，到21世纪中叶，人均国民生产总值达到中等发达国家水平，人民生活比较富裕，基本实现现代化。① 其中，第一步和第二步战略目标已经分别于1987年和1995年前后实现了，因此，第三步战略目标是20世纪90年代末以及21世纪头几十年所要奋斗的目标。党的十五大曾对21世纪做过如下展望：“第一个十年实现国民生产总值比二零零零年翻一番，使人民的小康生活更加富裕，形成比较完善的社会主义市场经济体制；再经过十年的努力，到建党一百年时，使国民经济更加发展，各项制度更加完善；到世纪中叶建国一百年时，基本实现现代化，建成富强民主文明的社会主义国家。”②党的十五大报告中提出的这“三步走”战略目标，实际上是党的十三大报告所提“三步走”战略中第三步战略的具体化，因此也可以称作“新三步走”战略目标。经过多年的发展，“新三步走”战略中的第一步也已经得到了实现。

通过对“三步走”战略目标的确立及实现的分析，我们不难发现在社会主义建设包括法制建设的过程中，我们是能够通过制定总体性目标与阶段性目标并不断予以实现的。如果“三步走”战略中的第一步战略是近期目标，第二步战略是中期目标，那么第三步战略则是远期目标。在“新三步走”战略中的第一步目标已经实现，第二步目标即将实现的情况下，我们也有理由相信第三步目标定能如期实现。

本书之所以结合我国经济发展战略目标来相应确定反垄断执法权配置模

---

① 《沿着有中国特色的社会主义道路前进——赵紫阳在中国共产党第十三次全国代表大会上的报告》，载中国共产党新闻网：http://cpc. people. com. cn/GB/64162/64168/64566/65447/4526368. html，最后访问日期：2017年10月26日。

② 《高举邓小平理论伟大旗帜，把建设有中国特色社会主义事业全面推向二十一世纪——江泽民在中国共产党第十五次全国代表大会上的报告》，载人民网：http://cpc. people. com. cn/GB/64162/64168/64568/65445/4526285. html，最后访问日期：2017年10月27日。

式设计的阶段性目标,主要是因为本书认为法律制度的发展决定于经济发展的程度,并且要与之相适应。在计划经济时代是无须反垄断法的,20 世纪 90 年代初发展社会主义市场经济体制目标的确立也未能够为反垄断法的制定出台提供足够大的支持,与其说这是立法准备不足所致,还不如更为准确地说是由于当时经济的发展程度未对制定反垄断法提出强烈的要求。本书选择以中华人民共和国成立 100 周年作为设计反垄断执法权横向配置长期目标实现的时间节点,因为届时我国将达到中等发达国家发展的水平,而这也就要求我国反垄断法制度达到初步成熟的阶段。中等发达国家发展水平是具有诸多标准的,但无论如何,其市场经济必定要发达,法制必定要健全。同样,市场竞争秩序也必须要能够得到较好的维护,这显然是与设计得科学、合理的反垄断执法体制密不可分的。基于过去我们都能够按时甚至提前实现之前所确定的战略目标这一事实,我们同样可以合理地预期,当我国第三步战略目标最终实现之时,科学的反垄断执法体制也将能够最终确立。同时,我们又可以将此作为一个硬性的目标,从而形成一种倒逼机制,促使我们从现在开始就不断推动反垄断执法体制的改革。

(二)影响长期目标确立的外部因素考察

在上文确定我国中期目标时曾分析了 2020 年以前政治、经济和国际等因素对该目标确立的影响,同理,在此确立长期目标时,自然也可以从这 3 个方面对 2049 年以前相关因素的发展变迁以及由此而给制度设计带来的影响展开分析。

首先,在政治方面,不断深化政治体制改革将是一个必然趋势。“政治发展、政治建设,是社会主义现代化事业题中应有之义,在中国特色社会主义事业总体布局中具有十分重要的地位和作用”。[①] 很难想象当我国在 21 世纪中叶达到中等发达国家发展水平时,仍然存在部门利益泛滥、行政权力重叠界分不清、行政效率低下等现象。在我国,政治体制改革并不是漫无目的的,我国“是有一套基本政治制度框架的,这个制度框架具有刚性的约束力”,因此党的十六大报告中指出“政治体制改革是社会主义政治制度的自我完善和发展”。“如果脱离了这个宏观制度框架,我们进行政治体制改革的依据就不存

---

① 沈春耀:《坚持走中国特色社会主义政治发展道路和积极稳妥推进政治体制改革》,载《求是》2012 年第 24 期。

在了,改革的性质也会出现问题”。①

因此,尽管我们无法准确预测政治体制改革中的一些细节如何进行,但是我们却能够对政治体制改革所能达到的大致方向有较为清晰的认识,即当政治体制达到较为成熟的阶段时,当前所为我们担心的诸多问题,如行政管理体制内的行政层级过多、职能交叉、人员臃肿、权责脱节、多重多头执法等都将能够得到彻底地解决。这就说明,我们在确定长期目标时,对于在短期或中期看来成其为问题的各种障碍,不但不能被其所阻挡,反而应当超然于这些问题本身,否则所设计的长期目标则会落后于届时社会实践发展的现实。不过我们应当注意,反垄断执法权配置模式改革本身也是整个政治体制改革的具体表现形式,而当我们将其放置于整体体制改革这一背景之下时,则又不难发现,反垄断执法权配置模式改革将受益于整体政治体制改革的推进,反之亦然。可见,二者是整体与部分的关系,彼此之间相互制约又能相互促进。政治体制其他方面的改革,尤其是行政体制改革的成果将直接影响到反垄断执法权配置模式的改革。

其次,从经济方面来看,按照发展战略规划,到21世纪中叶我国将达到中等发达国家水平。然而,在理论界对于“中等发达国家”却有着不同的认识。例如,有观点认为“中等发达国家”就是发达国家的中等或平均水平,也有观点认为“中等发达国家”应当是联合国所确立的“中等收入国家”,还有观点认为可以按照发达程度将世界各国进行分类,“中等发达国家”就是位于发达国家之后的国家。② 本书认为,对“中等发达国家”这一概念进行更为精确的界定,源于其已经成为我们接下来数十年所要实现的目标,如果我们尚未实现第一步和第二步目标,则第三步战略目标究竟为何也就不会成为我们深究的对象了。我们已经很难通过历史考察去探究当时邓小平同志提出“中等发达国家水平”究竟意指为何,但是我们也不必拘泥于对“中等发达国家”这一术语本身的理解,而是应当从当时的时代背景进行整体的把握。当时邓小平同志和党中央坚持实事求是的态度,认识到即便是经过六七十年的发展,即到21世纪中叶,我国也很难达到发达国家的水平,这与之前“大跃进”时期提出的

① 陈红太:《中国政治体制改革的现状和趋势》,载《中国特色社会主义研究》2010年第3期。

② 参见朱孔来:《对世界“中等发达国家”的界定》,载《理论学刊》2005年第11期。

在短期内赶英超美是截然不同的。但是,即便不能达到发达国家的水平,经过数十年的发展,我国与发达国家之间的差距必然会不断缩小,从总体上达到中等发达国家的水平。不过,我们应当注意到,发达国家内部也存在较大的差距,如美国、德国和西班牙、葡萄牙都为发达国家,显然前二者的发达程度要远高于后二者。因此,20 世纪 80 年代提出的"中等发达国家"中的"发达国家",准确而言指的应当是如美国、英国等发达国家。到 21 世纪中叶达到中等发达国家水平,也就意味着我们首先要从现在的发展中国家发展到发达国家,而且要尽量缩小与英、美、德等国之间的差距,从整体上达到其中等水平。

上文之所以对中等发达国家这一第三步战略目标进行了探讨,主要是因为对该目标的准确认识,有利于我们认清今后数十年经济发展目标的艰巨性以及反垄断执法所提出的要求。经济上达到中等发达国家的水平,则主要依靠社会主义市场经济的发展,切实做到使市场在资源的配置中起决定性作用。可以预见,未来在拉动经济发展的"三驾马车"中,消费将不断占据更大的比重,因为经济发展的最终目的是实现人的发展,而消费则是实现个人自我发展的一种基本工具和手段。而各企业为了争夺市场,必定会展开激烈的竞争,在此过程中也可能会伴随有大量的垄断行为,低效、内部存在冲突或空白的反垄断执法体制显然是无法有效纠正市场中的种种限制竞争行为。从微观来看,这将导致消费者利益受损;从宏观层面来看,受到扭曲的市场经济体制是无法支撑经济的平稳较快发展的,从而最终会阻碍我国第三步走战略目标的实现。如果在改革开放最初二三十年中,我们还能够通过诸如人口红利等有利条件,保证即便是在市场体制本身并不健全发达的情况下经济的较快发展,那么,今后我们则必须通过发掘市场经济体制中所蕴含的巨大的、能够促进经济再次腾飞的潜力,而这一市场经济必须是竞争有序、运行规范的市场经济。

最后,从国际因素来看,我国经济将逐渐从以前的粗放型发展向集约型发展转向,更加注重经济发展的质量。在新兴产业和目前由发达国家所主导的产业内,中国企业将展现出越来越强的竞争力,而这必然会对发达国家的这些核心产业构成较大的冲击。在这种发展趋势之下,我国只有构建起更为健全的反垄断法制度以及科学的执法体制,才能够一方面维持我国企业的竞争力,另一方面有效防范国外企业的垄断行为对我国企业以及消费者、社会利益造成的损害。综观当今的发达国家,如美国、德国、英国,都构建起了健全的反垄断法制度和执法机制,从而为其本国编织起了一张防止外国企业垄断行为损害的安全网,这自然也为其本国相关产业内的企业创造了良好的发展环境。尽管我国目前初步建立起了反垄断法的基本制度,做到了有法可依,但在有法必依、执法必严、违法必究方面做得仍然不够,这倒主要不是因为执法机构主观方面懈怠的问题,而是由于目前的执法机构无法及时地发现、有效地查处垄断行为。虽然中央反垄断执法机构各自都展开了一定的反垄断执法工作,尤其是国家发改委查处了数起由外国企业在中国从事垄断行为的案例,但是我们应当注意到,经公布并受到社会广泛关注的案例,较之于市场中存在的大量仍未被查处的垄断行为而言,仍然只是冰山一角。在未来数十年中我国将更加融入全球经济的浪潮中,这些国内和国际性的垄断行为就好比大洋中的冰山,而非内河中的冰块。要排除这一"冰山"对我国市场经济发展之舰的前进方向的影响,则必须要有更为强有力的执法体制。

(三)成熟国家地区实践探究

当今世界有 100 多个国家都制定了反垄断法,其中绝大多数发展中国家都是在最近 10 余年中制定的。例如,中国于 2007 年 8 月 30 日制定了《反垄断法》;印度于 2002 年制定了《竞争法案》(the Competition Act),后又于 2007 年对其进行修正;南非的《新竞争法》(the Competition Act)也是在 1998 年才得以制定;等等。许多发达国家也是在最近 20 多年的时间内才制定反垄断法,如意大利在 1990 年制定了《竞争和公平贸易法案》(Competition and Fair Trading Act);葡萄牙最新的竞争法(Law No. 19/2012)是于 2012 年通过的,取代了之前 2003 年的竞争法(Law No. 18/2003);瑞士的反垄断法(Federal Act on Cartels and other Restraints of Competition)也是在 1995 年才制定;等等。

反垄断立法历史较短的国家大多仍处在不断地探索过程中,因此对于我国确定反垄断执法体制长期目标而言并无太大的借鉴意义。即便是前文所研究的英国、法国和巴西 3 国,尽管它们的反垄断法律制度构建得相对较早,但是也处于不断的变更过程中,在最近数年中,它们对之前的制度进行了较大程度的革新,这也可以说是它们总结本国长期经验后所做的在其各自看来明智的制度选择,在这种变革中所体现出来的一些共通性的规律对于我们确立中期目标是具有重要意义的,但其所进行的具体制度设计效果如何尚待实践检验,因此对于我国长期目标的确立则并不具有很大的参考意义。

不过,仍然有这么几个国家和地区,它们不仅反垄断法制定得较早,而且反垄断法实施机制自确立以后也没有发生较大的变化。数十年的"坚持"表明这几个国家和地区有自信认为其实施机制如果说不是完美的,至少也是有效的。这几个国家和地区就是德国、美国和欧盟。德国和美国都是世界上最为发达的少数几个国家,德国是成文法国家,而美国则是判例法国家,它们都很早就确立了反垄断法制度,并且反垄断法制度在确保其国内市场竞争秩序,进而推动其本国经济发展方面都起到了巨大的作用,也正因如此,反垄断法才能在这两个国家获得极高的评价,在德国,反垄断法被认为是社会市场经济的"经济宪法";而在美国,则被认为是"自由企业的大宪章"。欧盟作为一个囊括了欧洲绝大多数发达国家的强大组织,其所进行的制度设计可以说是集中了各成员国的智慧,并且形成以后又对各成员国国内的制度产生了很大的影响,如果其制度存在缺陷,则显然是无法在所有成员国中得以贯彻的。因此,可以说欧盟的竞争法制度在这种特殊的机制中得以不断优化,从而也确保了其自身能够达到发达水平。下面将对上述3个司法辖区的反垄断法实施机制进行考察,以期能够对我国反垄断执法体制长期目标的确立有所启示。

1. 德国

德国的规范竞争的法律是《反限制竞争法》(the Act against Restraints of Competition, ARC),于1958年1月1日起生效。不过自此以后又经过了7次修改。在1973年进行的第二次修改意义重大,因为引入了经营者集中控制制度。由于欧盟于2003年通过了《关于竞争法实施规则的规定》(Regulation on the implementation of the rules on competition law),即第1/2003号规定,因此德国在2005年7月又进行了一次修改,以确保ARC与欧盟法保持一致。2011年8月德国联邦经济技术部(the Federal Ministry of Economics and Technology)发布了拟对ARC进行第八次修改的动议,旨在进一步完善反垄断法框架,特别是对经营者集中的控制,对滥用性行为的控制,以及对卡特尔行为的处罚和处理程序等方面的完善。2013年6月30日第八次修订生效;2017年3月31日德国联邦参议院通过了《反限制竞争法》第九次修订案,对数字经济的发展作出了回应。

在德国负责反垄断执法的主要是联邦卡特尔局(the Bundeskartellamt),它是一个独立的联邦机构。联邦卡特尔局的最为重要的任务是实施《反限制竞争法》,负责查处任何在联邦层面具有损害竞争效果的垄断行为,包括卡特尔行为、经营者集中行为、滥用市场支配地位行为以及公共采购合同中所可能存在的限制竞争行为。自2005年开始,联邦卡特尔局也能够对特定的行业展开调查,以判断该行业的竞争是否受到损害。在联邦层面负责反垄断执法的机构除了联邦卡特尔局以外,还有联邦经济技术部,它在反垄断执法方面的主要功能是发布所谓的"部长授权令"。由于联邦卡特尔局具有高度的独立性,而且其在处理案件时仅考虑竞争方面的因素,因此某些可能对公共利益有明显好处的经营者集中也被禁止。在这种情况下,《反限制竞争法》就允许当事人向联邦经济技术部提出发布"部长授权令"的申请。如果发现被联邦卡特尔局所禁止的经营者集中案件对经济的整体好处要大于其限制竞争的效果,或者该经营者集中对社会公共利益具有巨大的好处,则联邦经济技术部就可以发布"部长授权令",允许该经营者集中的开展。①

此外,德国还设有垄断委员会(Monopolies Commission),其主要功能是每两年向联邦政府提交一份意见书,该意见书的内容包括对德国境内商业集中的现状以及可预期的发展,对法律适用的评估以及关于竞争政策其他方面主题的评论等。② 尽管如此,在德国联邦层面负责反垄断执法的机构主要还是联邦卡特尔局。联邦卡特尔局经过数十年的发展,其内部组织结构也达到了完善的程度。下面就其组织结构进行分析,以探究有何种经验能够为我们所借鉴。请见图9。③

联邦卡特尔局有大约330名工作人员,其中有大约150位是法律和经济学专家。在联邦卡特尔局内部负责反垄断执法的最为重要的部门就是12个决议处,这12个决议处是按照国民经济行业进行划分的。为了更为清晰地展现这12个决议处各自所负责的领域,请参见表9。其中,前9个决议处分别负责数个领域内的反垄断执法工作,每个决议处对于其所负责行业内的出现的卡特尔行为、经营者集中行为和滥用市场支配地位行为都能够展开执法活动。

① "The Bundeskartellamt in Bonn, Organisation, Tasks and Activities", Accessed Oct. 29, 2017.: http://www.bundeskartellamt.de/EN/AboutUs/Bundeskartellamt/bundeskartellamt_node.html.

② See "Act against Restraint of Competition", §45, Accessed Oct. 29, 2017. http://www.gesetze-im-internet.de/englisch_gwb/index.html.

③ 需要说明的是,限于篇幅大小,本书无法在此展现联邦卡特尔局结构图的全貌,如其中心部门、诉讼和法律事务部下面又分别设有具体的分支机构,而且也无法在该图中展现12个决议处各自所负责的具体领域,因而只能在该图中展现联邦卡特尔局最主要的组织结构。

不过,为了更有效率地对核心卡特尔行为(价格和配额卡特尔,地域划分协议或消费者划分协议)进行起诉,自2005年起至2011年,联邦卡特尔局设立了3个决议处,即现在的第10决议处、第11决议处和第12决议处,以专门负责查处跨行业核心卡特尔行为。在处理案件时,由相关决议处的负责人以及另外2名工作人员组成一个合议机构,决议处作出的决定需要得到多数同意才能通过。各个决议处独立作出决定。

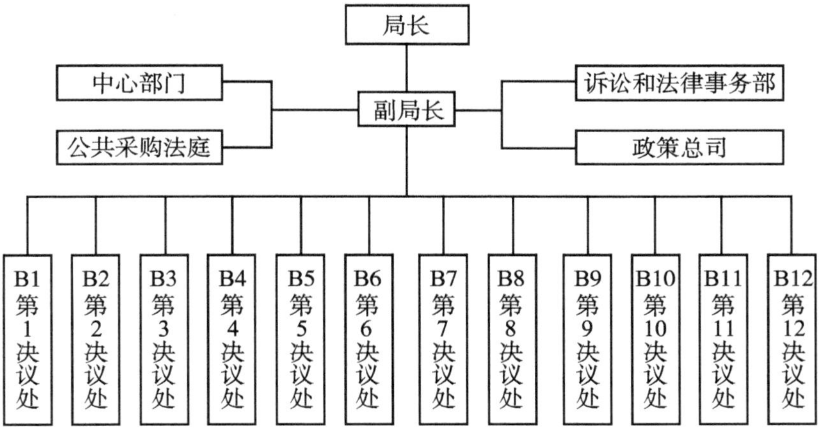

图9　德国联邦卡特尔局结构

表9　德国联邦卡特尔局各决议处所负责领域

决议处	所负责领域
B1　第1决议处	矿石以及其他非金属矿的开采,建筑行业及与之相关的行业(建筑材料、玻璃、陶瓷),房地产及相关服务,木材行业
B2　第2决议处	农业、食品行业、皮革及皮革制品、鞋、清洗剂和洗浴用品、食品和饮料的批发和零售交易
B3　第3决议处	保健部门(包括医疗技术、药品、医疗保险和医院),化工行业,纺织行业
B4　第4决议处	废弃物处理行业、金融服务、其他服务
B5　第5决议处	机械和工程制造、五金工业、钢铁行业、测量和控制技术、专利及许可
B6　第6决议处	传媒,文化、体育和娱乐行业,广告行业,展销会,造纸行业

续表

决议处	所负责领域
B7　第 7 决议处	电信行业、广播工程、电子数据处理、家用设备
B8　第 8 决议处	石油、电力和天然气,区域供热,饮用水,污水,电子技术,采矿
B9　第 9 决议处	旅游业,交通运输业,邮政,汽车行业(也包括铁路、航空和水运)
B10　第 10 决议处	对行政犯罪以及违反 ARC 第 1 条以及 TFEU 第 101 条的行为提起诉讼①
B11　第 11 决议处	对行政犯罪以及违反 ARC 第 1 条以及 TFEU 第 101 条的行为提起诉讼
B12 第 12 决议处	对行政犯罪以及违反 ARC 第 1 条以及 TFEU 第 101 条的行为提起诉讼

联邦卡特尔局内部的中心部门(Central Division)主要是负责联邦卡特尔局内部的行政性事务,如预算管理等。诉讼和法律事务部(Litigation and legal Issues Division)的功能主要是为卡特尔局提供法律咨询,准备法院上诉程序,代表联邦卡特尔局在联邦法院出庭。诉讼和法律事务部内部还设有打击卡特尔特别小组(Special Unit for Combating Cartels,SKK),SKK 负责协助各决议处处理卡特尔案件,此外还受理卡特尔宽恕的申请。联邦公共采购法庭(the Federal Public Procurement Tribunals)主要负责为公共采购合同中的投标人提供法律保护。政策总司(General Policy Division)主要负责为各决议处就有关竞争法和经济问题提供建议,是联邦卡特尔局在欧盟的代表,参与国内层面和欧盟层面竞争法的改革,协调联邦卡特尔局与国外竞争执法机构以及竞争国际组织之间的合作。

考察德国的反垄断执法机构体制,本书认为,其联邦卡特尔局内部决议处的设置是值得我们借鉴的,尤其是依照国民经济行业来划分各决议处,可以使每一决议处都能够长期关注特定行业内的竞争状况,有利于其不断培养自身在该领域中的专业知识,从而能够对该行业内的限制竞争行为更为敏感。通过这样的制度设计,既可以保证执法机构能够及时发现特定行业中的垄断行为,又可以发挥其专业优势,从而有利于提高执法的效率和执法的准确性。

① ARC 第 1 条和 TFEU(《关于欧盟功能的条约》)第 101 条都是规定禁止垄断协议行为。

2. 欧盟

欧盟负责反垄断执法的是欧盟委员会，具体而言是欧盟委员会下的竞争总司（the Directorate General for Competition）。竞争总司主要负责实施《关于欧盟功能的条约》第101～109条的竞争条款，旨在不断促进欧盟单一市场的形成，从而创造一个公平的竞争环境。对于可能影响成员国之间竞争秩序的垄断协议行为、滥用市场支配地位行为、可能实质性损害竞争的经营者集中行为，以及国家援助行为（state aid），竞争总司能够展开相应的执法活动。此外，竞争总司还推动各成员国电信、交通运输、能源等行业的自由化运动。目前，竞争总司拥有大约900名工作人员，一年的预算为1亿欧元。[①] 本书不打算在此对欧盟竞争法发展的历史进行回顾，而将直接考察欧盟当前竞争执法机构的设置情况，即欧盟委员会竞争总司的组织结构问题。仍运用图表予以展现，请见图10和表10。

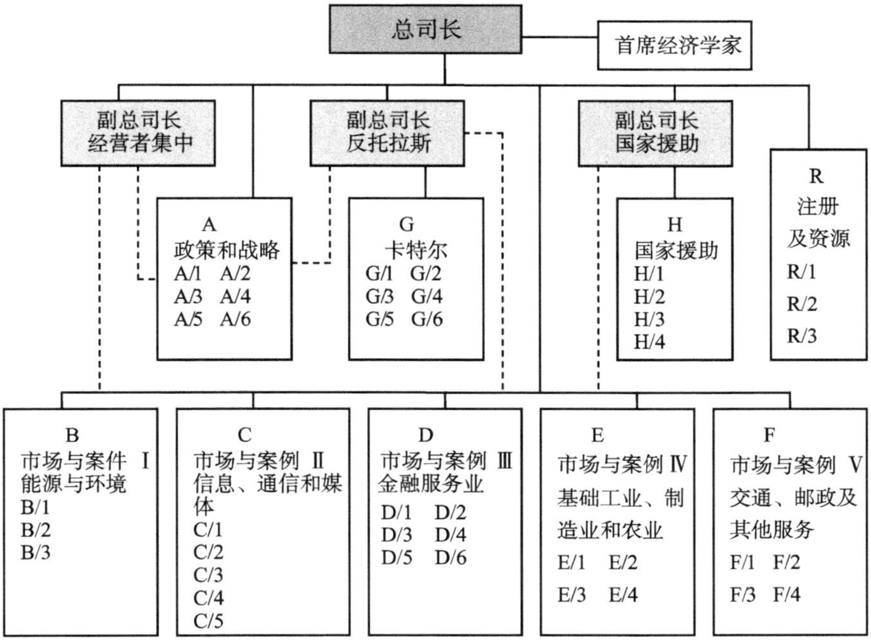

图10　欧盟委员会竞争总司组织结构

① See"Competition Policy in the European Union", Accessed Nov. 1, 2017. http://ec.europa.eu/dgs/competition/factsheet_general_en.pdf.

图 10 主要反映了欧盟竞争委员会竞争总司的内部组织结构,[①]但限于篇幅仍无法展现其内部各机构的功能,因此尚需借助表 10 来进一步展现其各机构所承担的职责。

表 10 欧盟委员会竞争总司内部各机构所承担职责

子部门 部门	1	2	3	4	5	6
A	A/1 反托拉斯案件支持与政策	A/2 合并案件支持与政策	A/3 国家援助政策与监察	A/4 欧洲竞争网络	A/5 国际交流	A/6 私人实施
B	B/1 反托拉斯能源、环境	B/2 国家援助	B/3 企业合并	—	—	—
C	C/1 反托拉斯电信	C/2 反托拉斯传媒	C/3 反托拉斯信息技术、互联网、电子产品	C/4 国家援助	C/5 企业合并	—
D	D/1 反托拉斯支付系统	D/2 反托拉斯金融服务	D/3 国家援助Ⅰ金融危机工作小组	D/4 国家援助Ⅱ金融危机工作小组	D/5 国家援助Ⅲ金融危机工作小组	D/6 企业合并

① 该图表的绘制参照了竞争总司所发布的组织结构图,但限于篇幅无法在该图中将竞争总司的所有功能都予以展现。竞争总司组织结构原图可参见 http://ec. europa. eu/dgs/competition/directory/organi_en. pdf。

续表

部门＼子部门	1	2	3	4	5	6
E	E/1 反托拉斯制药及保健服务	E/2 反托拉斯消费品、基础工业、农业和制造业	E/3 国家援助、产业结构调整	E/4 企业合并	—	—
F	F/1 反托拉斯运输、邮政及其他服务	F/2 国家援助运输业	F/3 企业合并	—	—	—
G	G/1 卡特尔Ⅰ	G/2 卡特尔Ⅱ	G/3 卡特尔Ⅲ	G/4 卡特尔Ⅳ	G/5 卡特尔Ⅴ	G/6 卡特尔和解Ⅵ
H	H/1 区域援助	H/2 研发、创新及风险资本	H/3 国家援助网络透明度及政府补贴	H/4 实施以程序改革	—	—
R	R/1 文件管理	R/2 资源、道德及安全	R/3 信息技术	—	—	—

欧盟委员会竞争总司由总司长领导,并有3名副总司长,分别负责经营者集中、反托拉斯和国家援助的执法,竞争总司内部的所有部门都对总司长负责。在竞争总司下面设有A～H以及R 9个部门,其中R部门主要是负责一些行政工作,并不直接查处案件。A部门主要负责竞争政策及战略制定,以及同世界其他国家反垄断执法机构进行交流,它也同时对负责经营者集中和反托拉斯的两位副总司长负责。G部门主要是负责查处卡特尔案件,即对一些核心卡特尔行为展开执法活动,G部门对负责反托拉斯的副总司长负责。单独设立一个独立的部门负责卡特尔的执法活动,有利于打击这种最为严重的

限制竞争行为。H 部门主要负责查处国家援助行为，并对负责国家援助的副总司长负责。B、C、D、E 和 F 这 5 个部门主要是依据行业来进行划分的，由每个部门负责一个或数个行业的反垄断执法工作。从这 5 个部门的内部设置我们可以看出，其又主要包括 3 类子部门，分别负责反托拉斯、国家援助和经营者集中案件的执法。由于各个行业内所发生的垄断行为具体类型的比重存在差异，如在信息传媒行业，可能垄断协议、滥用市场支配地位的案件就要多于经营者集中、国家援助案件的数量，因此负责这一领域的 C 部门内部就设有 3 个子部门负责查处反托拉斯案件，而查处国家援助和经营者集中案件则只分别设立了一个子部门；再如，在交通运输行业、邮政行业，各成员国往往对企业给予补贴，这即国家援助行为，因此负责交通运输和邮政行业执法的 F 部门内部就设有两个子部门负责查处国家援助行为。B、C、D、E 和 F 这 5 个部门既对总司长负责，也对 3 位副总司长负责。此外，在竞争总司内部还设有首席经济学家一职，其主要功能在于为反垄断案件的处理和政策的制定提供经济学建议。

从上述对欧盟委员会竞争总司的剖析，可以看出其内部组织结构的设计完全是服务于反垄断执法需要的。通过比较可以发现欧盟委员会竞争总司与德国联邦卡特尔局两者之间在制度构造方面具有很多相似之处：

第一，二者内部都设立了许多能够独立处理反垄断案件的部门，德国联邦卡特尔局内部设立了 12 个决议处，而竞争总司内部则设立了如 B、C、D 等部门，这样有利于实现机构内部的分工协调。

第二，德国和欧盟委员会都按照经济行业来确定内部具体反垄断部门的设置，这样，由特定的部门长期负责某一或某几个行业的竞争执法工作，有利于发挥该部门长期关注特定行业的优势，该部门的执法人员既熟知竞争法律知识，又谙晓该行业的具体情形，这样可以确保案件查处的专业性和准确性。

第三，二者都设立了专门查处核心卡特尔的专门部门，德国设立了第 11 决议处和第 12 决议处，而欧盟则设立了 G 部门。核心卡特尔行为对市场竞争的损害最为严重，设立专门的部门展开执法有利于集中力量进行查处。

当然，欧盟和德国在一些制度设计方面也存在有不同，如竞争总司设有 3 个副总司长，以分别负责反托拉斯、经营者集中和国家援助行为的执法活动，而德国则并没有根据垄断行为类型的不同来设立相应的主管机关。欧盟的做法有利于在分权的基础上实现必要的集权，有利于加强对每一种类型的垄断行为的集中监管。总之，德国和欧盟的制度设计具有其科学性，隐藏着这种制度设计背后理念值得我们借鉴，下文再集中予以总结。

3. 美国

在美国负责反垄断执法的联邦机构包括司法部（Department of Justice, DOJ）和联邦贸易委员会（Federal Trade Commission, FTC）。美国反垄断法源于1890年的《谢尔曼法》，至今已有120多年的历史。美国反垄断法制度被广泛认为是当今世界最为发达的反垄断法制度之一，反垄断法的有效实施对于美国经济的发展具有重要的作用。那么其反垄断执法体制究竟是如何设计，是否能对我们有所启示呢？

首先，探究美国反垄断法司法部的执法体制。在美国司法部内具体负责反垄断执法的是反垄断局（the Antitrust Division）。美国司法部是于1870年设立的，是美国政府的一个部门，其功能主要在于实施联邦法律。事实上，在1890年《谢尔曼法》颁布之后至1933年以前其是由司法部总检察长（the Attorney General）负责实施。1903年时设立了总检察长助理办公室（the office of the Assistant to the Attorney General），因而此后的30年间都由总检察长助理负责反垄断执法。1933年在富兰克林D. 罗斯福时期，司法部内部设立反垄断局（the Antitrust Division）。哈罗德M. 斯蒂芬森被任命为第一任负责反垄断局工作的总检察长助理。[①] 自此以后，就由司法部内部的反垄断局负责具体的反垄断执法工作。

司法部反垄断局由总检察长助理领导，又可以称为反垄断局局长。总检察长助理由总统提名并需经参议院通过。总检察长助理下又设有5位副总检察长助理，即副局长。反垄断局还设有4位处长，以配合副局长工作。在反垄断局内部负责反垄断执法的有民事部门、刑事部门、经济部门等，这些部门下面又设有许多子部门，以分别负责具体类型的反垄断执法。需要指出的是，尽管反垄断局自身不能做出最终裁决，而只能以代表美国政府利益作为原告向联邦法院提起诉讼。也正因如此，许多学者将美国的反垄断实施模式总结为司法模式。但是司法部作为联邦政府的一个部门，是行政机构，因此反垄断局

---

① See "History of the Antitrust Division", Accessed Nov. 2, 2017. http://www.justice.gov/atr/about/division-history.html.

实施反垄断法的活动仍然是一种行政执法，不能因其向联邦法院提起诉讼而否认这种行政执法的性质。严格来说，美国反垄断法应当是一种"行政执法+司法审判"的实施模式。下面仍用图表的方式来展现美国司法部反垄断局的内部主要组织结构，如图11所示。

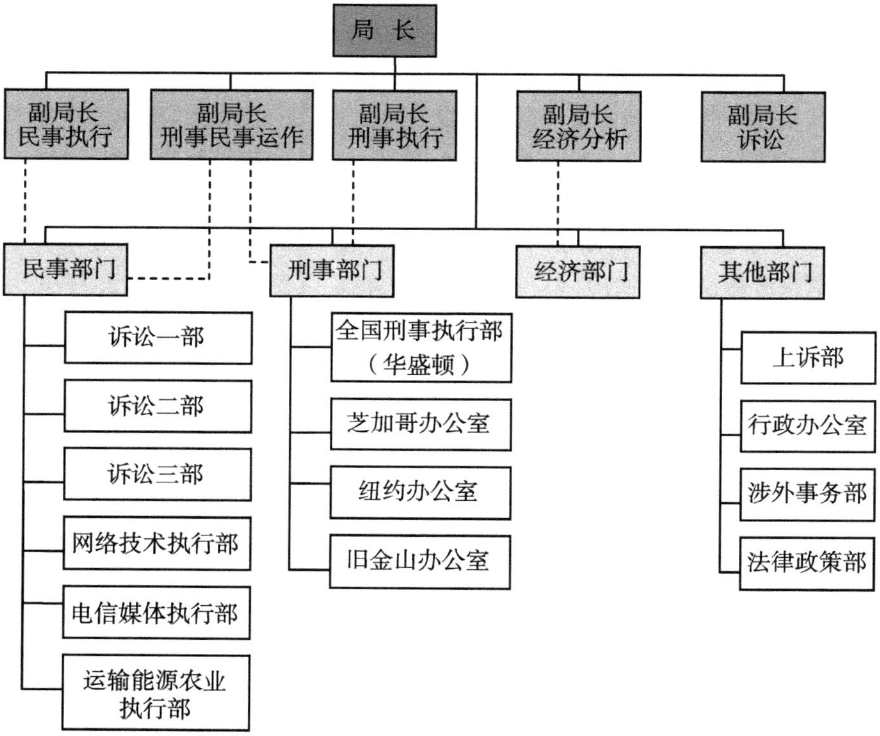

图11 美国司法部反垄断局结构

反垄断局内部负责实体执法活动的主要是民事部门和刑事部门。刑事部门除了设在华盛顿的全国刑事执行部以外，还包括设立在芝加哥、纽约和旧金山3个地方的派出机构。反垄断局是唯一能够对垄断案件提起刑事诉讼的机构，另一联邦反垄断执法机构联邦贸易委员会不享有该权力。反垄断局民事部门下面又设有6个子部门，前3个部门称为诉讼部，而后3个部门则以其所负责的行业来命名，每一个子部门都负责对经营者集中申报进行审查，以及对各自所负责行业的垄断行为展开调查，并且每个子部门都享有案件处理中的所有权力，包括调查、提起诉讼以及和解。这6个子部门都设立在华盛顿。应该说，反垄断局内部民事部门的设立具有一定的特色，与德国及欧盟的制度有类似之处，表11将对民事部门内部6个子部门各自所具体负责的行业进行拓展分析。①

表11　美国司法部反垄断局各民事部门所负责领域

民事部门各子部门	反垄断执法所负责的行业或领域
诉讼一部	医疗服务，保险，纸浆、纸张和木材，家用电器，食品，啤酒，化妆品和护发产品，面包
诉讼二部	国防，航空电子设备和航空业，银行业，工业设备，道路及高速公路建设，金属业及采矿业，废品工业
诉讼三部	电影，音乐出版，音乐会及活动推广，出版，广播，电视，报纸，广告，体育及娱乐，信用卡，房地产
网络技术执行部	计算机硬件及软件，高科技元件制造，金融服务业，证券业，专业协会
电信媒体执行部	无线移动服务，视频节目的传输（包括通过有线、卫星、光纤及在线方式），宽带网，语音电话，卫星通信服务，商业电信服务
运输能源农业执行部	国内及国际航空，商务及休闲旅行，铁路、货运及海运，宾馆、饭店及旅游服务，电力，油田服务，食品、农作物、种子、鱼及家禽，农业生物技术

通过表11可以看出，各个子部门之间所负责的行业或领域划分得十分细致，甚至较之于德国和欧盟有过之而无不及。工业的发达与分工的程度成正相关，这在反垄断法制度领域也适用，只有通过长期的法律实践总结，才能够准确划分出垄断与非垄断之间的界限，而无须用大量的模糊性术语来弥补可能存在的漏洞；也只有通过长期的法律实践总结，才能够有自信对反垄断执法部门内部进行精细地分工，发挥各部门的专业性及长期实践的优势，只有这样才能够切实有效应对复杂的垄断案件。

其次，探究美国另一联邦反垄断执法机构——联邦贸易委员会的机构设

---

① 该表资料均来源于美国司法部反垄断局网站：http://www.justice.gov/atr/about/sections.html，最后访问日期：2017年11月3日。

置情况。1914 年美国通过了《联邦贸易委员会法》(the Federal Trade Commission Act),根据该法案设立了 FTC。FTC 由 5 名委员领导,每一位委员任期为 7 年。为了避免 FTC 被一党支配,法律规定来自同一政党的委员不能超过 3 名,委员的任命由总统提名并经参议院通过。FTC 由 3 个局以及其他一些办公室组成。这 3 个局为竞争局(the Bureau of Competition)、消费者保护局(the Bureau of Consumer Protection)以及经济局(the Bureau of Economics),而负责反垄断执法的则是竞争局。竞争局的职能在于防止市场上出现限制竞争的企业合并以及其他限制竞争商业行为,通过执行反垄断法,从而促进竞争进而保护消费者利益。竞争局由局长及 3 位副局长领导,这 3 位副局长分别领导数个部门的执法工作。在竞争局内部设有 4 个审查企业合并案件的部门、一个查处企业合并以外的其他限制性竞争行为的部门、一个维护医疗服务行业竞争的特别部门,此外还有其他一些与竞争执法相关的部门。其内部组织结构详见图 12。

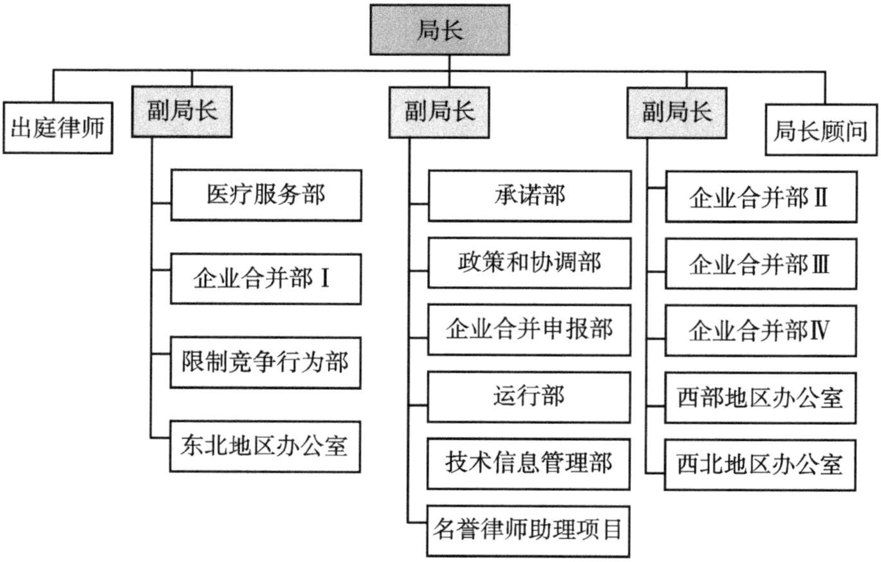

图 12　美国联邦贸易委员会竞争局内部组织结构

由图 12 可以看出,竞争局内部设有 5 个与企业合并审查有关的部门,即 1 个企业合并申报部,4 个企业合并审查部。根据《1976 哈特—斯科特—罗迪诺反垄断改进法案》,当企业合并达到一定的标准时,就必须向联邦贸易委员会和司法部进行申报。联邦贸易委员会企业合并申报部接收到企业的申报以后,就会展开初步地审查,如果经审查认为该合并会引发竞争问题,则企业合并申报审查部就会在联邦贸易委员会和司法部之间进行协调,以确定由哪一个部门具体负责展开进一步的审查。竞争局内部负责对企业合并进行审查的实体部门就主要是 4 个企业合并审查部,它们也是各自负责不同行业或领域内的企业合并审查。下面通过表 12 直观展现这 4 个部门之间的分工。①

表 12　美国联邦贸易委员会竞争局合并企业合并审查部分工

部门	负责行业或领域
合并审查部Ⅰ	与医疗保健相关的行业,包括品牌药及非专利药的生产及分销、医疗器械、保健产品消费;国防;科技;工业;技术;消费品等
合并审查部Ⅱ	煤矿、化工、娱乐、计算机硬件和软件
合并审查部Ⅲ	石油及天然气行业、运输或储存石油天然气的管道及终端
合并审查部Ⅳ	医院、消费品、超市、零售、多频道视频节目发布、传媒

由于联邦贸易委员会的功能定位是“保护美国消费者的利益”,其竞争职能的履行也是为了通过创造和维护一个公平自由竞争的环境,由此而确保消费者能够获得物美价廉的商品或服务。医疗服务与消费者的利益戚戚相关,因此联邦贸易委员会也尤为注意保护医疗服务行业的竞争,除了设立专门的医疗服务部(Health Care Division)外,合并审查部Ⅰ的职责也主要是负责审查医疗保健行业内的企业合并案件。其中,医疗服务部的职责则主要是禁止制药企业之间从事限制竞争协议行为。

除了主要审查企业合并案件外,竞争局也负责一定范围的限制竞争行为执法。其所设立的限制竞争行为部,就主要负责查处医疗保健以及制药行业以外其他行业的各种限制竞争行为,目前该部正在进行的工作包括查处利用知识产权排除竞争的行为。竞争局还设有 3 个地区机构,以负责查处该地区的垄断行为。竞争局的其他机构在此不再详述。

---

① 有关联邦贸易委员会竞争局的设置,参见“Inside the Bureau of Competition”, Accessed Nov. 3, 2017. http://www. ftc. gov/about-ftc/bureaus-offices/bureau-competition/inside-bureau-competition。

由于司法部反垄断局和联邦贸易委员会竞争局都享有反垄断执法权,因此不免会存在冲突。"DOJ 和 FTC 之间在反垄断执法方面,其职责没有正式的划分。每一个机构都依照其自身的执法重点展开执法活动。这两个机构之间还是建立起了一种机构之间的联络机制,以避免它们进行一些重复性的调查。"①也就是说,当一个机构对某一个垄断案件展开调查时,它会通知对方,两个机构进行协调后再确定由哪一机构进行调查。2007 年美国成立了一个反垄断现代化委员会(Antitrust Modernization Commission),由其对美国反垄断制度进行评估,以判断是否需要进行改革,其中的一个重要方面就是要评估是否要改变当前由两家机构共同执法的体制,不过,该委员会最终发布的评估报告仍然建议保留当前的执法体制,认为虽然单一的执法体制是更好的制度构造,但是在当时就将两家机构合并为一家将付出很大的代价,远远超出其所能带来的好处。而且,究竟让哪一家机构继续存在仍然没有共识,这种政治上来说是十分困难的。② 不过,在美国关于是否应当改革反垄断执法机制的讨论却并没有停止。

上文对美国的反垄断执法机构进行了较为详细的探讨,本书认为,美国 100 多年的制度建设还是有值得我们借鉴之处的,如无论是反垄断局还是竞争局,都依据行业的不同来划分具体执法机构的职责范围,这与德国、欧盟的做法类似。尽管由于历史等的原因,美国暂时无法将两个执法机构进行合并,但是它们却能够形成一种良好的内部协调机制,以有效解决两机构之间所存在的执法权重复问题。另外,反垄断局和竞争局有数百名工作人员,而且有很大一部分是法学家和经济学家,这就确保了其执法的能力。

作为一个反垄断法实践的后起国家,面对这一在发达国家早已发展得较为成熟的制度,对于我们而言具有经验可资借鉴,可以避免我们走他国所走过的一些弯路。但是,如果不能坚持正确的态度,这一优势也有可能转化成为一种劣势,因为每一个发达国家都有自身独特的制度构造,面对如此多可资借鉴的经验,如何选择?可以说这也是许多后起国家所面临的共同问题。作为一

---

① The handbook of Competition Enforcement Agencies 2013: A Global Competition Review Special Report, pp. 295 – 296.

② See Daniel A. Crane, *The Institutional Structure of Antitrust Enforcement*, Oxford University Press, 2011, pp. 46 – 47.

个没有他国经验可以借鉴的国家,如美国,就可以根据本国的实际情况进行不断探索,排除外来因素的“干扰”,尽管其二元执法体制本身也存在许多问题,但毕竟还是能够有效维护其本国的竞争秩序。既然我们能够有经验可循,就应当发挥这种优势。人类社会发展总具有一些共通性的东西,这是各个国家在长期的实践中不断总结出来的,可以说这就是一种共同的智慧,这在制度设计方面同样存在。

制度借鉴可以分为不同的层次,本书认为,最高层次应当是考察他国制度设计背后所隐藏的智慧,从而借鉴其通过设计该制度解决现实问题的一种理念。笔者在上文中花费了一定的笔墨对德国、欧盟和美国反垄断执法制度的设计进行了较为详细的考察,目的就在于探究是否在该制度的构造方面存在一些“普适性”的东西。当然,即便在世界范围内是“普适性”的,如果在中国不适用,则这种“普适性”对于中国而言仍然只是一种例外。通过对上述司法辖区的考察,以及对中国当前反垄断执法机制方面存在问题的分析,本书审慎地发现,这些司法辖区的如下经验,对于我们构建反垄断执法体制的长期目标是具有启示性意义的。

第一,反垄断执法机构内部应当实行科学地分工,就内部具体执法部门的设置而言,依据行业进行划分不失为一种良策。欧盟、德国、美国反垄断执法机构内部都设有具体负责查处垄断协议、滥用市场支配地位以及经营者集中行为的执法部门,这些执法部门依据行业进行划分,即每一个执法部门负责一个或数个行业内的竞争执法活动,如欧盟委员会竞争总司 C/1 部门就负责电信行业的反托拉斯执法。隐藏在这种制度设计背后的理念是承认执法人员能力的有限性,因此应当通过分工将其集中于最能够发挥他优势的领域。执法人员不可能熟知国民经济中的每一个行业情况,对特定行业内的垄断行为的有效查处,首先需要对该行业的竞争状况比较敏感,能够及时发现垄断行为;其次还要掌握该行业的一些专业知识,这样才知道如何采取措施制止垄断行为,消除其对竞争所造成的损害。而当前我国反垄断执法机构在执法过程中,执法人员需要查处所有行业内的垄断行为,如在处理具体案件过程中,执法人员需要花费大量时间向包括行业主管部门等在内的多方主体了解某一行业的一些基本情况,而这些本应当就是反垄断执法机构所应当掌握的。因此从长远来看是不利于反垄断执法的有效开展的。

第二,应当为竞争政策、产业政策、社会公共利益等提供一个“博弈”的机制，隐藏在这种制度设计背后的理念就是，竞争政策、产业政策等都不是绝对的，我们不能武断地得出结论说竞争政策高于产业政策，反之亦然。在任何案例中都应当具体问题具体分析，如果在具体案例中存在分歧，那么我们至少应当为竞争政策、产业政策以及社会公共利益的代言人等都提供一个"陈述理由"的机会，但一旦最终结果确定，则都应当予以尊重。例如，德国联邦卡特尔局可以因竞争原因而禁止某一企业合并，而联邦经济技术部可以基于产业政策、社会公共利益等考量而准许该企业合并，当然在这联邦经济技术部的地位要高于联邦卡特尔局，但是我们不能拘泥于此，我们同样可以在反垄断执法机构内部来协调竞争政策、产业政策和社会公共利益的关系。例如，反垄断执法机构认为某一垄断协议的好处要大于其不利之处，则同样可以予以准许。

第三，在反垄断执法机构内部可以设置一些专业性的机构，如经济分析部门，以专门提供经济咨询。此外，还应当有专门机构，代表本部门在法庭应诉。尽管我国《反垄断法》规定经营者对反垄断执法机构的处理决定不服，可以提起行政诉讼，但是当前我国反垄断执法机构内部显然还没有相应的制度支持其在法庭内应诉，可以说这不仅是长期目标而且是中期目标所应当解决的问题。

（四）长期反垄断执法体制设计构想

事实上，通过本节前面三部分的分析，本书关于我国反垄断执法体制长期目标的设计已经跃然纸上。本书所指的长期目标是指 21 世纪中叶当我国实现"第三步走"战略目标，达到中等发达国家发展水平时应当实现的目标。到 21 世纪中叶，市场经济的发展将得益于之前反垄断执法对市场竞争的保护，而届时市场经济的发达程度又会对科学高效的反垄断执法制度提出强大的制度需求。正是基于这样的认识，本书认为，完善反垄断执法机制具有坚实的实践基础。到 21 世纪中叶，经过长期的发展，对市场竞争秩序维护的重要性将不断增强，而维护市场竞争秩序的"工具"——反垄断执法机构，也将在此过程中不断彰显自身的价值，提升成为一个部级单位也并非没有可能。当然，反垄断执法机构的重要性并不一定要表现在其行政级别的高低，而在于其是否能够创造和维护一个公平、自由的有序竞争环境。

根据上文研究得出的结论，本书认为，在反垄断执法机构内部负责具体执法的部门应当依据国民经济的行业进行划分。根据国家统计局行业分类标准,我国国民经济行业可分为表13中的20类。[①]

表13　我国国民经济行业分类

A	农、林、牧、渔业	H	住宿和餐饮业	O	居民服务、修理和其他服务业
B	采矿业	I	信息传输、软件和信息技术服务业	P	教育
C	制造业	J	金融业	Q	卫生和社会工作
D	电力、热力、燃气及水生产和供应业	K	房地产业	R	文化、体育和娱乐业
E	建筑业	L	租赁和商务服务业	S	公共管理、社会保障和社会组织
F	批发和零售业	M	科学研究和技术服务业	T	国际组织
G	交通运输、仓储和邮政业	N	水利、环境和公共设施管理业		

不过,由于垄断案件的数量并非平均分配于上述各个行业中,在某些行业中垄断案件发生的数量较多,而在某些行业则较少。此外,上述行业划分有的范围过大,例如制造业,其下面又包括31种不同的制造业,如果由一个部门来负责制造业行业垄断行为的查处,则其工作任务将十分繁重,甚至由数个部门共同担任都难以实现。而其他一些行业,如教育行业,其内部的垄断行为就相对较少,因此不能严格依照上述分类标准来作为划分反垄断执法具体部门的依据。

依据行业进行划分的依据是为了通过分工,使某一执法部门长期负责某一行业或某几个彼此之间具有一定关联的行业的反垄断执法活动,从而使其在长期的执法活动中积累在该领域中执法的经验。如果不遵循一定的规律,

① 《行业分类标准》,载国家统计局:http://www.stats.gov.cn/tjsj/tjbz/hyflbz/,最后访问日期:2017年11月4日。

将两个彼此之间关联性很小的行业,如食品行业和计算机软件行业归为一类,则不仅无法达到上述效果,反而会分散该执法机构执法人员的精力。正是基于这样的考虑,本书认为,可以依据制造业和服务业将上述行业进行重新组合。例如,制造业中的农副食品加工业,食品制造业,酒、饮料和精制茶制造业就可以归为食品类,而且还可以与 H 中的餐饮业归为一类。因此,本书将上述行业按照其彼此之间的关联性重新分为表 14 中的 12 类。

表 14　我国国民经济行业的再分类

A	食品、酒、饮料、餐饮	E	教育、文化、体育、娱乐、旅游	I	装备制造、专用设备、汽车、运输设备、交通
B	烟草、能源、邮政、快递	F	石油、天然气、化学、橡胶	J	电信、信息、计算机硬件及软件、电子设备、家用电器
C	纺织、服装、木材	G	医药、医疗保险、金融	K	批发及零售
D	造纸、印刷、出版	H	金属开采及制造、金属冶炼	L	建筑、非金属矿物、房地产

当然,即便是经过上述划分,也并不代表这各个行业的垄断案件大致相当。例如,A 行业的垄断案件就可能要多于 D 行业的垄断案件,对此完全可以通过调整负责该行业执法人员的数量来解决该问题。例如,可以按照 A 行业垄断案件的数量来确定实际的工作负荷量,进而依此来确定执法人员数量,如果 A 行业垄断行为的数量是 D 行业的 2 倍,则其执法人员数量就同样可以为 D 行业的 2 倍,不过在实际确定过程中要远比此复杂。

根据上文的构想,本书拟定出了长期反垄断执法体制设计的结构图,如图 13 所示。

虽然我国已经成立了统一的国家市场监督管理总局,但是在图 13 中我们仍然以反垄断委员会作为载体,因为在今后的国家机构改革中,国家市场监督管理总局可能——事实上是必然——又会不断面临其他的改革。正如文学作品中主人公并不代表就是作者,我们在进行制度探讨时,也不直接以国家市场监督管理总局作为对象来展开。反垄断执法机构具体定何种名只是形式上的

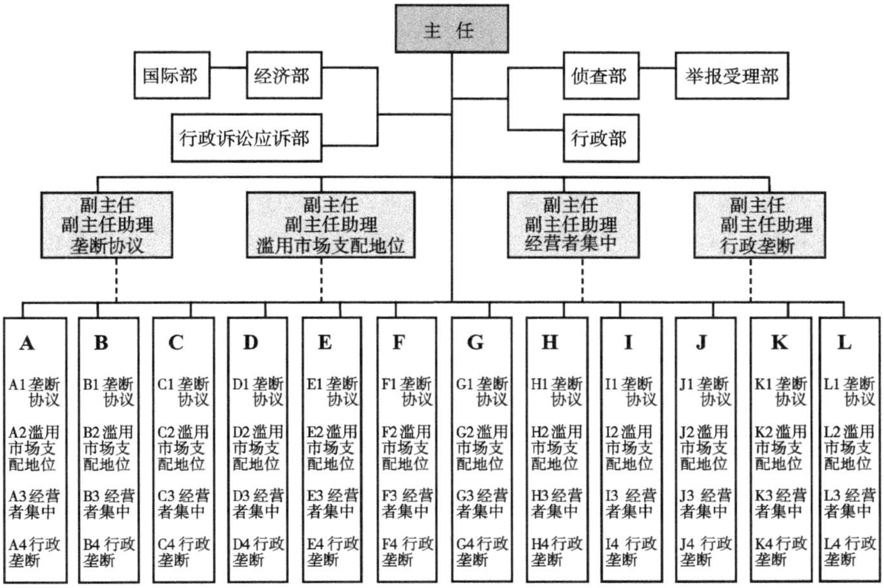

图 13　长期反垄断执法体制设计结构

问题,对反垄断执法体制的实质部分并无太大影响。下面就图 13 进行说明。

第一,在反垄断委员会下面依据上文进行的行业划分相应设立 12 个负责具体执法的部门,可以称作 A 处、B 处等。每一处都负责某一或某几个行业的反垄断执法工作,如 A 处就负责食品、酒、饮料、餐饮行业垄断行为的查处,之前所发生的外国奶粉价格垄断案、五粮液茅台价格垄断案、可口可乐并购汇源案均属此列,如果在今后发生类似的案件,则就由 A 处具体负责查处。进行如此制度设计的优势就在于,能够使 A 处的执法人员长期关注食品、酒、饮料、餐饮行业的市场竞争状况,能够对这些行业的市场竞争结构有比较好地掌握,一旦市场上出现垄断行为,或者市场结构可能发生变化,则该处的执法人员就能够及时察觉,迅速采取相应措施,从而保证了执法的效率。同时,执法机构也能够针对该行业的特点有针对性地提出能够切实将垄断损害降至最低的措施。例如,在附条件通过的经营者集中案件中,执法机构就能够附加更科学的限制性条件,以尽可能减少该集中对竞争所产生的不利影响。

总之,进行这样的制度设计,既可以发挥执法人员在竞争分析方面的优势，又能够保证其具有熟知具体行业的能力，而这两方面对于案件的正确处理都是必不可少的条件。在A、B等12个执法处内部，又根据垄断行为的类型设立4类分处，如在A处内部又设立A1垄断协议分处、A2滥用市场支配地位分处、A3经营者集中分处、A4行政垄断分处。进行这样的制度设计，目的在于保证每一个处都能够独立的查处其所负责行业领域内的所有类型的垄断行为。这是符合反垄断执法规律的，因为如果A处仅负责食品等行业内垄断协议的查处，而由其他处负责食品等行业内滥用市场支配地位、经营者集中等类型的垄断行为的查处，则又会造成各个处之间职责的交叉与重叠。在各个处的人员编制上，应当依据各处所负责行业内发生垄断行为的数量来确定，即如果某一行业垄断行为较多，保护竞争的任务较重，则应当相应多配置执法人员。在各处内部分处执法人员的配置方面也类似，如在食品行业如果垄断协议案件要多于经营者集中案件，则可以在A1处配置更多的执法人员，总之，应当坚持具体问题具体分析的原则，灵活地进行执法人员的配置。

第二，在主任下面设立4个副主任，分别主管垄断协议、滥用市场支配地位、经营者集中和行政垄断行为的执法。副主任下面又可以设立1名或多名助理，以协助副主任展开工作。各副主任不直接干预各处的反垄断执法工作，但是，对于复杂垄断案件的查处，各副主任可以对各执法处提出指导性意见；对于跨行业的垄断行为的查处，由于超出了单个执法处的负责范围，因此应由副主任负责处理。各执法处在进行反垄断执法时，应当从竞争的角度出发分析案件，而无须考虑产业政策等。不过，各位副主任则需要综合考虑各种因素，如经营者的经营行为是否会有利于整体经济的发展，是否会有利于消费者的利益等，从而经过综合权衡以后作出最终处理决定。

第三，反垄断委员会下应当设立行政诉讼应诉部。在德国、欧盟、美国反垄断执法机构内部都设有相应的应诉部门，如果当事人对于执法机构作出的处理决定不服，则可以向法院提起诉讼，此时反垄断执法机构应当有相应的部门负责此类应诉事务。我国《反垄断法》规定，经营者对于反垄断执法机构所作出的处理决定不服的，可以提起行政诉讼。但截至目前，尚没有经营者对反垄断执法机构作出的决定提起行政诉讼，这一方面可能由于经营者对于处理决定认可，另一方面也可能由于经营者认为行政诉讼复杂，“民告官”比较难。不过，随着法治及民主的不断发展，本书认为，今后反垄断行政诉讼的案件将日益增多，这实际上也是一种正常的现象。2013年12月31日第十二届全国人大常委会第六次会议初次审议了《中华人民共和国行政诉讼法修正案(草案)》,其中对于行政诉讼法进行了较大的调整。[①] 此次修改对于推动反垄断行政诉讼的发展也具有重要的意义。从制度的完善角度来看,反垄断执法机构内部必须设立相应的应诉部门,以保障反垄断行政诉讼的顺畅进行。

此外,反垄断委员会内部还设立侦查部、举报受理部、经济部、国际部等部门,它们与之前中期目标设计中所承担的功能大致类似。侦查部负责主动侦查市场中的垄断行为,它与各执法处的侦查是互相促进、互相配合的一种关系。举报受理部则主要是受理各种对垄断行为的投诉,这也是发现垄断行为的一种重要的方式。经济部主要由经济学家组成,为反垄断委员会内各部门的工作提供必要的经济分析支持,如执法处在处理经营者集中案件需要对市场集中度进行计算时,就可以向经济部进行咨询。国际部的职责主要是同世界各国反垄断执法机构展开交流与合作等。

本章对我国反垄断执法权的横向配置问题进行了较为深入和全面的探讨,在分析当前反垄断执法权横向分权局面形成的历史以后,本书认为部门利益、"政治惯性"等因素对于当前横向分权局面的形成具有重要的影响。随着执法实践的不断发展,当前的横向分权体制也暴露出了许多问题,尽管在最近一些年反垄断执法机构进行了大量的执法,但市场竞争秩序仍然令人堪忧,究其原因,乃是当前执法体制自身存在无法克服的缺陷,因而无法真正适应反垄断执法的需要。作为补救机制的反垄断委员会的设立依然无法发挥实质性的作用。反垄断执法体制的改革势在必行,但不能一蹴而就,应当坚持渐进式改革的思路,将改革的推进与市场经济发展水平、程度及阶段紧密结合起来,脱离实践要求的改革必定无法成功。本书根据我国经济发展"三步走"战略,将2020年前后作为我们实现反垄断执法体制改革中期目标实现的节点,而将21世纪中叶我国达到"中等发达国家水平"作为我们实现反垄断执法体制改革长期目标的节点,在文中详细论述了本书为什么选择这两个时间节点的原因。本书紧密结合我国政治、经济的发展,考虑国际等因素的影响,同时借鉴了有关国家的制度理念,从而相应设计出了中期目标和长期目标,当然在具体机构的内部设置上可能还有有待完善的地方,但其至少代表了本书所进行的一种有益探索。

---

① 参见《行政诉讼法修正案(草案)条文》,载全国人大网:http://www.npc.gov.cn/npc/xinwen/lfgz/flca/2013-12/31/content_1822050.htm,最后访问日期:2017年11月4日。

第六章　反垄断执法权的纵向配置

理论界往往狭义地从横向方面来理解“分权”一词，而忽视了分权的另一个重要方面，即纵向分权。固然，科学的横向分权可以通过权力之间的制衡机制来确保权力不被滥用，其重要性自然不言自明，但是，权力的纵向分配——对于一个国家而言最为重要的形式即中央与地方的分权——也同样重要，科学的纵向权力分配可以最大限度地发挥中央与地方两个积极性，而这对于社会经济等任何方面的发展都是必不可少的：不能发挥地方的积极性，则发展将失去最为广泛的基础，如同是火车头牵引着缺少车轮的车厢，任凭火车头有再大的牵引力，火车亦寸步难行；同样，即便是地方都积极性很高，但如果中央没有有效的手段进行正确的领导，则各自为政、形如“一盘散沙”的地方同样无法达至远方。

具体至反垄断执法权而言，横向配置固然重要，但也不能忽视对其纵向配置问题的探讨。遗憾地是，无论是在立法过程中，还是在法律颁布以后的理论探讨中，这一问题都未能引起足够的重视，从而导致在反垄断执法权的纵向配置方面仍然存在较大问题，而且理论准备也存在严重不足。上文第五章中对反垄断执法权的横向配置进行了较为深入的研究，在此章再对其纵向配置展开探讨，以构成一幅完整的图景。

一、央地分权的历史演变

中央与地方的分权既是一个政治问题,也是一个法律问题。如果在这一问题上处理不当,从大的方面来讲可能会影响整个国家的安定,从小的方面来讲也会影响分权事项所涉及领域的发展。中央与地方的分权是历史上各个朝代都面临的一个重要问题,纵观历史不难发现,凡是当中央与地方的关系能够得到较好处理时,也往往是社会稳定、国运昌盛的年代,反之,则通常是更朝换代的前兆或起因。对中国2000多年中央与地方分权历史中的重要事件进行考察,有助于我们从中洞悉纵向分权的规律,如此,将有利于本书对反垄断执法权纵向分权规律的探索,进而完善相关的制度。

(一)中国古代央地分权的考察

中央与地方这一对政治范畴,在现实中的最早可以追溯到夏朝。“据史料记载,我国古代,在夏朝就出现了统一的中央政权和中央辖属的地方政权。因此,从夏朝开始,我国就产生了中央与地方的关系。”①不过,夏朝以及之后的商朝、周朝都实行的是分封制。如在周朝,周天子依据宗法血缘关系逐级向下分封土地、权力,受封的诸侯又依据宗法血缘关系向下分封,从而形成了尊卑分明、上下有别的等级体制。正如《左传》中所言,“吾闻国家之立也,本大而末小,是以能固。故天子建国,诸侯立家,卿置侧室,大夫有贰宗,士有隶子弟,庶人工商各有分亲,皆有等衰”。② 也就是说,周天子作为一国之君,其下设立各诸侯,各诸侯下又可设立诸卿,而各卿下又可以设立大夫,总之,通过血缘关系将土地和人口层层授予,就可以保障越到下级力量越分散,“本大而末小”,同时还能相互制衡,从而有利于维护君主的统治。可见,“在分封制下,中央与地方关系主要靠两条纽带来维系,一条是血缘关系纽带,另一条就是中央的实力”。然而,“随着时间的推移和世系辈分的更替,原来的宗法关系越来越淡化,这样,维系中央与地方的关系就愈来愈依赖于中央的实力”。③ 一旦中央的实力无法对地方形成有效控制时,各个地方的诸侯就会自立为王,从而致使整个国家陷入分裂之中。因此,周朝末期国力式微直接导致了后来春

---

① 薄贵利:《中央与地方关系研究》,吉林大学出版社1991年版,第86页。

② (春秋)左丘明:《左传·桓公二年》,线状书局2007年版,第24页。

③ 薄贵利:《中央与地方关系研究》,吉林大学出版社1991年版,第87页。

秋与战国时期各诸侯国林立的“混乱”局面。直到秦国统一六国以后，才又实现了整个国家的统一，而秦朝也成为中国历史上第一个统一的中央集权封建国家。

秦始皇统一天下以后，吸取之前分封制所带来弊端的教训，推行已在春秋战国时期逐步形成的郡县制。“秦代的基层政区是县，在少数民族地区的县则称道，县以上设郡，为纯粹的郡县二级制。秦始皇二十六年分天下为三十六郡……(后)增至四十九郡。秦县数目没有文献记载，推测总数在一千之谱，平均起来，每郡约统二十来县，这样的层级和管理幅度都是比较合理的。”①郡县官吏的任免权完全集中于中央，因而形成一种完全的中央集权制。

秦朝灭亡以后，西汉承继了秦朝的郡县制，不过又分封同姓诸侯，从而实行郡县制与诸侯国并行的两种地方制度。为了防止地方诸侯国力量过于强大而影响中央的统治，汉文帝、汉景帝和汉武帝不断采取措施，削弱各诸侯国的权力。如汉武帝采取“推恩令”，要求各诸侯国进一步分封其土地，这样就不断削弱了各诸侯国的权力，使其无法与中央相抗衡。两汉沿袭了秦朝的郡县制度，不断扩大郡县的数量，以削弱郡县的实力，不过也相应地扩大了郡守和县令的权力。东汉中后期，地方权力不断增大，中央对其控制力下降，从而逐渐进入了一个地方割据的局面。

三国两晋南北朝是国家分裂和民族大融合时期，除了西晋有过短暂的统一外，300 多年间都处于分裂状态，因此就当时的整个中国而言是不存在统一的中央的，当然，在这种分裂状态中所建立的各个国家内部，仍然是存在中央与地方关系的，不过这不在本书探究的范围之内。

隋朝吸取了魏晋南北朝分裂割据地方分权的弊端，推行较为彻底的中央集权制度。在隋朝初年仍然沿用州、郡、县三级地方行政建制，不过隋文帝时期取消了郡这一级的行政建制，而仅保留州、县两级，以州统县。隋炀帝则改州为郡，仍保留两级地方行政机构，在本质上是没有实质性改变的。这样有利于加强中央对地方的控制。隋朝时期还由中央统一任命地方官吏，后又实行科举制。② 虽然隋朝仅有几十年的历史，但其重新实现了中国的统一，而且在

---

① 周振鹤:《中央地方关系史的一个侧面(上)——两千年地方政府层级变迁的分析》，载《复旦学报》(社会科学版)1995 年第 3 期。

② 参见李治安:《中国五千年中央与地方关系》(上)，人民出版社 2010 年版，第 259 页。

中央与地方制度构建方面也具有较大建树,对后世影响深远。

唐沿隋制,在隋朝制度的基础上发展,进一步完善了中央与地方行政体制。唐朝在中央实行三省六部制,旨在在中央各机构之间形成一种相互制衡监督的关系,以更好地维护皇权;在地方仍然仿效隋制,设立州(郡)、县两级制。“太宗时,为加强对地方的控制,分全国为十道。玄宗时又划分为十五道。道是州之上的监察区。唐后期,道则成为州之上的一级行政机构。”①唐朝中后期,由于地方割据势力不断扩大,超出了中央能够控制的范围,因而爆发了安史之乱,这也是唐朝由盛转衰的标志。“大体以安史之乱为界,唐代中央与地方的关系从前期的内重外轻转变为后期的内轻外重。”②在安史之乱以前,强大的中央集权能够确保中央对地方进行较好的控制,因而整个国家也就安定,而之后地方权力过大,从而最终架空了中央,使国家陷入分裂。这次动乱以后,唐朝又陷入了藩镇割据的局面,一直延续直至唐朝灭亡。统一的唐朝灭亡以后,中国又进入了五代十国分裂割据的局面,直到公元960年宋朝建立以后才逐渐实现了统一。

为避免出现唐朝后期地方割据不断削弱中央统治基础的弊端,宋朝在地方设立了路、州、县三级行政建制,这看似与唐朝后期的道、州、县三级体制类似,但在本质上却存在不同。唐朝的道一级行政机构是诸权合一,从而使其能够对抗中央,宋朝吸取了这一教训,在道内部又实行分权,以形成相互制衡的关系。“路级政区实行诸司并立体制。‘司分既异,所行不复相照’,即各司负责处理一路所属之职事,各司互不统摄,治所亦不在一地。”③这样就可以确保中央能够对地方进行有效的控制,避免重蹈唐朝后期的覆辙。由于宋朝过于中央集权,而且强调机构之间的制衡,因而导致行政臃肿,效率低下,结果导致宋朝积贫积弱,最终灭亡。

元朝取代宋朝以后,仍然沿袭了汉族的政治制度,同时又由于元朝疆域辽阔,又相应进行了制度创新,行省制度的确立即是典型。元朝在地方设立10个行省,作为中央监督地方的重要机构,行省制度对明清乃至当今的行政区划都具有十分重要的影响。在地方,元朝实行路、府、州、县四级制,地方各级的

---

① 李天石:《中国古代史教程》,南京师范大学出版社2011年版,第256页。

② 李治安:《唐宋元明清中央与地方关系研究》,南开大学出版社1996年版,第98页。

③ 同上书,第109页。

官吏的任免均由中央掌握，以确保中央对地方的有效控制。“元代开创的行省制中央集权，比起以前郡县制的中央集权，属于专制主义中央集权较高级、较进步的形式。其明显进步之处，就是在郡县制为特征的中央集权型单一制整体的基础上，又增加了‘分工性地方分权’的行省设置，而且使后者能够适应疆域广袤、地方官府层级较多等历史条件，切实地为专制主义中央集权服务。”①在高度集权的国家，社会经济的发展也高度依赖于中央统治集团的治理能力，而一旦高层也日益腐败，则整个国家也必定衰落，元朝正验证了这一点。

明朝建立以后，为了加强皇权，废除了实行千余年的宰相制度，为避免因废除宰相而影响皇帝处理政务，又实行内阁制度。在地方上实行省、府、州、县四级体制。省一级又实行三司制度，由三司分掌行政权、司法权和军事权，以防止省一级的权力由一人独掌而威胁到中央的统治。到了明朝中后期又设立总督、巡抚，位于三司之上，以进一步加强对下级行政机构的监督。明朝在中央与地方制度方面进行了制度的创新，实现了中央对地方的有效控制，但由于明朝贤君较少，宦官专权，从而导致明朝灭亡。

清朝建立后大体上仍然沿用明朝的制度，不过又设立的军机处，成为直接对皇帝负责的决策机构，大大加强了中央集权。在地方，清朝实行省、道、府、县四级，省一级的最高长官为总督和巡抚，总督和巡抚具有很大的权力，这不同于明朝。而且，总督和巡抚之间还相互制衡，以保证中央对地方的控制。清朝省级制度的设计对于当今中国的省级行政区划影响很大。清朝贤明君主较多，而且中央地方政治体制设计较为合理，从而保证了清朝中前期的繁荣。

通过上文对自夏朝至清朝中前期中央与地方关系的梳理，不难看出，在这数千年的政治制度演变史中，各朝在建立之后，都吸取了前朝灭亡的教训，在进行制度设计时尤为注意处理好中央与地方的关系。尽管各朝所进行的具体制度设计各异，但是自秦朝开始都围绕着加强中央集权而展开，唐朝以前，各朝都以秦朝的郡县制为基础，总体而言地方行政机构采取两级制，但由于地方郡县的集政治、经济、军事等权力于一体，从而容易导致地方割据，许多王朝都因此而走向灭亡。宋、元、明、清四朝都不是因为地方割据而导致灭亡的，原因在于自宋朝以后，各朝都加强了地方权力机构内部的制衡，从而有利于加强中

---

① 李治安：《唐宋元明清中央与地方关系研究》，南开大学出版社1996年版，第256页。

央对地方行政机构的监督。

固然，历朝的兴亡史并不能为我们的制度建设提供直接的经验，但其却能够为我国提供一种更为宏观层面的警示意义。即能否正确的处理中央与地方的关系，始终是关系到国家安定和发展的重要问题，权力过于集中于中央，则会束缚地方的手脚，抑制其积极性；而如果中央权力过小，地方享有的权力过大，则可能会导致各地方各自为政，影响中央的统一部署。在中国古代，处理好中央与地方的关系主要是出于维护皇权的统治的需要，而对于当今的中国而言，更多地则是关系到社会主义市场经济的发展。自 1949 年中华人民共和国成立以来，关于中央和地方关系的探讨就一直没有停止，而且中央与地方的分权实践也贯穿于这 60 多年的始终。①

（二）中华人民共和国成立以后央地关系探析

1949 年中华人民共和国成立标志着我们党进入了新的阶段，然而，革命时期的有利因素在建设时期可能就会成为不利的因素。例如，在革命时期农村包围城市的过程中，各个革命根据地的建立对巩固红色政权、抗击国民党的围剿起到了非常大的作用；而在建设时期，如果没有正确的引导，原来各根据地的力量可能就会成为引发分裂的因素。因此，“在这一历史背景下，我们可以看出中国在当年实行强有力的中央集权，压缩地方权力，几乎不可避免。保证党的统一，国家的统一，权力的集中，消除任何可能危及政权的危险，这是当时的中国共产党的最高层必须注意的一个大问题”。② 然而，在经过社会主义改造以后，高度的中央集权也暴露出了诸多问题。根据薄一波同志的回忆，毛泽东同志在听取薄一波同志汇报国务院三办工作时曾说：“我去年出去了几趟，跟地方同志谈话，他们流露不满，总觉得中央束缚了他们。地方同中央有矛盾，若干事情不放手让他们管。他们是块块，你们是条条，你们无数条条往下达，而且规格不一，也不通知他们；他们的若干要求，你们也不批准，约束了

---

① 依据历史脉络，只有对中国近代史即 1840～1949 年中华人民共和国成立以前的这段历史央地关系进行探讨才称完整，但本书却并不打算这样做，因为就这 109 年的历史而言，前 60 多年面临外侵，后 40 多年处于军阀割据和内战之中，因此这种非常时期进而近似畸形的中央与地方关系的探讨对正常时期的中国在制度构建方面并无多大借鉴意义。

② 苏力：《当代中国的中央与地方分权——重读毛泽东〈论十大关系〉第五节》，载《中国社会科学》2004 年第 2 期。

他们。”①

毛泽东同志在听取30多个部委的汇报以后，发表了著名的《论十大关系》，其中第五节对中央和地方的关系进行了阐述：“中央和地方的关系也是一个矛盾。解决这个矛盾，目前要注意的是，应当在巩固中央统一领导的前提下，扩大一点地方的权力，给地方更多的独立性，让地方办更多的事情。这对我们建设强大的社会主义国家比较有利。我们的国家这样大，人口这样多，情况这样复杂，有中央和地方两个积极性，比只有一个积极性好得多。”②那么，如何发挥地方的积极性呢？毛泽东同志认为，一方面，要提倡同地方商量办事的作风，在处理与地方有关的事情方面，中央各部门在下命令时要先同地方商量。另一方面，根据中央部门类型的不同，分别赋予地方不同的权力，如有的中央部门在地方上设有管理机构和企业，则应当由地方进行监督；还有的中央部门的任务是提出指导方针，制定工作规划，则相关的具体事情就应当交由地方去办理。③ 当然，毛泽东同志也认识到，地方分权问题如果处理不好，则很有可能造成如高饶反党联盟的事件，因此，“必须有中央的强有力的统一领导，必须有全国的统一计划和统一纪律，破坏这种必要的统一，是不允许的”。④ 可见，毛泽东同志在处理中央与地方关系时，既强调要坚持中央的统一领导，又要给予地方必要的权力，以发挥其积极性，这是一种全面的观点。在这一分权思想的指导之下，中央不断向地方下放权力。1958年中央向地方下放了企业管理权、计划管理权、基本建设项目审批权、劳动管理权、财税权等权力。⑤ 而自1958年开始的“大跃进”也促使中央不断向地方放权。虽然毛泽东同志在1956年提出了正确的分权思想，但在随后的分权过程中又严重违背了其原来的正确主张，从而使整个国民经济陷入混乱之中。不过，中央还是认识到了问题，在1959年以及随后的数年中不断开始收权，强调全国一盘棋。

---

① 薄一波：《若干重大决策与事件的回顾》(上卷)，中共中央党校出版社1991年版，第482～483页。

② 毛泽东：《论十大关系》，人民出版社1976年版，第11页。

③ 同上书，第12页。

④ 同上书，第13页。

⑤ 参见辛向阳：《百年博弈——中央与地方关系100年》，山东人民出版社2000年版，第202～203页。

然而,自1966年开始的10年“文化大革命”,则完全使国家脱离了正常的发展轨道,中央与地方党组织、政府许多机构实际上都处于瘫痪的状态。在这次浩劫中,地方权力不断扩大,而中央的权力则日趋孱弱。总之,在这10年中由于坚持了错误的指导思想,中央与地方的关系是畸形发展的。而直到1978年改革开放方针确立以后,中央与地方关系的发展才又不断走向正常。中央与地方的关系中,一般而言又以财政税收关系最为重要,因为权力最终所指向的是具体的资源,权力是一种能够支配资源的能力。1978年以后,对于中央和地方之间关系的探索,也主要是从财政税收入手的。

我国的财政体制改革是从“分灶吃饭”开始的。1980年国务院发布了《关于实行“划分收支、分级包干”的财政管理体制的暂行规定》,这标志着我国正式启动了财政管理体制改革。“划分收支、分级包干”明确了中央和地方的财权和事权,有利于调动两方面的积极性,打破了过去“吃大锅饭”的格局。与此同时进行的是“利改税”,即改变过去由国营企业向国家上交利润的做法,而由其缴纳税金,税后利润留给企业,这大大调动了国营企业的积极性。这次“利改税”,从根本上改变了我国税制的整个面貌,使中央与地方的财政划分与税种联系起来了。[①] 这次税制改革也要求对“划分收支、分级包干”体制进行相应的调整,因为财政划分的基础已经从以前国营企业上交的利润改变为缴纳的税金。国务院决定从1985年开始实行“划分税种、核定收支、分级包干”的预算管理体制。这次改革以“划分税种作为划分各级财政收入的依据,使‘分财’向‘分税’过渡,地方政府的财权进一步加强”。[②]

不过,上述体制实行以后,在实践中出现了一些新的问题,主要表现为中央财政收入所占比重不断下降,从而导致中央财政赤字问题突出;此外,各个地区所受影响也不一样,经济发展较快的地区认为上交比例过高,而在另外一些地区则出现财政收入下降,收支失衡。[③] 就是在这种背景之下,国务院于1988年发布了《关于地方实行财政包干办法的决定》,决定在全国实行多种形式的财政包干制,包括“收入递增包干”“总额分成”“总额分成加增长分成”

---

① 参见邓子基、唐文倩:《从新中国60年财政体制变迁看分税制财政管理体制的完善》,载《东南学术》2011年第5期。

② 叶振鹏、赵云旗:《新中国60年财政转型之研究》,载《中国经济史研究》2009年第3期。

③ 参见马静:《财政分权与中国财政体制改革》,上海三联书店2009年版,第56页。

等6种办法。不过,此次所进行的改革过于复杂,导致国家财政没有统一的标准,而且中央财政所占比重继续下降,严重影响了中央政府职能的发挥。

鉴于上述情况,以及我国于1992年发展社会主义市场经济体制目标的确定,国务院于1993年发布了《关于实行分税制财政管理体制的决定》,决定实行分税制改革。分税制改革的指导思想之一就是要"正确处理中央与地方的分配关系,调动两个积极性,促进国家财政收入合理增长",要"逐步提高中央财政收入的比重,适当增加中央财力,增强中央政府的宏观调控能力"。① 2001年国务院决定"改革过去按企业隶属关系划分所得税收入的办法,对企业所得税和个人所得税收入实行中央和地方按比例分享"。② 根据该改革方案,2002年中央和地方各分享50%;2003年中央分享60%,地方分享40%;2003年以后的分享比例根据实际情况调整。分税制改革是中华人民共和国成立以来所探索的一条比较好的方法,在现实中取得了较大的成效:中央和地方的财政收入都得到了稳步增长,使中央财政的宏观调控能力得到了大大增强。"在中央与地方的关系上,中央财政的实力以及所谓的'国家能力'不断增强。中央财政不但独立于地方财政,而且地方财力的近三分之一需要中央财政拨付转移支付进行补助。通过这种先集中财力、再进行补助的方式,中央实际上掌握了对财政收入的再分配权力,加强了中央权威,比较彻底地消除了财政上'诸侯割据'的潜在危险。"③

不过,我们也应当注意到,经过将近20年的发展,分税制也暴露出一些问题。分税制使中央的财政收入不断增加,这应当说解决了当初中央财力过弱的问题。但是,由于主客观方面的原因,我们所设计的制度往往在解决一些问题的同时又产生了另外一些新的问题。分税制使地方财政受到了较大的影响,一旦税收无法满足地方政府正常运转时,其必定会另谋他法。"分税制改变了中央与地方政府的财权分配格局,但却没有对事权进行相应的调整和重新划分,'财权上移'、'事权留置甚至增加'导致地方财政收支'剪刀差',地

① 《国务院关于实行分税财政管理体制的决定》,载人民网:http://www.people.com.cn/item/flfgk/gwyfg/1993/112202199301.html,最后访问日期:2017年1月14日。

② 《国务院关于印发所得税收入分享改革方案的通知》,载中央人民政府网:http://www.gov.cn/gongbao/content/2002/content_61880.htm,最后访问日期:2017年1月15日。

③ 周飞舟:《分税制十年:制度及其影响》,载《中国社会科学》2006年第6期。

方政府只有寻求新的非正式资金收入来化解中央财政集权的压力。”①而通过出让土地获取收入则成为大多数地方政府的选择，因而形成了“土地财政”。当前某些地区房地产业的畸形发展也可以从这里找到根源。

正如巴斯夏所指出的那样，“在经济领域，一个行动、一种习惯、一项制度或一部法律，可能会产生不止一种效果，而是会带来一系列后果。在这些后果中，有些是当时就能看到的，它在原因发生之后立刻就出现了，人们都能注意到它；而有些后果则得过一段时间才能表现出来，它们总是不被人注意到，如果我们能够预知它们，我们就很幸运了”。② 分税制改革增强了中央的财力，提高了中央宏观调控的能力，这是我们所预料到的，事实上也是我们期望通过分税制改革所要达到的主要目的，然而，由于分税制改革而造成的“土地财政”问题，则是我们所不愿看到的。在今后的改革中，我们应当不断提高对改革所具有的负面效果的预测能力。

在我国分税制实行20年后的今天，中央与地方政府之间的关系又走到了一个必须进行改革的阶段。党的十八届三中全会指出，要“保持现有中央和地方财力格局总体稳定，结合税制改革，考虑税种属性，进一步理顺中央和地方收入划分”。虽然没有明确提出如何具体理顺中央与地方收入划分的措施——在这种纲领性的文件中事实上也不可能进行细致的规定，但是，借助于此次全面深化改革这一大的趋势，中央与地方之间的关系必然也要经历一次大的调整，使中央与地方在事权与财权方面达到一个大致协调的状态。

中华人民共和国成立以后的最初数年中，应当说中央与地方之间的关系处于一种正常的探索之中，然而之后的“大跃进”以及“文化大革命”，则使整个国家都陷入了一种畸形发展的阶段，而中央与地方之间的关系自然也不可避免。改革开放以后，中央与地方之间的关系以财政税收为轴心展开，即一种以财权和事权为内容的央地关系探索。不过，在过去60多年中央与地方关系的发展中，始终贯穿一个原则，那就是毛泽东同志所指出的要调动中央和地方两个方面的积极性。社会主义事业的发展，如果仅靠中央的领导而没有地方的大力支持、推动，或者只有各个地方各自为政的发展而没有中央的统一领

① 吴群、李永乐：《财政分权、地方政府竞争与土地财政》，载《财贸经济》2010年第7期。

② ［法］弗雷德里克·巴斯夏：《财产、法律与政府——巴斯夏政治经济学文萃》，秋风译，商务印书馆2012年版，第5页。

导、部署,则都是“一条腿走路”,而这显然是无法走完社会主义建设这一“万里长征”的。

(三)历史的经验与教训

中国数千年的发展历史同时也是中央与地方的一部分权史,但中国自古以来就是一个中央集权的国家,因此,中央与地方的分权实际上也主要是一种自上而下的放权。如何处理中央与地方之间的关系,地方应该享有哪些权力、享有多大的权力,等等,这都主要是由中央政府在权衡各方面的因素后作出的一种制度安排。当然,地方也并非处于完全被动接受的地位,它们也会表达自身的利益诉求,以争取更大的、对自身有利的权力。

中央与地方之间的关系总是呈现出一定的周期性,即集权与分权是交替进行的,当权力集中于中央并暴露出诸多弊端时,中央就会在一定程度、范围之内向地方进行分权;当权力分散于地方并可能影响中央的权威时,中央就会进行集权。例如,在古代,当一朝代刚刚建立之时,君王为了表彰在战争中功勋显赫的将领,往往会任命其为地方的官员,后来又会因为担心地方势力过大而威胁自身的统治,从而会采取各种方式剥夺或削弱这些地方官员的权力。而在中华人民共和国成立以后的中央、地方关系改革中,也出现了“集权——分权——再集权——再分权……”这一无限循环,与之伴随的则是“一收就死、一放就乱”的怪相。正如有学者所指出的:“在传统体制内,任何一种行政分权的改革,在带来地方政府的积极性的同时,都必然以某些宏观效益的流失为代价。因为在没有其他的经济运行规则取代行政规则以前,任何削弱中央政府行政权约束的改革都必然会导致整个经济运行的混乱。从而导致经济周期性过热、紧缩、再过热、再紧缩的‘体制循环’的病症。这也许是在传统体制框架内实行行政性分权的改革必然出现‘一统就死、一放就乱’的主要原因。”①

同样,当地方分权暴露弊端时中央就会决定进行收权,但这种收权的本意并非是限制地方政府在该领域内的积极性、创造性,而只是将超出地方政府所应享有权力的部分收归中央,从而形成“全国一盘棋”。不过,这种集权毕竟会打破地方在原有体制下所享有的诸多利益,中央政府原本希望地方政府能够在被收权的领域发挥创造性,在其所应当享有的权力范围内发挥主观能动

① 胡永明:《市场经济与产权改革》,中国人民大学出版社1993年版,第50页。

性,在中央政府的领导下共同实现发展的目标。但出乎中央意料的是,地方政府却选择“另辟蹊径”,在其他领域中进行创新,作为具有自身独特利益的主体,地方政府“创造”出其他一些方式来弥补因中央收权而给其带来的“损失”。因此,在“一统”之后不应当“死”的地方却“死”了,在不应当“活”的地方却一片生机盎然。

无论是在古代的中国还是在现代的中国,如何处理中央与地方政府之间的关系似乎总是一个令人棘手的问题,因为在权力分配的背后不可避免地会牵涉诸多利益,其在本质上就是一种利益的分配。当然,中央与地方政府之间的利益不同于一般的私人利益,因为它们都是国家公权力机关,正常而言它们都不会也不应当有任何私利。绝对的集权和绝对的分权都是权力的畸形状态,在现实中都无法支撑一个国家的正常发展。集权与分权是中央与地方之间关系中的一对范畴,也是矛盾的双方。在解决问题时,通过引入矛盾的一方来解决矛盾的另一方所引发的问题,如通过加强集权来解决因分权而造成的问题,不失为一种可以优先考虑的方法。

在一定时期,究竟是应当以集权为主还是以分权为主,需要结合该时期的情况定夺,也就是说,在某一特定时期,集权与分权必定有一个是主要矛盾,另一个为次要矛盾,我们首先需要确定何者为主要矛盾,并进而采取措施解决该主要矛盾。但同时,我们必须注意到,任何矛盾都具有两方面,即主要方面和次要方面。“在研究矛盾特殊性的问题中,如果不研究过程中主要的矛盾和非主要的矛盾以及矛盾之主要的方面和非主要的方面这两种情形,也就是说不研究这两种矛盾情况的差别性,那就将陷入抽象的研究,不能具体地懂得矛盾的情况,因而也就不能找到解决矛盾的正确的方法。”[①]我们过去在解决集权与分权问题时,往往简单地用集权代替分权,或用分权代替集权,当然,这在大的方面确实能够起到明显的作用,因为这实际上就是用集权的优势来弥补分权的劣势,或者用分权的优势弥补集权的劣势。但是,我们同样不能忽略的是,集权与分权各自也具有两面性,集权具有分权所不具有的优势,同样也具有分权所不具有的劣势,反之亦然。当我们用集权取代分权时,集权中所固有的劣势部分也可能同时将分权中的优势部分所取代,而这是我们所应当避免的,却也是我们很少关注的。“在处理集分问题上,要摒弃非集就分、非分就

① 毛泽东:《矛盾论》,人民出版社1975年版,第39页。

集的观念,既不能把分权狭隘定性为地方既得利益代表观,也不能认为集权就是力求回到计划体制的保守立场上去。"①集权与分权是处理中央与地方政府关系时需要经常用来分析的一对范畴,我们不能迷信集权或分权,但当现实需要进行集权或分权时,我们也不能无动于衷。

通过对中国古代以及中华人民共和国成立以来中央与地方之间的关系进行的探讨,我们不难发现:当中央与地方关系处理得较好时,整个国家政局稳定,社会经济生活也能得到较好的发展。中央与地方的关系是一块基石,在过去的历史中,这块基石时而稳固,时而摇摇欲坠。当它稳固时,我们可以看到唐朝的"贞观之治",清朝的"康乾盛世";摇摇欲坠之下,则尽现"安史之乱"等地方割据之势。当然,我们不能用今天的眼光来看待过去数千年间中央与地方关系中的弊端,正如在评价历史人物时应该"放在其所处时代和社会的历史条件下去分析","不能用今天的时代条件、发展水平、认识水平去衡量和要求前人,不能苛求前人干出只有后人才能干出的业绩来"。② 我们应当坚持这样的原则来看待前人在处理中央与地方关系上所犯的错误,不能过分指摘,因为事实上,即便是当前,我们也仍未探索出中央与地方关系的科学之道,当前的制度仍然有许多需要改进的地方。党的十八届三中全会指出,要"推进国家治理体系和治理能力现代化",而中央与地方政府之间的集权与分权问题,显然是国家治理体系的重要内容之一,借助于此次全面深化改革的推进,中央与地方政府之间关系的改革也将迎来一次时代契机。

二、央地分权与国家治理体系

(一)由商品假冒仿冒行为说开去

在开始探讨央地分权与国家治理体系之前,本书将先提出一个问题,即为什么经过数十年的发展,在商标法等法律制度已经不断完备的情况之下,市场上仍然存在诸多假冒、仿冒知名商标的行为。较之于20世纪八九十年代市场上所出现的乱象,二三十年后的今天似乎仍然没有多大改观,而且有愈演愈烈

---

① 金太军、赵晖等:《中央与地方政府关系建构与调谐》,广东人民出版社2005年版,第16页。

② 《坚持全面正确的历史观,科学评价毛泽东和党的历史——学习习近平同志在纪念毛泽东同志诞辰120周年座谈会上的重要讲话》,载《人民日报》2014年1月7日,第7版。

之势，造成这种现象的原因究竟何在？

我们首先来回顾一下20世纪八九十年代商标假冒、仿冒的情况。当时国内的一些知名品牌都遭受到了假冒、仿冒，如1991年上海工商部门受理的假冒“凤凰”牌自行车的案件就达到了40多起；而在1993年，生产“健力宝”饮料的企业达到了80多家，同年，国家质量检验部门对市场上的104种名酒样品进行了检验，发现只有4个样品是真货，假冒率竟达到了96%之多。不仅如此，当时市场上还有许多假冒、仿冒国外知名商标的行为。1994年，国家工商行政管理局公布了当时14起假冒外国商标的典型案例，被假冒的外国商标包括美国的KODAK（柯达）、Levi's（李维斯）、Golgate（高露洁）、POLO、飘然、雪碧等，法国的Remy Martin（人头马）、Hennessy（轩尼诗），德国的adidas（阿迪达斯）、PUMA（彪马）等，造成了恶劣的影响。[①]

这种假冒、仿冒商标的行为在20世纪八九十年代十分普遍，难道是因为法律不健全所致吗？然而，我国早在1979年《刑法》第127条就规定，“违反商标管理法规，工商企业假冒其他企业已经注册的商标的，对直接责任人员，处三年以下有期徒刑、拘役或者罚金”。为了更好地加强商标管理，保护商标，1982年第五届全国人大常委会第二十四次会议通过了《商标法》，自1983年3月1日起施行，其中第七章为“注册商标专用权的保护”，第40条规定：“假冒他人注册商标，包括擅自制造或者销售他人注册商标标识的，除赔偿被侵权人的损失，可以并处罚款外，对直接责任人员由司法机关依法追究刑事责任。”1983年国务院颁布了《商标法实施细则》，在随后几年中又进行了修订。1993年时，第七届全国人大常委会第三十次会议通过了《关于惩治假冒注册商标犯罪的补充规定》，进一步扩大了犯罪的主体范围以及种类，并提高了法定刑期。

应当说，我国在20世纪90年代初就已经构建起了一张较为完善的保护商标的法律网，从立法位阶上来看，既包括刑法、商标法，也包括具体的实施细则以及行政规章，而且还将假冒商标的行为入刑，惩罚力度之大可见一斑。但是，商标假冒、仿冒行为似乎并未有所收敛。正如当时有学者所说的那样：“尽管《商标法》实施已有六年多，中央和地方三令五申要求坚决制止这种有

---

① 参见沙勇忠：《中国商标假冒侵权的现状、原因及对策》，载《中国软科学》1995年第11期。

损社会主义形象的行为，但是假冒行为不但没有制止住，反而愈演愈烈，有的已经发展到严重威胁着消费者的生命安全。”①既然不是“无法可依”的问题，那么，导致假冒、仿冒商标行为肆行的原因究竟是什么呢？

相关法律法规是比较健全的，至少是如果能够严格执行，则没有假冒、仿冒行为生存的空间。中央政府对于假冒、仿冒商标行为一直以来也是持坚决打击的态度。在排除了立法以及中央政府方面的原因以后，我们可以从地方政府方面寻找原因了。这些假冒、仿冒知名商标的企业都是在某一省、某一市、某一县或某一乡镇从事生产经营的，具体到每一个企业都可以发现它们是存在于某一地方市场上的。较之于中央政府而言，离这些企业最近的是地方政府。那么，面对如此肆意横行的假冒、仿冒行为，地方政府又是何种态度以及采取了哪些措施呢？它们是否会利用优势加大对这种行为的监督处罚力度呢？

然而，事实并非如此，许多地方政府非但没有对其辖区内的假冒、仿冒行为进行严厉处罚，反而还通过明示或默示的方式纵容甚至鼓励这种行为。这并非是由于地方政府没有意识到这种侵权行为的危害性，而是因为许多地方政府有着更深层次的利益考量。“地方政府（例如县政府）官员在被上级考核其政绩时，其中举足轻重的一条，是该地经济发展状况如何。而经济发展状况又往往以该地总产值或总盈利额来集中表达。在此条件下，任何追求自身利益最大化的官员，若所管辖地区总产、总盈利靠假冒伪劣产品支撑，则除非有更强大的动力推动，通常来说，不会冒着使该地总产值和总盈利大幅度下降的风险去大刀阔斧地‘打假’。”②

假冒、仿冒这种严重的商业侵权行为竟成为许多地方政府追求自身政治利益的一种工具，这看似令人难以置信，但在现实中却是真实存在的。有这样一个真实例子或许能够提供更多的佐证：“（梅兰日兰）公司去浙江X地打假，发现X村90%以上的家庭都在从事假冒、仿冒各种名牌产品的工作，而且效益颇高、收益颇丰。当要求地方政府有关部门对此情况进行打击时却得到这样的答复：‘让他们停止生产假冒产品可以，但由此造成的生活、就业问题谁

① 孙德义、李建峰：《浅谈假冒商标屡禁不止的原因及制止对策》，载《西北民族学院学报》（哲学社会科学版）1990年第1期。

② 张理智：《论假冒伪劣产品的成因及其治理》，载《经济研究》1994年第1期。

来解决？出了乱子谁来负责？'"①

该地政府官员的这一答复并非孤立现象，它反映了一些地方政府在查处假冒、仿冒行为方面碌碌无为所找的理由。从表面上看似乎这一理由具有一定的说服力，但是却经不起认真推敲。不可否认，如果假冒、仿冒行为被完全禁绝，那些从事假冒、仿冒行为的人将面临"失业"，确实会导致如上述地方政府官员所说的生活、就业问题，而且可能会出乱子。但是，如果保障了这些人的不正当利益，那么是否意味着那些受假冒、仿冒商品损害的消费者的利益就不值得保护了？假冒、仿冒商品肆意横行，甚至致使许多被假冒、仿冒的企业寸步难行，经营困难，面临倒闭，这些正常经营的企业的员工就不会有生活、就业问题吗？假冒、仿冒商品因质量低劣而造成消费者利益受损，并可能引发社会问题，这就不会"出乱子"吗？

总之，任何粉饰违法行为的做法，其自身是荒谬和自相矛盾的。如果一个地方的经济需要依靠假冒、仿冒行为来维持、推动，那么这个地方的经济就已经步入了一种畸形的发展阶段，处于一种危险的境地。更为危险的是当地政府的官员未意识到这一点，或者意识到了却仍然迷信于此。

以上是我国20世纪八九十年代的情况，那么，经过20多年的发展以后，这种假冒、仿冒知名商标的行为在当前是否已经得到根本性扭转或者已经被消除了呢？答案是否定的。环顾最近几年的市场不难发现，当前仍然到处充斥着假冒、仿冒的商品，许多企业仍然在明目张胆地侵犯知名企业的商标权，市场秩序遭到了严重的破坏，也给消费者带来了极大的损害。这种假冒、仿冒商品在生活中随处可见，如假冒雕牌洗衣粉的"周住牌"洗衣粉，假冒康师傅的"康帅博"，仿冒营养快线的"营养快线"，仿冒脉动的"脉劫"等，其仿冒手段无所不用其极，令消费者难以分辨，这些假冒、仿冒商品往往质量都很低劣，给消费者的人身健康也带来了极大的威胁。在家电行业内亦是如此，"比如松下的正品标识是Panasonic，'傍名牌'产品则是Pan-soanic；方太的正品标识是FOTILE，'傍名牌'产品则是FOTIER；九阳的正品标识是Joyoung，'傍名牌'产品是Jiuyang；再比如小天鹅被改成了'小夭鹅'；SHARP被改成了

① 谢青：《创"名牌"难，保"名牌"更难——天津梅兰日兰有限公司写真》，载《法学》1995年第5期。

SHAPR……"[①]家用电器的质量关乎消费者的生命财产安全，而这些利益熏心的假冒、仿冒者对此却全然不顾。

据统计，2012 年全国工商系统查处的"傍名牌"案件达到了 11.2 万件之多。[②] 假冒、仿冒行为涉及领域之广，影响范围之大，实属前所未有，形成了"劣币驱逐良币"之势，已经对我国市场经济的健康发展造成了严重的阻碍。同时，从长远来看，这些从事假冒、仿冒行为的企业也必将受到市场的惩罚。"中国企业在'傍名牌'的自娱自乐中虽然获得了短期的利润，但却失掉了消费者市场的相对优势。"[③]这些假冒、仿冒知名商标的企业并非没有创造性，而只不过是将其用在了邪道之上，如果其能够改邪归正，则不仅于己，而且对于整个社会都将是一件幸事。

本书不想过多从这些假冒、仿冒者本身寻找理由，而是更加关注制度方面的原因，制度好坏的一个区别就在于：好制度可以使坏人变好，而坏制度则可以使好人变坏。正如邓小平同志曾经指出的那样："我国过去发生的各种错误，固然与某些领导人的思想、作风有关，但是组织制度、工作制度方面的问题更重要。这些方面的制度好可以使坏人无法任意横行，制度不好可以使好人无法充分做好事，甚至会走向反面。"[④]不可否认，我们需要对那些从事假冒、仿冒行为的人进行严厉的谴责，但我们同时也需要反思制度上所存在的缺陷。假冒、仿冒问题并没有在二三十年的发展中得以解决，反而变得日益严重。二三十年后假冒、仿冒行为泛滥，依然可以从地方政府方面寻找到原因。"个别地方存在地方保护主义。有的地方政府害怕打击'傍名牌'影响地方经济发展和财政收入，对本地企业'傍名牌'现象往往睁一只眼、闭一只眼。"[⑤]而在本书看来，这种地方保护主义可能早已超出了"个别地方"的范围，而成为一种全国性现象。

二三十多年以前存在的问题当前依然存在，不仅是假冒、仿冒这种现象，在其他许多领域也存在同样的问题。在发展中所出现的许多问题未能在发展

---

① 《"傍名牌"家电骗你没商量》，载《中国消费者报》2013 年 7 月 17 日，B01 版。

② 《知识产权侵权查处力度加大，去年查处"傍名牌"案件 11.2 万件》，载《法制日报》2013 年 3 月 22 日，第 6 版。

③ 王巍栋：《傍名牌：疯狂进行时》，载《现代商业》2010 年第 22 期。

④ 《邓小平文选》（第 2 卷），人民出版社 1994 年版，第 333 页。

⑤ 《"傍名牌"现象解析》，载《人民日报》2011 年 9 月 22 日，第 7 版。

中得以解决，长此以往，问题越积越多、越来越复杂，则不可避免地会成为进一步发展的最大障碍。通过梳理这些问题，透过表象，我们不难发现隐藏在这些问题背后深层次的原因都可以追溯到中央与地方之间的关系这一问题上来，如果不能正确处理好中央与地方之间的关系，则不仅许多旧的问题无法得到解决，还会出现许多新的问题。本书在此部分仅将问题提出来，至于如何解决问题则主要留在下文继续进行探讨。

（二）中央与地方关系如何实现现代化？

实现国家富强是全体中国人民的共同愿望，早在在20世纪60年代，周恩来总理就初步提出了"四个现代化"的构想："今后发展国民经济的主要任务，总的来说，就是要在不太长的历史时期内，把我国建设成为一个具有现代农业、现代工业、现代国防和现代科学技术的社会主义强国，赶上和超过世界先进水平。"①之后形成的"四个现代化"也就成为整个国家所为之奋斗的目标。经过改革开放数十年的发展，可以说我国在当初所提的"四个现代化"大多都已经初步实现了，但是在体制机制方面的一些桎梏仍未打破。例如，上述的假冒、仿冒商标行为无法得到地方政府的有效禁止的原因，甚至许多地方政府还予以纵容或鼓励，就与权力的配置不力有很大的关系。一旦中央的政策无法在地方得以贯彻实施，就有形成事实上的"诸侯经济"的危险，改革开放以来一直所希望建成的全国统一市场也将遥不可期。

在本书看来，在未来一段时间内，如何理顺中央与地方政府之间的关系，确保中央政令畅通，消除地方政府的各自为政，可能是更为紧迫、亟须解决的问题。这一问题解决不好，则将直接影响到整个改革事业。

2013年11月12日党的第十八届三中全会通过了《中共中央关于全面深化改革若干重大问题的决定》，指出："全面深化改革的总目标是完善和发展中国特色社会主义制度，推进国家治理体系和治理能力现代化。"这是我们党首次提出"国家治理体系"和"国家治理能力"的概念。习近平主席对于这两个概念进行了明确的说明："国家治理体系和治理能力是一个国家制度和制度执行能力的集中体现。国家治理体系是在党领导下管理国家的制度体系，包括经济、政治、文化、社会、生态文明和党的建设等各领域体制机制、法律法规安排，也就是一整套紧密相连、相互协调的国家制度；国家治理能力则是运

---

① 《周恩来选集》（下册），人民出版社1984年版，第439页。

用国家制度管理社会各方面事务的能力,包括改革发展稳定、内政外交国防、治党治国治军等各个方面。国家治理体系和治理能力是一个有机整体,相辅相成,有了好的国家治理体系才能提高治理能力,提高国家治理能力才能充分发挥国家治理体系的效能。"[①]国家治理体系和国家治理能力,从根本上看二者都是国家政治制度范畴,二者所关注的都是怎样治理社会主义社会这一问题。不过,二者也有区别,即国家治理体系是静态意义上的政治制度,而国家治理能力则是动态意义上的政治制度。

"治理"这一词在政治学上并非是最近才开始使用的。"'治理'是上个世纪末兴起的新政治概念,它不同于'统治'的概念;从统治走向治理,是人类政治发展的普遍趋势。"[②]但在此次全会上提出"国家治理"并将其置于极为重要的地位,却实属首次。

理论界对于"国家治理"这一概念背后所蕴含的丰富含义也进行了各种解读,如有学者从"管理"和"治理"这二者之间的关系切入,认为这两种提法虽仅有一字之别,却标志着我们在治国理念上的变革。"治理"的提法,"充分反映了从'管理'国家到'治理'国家思维上的巨大跨越,这是我们党在理论和实践上的重大创新。可以预见,在新一轮全面深化改革的过程中,治理思维、治理理念的引领具有特别重要的意义"。[③] "从传统'管理'到现代'治理'的跨越,虽只有一字之差,却是一个'关键词'的变化,是治国理政总模式包括权力配置和行为方式的一种深刻的转变。"[④]

同时,也有学者指出,我们应当避免"简单按照西方'治理'概念的含义,来套解我国全面深化改革的目标",认为发达国家所使用的"治理"一词,"强调政府放权和向社会授权,实现多主体、多中心治理等主张,并且主张社会自我治理以及社会组织与政府平等共治",因而具有"社会中心主义"的取向,而我国所使用的"治理"的概念,则是"在中国特色社会主义道路的

---

① 《切实把思想统一到党的十八届三中全会精神上来》,载新华网:http://news.xinhuanet.com/politics/2013-12/31/c_118787463.htm,最后访问日期:2017年1月25日。

② 俞可平:《衡量国家治理体系现代化的基本标准——关于推进"国家治理体系和治理能力的现代化"的思考》,载《北京日报》2013年12月9日,第17版。

③ 李维安:《从管理到治理的思想革新》,载《人民日报》2013年12月6日,第5版。

④ 周晓菲、高小平:《治理体系和治理能力如何实现现代化——专家解读"全面深化改革的总目标"》,载《光明日报》2013年12月4日,第4版。

既定方向上，在中国特色社会主义理论的话语语境中，在中国特色社会主义制度的坚持和完善的改革意义上，中国共产党领导人民科学、民主、依法和有效地治国理政”。①

本书认为，党的十八届三中全会所作的决定，其中每一句话背后都有极为丰富的内涵，“推进国家治理体系和治理能力现代化”所彰显的改革理念无疑是具有革命性的，它表明，要实现改革的成功，首先必须对改革者自身进行改革，只有权力配置科学、机构运转高效的政府，才能够担当起全面深化改革的重任，才能够发挥出社会主义市场经济体制的内在优势。这就如同高速列车，只有熟练的驾驶员，才能够使其急速驰骋于原野；如同战斗机，只有技艺精湛的飞行员，才能使其翱翔于蓝天。“国家治理”并不只是概念的创新，而更是理念的创新，它将对政府自身的改革置于极为重要的位置，这需要极大的政治勇气，同时也能够为未来数十年的平稳可持续发展奠定坚实的基础。因政府自身所存在的诸多问题而造成的社会整体效益损失是难以估量的，尚且不论腐败等问题，仅就许多地方政府不尊重市场经济规律，非但不主动维护市场经济秩序，反而成为市场经济秩序的破坏者，由此而对市场经济发展产生的阻碍，如果能够予以量化，将是十分惊人的。不断在这一领域进行根本性的改革，将为我国带来巨大的改革红利。

“推进国家治理体系和治理能力现代化”是一个总体性的目标，其又可以被分解成诸多子目标，而且只有当这些子目标中的绝大多数都得以实现时，我们才可以认定这一总体性目标的实现。正如中国特色社会主义法律体系的形成，是以各法律部门中基本的、主要的法律已经制定等为标志的。在国家治理体系中，中央与地方政府的关系无疑是其中重要的内容，而国家治理能力显然也主要是指中央与地方政府的行政能力。总之，中央与地方这一对范畴不仅在过去是制度构建的永恒主题，而且在当前“推进国家治理体系和治理能力现代化”中也是极为重要的核心内容。在中国疆域如此辽阔、人口如此众多、地区经济发展如此不均衡的大国之内，正确处理中央与地方之间的关系，形成科学的治理体制，较之于世界上其他国家而言显得更为重要和紧迫。那么，应如何实现中央和地方政府之间关系的现代化呢？

“现代化”并不意味着是完全抛弃、否定之前的做法，而应当是一种扬弃。

---

① 王浦劬：《科学把握“国家治理”的含义》，载《光明日报》2013年12月29日，第7版。

时间的推移并不一定就代表进步，当前我们的某些认识和实践，较之于二三十年前而言并不一定就先进很多。不过，我们相对于二三十年前最大的优势在于，我们掌握了过去二三十年的实践情况，并能够从中总结出制度运行中的经验与教训，这也是在时间这种自然现象面前人所无法选择的一种现实。

中央与地方政府之间的关系，归根结底就是一种权力分配的关系，无论是税收、财政还是人事等，最终都是权力的不同表现形式而已。从表面上看，中央与地方政府之间关系的现代化这一表述似乎比较抽象，但实际上却具有极强的针对性，其所指向的就是在当前以及过去实践中，因中央与地方政府之间权力配置不科学所引发的一系列问题。从这种意义上说，似乎我们只要以问题为导向，将现实中所出现的绝大多数问题都解决了，也就事实上实现了中央与地方政府之间关系的现代化。然而事实却并没有如此简单，因为各个问题都不是孤立存在的，我们在解决了一个问题时，可能会使已有的问题更加严重，甚至还极有可能导致出现新的问题。

不过，解决问题的过程总是一个制度完善的过程，而制度完善的过程，又是一次次不断消除人性中所存在的恶的因素的努力。例如，我们通常说在处理中央与地方政府之间的关系时，应当最大限度地发挥中央和地方两个积极性。这两个积极性，实际上是政府中的人的积极性，政府机构本身是无所谓积极性的。就正常的实际上也是最为理想的情形而言，政府机构的工作人员在其位就应当尽职尽责地谋其政、谋其事，而不需要有任何正常薪酬福利以外的任何奖励，但现实中却并非如此。正如有学者所指出的那样："随着改革的不断深入，特别是实行分税制以后，中央与地方之间的关系越来越从'父子'、'兄弟'关系演变为不同经济主体之间的竞争关系。这种竞争关系的形成，是改革开放中不经意出现的一件大事，中国在不到30年时间内取得如此巨大的成就，如成为制造业和引进外资大国、基础设施建设突飞猛进等，无不源于地方积极性的高涨。"①

应当说，除去体制限制方面的原因外，加快制造业发展，引进外资等都应当是地方政府分内之事，但如果没有任何激励，如在上级考核中脱颖而出进而有晋升的可能等，则恐怕地方政府是不会主动，或者说不会有如此高的热情去推动这一事业的发展。当然，个别官员具有这种事业心和自觉性还尚有可能，

① 史际春、肖竹：《论分权、法治的宏观调控》，载《中国法学》2006年第4期。

但若期望所有或大多数官员都具有如此高的觉悟，并将制度设计建立在此基础之上，则在现实中将是十分脆弱的。不过，从另一个方面来看，人性中的这种恶的因素又恰恰表明，我们是能够通过制度设计将其转换成为积极因素的，因此，归根结底，重点还是在于制度建设。这就如同是在反腐问题上，尽管我们希望官员主观上能够做到廉洁自律，但我们不能完全将腐败治理问题寄托于此，而是要将权力关进制度的"笼子"，依靠制度反腐。

如此看来，实现中央与地方政府之间关系的现代化，还是要回到毛泽东同志所说的调动中央和地方两个积极性。本书在此不想在此抽象、笼统而泛泛地讲诸如实现央地关系科学化、做到权责明确等空洞的话，因为这些提法虽然在理论上毫无疑问是正确的，但是什么才是科学化，权责又怎样才是明确的？这些都需要结合具体的问题、回归到具体的领域中才能真正得以说明，也正是因为如此，本书认为，科学的理论是从无数领域的实践中所总结出来的，是一个从具体到抽象的过程。因此，对于如何正确处理中央与地方政府之间的关系这一几千年来都未能得到很好解决的问题，也不可能在本书有限的篇幅进行有效解答，这也大大超出了笔者的能力。

但是本书相信，在反垄断执法权配置这一领域内展开对这一问题的反思并提出完善之策，即便无法最终回答如何处理中央与地方政府之间的关系这样宏大的问题，但却至少可以探究在该具体领域中应当如何正确处理这一关系，如果这能够为上述宏大问题的解决提供某种有益的借鉴，则将是本书之幸。尽管本书无法具体回答如何实现中央与地方政府之间关系现代化这一宏大问题，但是本书认为，在解决这一问题时有一些原则是应当予以坚持的。当然，这些原则并不属于本书在上文所反对的泛泛之语，而是笔者经过前期研究而得出的自认为具有一定道理的总结，并且本书深受马克思主义理论的影响。本书认为，在诸多理论中，马克思主义尤其是其哲学理论仍是目前解释世界最为有效的工具。

第一，如何实现中央与地方政府之间关系的现代化，其答案深植于丰富的实践生活之中，我们将现代化的央地关系用法律等形式予以固定，但这本身是由经济基础所决定的。在本书看来，自中华人民共和国成立以来，至少是就农村而言最为成功的改革仍然是自下而上并最终得到中央承认的土地承包制，这一伟大的改革并不是源于伟大的理论家的设计，而是朴素的农民的自发行为。"春江水暖鸭先知"，最了解实践需要的人往往是耕耘于一线的农民、工人等主体，而不是远离这些最基本实践的政府官员、理论工作者。

当这种改革尝试尚没有展示出其具有要求政府对制度进行调整以适应这种改革尝试需要的强大合理性之前，政府都会持一种十分谨慎的态度，这也是正常的。只有当这种来自民间的改革尝试经过实践证明是具有价值时，政府才会予以认可，并将其推广到全国，从而将之前从下而上的改革尝试转化为自上而下的推广。

从上我们可以看出，在政府与社会之间，政府不应当过度限制社会从而扼杀了其广泛的创造性。在不同层级的政府之间，一般而言，下级政府较之于上级政府而言，对于其辖区内的情况要更为熟知，如县政府对该县的情况较之于省政府对于该县的情况要更为了解，对此应无异议，该县的具体情况——不妨借用人类学和社会性的一个概念——也可以看作一种“地方性知识”。但是，省政府对于该省各个县情况的了解，显然要强于该省内任何一个县，也就是说省政府虽然对于各个县的了解比不上各个县那样“专”“精”，却能够在整体性把握方面占据绝对的优势，这对于任何上下级政府而言都同样适用。

总之，本书认为，中央政府与地方政府之间各自具有其自身的优势，因此应当发挥这种优势。不过，我们要防止这样一种情形，那就是由于中央政府在地位上要高于地方政府，其有可能利用这一点而在其并不具有优势的领域固守权力，而不向地方进行分权，从而使地方政府的优势无法得到发挥，而中央政府的劣势又得到无限扩大。因此，在中央与地方政府之间的分权问题上，对于与地方事务紧密联系的权力，应当放权于地方，由其在广泛的实践活动中去贯彻国家法律法规等。其实，这也是一个全国范围的、检验法律法规等是否适应实践要求的过程，由地方将此过程中所出现的问题反馈给中央，然后由中央进行相关制度的完善，这就形成了一种良性互动的过程。

第二，赋予地方政府广泛地处理其辖区内适合由其处理事务的权力，这并不意味着必然削弱中央的权力，也不意味着赋予地方不受制约的权力；相反，中央应当通过加强对地方政府的监管，确保地方政府能够切实履行各方面的职责。事实上，能否做到这一点将直接关系到整个分权能否真正取得成功。当前许多地方政府对于其应当加强履行职责的领域却懈怠执法，如食品安全问题频发就与地方政府的监管失职密不可分，环境污染日益严重与地方政府的环保工作不到位直接相关；但是，在另外一些地方政府不应当介入、应由市场发挥作用的领域，地方政府却仍在乐此不疲地进行各种形式的干预，如设置各种行政壁垒阻止外地企业进入本地。

在我国,中央的绝大多数政策都需要地方政府具体落实,说地方政府是中央政府的手足,一点也不夸张,一旦手足不听大脑的指挥,则整个身体也就无异于瘫痪,对于一个国家的运行亦是如此。因此,首先,应当确保中央的政令能够达到地方政府;其次,也是更为重要的是要确保这些政令能够得到切实无误地贯彻。

实现中央与地方政府之间关系的现代化并非一朝一夕之事,但其却刻不容缓。社会主义制度的一个重要优势就是具有较强的组织性,能够集中力量办大事,而这正是许多发达国家都无法比拟的。过去30多年改革开放的成功,与上述优势密不可分,当然,在上述30多年的时间中,中央与地方政府之间关系也存在许多问题,也必然因此而在一定程度上阻碍了各方面的发展,换言之,如果没有这些问题,我们可能会发展得更好。不过,因打破原计划经济旧经济体制而得以解放的生产力,以及由此而在整个社会爆发出来的巨大发展热情,足以掩盖上述之问题。但是,在30多年后的今天,上述最初改革所带来的那种制度性红利随着国内、国际经济环境的变化正在逐渐减弱,而上述之问题又日益严重,在这种历史背景之下,则需要重新以更大的政治勇气改革体制内存在的各种弊端,理顺中央与地方政府之间的关系,以获取前进的驱动力。

在下文中,本书将以反垄断执法权在中央与地方政府之间的分配为题,具体探讨如何在该具体领域中实现中央与地方政府关系的现代化。

三、反垄断执法权的央地分权

相较于反垄断执法权在中央各部委之间分配时的"激烈"状况,在中央与地方政府之间的分配则要显得平静很多。作为一种权力,反垄断执法权与食品安全监管权、税收征管权等在本质上是相同的,都是政府所承担的对社会经济事务进行介入的一种形式。这既是政府所享有的一种权力,又是对国家、社会所承担的一种义务。"经济管理主体……在经济法律关系中的权力亦为该主体对国家、人民、上级的职责和义务,即其职权和义务、职责是一体的,归根到底都是纳税人和全民的权益,法律不允许其随意抛弃。"①

经济管理主体必须依法、勤勉地履行职责,而要真正做到这一点,不仅与

① 潘静成、刘文华:《经济法学》,中国人民大学出版社2008年版,第110~111页。

执法人员的主观意志有关,而且与执法权的具体配置直接相关,权力配置不科学,则会导致这种现象:享有执法权的机构没有足够的资源及精力去展开全方位的执法,而具有资源和精力的机构因不享有执法权而不能展开执法活动,也就是说执法权在一定程度上存在错配。在我国,一般性的法律往往由中央相关部委进行起草,然后由国务院提交全国人大常委会进行审议,我国反垄断法的起草仍然遵循了这一惯例,商务部、国家发改委等部委都曾起草过反垄断法草案。在这种法律形成过程中,地方机构就很难拥有或者说仅拥有较弱的话语权,至少是在反垄断法领域,在事实上就形成了中央机构的"一言堂"。当然,执法权在中央与地方之间究竟应如何进行划分,这不是一个"纸上谈兵"的问题,而是应当回到过去10多年丰富的实践中去,在实践中寻找答案。

由于我国已经成立了国家市场监督管理总局,整合了国家发改委、商务部和国家工商总局的反垄断执法权,在中央层面实现了反垄断执法权的统一,根据我国的行政体制,地方层面也会进行相应的改革,但不一定设定完全和中央相对应的机构,也就是说,地方不一定统一设定市场监督管理局。由于地方的反垄断执法本来就不涉及经营者集中,因此,地方反垄断执法体制横向层面的改革,至多只是地方发改委部门和工商部门的职能整合,在反垄断执法权的中央与地方分权方面并不会有实质性的变动。因此,本书仍然主要结合改革前的央地分权体制展开论述,具体而言,仍然主要围绕改革前的国家发改委、国家工商总局与相对应的地方反垄断执法机构之间的分权进行阐述。

(一)改革前的反垄断执法权央地分权机制

我国反垄断执法权在中央和地方之间划分的依据是《反垄断法》第10条第2款的规定:"国务院反垄断执法机构根据工作需要,可以授权省、自治区、直辖市人民政府相应的机构,依照本法规定负责有关反垄断执法工作。"可见,省级人民政府相应机构只有在国务院反垄断执法机构的授权之下才能够展开相关的反垄断执法,这表明反垄断法主要是将反垄断执法权定位为中央事权,正如全国人大常委会法制工作委员会所解释的那样:"反垄断执法工作的专业性很强,为便于严格统一执法,同时考虑到建立、健全全国统一、开放、竞争、有序的市场体系的需要,本法将反垄断执法作为中央事权,只有国务院规定的承担反垄断执法职责的部门依据本法才享有反垄断执法的权限;地方各级人民政府及其有关部门均不享有反垄断法的执法权。"[①]当然,立法不可能不考虑到我国疆域辽阔这一现实,如果仅由中央执法机构展开执法,则将远远超出其能力范围,因此也需要借助于众多的地方执法机构的力量,这也是规定《反垄断法》第10条第2款的主要原因。不过,地方机构享有的这种权力十分有限,只能是在得到授权的情况下才能行使,其权力不是直接源于《反垄断法》的规定,而是中央执法机构的授权。

在反垄断中央执法机构确定以后,这些中央执法机构各自制定了相应的配套规章,以更好地指导反垄断执法实践活动。其中,国家发改委和国家工商总局所制定的规章中,对于其所在系统反垄断执法权如何向地方相关机构进行授权作了进一步的规定。2010年12月29日国家发改委制定了《反价格垄断行政执法程序规定》,其中第3条对于反价格垄断行为的执法权在中央与省级相关机构之间进行了界分。[②] 由该条可知,国家发改委在反价格垄断方面是占据绝对主导地位的,省级价格主管部门只有在得到授权之后才能够对其管辖领域中的价格垄断行为展开执法活动。

不过,根据该条中的授权,国家发改委所进行的是一种普遍性授权,或者称作概括性授权,指被授权机构在得到授权以后,即可以在授权范围内就被授权事项展开常态化的执法活动,而无须在每一次展开执法活动以前都征得授权机构的准许。这也得到了国家发改委价格监督检查与反垄断局局长的确

① 全国人大常委会法制工作委员会经济法室:《〈中华人民共和国反垄断法〉条文说明、立法理由及相关规定》,北京大学出版社2007年版,第49页。在《反垄断法》颁布以后,有许多学者以及政府部门的相关工作人员对反垄断法进行了解读,如由学者出版的相关书籍包括王晓晔编:《中华人民共和国反垄断法详解》,知识产权出版社2008年版;史际春编著:《反垄断法理解与适用》,中国法制出版社2007年版;时建中编著:《反垄断法——法典释评与学理探源》,中国人民大学出版社2008年版,等等。由政府相关工作人员出版的书籍包括:曹康泰主编:《中华人民共和国反垄断法解读——理念、制度、机制、措施》,中国法制出版社2007年版;尚明等著:《〈中华人民共和国反垄断法〉理解与适用》,法律出版社2007年版;吴振国:《〈中华人民共和国反垄断法〉解读》,人民法院出版社2007年版,等等。不过,由立法机关出版的则仅有《〈中华人民共和国反垄断法〉条文说明、立法理由及相关规定》这一本书,因此该书是最能够反映立法机关立法原意的文献。

② 第3条规定:国务院价格主管部门负责全国反价格垄断执法工作。国务院价格主管部门授权的省、自治区、直辖市人民政府价格主管部门,负责本行政区域内的反价格垄断执法工作。对跨省、自治区、直辖市发生的价格垄断案件,由国务院价格主管部门指定有关省、自治区、直辖市人民政府价格主管部门进行查处,重大案件由国务院价格主管部门直接组织查处。

认:“目前只有国家发展改革委进行了普遍授权。商务部未向省级商务部主管部门授权;国家工商总局采取个案授权的形式。因此,与其他两家反垄断执法机构相比,我们省级价格主管部门的工作可以更主动、更及时、更有效。”①

在国家发改委的普遍授权之下,省一级政府反垄断执法机构的建设也取得了突破性的进展,如在人员编制方面,国家发改委给北京、上海、重庆、湖北、江苏、广东等8个省市的价格主管部门增加了150个编制,以专门负责价格监督检查和反垄断执法工作。在机构设置方面,许多省市也高度重视,设置了专门的反垄断执法机构。“湖南、广东、上海、湖北、河南、云南6省市先后挂牌成立了价格监督检查与反垄断局;江苏、辽宁、福建、宁夏4省区先后设立了反价格垄断分局;吉林增加了人员编制,充实了执法力量。四川省的反垄断机构设立、北京市物价检查所机构调整和人员增编也获得了编制部门的批准。”②

由此看来,国家发改委至少是在省一级放开了反垄断执法权,使省级相关机构能够对本省范围内的价格垄断行为展开执法活动。此外,国家发改委还在《反价格垄断行政执法程序规定》第4条进一步允许省级以下政府相关部门在一定条件下对价格垄断行为实施调查。③ 对于该条中的“下一级政府”应该如何理解,究竟是指紧邻的下级政府,还是泛指所有下级政府?本书认为,国家发改委的本意应当是紧邻的下级政府,因为国家发改委严格贯彻反垄断执法权主要是中央事权这一原则,在向省级政府有关部门授权时本来就已经采取了较为开放大胆的态度,即进行普遍性授权,其赋予省级以下有关部门实施调查的权力,严格来讲就已经突破了反垄断法的规定,因为立法机关曾明确解释道,“该项授权(指依据我国《反垄断法》第10条第2款所进行的授权。——笔者注),仅限于省级政府的相应机构,国务院反垄断执法机构不能授权省级以下部门负责反垄断执法工作”。④ 因此,即便国家发改委能够授权

---

① 许昆林:《2013年全国价格监督检查与反垄断工作会议总结》,载《中国价格监督检查》2013年第1期。

② 许昆林:《反价格垄断工作的成绩与挑战》,载《中国价格监督检查》2013年第7期。

③ 第4条规定:对涉嫌价格垄断行为,国务院和省、自治区、直辖市人民政府价格主管部门可以在其法定权限内委托下一级政府价格主管部门实施调查。受委托的政府价格主管部门在委托范围内,以委托机关的名义实施调查,不得再委托其他行政机关、组织或者个人实施调查。

④ 全国人大常委会法制工作委员会经济法室:《〈中华人民共和国反垄断法〉条文说明、立法理由及相关规定》,北京大学出版社2007年版,第49页。

地方政府有关部门展开调查，这一地方政府的层级也不可能下至县级，根据我国的行政区划，只可能是下至地市级政府。

总之，国家发改委对于《反垄断法》第10条第2款中“授权”一词的理解是，该“授权”就是普遍性授权，而且还可以授权省级政府价格执法部门委托地市级政府有关部门调查涉嫌价格垄断行为的权力。

与普遍性授权相对应的就是个案授权，正如上文国家发改委所表明的那样，国家工商总局对省级政府有关部门的授权就是一种个案授权。所谓个案授权，就是指就某一行政事务，如果享有授权权的行政主体无法完成，或者由其他行政主体完成更为合适时，通过行政授权，由被授权机关依据该授权完成该行政事务。当该行政事务完成以后，该项授权也自动解除，被授权机关不再享有该项权力，如欲再次获得该项权力，则只能由授权主体再次进行授权。

相较于普遍性授权，个案授权强调的是授权机关的主导性，由其根据具体情况来决定是否授权其他机关负责具体的行政事务；而在普遍性授权之下，被授权机关一旦获得授权就取得了相对独立的权力，也更具有灵活性，其能够在授权范围内自主展开执法活动，而无须每次都需事先获得授权。

2009年6月10日国家工商总局颁布了《工商行政管理机关查处垄断协议、滥用市场支配地位案件程序规定》，旨在“规范和保障工商行政管理机关依法查处垄断行为”。该规定对于反垄断执法权在国家工商总局与地方工商机关之间的划分也作出了明确的规定，主要体现在第3条。[①] 该条对于国家工商总局和省级工商总局之间反垄断案件的管辖范围进行了较为明确的规定，其中最为突出的特点就是明确规定国家工商总局对于省级工商行政机关的授权是一种“个案授权”。该规定第9条还规定国家工商总局在自行查处垄断案件时，可以“委托有关省级、计划单列市、副省级市工商行政管理局开展案件调查工作”，这与国家发改委的做法类似。

而且在实践中，国家工商总局所迈的步子还要更大一些，据国家工商总局反垄断负责人介绍，“省级工商局对经授权由其立案调查的案件，可以组织地

---

① 第3条规定：下列垄断行为应当由国家工商行政管理总局负责查处：(1)全国范围内有重大影响的；(2)国家工商行政管理总局认为应当由其管辖的。下列垄断行为可以授权省级工商行政管理局负责查处：(1)该行政区域内发生的；(2)跨省、自治区、直辖市发生，但主要行为地在该行政区域内的；(3)国家工商行政管理总局认为可以授权省级工商行政管理局管辖的。授权以个案的形式进行。被授权的省级工商行政管理局不得再次向下级工商行政管理局授权。

市局、县级局进行调查,收集证据”,①从而使县级政府有关部门也能够有限参与反垄断调查活动。在个案授权机制下,从原则上来讲,一方面,所有省级工商行政管理部门都享有潜在的反垄断执法权;另一方面,在获得正式的授权以前,任何省级工商部门又不享有实质性的权力,不能径直展开调查分析。在过去10多年的时间中,国家工商总局先后授权了江苏、江西、河南、辽宁、湖南、浙江、四川、云南、广东等省的工商行政管理局负责查处其所辖范围内的垄断协议或滥用市场支配地位案件。

商务部负责全国范围内经营者集中案件的反垄断审查,其并没有像国家发改委和国家工商总局那样向省级商务部门进行授权。尽管如此,商务部还是多次组织地方商务主管部门,通过举办《反垄断法》宣传培训班等形式,加强《反垄断法》的宣传工作。商务部反垄断局宣称进行这些培训工作的目的在于“提高地方商务主管部门反垄断相关业务水平”,②对于商务部所宣称的这一目的,似乎与地方商务主管部门享有的权力不符,其根本就不享有反垄断执法权,又何有反垄断相关业务水平提高之说呢?对此,本书认为只可能有如下两种解释:第一,商务部有向地方商务主管部门进行授权的计划,因此,在此之前需要通过事先的培训来为今后地方商务部门执行《反垄断法》做准备。第二,商务部没有向地方商务部门授权的计划,但需要地方机构协助其进行经营者集中的反垄断审查,如协助进行调查、收集有关证据等,即承担一些非核心的、边缘性的反垄断执法权。因此,就目前而言,在经营者集中反垄断审查领域,权力是由商务部所独享的,不存在央地分权。

综上所述,尽管国家发改委、商务部和国家工商总局在分权的形式、程度等方面存在一定的差异,但总的来说共性大于差异,3家机构都仍然掌握着执行的主要权力,地方机构尤其是地方工商机构以及地方商务机构享有的权力十分有限。当然,进行这种分权并不是3个中央执法机构所能决定的,即便是它们愿意向地方机构赋予更多的权力,也无法突破《反垄断法》规定的界限,因此,从根本上来说是立法机构决定了当前的分权体制。不过,考虑到我国当前的立法

---

① 任爱荣:《国家工商总局反垄断执法工作五年进展及展望》,载《中国价格监督检查》2013年第9期。

② 参见《第十期商务系统〈反垄断法〉宣传培训班在广西举办》,载商务部反垄断局网:http://fldj.mofcom.gov.cn/article/xxfb/201103/20110307469405.shtml,最后访问日期:2017年2月5日。

体制，立法中又何尝没有体现国家发改委、国家工商总局和商务部的意志呢？从这种意义上来讲，当前分权体制又是中央政府与立法机构共同作用的结果。

（二）央地分权体制形成的原因探析

凡事皆有因。反垄断执法权在中央与地方之间划分格局的形成，也是多方面的原因共同所致，表明立法机关有理由相信进行如此配置是最为合理的。通过对这些理由进行考察，可以分辨哪些理由真正能够成其为理由，而哪些又纯属多虑；也可以检视进行如此权力之配置是否合理。本书认为，主要有以下几个方面的原因：

第一，发达国家反垄断理论与我国市场经济发展具体阶段情况的脱节。在《反垄断法》的起草过程中，对于我国而言，反垄断法仍然是一个陌生之物。较之于美国、欧盟等已拥有数十年乃至百余年的反垄断实践，反垄断法在我国尚处于起步阶段，因而反垄断法也主要是一个舶来品。我们所接触到的反垄断法理论也主要是来自发达国家，这些理论是对其本国反垄断实践的客观反映，但却并不一定能够反映我国当前的反垄断实践。例如，发达国家反垄断理论一般认为垄断行为很复杂，并且还需要通过经济学有关理论来认定某一行为是否构成垄断，这是否意味着我国当前市场上的垄断行为也十分复杂，以至于需要通过复杂的经济学理论来展开分析呢？

我们不妨将目光转向发达国家反垄断初期的那些案例上来，稍加注意我们就不难发现，在这些国家，早期的一些垄断行为都是十分明显的，很容易就能够直观地判断出来。当然，这是以当前的眼光来审视这些案件，不免会让我们认为这些案件简单，但在当时则往往也属于复杂案件。也就是说，对于同一个垄断案件，认识水平的不同会导致得出该案件是简单或复杂的不同结论。

但是问题在于，尽管我国反垄断实践尚处于初期，但无论是中央执法机构还是地方执法机构，对于垄断行为的认识以及所掌握的理论，显然都要比发达国家反垄断初期的那些机构要强，而我国当前市场上垄断行为的复杂程度，却并不比发达国家反垄断初期的那些案件复杂，因此，客观来讲，在我国无论是中央政府还是地方政府都是有能力查处当前市场上的垄断行为的。而在立法过程中，无论是立法机构还是学者都认为垄断行为复杂，从而认为只能由执法能力更高的中央机构来负责反垄断执法，就是一种脱离我国具体实践的做法。

第二，域外经验借鉴存在片面性。在反垄断法领域中，由于我国仍是一个后起国家，因此他国成熟的经验对于我们来说具有很大的借鉴意义，能够使我们少走弯路。由于制度借鉴是一个主观的活动,囿于各种原因,我们可能无法掌握他国制度的全貌,从而有以偏概全之危险。例如,当我们提及美国政府时,一般所言皆指其联邦政府,而很少是指其州政府。这也主要是因为我们在认识陌生事物时,总是会将该事物中最具特色的部分作为该事物的代名词,这是一种简化认识对象的做法,因而在初期就只能形成一个大致的轮廓。只有当我们不断深入研究该事物时,才能够将之前我们所遗漏的诸多特征不断拾遗回来,从而形成一幅完整的画面。但是在大多数时候,我们的认识都只能停留在初期阶段,如果仅是为了解该事物也就罢了,如欲以此作为制度借鉴,则可能会导致仅借鉴到物之皮毛,而不能汲取其精髓。

就反垄断执法机制而言,理论界对于美国的反垄断执法机制,关注的重点主要在于其联邦层面的司法部反垄断局与联邦贸易委员会,对于这两个机构在地方的分支机构以及各州的反垄断执法体制则关注得较少;同样,对于德国,我们也主要关注其联邦卡特尔局的反垄断执法,而对于其《反对限制竞争法》在各州是如何得以具体执行的,则可能要陌生得很多。也就是说,我们往往将其他国家中央的反垄断执法机构等同于该国反垄断执法体制的全部,如将澳大利亚竞争和消费者委员会、韩国的公平交易委员会等作为这些国家反垄断执法机构的代名词。总之,我们在起草《反垄断法》的过程中,对于他国经验的借鉴存在片面性,只见其中央执法机构而不见其丰富的地方反垄断执法活动。

第三,对地方保护主义的担忧。应当说在过去二三十年的时间中,地方政府滥用行政权力排除限制竞争的现象一直很普遍,也很严重。鉴于此,立法机关担心如果授予地方政府以反垄断执法权,则地方政府可能非但不严格执法以维护本地区的市场竞争秩序,反而会以该权力为工具,阻止外地企业在本地的竞争。立法机关主要是基于“便于严格统一执法,同时考虑到建立、健全全国统一、开放、竞争、有序的市场体系的需要”,才“将反垄断执法作为中央事权”,[①]其中所指的“统一执法”“统一、开放、竞争、有序的市场体系”的建立健全,主要也就是针对防范地方保护主义所言的。希冀将反垄断执法权主要集中于中央,以此来克服地方保护主义,从理论上来看似乎确实是一条可行之

① 全国人大常委会法制工作委员会经济法室:《〈中华人民共和国反垄断法〉条文说明、立法理由及相关规定》,北京大学出版社2007年版,第49页。

道。在理论界也有学者认为可以通过上移经济执法权来解决地方保护主义问题。“要克服地方保护主义这一顽疾,仅仅靠事后处分地方官员是不够的,从制度层面解决这个问题需要将经济执法的重心上移到比较高层级的政府——直至中央政府。”[①]不授予或仅授予地方政府以有限的反垄断执法权,这能否真正解决地方保护主义问题?本书在此不作回答,留待后文再做探讨。

第四,中央机构的惜权与过于自信。由于我国《反垄断法》主要是由中央有关部委所起草的,地方政府并无多大“话语权”,因而在权力配置时,将反垄断执法权主要配置给中央部委时也就没有多大的问题。在中央各部委之间尚会发生争夺执法权的现象,各自从本部门利益而非最能够实现《反垄断法》有效实施的角度出发来配置权力,这表明即便是中央部委,尽管其行政级别要高于地方政府,有的也不一定就具有全局观念。《反垄断法》未赋予地方有关机构以较大的权力,中央各反垄断执法机构所制定的规章也未能在《反垄断法》可解释的最大范围内给予地方政府相关机构以足够的授权,这表明中央机构过分惜权,宁愿自身享有较大的权力而不积极展开执法,也不愿授予地方执法机构以使其展开广范围的执法活动——即便授予地方执法机构权力会引发诸如地方保护主义等问题,中央机构也可以通过积极有效的监督予以避免。不过,从另一个方面来看,不授予地方有关机构以较大的权力,也凸显出中央机构的一种过于自信,即认为其主要通过自身的力量,就能够有效地查处全国范围内所有垄断行为,如果不是如此,那么其是否又是明知无法主要依靠自身力量而又故意为之呢?

可以说,当前反垄断执法权在中央与地方之间配置模式的形成,绝非偶然现象,而是上述诸多因素共同决定下的一种必然结果,上述这些原因有些是明知而仍为之,有些则是主观认识的局限性所致。立法机构和中央有关机构的有些担忧尚有几分道理,而有的则纯属过虑。但无论怎样,当前的纵向分权体制都已经形成了,对当前分权体制合理性评价的依据,仅靠判断进行如此制度设计时所依据的理由显然是不够的,毕竟这都已经成为过去时,因而考评的依据要转为制度在现实中的功过得失。是否需要对当前的纵向分权体制进行改革呢?这一问题自然也就需要回到实践中去寻找答案,即看当前的分权体制在实践中的运行效果究竟如何。

---

① 韩志红、陈爽:《我国经济执法的重心应当上移》,载《中国行政管理》2010年第2期。

四、反垄断执法权央地分权模式实效考察

评估一项制度在现实中运行的效果,最主要的标准就是该制度所欲保护的法益是否真正得以很好的保护,所欲实现的价值目标是否真正得以实现,即坚持实践的标准。就反垄断执法权央地分权模式而言,评估其现实效果,主要也就是考察该项制度是否有利于维护良好的市场竞争秩序。不过,由于这条标准过于笼统,而且,是否能够维护良好的市场竞争秩序。也不完全取决于执法体制,因为即便执法体制是科学的,但如果反垄断法律实体制度却并不合理、完善,则在该执法体制之下同样可能无法维护良好的市场竞争秩序。鉴于此,本书将上述笼统的目标进行细化,主要从执法力量与执法任务是否相符、执法效率是否较高这两个角度进行考察。为什么选择这两个标准?原因主要在于二者是更具客观性的标准,可以尽可能减少评估结果的争议性;同时,这两个标准又是十分重要的,任何执法体制,如果无法在这两个方面达到令人满意的程度,则显然是无法很好地实现该法的价值目标的。

(一)执法力量与执法任务是否相匹?

从表面上看,我国政府机构公务人员数量并不少。据统计,2008 年我国政府机关人员达到了 1328 万人,[①]占总人口的 1%,也就是说每 100 个人中就有一个人是政府机关工作人员。如果将事业单位的 2618 万人也算上,则广义上的政府公务人员就达到了 3946 万人。这是否就意味着政府执法力量与执法量之间达到了一个较为平衡的状态呢?答案并非如此简单,尽管从总量上来看执法人员的数量很多,但是其分布却并不均衡,即在某些执法任务较重的部门,执法人员数量因人员编制等的限制而存在短缺,而在另外一些部门,则又出现了人浮于事、人员编制臃肿的现象。既然立法机构将反垄断执法权定位为中央事权,那么,当前的 3 个中央执法机构是否能够有效承担起反垄断执法任务呢?在探讨这一问题之前,首先需要明晰反垄断执法的任务究竟为何,换言之,即执法量究竟有多大,是否是较少的执法人员就能够很好地应付的?

我国《反垄断法》所要保护的竞争,不仅是全国市场的竞争,而且包括地方市场的竞争,这就涉及了反垄断法理论中一个非常重要的概念,即相关市

---

① 参见沈荣华、张文彬:《中国政府公务人员规模和结构的实证分析》,载《经济与管理研究》2012 年第 3 期。

场。我国《反垄断法》第12条将相关市场界定为："经营者在一定时期内就特定商品或服务进行竞争的商品范围和地域范围。"相关市场包括相关地域市场、相关商品市场和相关时间市场，本书在此仅着重从相关地域市场切入进行讨论。

2009年5月国务院反垄断委员会颁布了《关于相关市场界定的指南》，根据该指南，相关地域市场是指"需求者获取具有较为紧密替代关系的商品的地理区域。这些区域表现出较强的竞争关系，在反垄断执法中可以作为经营者进行竞争的地域范围"。① 在界定相关地域市场时，通常需要考虑需求替代性，即当商品价格提升时，消费者转向其他地域市场购买商品的可能性，如果消费者能够转向其他市场，则该市场与涨价市场就处于同一相关地域市场范围内，否则，涨价市场就构成独立的相关地域市场。相关地域市场的界定十分重要，因为对于同一个经营者而言，如果将相关地域市场界定得越窄，则该经营者就越有可能被认定为具有垄断地位；反之，如果界定得过于宽泛，则原本具有垄断地位的经营者也可能被认定成一般的经营者，从而逃脱反垄断法的规制。

本书的目的主要不是分析如何具体界定相关地域市场，而是借其界定来说明，相关地域市场在不同的案件中是具有很大弹性的：在某些案件中，相关地域市场可能为全球，而在另一些案件中，则又可能小至于某个社区。"如果产品能够在全国销售，而且运输费用较低，则法院通常会将相关地域市场确定为整个国家。然而，如果一个企业和它的竞争对手仅在一个特定的区域内销售它们的产品，而且消费者也无法便利地购买该区域以外的类似产品时，则通常的原则就是将该特定区域定为相关地域市场，自然也就仅包括发生在该区域内的交易。"②总之，在不同地域层级之内，均有可能有垄断行为，既有可能是全国范围的垄断案件，也有可能是跨省垄断案件、一省范围之内的垄断案件、一县之内的垄断案件，乃至一乡一镇之内的垄断案件，等等，不一而足。下面以一个真实的案例予以说明。

---

① 《国务院反垄断委员会关于相关市场界定的指南》，载中央人民政府网：http://www.gov.cn/zwhd/2009-07/07/content_1355288.htm，最后访问日期：2017年2月9日。

② Ernest Gellhorn, *William E. Kovacic*, *Antitrust Law and Economics in a Nutshell*, West Publishing Co., 4th e dition, 1994, p. 106.

在某大学之内，有众多打印店，且分散于学校各个地方，以方便学生打印。2013 年 3 月某日，学校之内所有打印店都贴出相同的通知，告知要涨价。笔者对此尤为敏感，随将此告示拍照留下，但后无法寻得，幸而后经媒体曝光，公布了参与涨价的打印店主共同签订的一份协议，这比各打印店所张贴告示更能说明问题，故在此亦将该协议附之于下，以便分析。

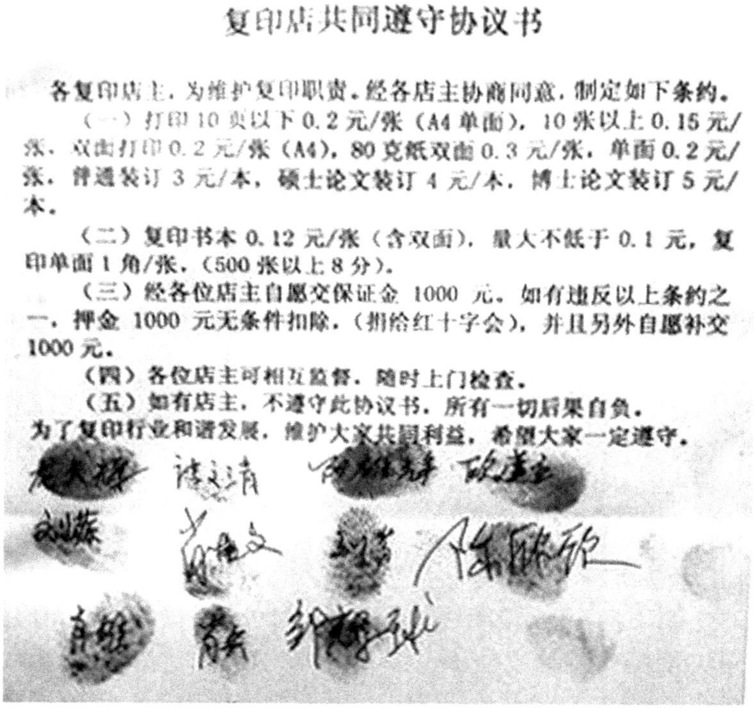

复印店共同遵守协议书

各复印店主，为维护复印职责。经各店主协商同意，制定如下条约。

（一）打印 10 页以下 0.2 元/张（A4 单面），10 张以上 0.15 元/张，双面打印 0.2 元/张（A4），80 克纸双面 0.3 元/张，单面 0.2 元/张，普通装订 3 元/本，硕士论文装订 4 元/本，博士论文装订 5 元/本。

（二）复印书本 0.12 元/张（含双面），最大不低于 0.1 元，复印单面 1 角/张，（500 张以上 8 分）。

（三）经各位店主自愿交保证金 1000 元。如有违反以上条约之一，押金 1000 元无条件扣除，（捐给红十字会），并且另外自愿补交 1000 元。

（四）各位店主可相互监督，随时上门检查。

（五）如有店主，不遵守此协议书，所有一切后果自负。

为了复印行业和谐发展，维护大家共同利益，希望大家一定遵守。

其内容具体如下：①

① 《××大学打印店形成“价格联盟”，学生很气愤》，载新华网：http://news.xinhuanet.com/fortune/2013－05/30/c_124788235.htm，最后访问日期：2017 年 2 月 10 日。

复印店共同遵守协议书

各复印店主，为维护复印职责，经各店主协商同意，制定如下条约

（一）打印10页以下0.2元/张（A4单面），10张以上0.15元/张，双面打印0.2/张（A4），80克纸双面0.3元/张，单面0.2元/张，普通装订3元/本，硕士论文装订4元/本，博士论文装订5元/本。

（二）复印书本0.12元/张（含双面），量大不低于0.1元，复印单面1角/张，（500张以上8分）。

（三）经各位店主自愿交保证金1000元。如有违反以上条约之一，押金1000元无条件扣除，（捐给红十字会），并且另外自愿补交1000元。

（四）各位店主可相互监督，随时上门检查。

（五）如有店主，不遵守此协议书，所有一切后果自负。

为了复印行业和谐发展，维护大家共同利益，希望大家一定遵守。

上述协议书是各复印店主私下所签订的，其对外张贴的公告内容与上述协议大致相同，而且各个打印店对外张贴的告示都是一模一样的。这是一份明显的价格垄断协议，统一提高了打印、复印的价格。例如，之前打印A4单面的价格为0.1元/张，而根据达成的协议，打印量10页以下的单价竟涨至0.2元/张，涨幅达到100%。笔者有深切感受，涨价之后要比之前贵一倍，令包括笔者在内的许多学生都难以承受。在该案中，尽管学校以外也有少量打印店，但距离都稍远，学生一般都不会专程前往校外进行打印，而且校外打印店价格也并不比校内涨价以前便宜。因此，在该案中，相关地域市场就是本校，而不能扩大至中关村甚至海淀区。

各打印店统一涨价是一种典型的价格垄断行为，因此应当由发改委系统进行查处，依据国家发改委的授权，则该案应当由北京市发改委负责，那么，北京市发改委负责反垄断执法的人员配置如何呢？据国家发改委有关人员介绍，2010年国家发改委批准给北京、辽宁、上海、江苏、湖北等8个省市价格主

管部门共计150个编制，以专项用于增加反价格垄断工作。[①] 因此，平均到每个省市编制也不超过20个，也就是说，北京发改委专门负责反垄断执法的人员不超过20人。尽管查处上述价格垄断案远远不需要20人，但是，在整个北京又有多少类似于上述案件的价格垄断行为呢，仅此20人能够承担起整个北京市的反垄断重任吗？显然不能，只恐低于100人难以真正有效担负起查处北京市垄断行为的重任，但北京市发改委显然无法获得如此多的人员编制。现实中垄断行为数量巨大与反垄断执法人员数量偏少之间的矛盾，在短期内是难以得到解决的，这就凸显出当前分权体制所存在的诸多问题，其不合理之处也就不言而喻了。要想解决这一问题，关键还是在于发挥各层级尤其是基层价格执法部门的力量和积极性。正如一名基层价格执法人员所建议的那样，“有条件的省(区)可以将市县作为省级价格主管部门反价格垄断执法的派出机构，充分发挥基层价检部门千里眼、顺风耳、急先锋的优势”。[②] 确实，基层执法机构的这种优势是中央执法部门和省级执法部门都无法比拟的。

较之于发改委系统，上述问题对于工商系统而言可能更为严重，因为在发改委系统内，省级发改委尚能获得概括性授权，而省级工商则只能通过国家工商总局的个案授权来展开反垄断执法工作，因此其权力是十分有限的。我们不妨仍以上述这个案例为例，假设各打印店之间达成垄断协议，决定统一采购某一品牌的复印纸，对于该案件，由于没有明显涉及价格因素，因此应当由工商系统负责查处。在现行的体制机制下，海淀区工商局、北京市工商局都无权直接依据《反垄断法》进行查处，而只能上报至国家工商总局，由国家工商总局进行处理，或者由其授权北京市工商总局展开反垄断执法。试问，全国有多少这种垄断行为？如果都需要向国家工商总局进行上报，然后由其决定是否授权，那么以国家工商总局现有负责反垄断执法的力量，能够应付全国大大小小垄断案件的授权工作吗？即便能够予以应付，则岂不将沦落成一个纯粹的“授权机器”？作为一个反垄断中央执法机构，国家工商总局应当将工作的重点放在领导全国工商系统展开执法活动、完善相应的反垄断配套性规章上，而

① 参见国家发改委价格监督检查与反垄断局副局长李清在2012年中国竞争政策与法律年会上的讲话，载商务部网：http://www.mofcom.gov.cn/article/zt_jzzcflnh/lanmutwo/201301/20130100003558.shtml，最后访问日期：2017年9月11日。

② 王吉中：《反价格垄断：基层价检部门应该如何作为》，载《中国价格监督检查》2013年第8期。

不仅仅是拘泥于授权上。

此外，就经营者集中的反垄断审查而言，由于只有当经营者集中的规模达到一定程度时才有可能引发竞争问题，进而需要评估其竞争影响，因此大多数国家都规定了较高的申报标准，我国亦不例外。[①] 例如，国内数经营者进行集中时，只有当参与集中的所有经营者上一会计年度在我国境内的营业额总和超过 20 亿元，且其中至少 2 个经营者上一会计年度在我国境内的营业额均超过 4 亿元时，才需要向商务部进行申报。据本书统计，在商务部公布的 2013 年第四季度 56 起无条件批准的经营者集中案件中，仅有 8 起案件的参与者都是中国国内企业，而剩余的 48 起案件中，至少有一个参与者是外国企业。[②] 由此看来，由地方相关商务部门负责经营者集中案件的反垄断审查似乎并没有现实的需要。不过，我们应当注意到，随着反垄断实践的不断开展，经营者集中申报的案件数量也越来越多，据商务部反垄断局负责人介绍，“2008 年以来，商务部审查的经营者集中案件数量快速增长……2013 年 1 ~ 6 月，申报案件 112 件，同比增长 34.9%，立案 105 件，同比增长 36.4%；审结案件 103 件，同比增长 24.4%”。[③] 案件申报量在大幅增长，尽管商务部审结案件的数量也增长较快，但是仍低于案件申报数量的增长，如果按照这一趋势发展下去，且在商务部反垄断执法人员数量无法得到相应增长的情况下，则经营者集中申报的数量迟早会超过商务部的审查能力。尽管商务部在数年前就已经开始对地方商务部门的工作人员展开培训，但至今仍然未向地方商务部门进行授权，而且如何发挥地方商务部门在经营者集中反垄断审查中的作用也是仍需加以探讨的问题。

总之，通过上述的分析可以看出，在现行的反垄断执法权央地分权机制之下，发改委系统、工商系统以及商务系统都无法对全国范围内的所有垄断行为都展开有效的执法。我们不仅应当关注全国市场范围的垄断行为，而且应当

---

① 我国经营者集中申报标准详见《国务院关于经营者集中申报标准的规定》，载中央人民政府网：http://www.gov.cn/zwgk/2008-08/04/content_1063769.htm，最后访问日期：2017 年 9 月 13 日。

② 参见《2013 年第四季度无条件批准经营者集中案件列表》，载商务部网：http://fldj.mofcom.gov.cn/article/zcfb/201401/20140100457358.shtml，最后访问日期：2017 年 12 月 13 日。这 8 起案件分别是第 1 起、第 3 起、第 7 起、第 13 起、第 26 起、第 31 起、第 45 起和第 50 起案件。

③ 尚明：《商务部反垄断工作五年回顾和展望》，载《中国价格监督检查》2013 年第 9 期。

注意到，在地方市场如一个县甚至一个社区内都有可能存在垄断行为，而对于这些垄断行为，如果离开了距离这些垄断行为最近的地方相关执法机构的参与，显然是无法有效进行查处和制止的。

（二）执法效率考察

承载公平与正义的法律只有得到及时有效的实施，才能够真正实现其价值，执法效率、司法效率的高低，将直接影响到法律价值的实现："迟到的正义为非正义"。市场竞争瞬息万变，如果执法机构不能迅速地对市场上的垄断行为进行查处并恢复竞争秩序，则即便是最终做出了正确的反垄断处理决定，受垄断行为损害的企业可能早已因垄断损害而被迫退出了市场，这种迟到的反垄断执法对于这种企业来说就无异于是过期的药品，无法起到任何实质性的作用。因此，反垄断执法的效率对于自由、有序的竞争秩序的维护而言至关重要。那么，在现行的反垄断执法权央地分权体制之下，反垄断执法的效率究竟如何呢？本书先从一个案例开始谈起。

江苏连云港混凝土协会组织本行业经营者达成垄断协议一案，被认为是工商系统在我国《反垄断法》颁布以后展开的第一次反垄断执法，各界对于本案多从积极意义方面进行评价，对于该案在维护市场竞争秩序方面的这种积极意义，本书自不否定，不过，本书对该案的关注将不止于此，而是透过案件分析其背后所反映的现行执法体制所存在的问题。①

2009 年 3 月 3 日连云港市相关建筑协会成立了混凝土委员会，该委员会成立以后，即组织市区的 16 家混凝土预拌企业订立"预拌混凝土企业行业自律条例"，以统一混凝土价格，分割销售市场，这导致连云港市的多个在建工程被迫停工。2009 年 4 月 29 日连云港市工商局接到举报，其随即展开调查，经确认属实以后，向该市建设部门发出行政建议书，建议行业主管部门对上述行为进行查处。但是，连云港工商局的建议未能受到重视，垄断行为依旧。为了保证某一重点工程的建设，以至于连云港建设部门不得不违反国家禁止使用现场搅拌混凝土的禁令，明确出函表示："为了保证工程正常施工，我局现决定同意该工程使用现场拌砼。"而其他未能被允许使用现场搅拌混凝土的

① 参见姚芃：《订立协议分割市场，连云港一协会及 5 家企业受罚 73 万元》，载《法制日报》2011 年 3 月 3 日，第 6 版；江苏省工商局：《连云港市混凝土委员会组织成员单位实施垄断案》，载《工商行政管理》2011 年第 8 期。

建设企业，为了维护自身的利益，开始向江苏省工商局进行举报。江苏省工商局于2009年8月开始展开调查，并于8月19日向国家工商总局请示授权。[①]国家工商总局于2009年10月20日向江苏省工商局进行授权，后者于11月20日根据授权开始对该案展开调查。在查明案情的情况下，江苏省工商局于2010年8月31日作出处理决定，责令停止垄断行为，对混凝土协会处以20万元罚款，对垄断协议的核心成员，处以没收违法所得136,481.21元，罚款530,723.19元。

应当说，上述案件并不复杂，是一起典型的由行业协会组织的垄断协议案，办案人员也表示"此案的定性并不复杂"。但是，该案自最初连云港市工商局2009年4月29日接到举报起算，直到2010年8月31日才最终结案，前后时间跨度达1年4个月，应当说这是不利于本案中相关市场内竞争秩序的恢复的，由于无法及时制止垄断行为，造成的损失也是十分巨大的。本书认为，造成此案执法效率低下的原因主要有以下几个方面：

第一，连云港工商局不享有反垄断执法权，从而导致其无法直接查处垄断行为。距离该垄断行为最近的工商系统相关机构是连云港市工商局，而且其也确实对案件情况展开了调查，确定了垄断行为的存在，但由于其无法直接依据《反垄断法》作出处理决定，只能不了了之。试想，如果连云港市工商局能够享有反垄断执法权，则其就能在接到举报后直接展开反垄断调查，在1个月内作出处理决定也并非是不可能的。

第二，国家工商总局的个案授权体制使行政程序耗费了大量的时间。由于江苏省工商局也不具有固有的反垄断执法权，因而只能在获得国家工商总局的个案授权之后才能够展开反垄断执法。自江苏省工商局2009年8月19日向国家工商总局请示授权，到同年10月20日国家工商总局决定授权，这耗费了2个月之久。究竟是什么原因导致国家工商总局花费如此长的时间来作出是否进行个案授权，我们不得而知，但无论是出于何种原因，2个月的时间都明显过长。正如江苏省工商局所言，应当"建立快速反应机制，缩短层层上

---

① 需要说明的是，前引姚芃文中写明的是江苏省工商局于2009年9月18日向国家工商总局请示，国家工商总局于10月28日进行批复，而江苏省工商总局一文中则写的是2009年8月19日向国家工商总局进行了请示，国家工商总局于10月20日进行了批复，两者在时间上存在冲突。鉴于《连云港市混凝土委员会组织成员单位实施垄断案》为江苏省工商局所作，因此更具权威性，故本书以该文中的描述为准。

报的时间,使符合授权条件的案件在最短的时间内获得授权”。[①]

第三,江苏省工商局在查处案件时过于谨慎,以至于人为地将简单的案件复杂化了。该案件是一起明显的固定价格、划分市场的垄断协议行为,即反垄断理论中的核心卡特尔行为,对其应当适用“本身违法原则”,而无须对其是否具有合理性展开进一步的分析,以节省执法资源。尽管江苏省工商局认识到“这种行为在市场发达国家适用‘本身违法’原则”,“但是,我们还是看了结果”。[②] 由于该垄断行为而造成了连云港市的整个建筑业都受到了极大的影响,许多工程被迫停工,其造成的损害显而易见,而江苏省工商局竟仍要运用合理原则来评估该垄断行为的好处是否大于其损害。虽然其谨慎的态度是值得称赞的,但是一旦谨慎过度,则反而会损害所要保护的利益。本书认为,在国家工商总局的个案授权机制之下,获得授权的省一级工商机关在查处案件时是不计成本的,因为在获得授权的基础上,省级工商局实际上就是对国家工商总局负责,其必定要将所负责的案件做成一件“精品”,而不惜过度花费大量的人力、物力。而如果省一级工商局能够获得概括性授权,则其所面临的就是全省范围内的所有垄断行为,其将直接对全省市场的竞争秩序负责,这也会促使其考虑执法的成本因素。

当前我国反垄断执法权主要是集中在中央,而垄断行为都是发生在一定市场之内的,该市场的层级决定了其与中央执法机构之间的“距离”:层级越低,如发生于一个县之内的垄断行为,就距离中央执法机构较远;层级越高,如发生在全国市场范围之内,则距离中央执法机构就越近。对于发生在全国市场之内的、具有重大竞争影响的垄断行为,由中央执法机构负责执行具有较大的优势,一方面是由于其更具全局眼光,能够从全国市场的角度来审视垄断行为;另一方面是由于其能够更好地调动各方面的资源来查处案件。

然而,对于发生在地方市场上的垄断行为,中央执法机构则并不具有执法的优势;相反,还存在一些劣势。一是其无法及时有效的发现垄断行为,这也不难理解,人们总是对其周围所熟知的事物的异常变动更为敏感,而中央执法

① 江苏省工商局:《连云港市混凝土委员会组织成员单位实施垄断案》,载《工商行政管理》2011年第8期。

② 姚芃:《订立协议分割市场,连云港一协会及5家企业受罚73万元》,载《法制日报》2011年3月3日,第6版。

机构欲知悉地方市场上的垄断行为,往往需要通过诸多间接的方式,如地方机构的逐级上报等;二是中央执法机构在对地方市场垄断行为进行查处时也存在着诸多不便,毕竟,中央执法机构工作人员对于地方市场状况,远没有处于该市场之中的地方执法机构了解。因此,对于发生在地方市场上的垄断行为的查处,地方执法机构更具有优势。正如有学者所指出的那样,地方机构在《反垄断法》实施方面具有以下三个方面的优势:(1)对地方市场更为熟知,地方机构掌握地方竞争状况的有关信息,而这对于有效的反垄断法实施来说是至关重要的;(2)更加熟悉地方上的其他政府机构,从而能够更好地防止这些机构实施限制竞争性行为;(3)可以更好地实现对受垄断行为损害的个体的补偿。①

执法效率的高低与执法权的配置直接相关,在进行权力配置时,通俗而言,就是要做到使正确的人做正确的事,扬长避短。而当前的反垄断执法权央地分权体制,则是使享有执法权的中央执法机关无法有效查处地方市场上的垄断行为,而能够履行好这一职责的地方执法机构却并不能完全享有该项权力。这实际上就违背了权力科学配置的本质要求,从而也造成了巨大的效率损失。

五、反垄断执法权央地分权与地方保护主义

在探讨如何实现反垄断执法权在中央与地方之间的科学划分时,地方保护主义始终是一个不可回避的问题,因为地方保护主义的存在是当时未赋予地方机构全面的反垄断执法权的一个重要原因。反垄断执法权是否有可能被地方执法机构作为实现地方保护主义的一种工具,还是这只是我们一厢情愿地臆断?如果确实有这种可能,那么我们是否有其他的机制来予以制衡?或者说我们是否可以因为存在这种可能而完全放弃将反垄断执法权授予地方机构所带来的好处?对于这些问题的答案,自然只有在对地方保护主义进行初步探讨之后才能够得出。

(一)地方保护主义面面观

地方保护主义中的"地方"是与中央相对的,是指一国之内的地方机构为

① See Stephen Calkins, "Perspectives on State and Federal Antitrust Enforcement", *Duke Law Journal* 53, 2003, p. 673.

了保护本地的利益而采取的包括立法、行政和司法在内的所有行为，旨在通过公权力来增强本地企业的优势或者减弱外地企业的优势，从而使本地企业在竞争中取胜。地方保护主义在本质上是公权力对于市场经济的不当介入，是滥用行政权力排除、限制竞争的行为，即行政垄断。依据这种公权力来源的不同，地方保护主义可以分为立法中的地方保护主义、行政中的地方保护主义和司法中的地方保护主义。[①] 不过，一般所探讨的地方保护主义主要是指地方政府所实施的地方保护。事实上，地方保护主义并非是个别现象，在全球范围内亦存在，即国家之间也存在保护主义，各种形式的贸易壁垒、政府补贴等，都是“地方”保护。在一国之内，地方保护中的“地方”，包括各个层级的政府，如各省之间存在地方保护，在一省之内，各个市、县之间也可能存在地方保护，甚至在一县之内的各个乡镇之间，也有可能存在地方保护。有学者认为，地方保护主义不仅是一种行为，而且是一种思想意识，并认为在不同学科，地方保护主义所指是不同的：“从经济学的角度看，地方保护主义主要是一种行为、一种现象；从政治学、社会学的角度看，它不仅是一种行为更是一种思想、意识、情感、态度。”[②]在本书看来，理念与行为无法完全割裂开来，地方保护主义行为必定是在地方保护主义理念下所进行的，如果仅有理念而未付诸实施，尽管具有潜在的损害，但显然不能对其进行“思想入罪”。在本书中所指的地方保护主义，仅指地方政府所实行的各种封锁市场、对外地企业采取歧视性措施等行为。

作为一种普遍存在的地方保护主义，从全国角度和长远眼光来看有着巨大的危害，对于其产生的原因，理论界也进行过深入地探讨。有经济学家认为，我国地方保护主义的出现，主要是由于“1978 年以来的中国经济改革采取了财政分税制度，这使得地方政府存在出于保护税收基础的强烈动机，采取措施保护当地企业免受跨地区竞争威胁”。[③] 这也代表了许多人的观点。财税体制的改革使地方政府成为拥有自身独立利益的主体，而不是通常所认为的政府本身并不具有利益诉求。地方政府本身也成为利益的追逐者，本地经济

---

① 参见马怀德：《地方保护主义的成因和解决之道》，载《政法论坛》2003 年第 6 期。

② 谢玉华：《论地方保护主义的本质及其遏制策略》，载《政治学研究》2005 年第 4 期。

③ 白重恩等：《地方保护主义及产业地区集中度的决定因素和变动趋势》，载《经济研究》2004 年第 4 期。

的发展状况将直接决定本地政府利益的实现程度。事实上，地方政府实行保护主义不仅是出于保护税收基础的动机，而且包括本地的就业、GDP的增长等，而这些在过去是政绩考核的主要指标，也就是说各地方政府之间存在一种竞争，即周黎安教授所提出的“政治锦标赛”。周黎安教授认为，“我国地方官员具有双重特征：他们一方面是‘经济参与人’，即像任何经济主体一样关注经济利益……但另一方面，这些地方官员同时也是‘政治参与人’，他们关注政治晋升和政治收益，各地的官员不仅在经济上为财税和利润而竞争，同时也在（原文缺少‘在’字。——笔者注）‘官场’上为晋升而竞争。”①这实际上更像是一种从政治学角度出发分析的原因，反映出地方官员通过保护本地企业，借助于本地经济的发展来实现其自身政治目的的动机。

地方保护主义是政府职能错位的一种表现，地方政府非但不创造公平自由的竞争秩序，反而通过公权力的滥用扮演损害竞争秩序的角色。从法学的角度来看，地方保护主义之所以在过去二三十年中都未能得到有效禁止，原因则在于权责不一致，地方官员享受到了地方保护的好处，却不用为此承担任何责任，因此，许多地方政府包括省级政府公然从事各种行政垄断的行为也就不足为奇了。

地方保护主义的危害事实上已不用赘述，即便是从事地方保护的地方政府也深知地方保护主义的危害性，但仍乐此不疲地奉行，关键在于这能为其带来短期的利益。简言之，地方保护主义主要有以下几方面的危害：

1. 造成市场割裂。泛滥的地方保护主义在某种程度上使我国形成了事实上的“诸侯经济”，地理上统一的全国市场被分割为大大小小的地方市场，各个地方市场之间存在一种隐性的贸易壁垒，阻碍了商品、资金、技术等的自由流动，扭曲了市场配置资源的机制。

2. 重复建设，保护落后。各地都从本地经济发展的角度出发，缺乏全局观念，重复建设现象严重，许多产业都出现了不同程度的产能过剩；为地方政府所保护的某些低效落后的产业，往往也只能在这种行政保护之下才能够得以延喘。

3. 经济效率损失。有经济学家量化出了因地方保护主义所导致的效率损

---

① 周黎安：《晋升博弈中政府官员的激励与合作——兼论我国地方保护主义和重复建设问题长期存在的原因》，载《经济研究》2004年第6期。

失,研究结论认为1982～2000年,因地方分割导致投入结构和产出结构扭曲而造成的效率损失达到了本地生产总值的13%,到2000年时,因地方分割而造成的效率损失,已经侵蚀了大部分其他改革的成果。[①] 而据巴黎国际研究和发展中心的经济学家庞塞特的研究,“中国国内各省之间的关税在1997年大约相当于46%,而在此十年前平均大约相当于35%。中国国内地区贸易壁垒大约相当于欧盟各国之间,或是加拿大和美国之间的水平”。[②]

4. 地方保护主义最终也会损害该地方自身的利益。对于某一地方而言,其境内的企业可分为两种:一种是仅在该地范围之内从事经营的企业,另一种是经营范围扩展至其他地方的企业。地方保护主义主要保护的是前一种企业,由于其实行地方保护主义,其他地方必定也会采取不同形式的报复措施,因此后一种企业就会同样遭受到其他地方的地方保护主义的损害。另外,在地方保护主义这种“温室”中经营的企业会慢慢丧失竞争的能力,一旦当其面临真正的竞争时,自然会被迅速逐出市场。

地方保护主义是计划经济体制的残余在地方层级政府的一种延续,虽然市场经济的发展是主流,但是这种逆市场经济而行的地方保护主义仍然有较大的生存空间,究其原因,主要在于有一部分主体能够从这种行为中获益,而且这部分主体还在一定范围之内掌握有较大的经济权力和政治权力。地方保护主义已经不仅仅局限于经济层面,在面对这一短时间内无法克服的“顽疾”时,许多制度设计都不得不将地方保护主义纳入考虑范围之内,甚至打乱了原本科学的制度设计,反垄断执法权的配置即是如此。

(二)地方保护主义之理由是否足够充分?

本书在前文分析为何会形成当前的反垄断执法权分权体制时曾指出,防范地方保护主义是一个重要的理由。立法机构担心,一旦将反垄断执法权确定为地方机构的固有权力,则地方机构可能会利用该权力来进一步强化地方保护主义,至少从表面上来看,确实有这种可能。地方机构对于本地企业所从事的有损于外地企业利益的垄断行为,可能会予以纵容;而对于外地企业在本地的正常经营行为,则又可能以反垄断的理由而加以干扰。也就是说,反垄断执法权可能在维护本地利益的驱使下被滥用,这显然是严重违背立法意图的。

---

① 参见郑毓盛、李崇高:《中国地方分割的效率损失》,载《中国社会科学》2003年第1期。

② 艾华:《建立国家反垄断机构,加快推进垄断行业改革》,载《广东审计》2004年第2期。

这样看来,将反垄断执法权主要定为中央事权似乎也就是合理之选了。诚然,在进行制度设计时必须考虑到各种可能有损制度有效运行的因素,但是,如果制度设计要避开所有不利因素,则最终可能会使没有制度能够被推行,因为各种不利因素无论其不利程度,或多或少总是存在。这就要求我们进行权衡,不能因为存在不利因素而将整个制度都予以否定。

在中央与地方之间配置反垄断执法权时,赋予地方机构权力固然可能会导致地方保护主义,但正如前文所述,不赋予地方机构反垄断执法权也存在诸多弊端,这就说明赋予地方机构反垄断执法权是具有很大价值的。这就聚焦到了这样一个问题之上,即以地方保护主义作为理由拒绝赋予地方机构反垄断执法权,这一理由是否足够充分?

实行地方保护主义的主体,既包括地方政府,也包括地方政府的各部门。[①] 由于我国反垄断执法权在中央层面是由 3 家机构所共同享有的,因此,如果赋予地方机构反垄断执法权,那么相对应也应当由地方发改委、工商局和商务部所享有。我们现在假设赋予地方机构反垄断执法权,来检视这是否会引发或加剧地方保护主义。地方政府及其所属部门(包括地方反垄断执法机构)实行地方保护主义的情形可以大致分为以下三种:

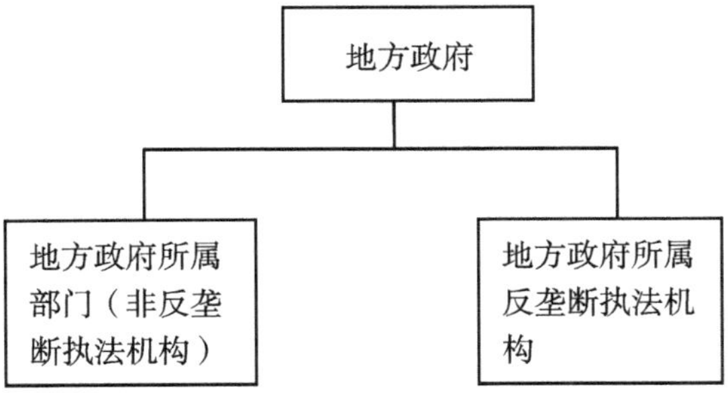

图 14　实施地方保护主义的三类主体

第一,由地方政府实行地方保护主义的情形,在现实中,地方政府实行地

① 根据我国《反垄断法》第五章中的界定,滥用行政权力排除、限制竞争的主体包括行政机关和法律、法规授权的具有管理公共事务职能的组织,据此,实行地方保护主义的主体也应当包括法律、法规授权的具有管理公共事务职能的组织,但本书在此所探讨的地方保护主义,根据理论界通常意义上所指,主要是地方行政机关所实行的地方保护主义。

方保护主义往往是通过发布“红头文件”的形式进行的。有学者称行政垄断(此处的地方保护主义)主要表现为“抽象行政行为”,即通过政府规章、命令等形式发布,不指向特定的市场主体和市场行为。[①] 事实上,即便地方政府欲指向特定的企业,其往往也会选择发布命令等方式,以经济管理之名,而避免给受此行为不利影响的企业留下口实。在该种情形之下,地方反垄断执法机构是该政府的部门机关,在行政级别上要低于该级政府,从这一点上来看,赋予地方执法机构反垄断执法权似乎确实是无法有效解决地方保护主义的问题。

但本书的问题是,在该种情形之下,赋予地方机构反垄断执法权会加剧地方政府的地方保护主义吗?本书无法得出这样的结论,因为地方政府之所以实行地方保护主义,如前文所分析的那样,主要是由于地方政府本身能够从这种地方保护中获得经济、政治上的好处,因而具有很强的利益驱动性,赋予地方政府的所属部门以反垄断执法权虽然无助于解决地方政府的地方保护主义,但也不会因此而明显地助长地方保护主义。在过去20多年间,地方政府的保护主义始终未能得到很好地解决,而如果以此作为反对赋予地方机构反垄断执法权的理由,则未免过于牵强,不具有合理性。

第二,地方保护主义还可能由地方政府的其他部门(此处不包括享有反垄断执法权的机构)来实施。在这种情形之下,至少反垄断执法机构与这些实施地方保护主义的政府部门在行政级别上是一样的,那么,赋予地方机构反垄断执法权又如何能够引起或者加剧同级的其他部门实施地方保护主义呢?地方政府其他部门实行地方保护主义,如发布禁止外地商品进入本地区的命令,赋予地方政府发改委等部门以反垄断执法权,并不会使政府其他部门实施地方保护主义更加便利,因为在当前没有很好的制约机制或者说虽然有但未能有效践行的情况之下,政府其他部门实行地方保护主义本来就是一件不会遇到实质性阻力的事情。赋予地方政府发改委等部门以反垄断执法权,这非但不会“助长”政府其他部门的地方保护主义倾向和实践;相反,还能够提供一种制衡机制——至少从理论上而言是这样的,尽管其在实践中可能并不能发挥实质性的作用。

第三,从地方政府反垄断执法机构本身来看,似乎最有可能引发地方保护主义担忧的就是反垄断执法机构本身会利用该权力来实行地方保护主义。对

---

① 参见黄欣、周昀:《行政垄断与反垄断立法研究》,载《中国法学》2001年第3期。

于地方反垄断执法机构而言，其毕竟是专门承担反垄断职责的机构，本书认为，正常而言，它们不会公然发布含有地方保护主义内容的命令、通知等。也就是说，即便其具有实施地方保护主义的意图，它们也不大会采用“抽象性行政行为”的方式，而更有可能在具体的执法过程中，通过倾斜式执法来实现对本地企业的保护。应当说，这确实是立法机构在决定是否赋予地方政府机构反垄断执法权时所应当考虑的一个主要因素。问题在于，我们是否可以因为这种可能性的存在就干脆放弃赋予地方政府机构反垄断执法权，尽管这种赋予从反垄断法的有效实施来说将具有巨大的价值。

本书认为，不必“因噎”而“废食”，我们完全可以通过相关的制度设计来防止地方反垄断执法机构滥用赋予其的权力来实行地方保护主义，事实上，《反垄断法》本身就提供了这样一种制度保障。根据我国《反垄断法》第 53 条、第 54 条的规定，如果经营者对于反垄断执法机构作出的决定不服的，可以依法申请行政复议或者提起行政诉讼。根据我国《行政复议法》第 12 条第 1 款的规定，①可将经营者可寻求的救济措施表示如图 15 所示。

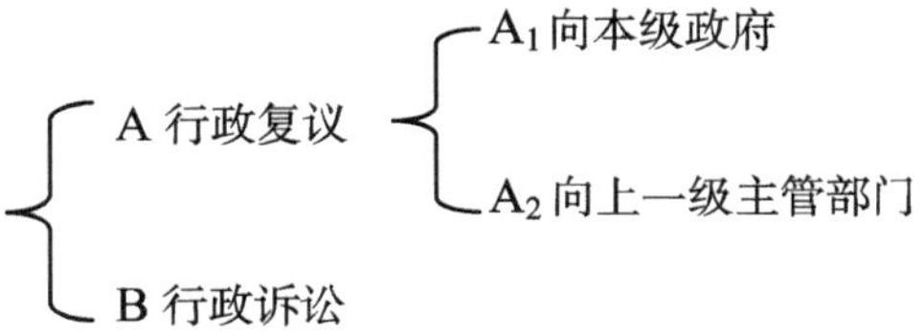

图 15　行政救济措施

首先，我们来分析 A_1 情形，假定经营者对于地方某反垄断执法机构作出的决定不服，从而向该反垄断执法机构的本级政府申请行政复议。这是否能有效制止或者防止反垄断执法机构通过反垄断执法来实施地方保护主义呢？本书认为，在这种情形之下，由于反垄断执法机构是复议机构——本级政府的部门，因此，反垄断执法机构所欲实施的地方保护主义，对于本级政府而言在短期内是具有一定好处的。尽管我们不能排除地方政府能够从长远的角度出

---

① 《行政复议法》第 12 条第 1 款规定：“对县级以上地方各级人民政府工作部门的具体行政行为不服的，由申请人选择，可以向该部门的本级人民政府申请行政复议，也可以向上一级主管部门申请行政复议。”

发而对反垄断执法机构所实施的这种地方保护主义予以坚决地反对，但我们也没有足够的证据来证明其一定会这样做。也就是说，在这种情形之下，反垄断执法机构与本级政府确实都有可能实行地方保护主义。如果仅分析到这一层级，那么，可以说不赋予地方政府机构反垄断执法权就是有一定道理的，因为不仅地方反垄断执法机构本身可能会借此权力来实施地方保护主义，而且作为救济方式之一的向本级政府进行行政复议亦无法阻止甚至会纵容、鼓励这种地方保护主义。

其次，就 A_2 情形而言，如果经营者对于地方某反垄断执法机构的决定不服，从而向该反垄断执法机构的上级主管机关申请行政复议的话，这种行政复议能否有效制止或防止地方保护主义呢？我们不妨将这种情形进一步予以具体化：假设 X 县工商局在查处垄断案件的过程中，对于本地企业与外地企业之间的反垄断纠纷，违反《反垄断法》作出决定，对本地企业进行不合法的偏袒性保护，实行地方保护主义。外地企业对于该工商局所作出的决定不服，决定向该县工商局上一级的主管机关——我们假设为 Y 省的工商局——申请行政复议。通过向 Y 省工商局申请行政复议是否能够有效制止或防止 X 县工商局的地方保护主义呢？这又要对此处的"外地企业"作出进一步的区分：(1)该外地企业是 X 县以外的企业，但却是 Y 省以内的企业。也就是说，该企业对于 X 县而言是外地企业，但对于 Y 省来说则是本地企业。如果 Y 省工商局违反反垄断法的规定，对于 X 县工商局的地方保护主义予以纵容，则虽然可能在短期内有利于 X 县的利益，但是却会损害 Y 省其他县的利益，因此，从总体上而言这对于 Y 省的发展是没有益处的。在这种情形之下，向 Y 省工商局申请行政复议可以有效防止 X 县工商局的地方保护主义。(2)该外地企业是 X 县以外的企业，同时也是 Y 省以外的企业。在这种情况之下，该外地企业不仅对于 X 县而且对于 Y 省来说都是外地企业，X 县所进行的地方保护主义对于 Y 省而言也是有利的，当外地企业向 Y 省工商局申请行政复议时，Y 省工商局也有可能偏袒本地企业，从而无法有效防止或纠正 X 县工商局的地方保护主义。总之，在 A_2 情形中，当经营者向实行地方保护主义的反垄断执法机构的上级主管机关申请行政复议时，该行政复议对于地方保护主义的预防或制止，会因为该经营者是否属于上级主管机关所属行政级别管辖范围内的企业而有所不同。

最后，就 B 情形而言，即经营者可以径直向人民法院提起行政诉讼，也可以在先申请行政复议且对行政复议决定不服的情况下再提起行政诉讼，[①]无论如何，行政诉讼都是经营者可以诉诸的、保障自身利益的最后一道屏障。即便是在上述 A_1、A_2 情形中行政复议本身无法有效预防或制止地方保护主义，经营者依然可以转向行政诉讼这一权利救济方式，也就是说，行政诉讼这一救济方式又可以消除上述 A_1、A_2 情形中可能出现的地方保护主义。当然，有人可能会对行政诉讼在预防或制止地方保护主义方面所能发挥的作用提出质疑，因为地方法院无论是在财政还是人事上都受制于地方政府，司法的独立性无法得到保障，在这种情况之下，法院在审理上述行政诉讼时，可能会作出偏向地方政府及其部门的决定，从而不能发挥在制止地方保护主义方面的作用。本书承认确实存在这种可能性，这就涉及了司法体制这个更深层的问题了，这是反垄断法本身所无法予以解决的，反垄断法制度构建往往需要以其他制度能够得到合理运行为基础或前提，否则，我们可以任意提出政府官员腐败、司法腐败等作为质疑其他制度设计能否有效运行的理由。如果这样，则几乎所有制度构想都可以被否定，因为制度最终都是要靠人来实施的，而腐败问题又是一个不可能完全根除的痼疾，我们都可以以腐败为由来质疑任何可能的制度构想了，但这样显然是不具有任何现实意义的，这样来苛求制度设计也是不公平的。

此外，即便赋予地方政府机构反垄断执法权以后有可能会引发或者加剧地方保护主义，通过中央反垄断执法机构的监督也可以尽可能地将这种可能性降至最低。中央反垄断执法机构作为地方反垄断执法机构的上级主管机关，其能够摆脱任何地方利益的束缚，从维护全国市场的全局角度出发展开执法和监督，对于此种监督制约机制我们亦不能忽视。

总之，通过上文对于赋予地方执法机构反垄断执法权可能引发或加剧地方保护主义的可能情形进行较为详细的分析以后，本书并不能得出结论认为二者具有必然的联系。那种认为地方执法机构享有反垄断执法权会导致地方保护主义的人，大多是从抽象层面推断得出此结论的，而未细致考察赋予地方执法机构反垄断执法权可能导致地方保护主义的具体情形，以及在这些情形之下是否一定会发生地方保护主义，是否会有其他的制约机制。本书认为，赋

① 需要说明的是，根据《反垄断法》第 53 条第 1 款的规定，经营者对反垄断执法机构作出的经营者集中反垄断审查的相关决定不服的，应当先申请行政复议，对于行政复议决定不服的，才可能再提起行政诉讼。

予地方相关机构以反垄断执法权，对于《反垄断法》的有效实施来说将具有巨大的好处，而如果以地方保护主义——这种并不会因赋予地方机构反垄断执法权而变得更加严重——的理由反对这种赋权，则会造成反垄断执法机制的畸形化，这是不利于维护市场经济竞争秩序的。以地方保护主义作为反对赋予地方机构反垄断执法权的理由，无论是在理论上还是实践中，都是不充分的。

六、反垄断执法权纵向配置构想

如何实现反垄断执法权科学地纵向配置，这归根结底是一个如何结合反垄断执法工作的特点实现权力在中央与地方之间的合理分配问题。对于反垄断执法权的横向配置，不仅在中央各部委之间展开了激烈的争夺，而且在理论界意见也不一。但是，对于如何在中央与地方机构之间配置反垄断执法权，无论是中央各部委还是理论界，似乎都有高度的共识，即都认为要将反垄断执法权定为中央事权，防止赋予地方机构以后引发地方保护主义等问题。对于这种共识性很强，看似没有问题的问题，能够提出质疑的最大声音来自实践。

本书在该章中对于在当前纵向分权体制下《反垄断法》的实施效果进行了较为深入的探究，发现《反垄断法》在现实中的实施效果并不能令人满意，尽管中央反垄断执法机构——尤其是在最近一两年——展开了富有成效的反垄断执法活动，但这依然无法掩盖深层次的问题。另外，我们也不能被当前中央反垄断执法机构看似“轰轰烈烈”的执法活动这一表象而“迷惑”，从而丧失判断的客观性和独立性。我们之所以认为中央反垄断机构最近一两年的执法活动富有成效，那是因为我们所持的“参照物”是《反垄断法》刚颁布的那两三年的执法状况。的确，从时间纵向方面来看，确实是有成绩，但是，我们所选的这个“参照物”就是最佳的、最客观的吗？

本书并不这样认为。如果通过实践检验，发现现行制度存在诸多问题——正如本书所发现的那样，那么，这就说明有一种原本可以更为科学的制度构造，在这一制度构造之下，反垄断执法应当能够取得更大的成绩，当然，如果以此作为“参照物”，则标准又过高，因为受制于人的主观认识的局限性等因素，在进行制度设计时往往不能“一次性”就实现制度的科学性。因此，适当的“参照物”应当介于上述两种“参照物”之间，但应当更靠近后一种“参照物”——因为要求制度设计者设计出更为科学的制度，这算不上是一种苛求。如此看来，在当前执法制度下，即便是执法机构所取得的最好成绩，在真正客观合理的“参照物”下,也只能算是其所本应当达到的最低目标。这样,也就褪去了中央反垄断执法机构在最近一两年引人瞩目的执法的神圣色彩,从而能够确保我们冷静、客观地观察到当前执法体制所存在的问题,并提出可能的最佳制度完善方案。

(一)中央与地方各自优弊分析

权力配置的理想状态就是做到让正确的机构做正确的事,使各机构能够扬长避短。那么,中央机构与地方机构各自究竟具有哪些优点,又具有哪些无法克服的缺点呢?对于该问题的正确回答,有助于我们更为科学地在中央与地方政府之间配置权力。就中央机构而言,由于其行政级别高,因此较之于地方机构而言具有后者所无法比拟的一些优势,大体而言,主要表现在以下几个方面:

第一,执法资源方面,中央机构无论是在量还是质方面都具有优势。首先,就量来看,虽然中央机构总体的执法人员数量相比于全国地方机构的执法人员总量而言,要远远低于后者,准确来说二者根本就不在同一可比较的水平之上,不过,中央机构相对于任何单一的地方机构而言,则在执法数量上又要占据绝对的优势。如,国家工商总局的执法人员数量与各地工商系统执法人员总数相比,可能只占后者的相当小比例,但是,国家工商总局的执法人员数量与任何某一具体的地方工商机关相比,则又具有压倒性的优势。其次,就质而言,虽然我们不能绝对地认为中央机构某一具体执法人员的执法水平要高于地方执法机构人员的水平,但从整体上来看,中央机构的执法水平要普遍高于地方执法机构的水平,对于这一点应无疑义。

第二,就机构的权威性方面来看,中央执法机构显然要高于地方机构。执法机构的权威性直接关系到执法的效果,尽管从理论上来说,执法相对人不能以执法主体级别的高低为依据来决定是否配合其调查、服从其所作出的决定。然而在现实中,行政机关行政级别的高低则往往是影响行政执法效果的一个关键性因素,特别是在当前的中国,有许多国有大中型企业事实上的级别可能达到副部级、厅级等,如果由一个级别较低的行政机关来对这种企业的垄断行为展开调查,如由某县发改委来对中石油等企业展开调查,至少在现实中是不具有太大可能性的。

第三,就机构的宏观视野或者全局观来看,中央机构显然要强于地方机构。中央机构无论是在制定政策还是展开执法方面,都主要从全国范围着眼,以维护全国利益为出发点;而地方机构则往往只能从其本地范围出发,尤其是当某一事项涉及与其他地方的利益之争时，则各地方机构就很难保持客观、中立的态度而从全局利益出发作出决定。因此，对于超出某一地方范围而牵涉到数个地方利益的行为，则需要由这数个地方共同的上级机构来负责处理。这在世界范围内都是通常的做法，如美国联邦反垄断机构负责对限制竞争效果发生在"数个州之间"的垄断行为进行调查、提起诉讼等；[①]在德国，如果限制性行为或歧视性行为的影响超出一州的范围，或者某一竞争规则超出了一州的范围，则由联邦卡特尔局负责执法。[②] 由联邦机构负责涉及数州的垄断行为，可以更好地维护联邦层面的竞争秩序。

上面所述的中央机构所具有的三点优势，对于地方机构而言则成为劣势，单个的地方执法机构相对于中央机构而言，在执法资源方面要明显匮乏，在权威性方面无疑也要弱于中央，而且也很难具有全局性视角。不过，地方机构的优势也是非常明显的，可以概括为以下几个方面：

第一，地方机构的整体性执法力量是十分强大的。虽然单个地方机构相对于中央机构而言，在执法力量方面是远不能及的，但是，全国地方机构执法力量之和，则又是中央机构所无法比拟的。在《反垄断法》实施最初的几年中，垄断案件并不是很多，如果对于这些少数的垄断案件中央机构尚能够予以应对，那么，随着更多的垄断案件不断地出现，则中央机构有限的执法力量就会日益显得捉襟见肘，从而严重影响《反垄断法》的有效实施。正如托克维尔所言："一个中央政府，不管它如何精明强干，也不能明察秋毫，不能依靠自己去了解一个大国生活的一切细节。它办不到这一点，因为这样的工作超过了人力之所及。当它要独立创造那么多发条并使它们发动的时候，其结果不是很不完美，就是徒劳无益地消耗自己的力量。"[③]对于中国如此大一个国家而言，尤其是在中央机构执法力量有限的情况下，仅凭中央机构的力量显然是无

---

① 美国《谢尔曼法》第 1 条规定，具有限制竞争效果的协议等应发生在数个州之间(among the several States)，第 2 条规定垄断(monopolize)或尝试垄断(attempt to monopolize)的行为也应发生在数州之间(among the several States)。对于这些垄断行为，由联邦反垄断机构司法部和联邦贸易委员会负责对其实施反垄断法。因此，如果垄断行为发生在一州范围之内，则由该州的相关机构负责实施该州的反垄断法。See 15 U. S. C 1，15 U. S. C 2.

② See §48，"Act Against Restraints of Competition"，Accessed Mar 4，2017. http://www.gesetze-im-internet.de/englisch_gwb/englisch_gwb.html#p0122.

③ [法]托克维尔：《论美国的民主》(上卷)，董果良译，商务印书馆 1988 年版，第 100～101 页。

法有效查处全国范围内的垄断行为的。立法者执意将反垄断执法权主要规定为中央事权,如果不是出于对上述情况无知,就是对全体人民不负责。

第二,地方机构对于市场上垄断行为的“风吹草动”更为敏感。地方机构关注的范围仅为其所管辖的地区,较之于关注全国范围的中央机构而言,对于地域范围要狭窄得多的地方市场,地方机构能够直接感知市场竞争中的异常情况。我们可以提出这样的假设,即对于地方市场上的垄断行为,政府机构对其敏感程度与政府行政级别成反比:政府行政级别越低,则对这种发生在地方市场上的垄断行为越敏感;行政级别越高,则越不敏感。例如,某县的数个经营者达成垄断协议,限制市场竞争。对于该种垄断行为,正常而言,①县级机构要比省级机构更早获得该垄断行为的信息,而省级机构又要比中央机构更早获得信息。由于地方机构对于发生在其管辖范围内的垄断行为更为敏感,因此就能更及时地采取相应的措施查处该垄断行为,从而预防或减轻其所可能造成的垄断损害,而这在反垄断执法方面尤为重要,因为无论是受垄断行为损害的其他经营者,还是消费者,都可能因不及时的执法救济而遭受不可挽回的损失。总之,在发现地方市场上的垄断行为方面,地方机构具有先天性的优势。

第三,在对地方市场的垄断行为的调查方面,地方机构同样具有优势。对垄断行为的查处包括两个方面的内容,一方面是案件事实的查明,另一方面是对案件事实的反垄断分析。尽管就一般而言,中央机构在对案件事实的分析方面的能力要强于地方机构,而在对案件事实的查明、证据的收集方面则可能并非如此。地方市场上的竞争状况、经营者之间的关系、所从事的垄断行为的基本情况等对于中央机构而言可能是陌生事物,但对于地方机构而言则可能是十分熟悉的。对案件基本事实情况的掌握是进行反垄断分析的前提,如果在案件事实方面掌握的信息不充足,或者在准确性方面存在偏差,则会导致执法的错误。

总之,地方机构也具有某些优势,而这些优势对于反垄断执法是十分重要的。如果反垄断执法机制的设计不能够将这种优势予以发挥,其自身必定会

① 在某些情况下,某些垄断行为可能会因为媒体的曝光而受到全社会的关注,从而导致中央机构可能要先于地方政府机构获知该垄断行为的信息。但是能够被媒体曝光的垄断行为毕竟是少数,尤其是地方市场上那种并没有突出“特点”的垄断行为,不是常态,因此,正常情况下地方机构应该更先获得垄断行为的信息。

存在诸多缺陷,而反垄断法的实施也将不可避免地受到影响。中央机构的优势在于其能够对具有全国范围影响的垄断案件进行较好的执法,如果由中央机构对地方市场上的垄断行为也展开执法,则大大高估了其执法能力,是一种“大材小用”,是对有限的行政资源的错配和浪费。执法资源的配置应当是确保行政机构执行与其自身性质最为相符的职能,而现行的反垄断执法机制显然未能做到这一点。

(二)反垄断执法权纵向配置模式的提出

经过本章较为详细、深入地研究,本书认为,在中央与地方机构之间配置反垄断执法权时,应当赋予地方政府机构更多的权力,从而使其能够在整个反垄断执法体系中发挥基础性作用。如果说当前的反垄断执法机制主要是以中央机构的执法为主,地方机构的执法为辅,从而呈现出一个“倒三角”的话(如图 16 所示),那么本书所主张的反垄断执法体制则为一个“正三角”(如图 17 所示),即广大的地方机构构成该三角形的底座部分,而中央机构则位于该三角形的顶部。

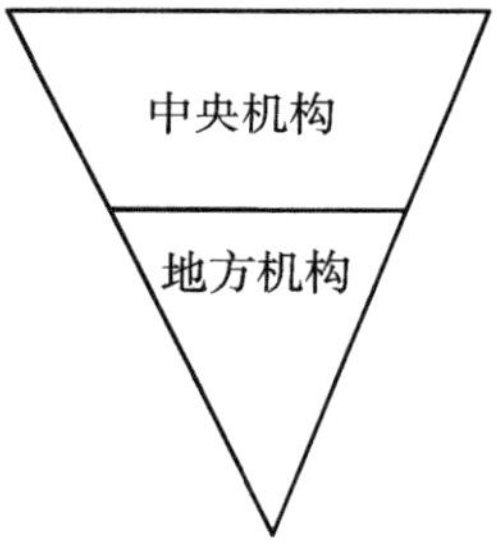

图 16 当前的反垄断执法纵向体制

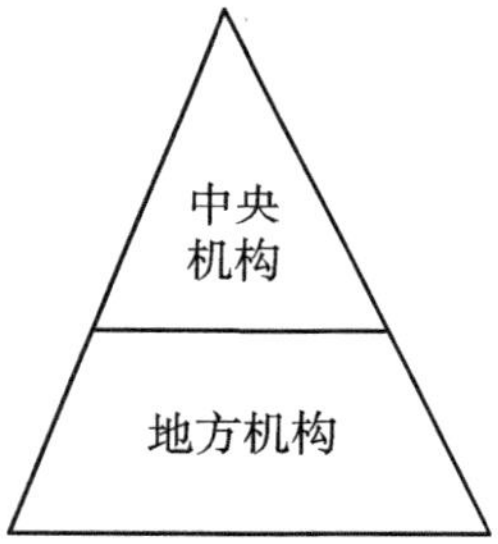

图 17 理想的反垄断执法纵向体制

直观来看,图 16 中的“倒三角”不具有稳定性,从而随时都有可能坍塌,而图 17 中的“正三角”则不一样,其“金字塔”式的结构更具有稳定性。当然,以上只是从表面上说明应当确保地方机构在整个反垄断执法体制中居于基础性地位,下面就分析如何对现行体制进行改革,从而满足这一要求。

本书在第五章中对于反垄断执法权横向配置展开了研究,并提出了“中期”和“长期”的目标,地方反垄断执法机构的设置也应当与中央执法机构保持一致,不过这也是一个循序渐进的过程。不过,国家市场监督管理总局改革的力度很大,国家市场监管总局已于 2019 年 1 月 3 日发布了《市场监管总局关于反垄断执法授权的通知》，授权省级市场监管部门反垄断执法权，但并未下放至县市级。① 本书认为，新成立的国家市场监督管理总局应当尽快赋予省、市、县级政府相应机构以全面的反垄断执法权。对于经营者集中而言，情况则比较特殊，因为我国规定了特定的申报标准，②只有达到该标准的经营者集中才需要进行申报。因此，就全国范围而言需要进行申报的经营者集中数量并不是很多，而且地方市场上达到该申报标准的案件数量则更少，所以就目前来看，国家市场监督管理总局尚不需要授权地方市场监督管理部门以反垄断执法权。但是，由于之前商务部所受理的案件数量日益增多，显然已经超出了商务部自身有限的执法能力，因此仍然有必要赋予地方商务部门一定的执法权力，如调查权等，以协助国家市场监督管理总局的经营者集中审查工作。

在第五章中，本书对于如何科学地构造统一的反垄断执法机构内部结构着墨较多，但在本章中，本书重点论证的是赋予地方政府相应机构以反垄断执法权的必要性，而对于地方反垄断执法机构的内部组织结构，自然可以参照中央反垄断执法机构的内部构造，当然，地方反垄断执法机构可以根据实际情况在中央反垄断执法机构组织机构上进行相应的简化，以适应不同层级执法机构的反垄断执法要求。结合反垄断执法权横向配置的"中期"目标来看，本书主张地方反垄断执法机构也应当在 2020 年左右将之前分散的反垄断执法权进行适当的集中，成立一个统一的执法机构，该机构的名称可以称作为"××省反垄断委员会"，"××县反垄断委员会"，当然也可以重新命名。具体的组织结构图可参照第五章中有关中央反垄断执法机构"中期"目标结构图进行适当调整。而就"长期"目标而言，即到 21 世纪中叶，地方反垄断执法机构应当参照中央反垄断执法机构实现功能上的进一步整合，从而真正构建起现代化的反垄断执法机制，其具体组织结构图同样可以参照第五章中"长期"目标中所提出的结构示意图进行相应设计。尽管地方反垄断执法机构的具体组织构造会因第五章中"中期"和"长期"目标而不同，但是本书认为，反垄断执法权纵向配置的基本结构却是可以确定的，可参见图 18。

① 《市场监管总局关于反垄断执法授权的通知》，http://gkml.samr.gov.cn/nsjg/bgt/201902/t20190217_289791.html，最后访问日期：2019 年 2 月 26 日。

② 详见《国务院关于经营者集中申报标准的规定》，载中央人民政府网：http://www.gov.cn/zwgk/2008-08/04/content_1063769.htm，最后访问日期：2017 年 3 月 8 日。

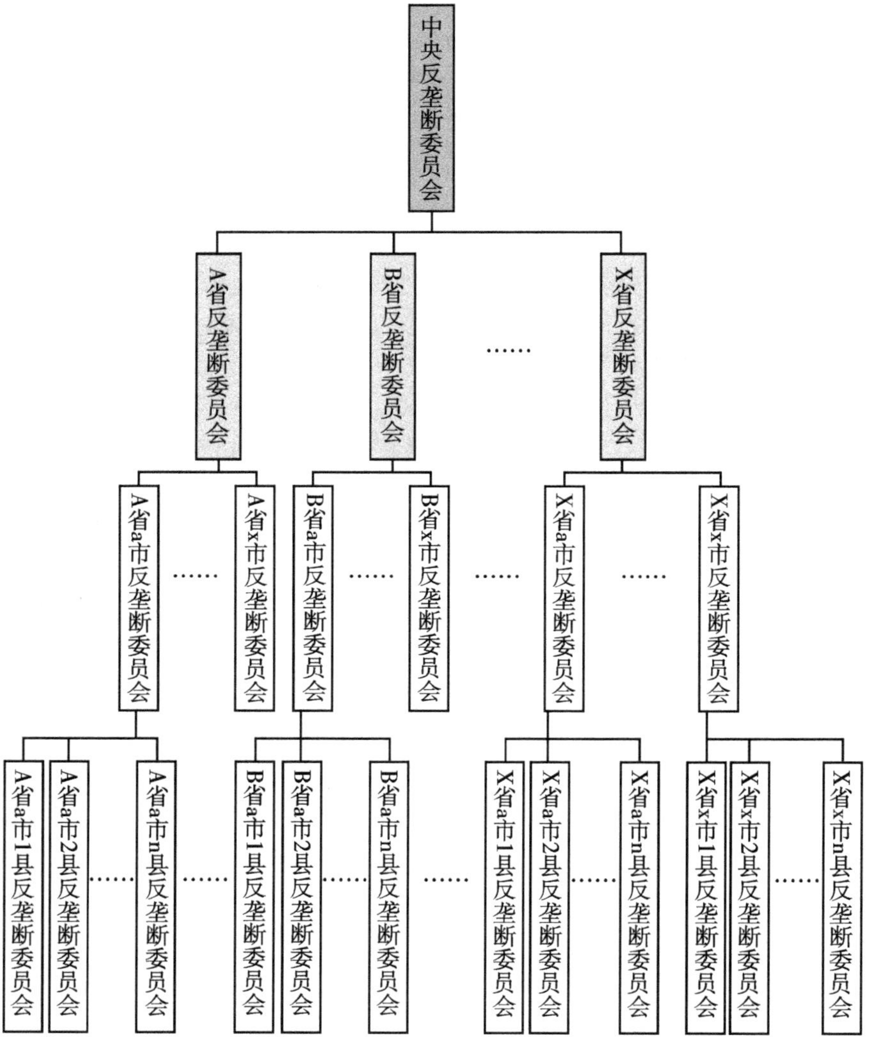

图 18　反垄断执法权纵向配置结构

对于赋予地方机构充分的反垄断执法权这一点，无论是理论界还是立法机构、政府部门，到目前为止都未能有足够的认识，或者说未能引起足够的重视。在当前反垄断执法权的纵向配置中，形成了过度中央集权的体制，这不仅扼杀了广大地方机构执法的积极性,束缚住了其手脚,而且极大地阻碍了《反垄断法》的有效实施。虽然中央反垄断执法机构在最近两年中展开了富有成效的执法活动,但是这依然无法掩饰市场中仍存在诸多垄断行为这一事实。《反垄断法》的有效实施需要发动各级行政机构的积极性,如果仅有中央机构的有限执法,而没有广大地方机构的大力支持,则这种执法体制就失去了深厚的基础。本书认为,我们不能够再忽视或者低估地方机构在反垄断执法中所能发挥的作用,必须直面现行执法体制中所存在的问题,赋予地方机构相应的反垄断执法权力。

简短的总结:反垄断执法权优化配置的实现

经过数百年经济学的论证,在全球范围内,大多数国家都日益认识到国家与市场都是不可偏废的,必须力求在政府干预与市场运行之间寻求一个平衡点,绝对的国家干预和绝对的市场放任都无法保证经济的持久稳定发展。在以往信奉市场而抵制政府干预的发达国家,政府经济职能的履行已经得到了普遍的认同,并在实践中得到了广泛运用,取得了较好的效果;在原本实行计划经济的中国,对市场的认识也不断增强,在市场化推进的过程中,对政府应当如何履行经济职能,如何处理好政府与市场之间的关系等问题也进行了积极的探索。政府履行经济职能,实际上也就是经济权力得以实现的过程,而经济权力能否得到很好的实现,其中一个很重要的因素就是其配置是否科学合理。

经济权力的配置应当以经济因素决定为主,即要符合"经济规律"的要求,而当前我国许多经济权力的配置并未能很好地坚持这一原则,混杂进了过多的非经济因素的考量,如部门利益等。这一方面可能是由于对经济权力本质的认识不足所致,另一方面则是由于现行经济权力配置方式本身具有无法克服的缺陷:决定经济权力配置模式的机构本身与最终的配置模式具有重大的利益关联,从而导致这些机构在进行权力配置时会顾忌其自身的利益并作出相应的安排。本书认为,应当在程序上保障经济权力配置的公正性,罗尔斯所提出的“无知之幕”则可以在经济权力的配置中发挥巨大的作用。在“无知之幕”后,进行权力配置的人与其所进行的权力配置本身之间没有利害关系,从而能够确保其公正地进行制度设计。

反垄断执法权是一种重要的经济权力,它是政府对市场竞争秩序的一种主动干预,旨在维持或恢复市场中因垄断行为而被损害的竞争秩序。反垄断执法的价值包括显性价值和隐性价值两种,前者主要是指反垄断执法在创建和维护自由、有序的竞争秩序方面的重要价值,而后者则是指国家借助于反垄断执法来实现国家经济职能。反垄断执法权能否得到科学合理的配置,将直接影响到以上两种价值的实现。是否需要对现行的反垄断执法体制进行改革?如果需要又该如何改革?在回答这些问题之前,首先必须对当前执法体制在过去数年中的执法状况进行评估,从而发现问题。本书通过细致地评估后发现,当前发生在我国市场上的垄断行为本身并不像理论上通常所理解的那样复杂,就反垄断执法机构的执法本身来看,在对单个案件的处理上并不存在多大问题,而问题的关键在于执法权配置的不科学导致执法效率、《反垄断法》实施的有效程度方面存在诸多弊端。本书从横向和纵向两个方面对当前反垄断执法体制进行了研究。

总的来说,本书认为,当前的反垄断执法体制在横向配置方面存在的问题是应当集权而未集权,在纵向方面应当分权但未分权。首先,就横向方面来看,在中央层面,“三家分权”执法体制的形成与部门利益密切相关,基于政治现实,立法机构最终选择由中央三部委共同负责《反垄断法》的实施,在过去10年的执法实践中,这种执法体制已经暴露出了诸多问题。2018年国务院机构改革,成立了新的国家市场监督管理总局,从形式上解决了反垄断执法权横向方面分散的问题,但是,国家市场监督管理总局内部的反垄断执法权如何有效配置,仍然是一个迫切需要解决的问题。本书提出要进行渐进式的制度改革,将改革目标分为“中期”目标和“长期”目标,主张分“两步走”,并分别提出了相应的改革方案。其次,就纵向方面来看,当前的反垄断执法权高度集中于中央。2019年1月3日,国家市场监管总局发布了《市场监管总局关于反垄断执法授权的通知》,授权省级市场监管部门反垄断执法权,但并未下放至县市级。虽然反垄断执法权已经授权至省级,但从整体来看仍然不够。这对于《反垄断法》的有效实施尤其是对地方市场上垄断行为的规制是十分不利的。为了改变这一情况，中央反垄断执法机构应当放弃“惜权”的做法，而是从推动《反垄断法》的全面有效实施的角度出发，赋予地方政府相应机构更多的权力，使其融入反垄断执法的活动中来。唯有如此，才能够确保全国各层级市场的自由、有序的竞争秩序，而不单单是全国层面的市场。

由反垄断执法权回归到经济权力，尽管反垄断执法权只是经济权力中的一种，但是对这一种重要的经济权力进行探讨，却能够为其他经济权力的配置提供有益的借鉴。在当前中国经济总量增长至世界第二的时期，如何进一步推动经济的可持续健康发展，已成为今后一段时期内的重要任务。经济权力的正确配置，一方面，在于对配置方法的探索，归根结底也就是对经济规律的认识和探索，真正科学的配置方式，必定是符合经济规律要求的；另一方面，还应当有巨大的政治决心，任何改革都会涉及利益的调整，而那些因改革而导致其利益受损的群体，必然会成为改革的最大阻力。当我们已经探索到了符合经济规律要求的权力配置模式以后，如何将这种模式真正予以实现，这就不再是一个经济学、法学上认识的问题了，而是一个政治问题，是一个是否有足够强大的政治决断力来切实予以推行的问题了。值得欣慰的是，随着我国改革的不断深入，我们已经很明显地感受到这种政治决断力正在日益强大，因此，我们也有理由相信科学的经济权力配置模式将会在各个领域不断予以实现。

参考文献

一、论文

(一)中文

1. 白重恩等:《地方保护主义及产业地区集中度的决定因素和变动趋势》,载《经济研究》2004 年第 4 期。

2. 曹凤岐:《改革和完善中国金融监管体系》,载《北京大学学报》(哲学社会科学版)2009 年第 4 期。

3. 陈斌彬:《危机后美国金融监管体制改革述评——多边监管抑或统一监管》,载《法商研究》2010 年第 3 期。

4. 陈红太:《中国政治体制改革的现状和趋势》,载《中国特色社会主义研究》2010 年第 3 期。

5. 陈书全:《论立法后评估常态化启动机制的构建》,载《现代法学》2012 年第 2 期。

6. 崔卓兰、刘福元:《论行政自由裁量权的内部控制》,载《中国法学》2009 年第 4 期。

7. 戴龙:《日本反垄断法实施中的竞争政策和产业政策》,载《环球法律评论》2009 年第 3 期。

8. 邓峰:《传导、杠杆与中国反垄断法的定位——以可口可乐并购汇源反垄断法审查案为例》,载《中国法学》2011 年第 1 期。

9. 丁贤、张明君:《立法后评估理论与实践初论》,载《政治与法律》2008 年第 1 期。

10. 董新凯、郁尊科:《论反垄断法实施中的专家参与问题》,载《安徽大学学报》(哲学社会科学版)2010 年第 1 期。

11. 方晓敏:《经营者集中申报标准研究》,载《法商研究》2008 年第 3 期。

12. 付子堂:《对利益问题的法律解释》,载《法学家》2001 年第 2 期。

13. 韩志红、陈爽:《我国经济执法的重心应当上移》,载《中国行政管理》2010 年第 2 期。

14. 何显明:《政府转型与现代国家治理体系的建构——60 年来政府体制演变的内在逻辑》,载《浙江社会科学》2013 年第 6 期。

15. 李剑:《中国反垄断执法机构间的竞争——行为模式、执法效果与刚性权威的克服》,载《法学家》2018 年第 1 期。

16. 李景鹏:《试论行政系统的权力配置和利益结构的调整》,载《政治学研究》1996 年第 3 期。

17. 李俊峰:《产业规制视角下的中国反垄断执法架构》,载《法商研究》2010 年第 2 期。

18. 李平等:《中国从经济大国向经济强国转变对策探讨》,载《经济纵横》2012 年第 8 期。

19. 梁上上:《论行业协会的反竞争行为》,载《法学研究》1998 年第 4 期。

20. 林喆:《权力的交换与交换中的权力——市场经济中的权力现象剖析》,载《中国法学》1993 年第 5 期。

21. 刘大洪:《我国反垄断立法的新视野》,载《中国法学》1998 年第 2 期。

22. 刘桂清:《反垄断执法机构新论——竞争政策与产业政策协调发展的视角》,载《天津法学》2010 年第 2 期。

23. 刘宁元:《关于我国管制经营者集中的相关问题研究》,载《政治与法律》2009 年第 11 期。

24. 刘松山:《全国人大常委会开展立法后评估的几个问题》,载《政治与法律》2008 年第 10 期。

25. 鲁品越:《生产关系理论的当代重构》,载《中国社会科学》2001 年第 1 期。

26. 罗培新:《美国金融监管的法律与政策困局之反思——兼及对我国金融监管之启示》,载《中国法学》2009 年第 3 期。

27. 孟雁北:《反垄断法视野中的行业协会》,载《云南大学学报》(法学版)

2004 年第 3 期。

28. 孟雁北:《我国〈反垄断法〉之于垄断行业适用范围问题研究》,载《法学家》2012 年第 6 期。

29. 倪娜、万欣:《我国反垄断的实施机制、模式及其改革构想》,载《改革》2010 年第 3 期。

30. 潘志成:《析商务部禁止可口可乐收购汇源的相关理由》,载《法学》2009 年第 7 期。

31. 任爱荣:《国家工商总局反垄断执法工作五年进展及展望》,载《中国价格监督检查》2013 年第 9 期。

32. 尚明:《商务部反垄断工作五年回顾和展望》,载《中国价格监督检查》2013 年第 9 期。

33. 沈春耀:《坚持走中国特色社会主义政治发展道路和积极稳妥推进政治体制改革》,载《求是》2012 年第 24 期。

34. 史际春、陈岳琴:《论从市民社会和民商法到经济国家和经济法的时代跨越》,载《首都师范大学学报》(社会科学版)2001 年第 5 期。

35. 史际春、肖竹:《论分权、法治的宏观调控》,载《中国法学》2006 年第 4 期。

36. 史际春:《反垄断法是市场经济社会的"计划法"》,载《法学家》1993 年第 3 期。

37. 苏力:《当代中国的中央与地方分权——重读毛泽东〈论十大关系〉第五节》,载《中国社会科学》2004 年第 2 期。

38. 孙德义、李建峰:《浅谈假冒商标屡禁不止的原因及制止对策》,载《西北民族学院学报》(哲学社会科学版)1990 年第 1 期。

39. 孙韶林:《国家形式及有关概念探讨》,载《文史哲》2002 年第 4 期。

40. 汪全胜:《日本的立法后评估制度及其对中国的启示》,载《中州学刊》2009 年第 5 期。

41. 王保树:《中国反垄断法研究的现状及其展望》,载《法学评论》1991 年第 6 期。

42. 王灿发:《跨行政区水环境管理立法研究》,载《现代法学》2005 年第 5 期。

43. 王吉中:《反价格垄断:基层价检部门应该如何作为》,载《中国价格监督检查》2013 年第 8 期。

44. 王健:《2002 年〈企业法〉与英国竞争法的新发展》,载《环球法律评论》2005 年第 2 期。

45. 王健:《权力共享制抑或权力独享制——我国反垄断执法机关权力配置模式及解决方案》,载《政法论坛》2013 年第 3 期。

46. 王青斌:《论执法保障与行政执法能力的提高》,载《行政法学研究》2012 年第 1 期。

47. 王巍栋:《傍名牌:疯狂进行时》,载《现代商业》2010 年第 22 期。

48. 王先林:《我国反垄断法实施的基本机制及其效果——兼论以垄断行业作为我国反垄断法实施的突破口》,载《法学评论》2012 年第 5 期。

49. 王晓晔:《〈中华人民共和国反垄断法〉析评》,载《法学研究》2008 年第 4 期。

50. 王晓晔:《入世与中国反垄断法的制定》,载《法学研究》2003 年第 2 期。

51. 王学政:《中国反不正当竞争法的理论与立法经验》,载《中国工商管理研究》1998 年第 11 期。

52. 吴宏伟、金善明:《社会本位观:反垄断法立足之本》,载《法学家》2008 年第 1 期。

53. 吴宏伟、谭袁:《保护竞争而不保护竞争者?——对主流反垄断法观点的审视》,载《北方法学》2013 年第 4 期。

54. 吴宏伟、谭袁:《论我国反垄断法的地方实施》,载《上海财经大学学报》2012 年第 4 期。

55. 吴宏伟、魏炜:《论反垄断法的价值目标》,载《法学家》2005 年第 3 期。

56. 吴群、李永乐:《财政分权、地方政府竞争与土地财政》,载《财贸经济》2010 年第 7 期。

57. 席涛:《立法评估:评估什么和如何评估(上)——以中国立法评估为例》,载《政法论坛》2012 年第 5 期。

58. 谢青:《创"名牌"难,保"名牌"更难——天津梅兰日兰有限公司写真》,载《法学》1995 年第 5 期。

59. 谢玉华:《论地方保护主义的本质及其遏制策略》,载《政治学研究》2005 年第 4 期。

60. 徐孟洲:《试论社会主义市场竞争与反垄断法》,载《中国人民大学学报》1993 年第 4 期。

61. 徐士英:《竞争政策与反垄断法实施》,载《华东政法大学学报》2011 年第 2 期。

62. 许安标:《立法后评估初探》,载《中国人大》2007 年第 8 期。

63. 许昆林:《2013 年全国价格监督检查与反垄断工作会议总结》,载《中国价格监督检查》2013 年第 1 期。

64. 许昆林:《反价格垄断工作的成绩与挑战》,载《中国价格监督检查》2013 年第 7 期。

65. 许鹭嘉:《我国反垄断执法机构革新探析》,载《学术探索》2013 年第 3 期。

66. 阎越:《"部门权力化、权力利益化、利益法律化"的行政管理对策研究》,载《行政论坛》1997 年第 6 期。

67. 杨小军:《政府机构改革之根本:遵从经济社会发展规律》,载《中国党政干部论坛》2013 年第 4 期。

68. 叶卫平:《反垄断法的价值构造》,载《中国法学》2012 年第 3 期。

69. 应品广:《可口可乐收购汇源案的反垄断法思考》,载《西南政法大学学报》2010 年第 6 期。

70. 应松年:《完善行政组织法制探索》,载《中国法学》2013 年第 2 期。

71. 尤乐:《论立法评估之概念和相关辨析》,载《广西大学学报》(哲学社会科学版)2012 年第 4 期。

72. 游钰:《反垄断法价值论》,载《法制与社会发展》1998 年第 6 期。

73. 游振辉:《论行政执法中的自由裁量权》,载《中国法学》1990 年第 5 期。

74. 张大伟等:《论法律评估——理论、方法和实践》,载《甘肃社会科学》2010 年第 5 期。

75. 张国清:《从政治学到政治科学——中国政治学研究的难题与范式转换》,载《厦门大学学报》(哲学社会科学版)2004 年第 5 期。

76. 张理智:《论假冒伪劣产品的成因及其治理》,载《经济研究》1994 年第 1 期。

77. 张屹山工、于维生:《经济权力结构与生产要素最优配置》,载《经济研究》2009 年第 6 期。

78. 张占江、徐士英:《自然垄断行业反垄断规制模式构建》,载《比较法研究》2010 年第 3 期。

79. 章彦英、解志勇:《我国反垄断执法机构设置问题研究——以美国、德国为参照》,载《国家行政学院学报》2008 年第 2 期。

80. 郑鹏程:《〈反垄断法〉私人实施之难题及其克服:一个前瞻性探讨》,载《法学家》2010 年第 3 期。

81. 中国社会科学院经济体制改革 30 年研究课题组:《论中国特色经济体制改革道路》(上),载《经济研究》2008 年第 9 期。

82. 周飞舟:《分税制十年:制度及其影响》,载《中国社会科学》2006 年第 6 期。

83. 周黎安:《晋升博弈中政府官员的激励与合作——兼论我国地方保护主义和重复建设问题长期存在的原因》,载《经济研究》2004 年第 6 期。

84. 周旺生:《论作为支配性力量的权力资源》,载《北京大学学报》(哲学社会科学版)2004 年第 4 期。

85. 周业安等:《地方政府竞争与市场秩序的重构》,载《中国社会科学》2004 年第 1 期。

86. 周振鹤:《中央地方关系史的一个侧面(上)——两千年地方政府层级变迁的分析》,载《复旦学报》(社会科学版)1995 年第 3 期。

87. 朱景文:《服务大局与"法学家的幻想"》,载《法学家》2006 年第 5 期。

(二)英文

1. Robert H. Lande, "Wealth Transfers as the Original and Primany Concern of Antitrust: The Efficiency Interpretation Challenged", 34 *Hastings L. J* 65, 2012.

2. Barry R. Weingast, "The Congressional-bureaucratic System: A Principal Agent Perspective (with applications to the SEC)", *Public Choice*, *Vol.* 44, *No.* 1, *Carnegie Papers on Political Economy*, *Volume* 4, 1984.

3. Bruce D. Sokler, Yee Wah Chin, Kathryn E. Walsh, "A Consideration of DAGHER and the Antitrust Standard for Joint Ventures", 1 *NYU Journal of Law & Business* 307, 2004.

4. Bruno Lasserre, "The New French Competition Law Enforcement Regime", 5 *Competition L. Int'l* 15, 2009.

5. Byron F. Egan, "Joint Venture Formation", 44 *SPG Tex. J. Bus. L.* 129.

6. Christopher Hamp-Lyons, "The dragon in the room: China's Anti-monopoly Law and international merger review", 62 *Vand. L. Rev.* 1577, 2009.

7. David J. Gerber, "Richard Azarnia, Dirigisme and the Challenge of Competition Law in France", 3 *Cardozo J. Int'l & Comp. L.* 9, 1995.

8. Edmund W. Kitch, "The Fire of Truth: A Remembrance of Law and Economics: At Chicago", 1932 – 1970, 26 *J. L. & Econ.* 163, 1983.

9. Edwin S. Rockefeller, "The Antitrust Religion", *Cato Institute*, 2007.

10. Eva Choi, "Seeking Stones in the Red River: The Inevitable Evolution of China's Anti-monopoly Law", 7 *Journal of Law, Economic& Policy* 163.

11. George J. Stigler, "The Theory of Economic Regulation", *The Bell Journal of Economic and Management Science*, Vol. 2, No. 1, 1971.

12. H. Stephen Harris, Jr., Rodney J. Ganske, "The Monopolization and IP Abuse Provisions of China's Anti-Monopoly Law: Concerns and A Proposal", 75 *Antitrust L. J.* 213.

13. H. Stephen Harris, "The Making of an Antitrust Law: The Pending Anti-Monopoly Law of the People's Republic of China", 7 *Chi. J. Int'l L.* 169 (2006 – 2007).

14. Jennifer M. Clarke-Smith, "The Development of the Monopolistic Leveraging Theory and its Appropriate Role in Antitrust Law", 52 *Cath. U. L. Rev.* 179, 2002 – 2003.

15. John F. Manning, "Separation of Powers as Ordinary Interpretation", 124 *Harv. L. Rev.* 1939, 2011.

16. Joseph F. Brodley, "The Legal Status of Joint Ventures under the Antitrust Laws: A Summary Assessment", 21 *Antitrust Bull.* 453, 1976.

17. Louis Fisher, *American Constitutional Law*, McGraw-Hill Publishing Company, 1990.

18. Mark D. Bauer, "The Licensed Professional Exemption in Consumer Protection: At Odds with Antitrust History and Precedent", 73*Tenn. L. Rev.* 131.

19. Mark Furse, "Merger Control inChina: The First Year of Enforcement", *European Competition Law Review*31, 2010.

20. Mark Williams, "Foreign Investment in China: Will the Anti-monopoly Law be a Barrier or a Facilitator?" 45 *Tex. Int'l L. J.* 127.

21. Matthew I. Danzig, "China's New Guidelines on the Assessment of the Effect of the Concentration of Business Operators on Competition", 20 *WTR Currents: Int'l Trade L. J.* 24.

22. Michael A. Livermore, Richard L. Revesz, "Regulatory Review, Capture, And Agency Inaction", *Geo. L. J.* 1337.

23. Nathan Bush, "Constraints on Convergence in Chinese Antitrust", 54 *AntitrustBull.* 87, 2009.

24. Pablo T. Spiller, "Politicians, Interest Groups, and Regulators: A Multiple-Principals Agency Theory of Regulation", or "Let Them be Bribed", *Journal of Law and Economics*, Vol. 33, No. 1, 1990.

25. Stephen Calkins, "Perspectives on State and Federal Antitrust Enforcement", 53 *Duke L. J.* 673, 2003.

26. Susan Beth Farmer, "The impact of China's Antitrust Law and other Competition Policies on U. S. Companies", 23 *Loy. Consumer L. Rev.* 34.

27. William E. Kovacic, Robert C. Marshall, "Quantitative Analysis of Coordinated Effects", 76 *Antitrust L. J.* 397, 2009－2010.

二、著作

(一)中文著作

1.(战国)宋玉:《登徒子好色赋》,载(梁)萧统编,(唐)李善注:《文选》,岳麓书社 2002 年版。

2.《北京大学法学百科全书》(经济法学卷),北京大学出版社 2007 年版。

3.《邓小平文选》(第 2 卷),人民出版社 1994 年版。

4.(战国)商鞅原著:《商君书校注》,张觉校注,岳麓书社 2006 年版。

5.《史记·平准书第八》,中华书局 2009 年版。

6.《左传·桓公二年》,线状书局 2007 年版。

7.包锡妹:《反垄断法的经济分析》,中国社会科学出版社 2002 年版。

8.薄贵利:《中央与地方关系研究》,吉林大学出版社 1991 年版。

9.薄一波:《若干重大决策与事件的回顾》(上卷),中共中央党校出版社

1991 年版。

10. 曹建海:《过度竞争论》,中国人民大学出版社 2000 年版。

11. 曹康泰:《中华人民共和国反垄断法解读——理念、制度、机制、措施》,中国法制出版社 2007 年版。

12. 陈富良:《放松规制与强化规制——论转型经济中的政府规制改革》,上海三联书店 2001 年版。

13. 单飞跃:《经济法理念与范畴的解析》,中国检察出版社 2002 年版。

14. 冯兴元:《地方政府竞争:理论范式、分析框架与实证研究》,译林出版社 2010 年版。

15. 胡永明:《市场经济与产权改革》,中国人民大学出版社 1993 年版。

16. 金善明:《反垄断法法益研究:范式与路径》,中国社会科学出版社 2013 年版。

17. 金太军、赵晖等:《中央与地方政府关系建构与调谐》,广东人民出版社 2005 年版。

18. 孔祥俊:《反垄断法原理》,中国法制出版社 2001 年版。

19. 李世安:《一只看得见的手——美国政府对国家经济的干预》,当代中国出版社 1996 年版。

20. 李天石:《中国古代史教程》,南京师范大学出版社 2011 年版。

21. 李治安:《唐宋元明清中央与地方关系研究》,南开大学出版社 1996 年版。

22. 厉以宁:《资本主义的起源——比较经济史研究》,商务印书馆 2003 年版。

23. 刘继峰:《反垄断法》,中国政法大学出版社 2012 年版。

24. 毛泽东:《论十大关系》,人民出版社 1976 年版。

25. 毛泽东:《矛盾论》,人民出版社 1975 年版。

26. 孟雁北:《反垄断法》,北京大学出版社 2011 年版。

27. 潘静成、刘文华:《经济法》,中国人民大学出版社 2008 年版。

28. 邱本:《自由竞争与秩序调控——经济法的基础建构与原理阐析》,中国政法大学出版社 2001 年版。

29. 全国人大常委会法制工作委员会经济法室:《中华人民共和国反垄断法——条文说明、立法理由及相关规定》,北京大学出版社 2007 年版。

30. 桑玉成:《利益分化的政治时代》,学林出版社 2002 年版。

31. 沈国明等:《在规则与现实之间——上海市地方立法后评估报告》,上海人民出版社 2009 年版。

32. 史际春等:《反垄断法理解与适用》,中国法制出版社 2007 年版。

33. 史建三:《地方立法后评估的理论与实践》,法律出版社 2012 年版。

34. 苏轼:《东坡志林》,中华书局 1981 年版。

35. 谭崇台:《20 世纪的西方经济学》,武汉大学出版社 2010 年版。

36. 汪全胜等:《立法后评估研究》,人民出版社 2012 年版。

37. 王存学:《竞争法与市场经济》,工商出版社 1995 年版。

38. 王健:《反垄断法的私人执行:基本原理与外国法制》,法律出版社 2008 年版。

39. 王全兴:《竞争法通论》,中国检察出版社 1997 年版。

40. 王书丽:《政府干预与 1865 ~ 1935 年间的美国经济转型》,人民出版社 2009 年版。

41. 王先林:《竞争法学》,中国人民大学出版社 2009 年版。

42. 王晓晔:《反垄断法》,法律出版社 2011 年版。

43. 王晓晔:《反垄断法实施中的重大问题》,社会科学文献出版社 2010 年版。

44. 王晓晔:《反垄断立法热点问题》,社会科学文献出版社 2007 年版。

45. 王晓晔:《竞争法学》,社会科学文献出版社 2007 年版。

46. 文学国、孟雁北、高重迎:《反垄断法执行制度研究》,中国社会科学出版社 2011 年版。

47. 吴宏伟:《竞争法有关问题研究》,中国人民大学出版社 2000 年版。

48. 吴炯:《维护公平竞争法》,中国人事出版社 1991 年版。

49. 辛向阳:《百年博弈——中央与地方关系 100 年》,山东人民出版社 2000 年版。

50. 徐孟洲、孟雁北:《竞争法》,中国人民大学出版社 2008 年版。

51. 徐平:《对日本政府经济职能的历史考察与研究》,中国社会科学出版社 2003 年版。

52. 徐士英:《竞争法论》,世界图书出版公司 2007 年版。

53. 许崇德等:《宪法》,中国人民大学出版社 2007 年版。

54. 张千帆:《美国联邦宪法》,法律出版社 2011 年版。

55. 张正钊、胡锦光:《行政法与行政诉讼法》,中国人民大学出版社 2009 年版。

56. 中国世界贸易组织研究会竞争政策与法律专业委员会:《中国竞争法律与政策研究报告》(2010)、(2011)、(2012),法律出版社。

57. 种明钊:《竞争法》,法律出版社 2008 年版。

58. 周昀:《反垄断法新论》,中国政法大学出版社 2006 年版。

59. 朱景文:《法理学》,中国人民大学出版社 2008 年版。

(二)中文译著

1. [德]弗里德里希·李斯特:《政治经济学的国民体系》,陈万煦译,商务印书馆 1961 年版。

2. [德]弗里德里希·李斯特:《政治经济学的自然体系》,杨春学译,商务印书馆 1997 年版。

3. [德]康拉德·黑塞:《联邦德国宪法纲要》,李辉译,商务印书馆 2007 年版。

4. [德]路德维希·艾哈德:《来自竞争的繁荣》,祝世康等译,商务印书馆 1983 年版。

5. [德]马克斯·韦伯:《经济与社会》(上卷),林荣远译,商务印书馆 1997 年版。

6. [俄]M. H. 马尔琴科:《国家与法的理论》,徐晓晴译,中国政法大学出版社 2010 年版。

7. [法]弗雷德里克·巴斯夏:《财产、法律与政府——巴斯夏政治经济学文萃》,秋风译,商务印书馆 2012 年版。

8. [法]卢梭:《社会契约论》,何兆武译,商务印书馆 2009 年版。

9. [法]孟德斯鸠:《论法的精神》(上册),张雁深译,商务印书馆 1961 年版。

10. [法]蒲鲁东:《什么是所有权——或对权利和政治的原理的研究》,孙署冰译,商务印书馆 2009 年版。

11. [古希腊]色诺芬:《经济论,雅典的收入》,张伯健、陆大年译,商务印书馆 2009 年版。

12. [古希腊]亚里士多德:《政治学》,吴寿彭译,商务印书馆 2009 年版。

13.［美］E. 博登海默:《法理学——法律哲学与法律方法》,邓正来译,中国政法大学出版社 2004 年版。

14.［美］彼得·埃文斯等:《找回国家》,方力维等译,三联书店 2009 年版。

15.［美］查尔斯·林德布洛姆:《政治与市场:世界的政治——经济制度》,王逸舟译,上海三联书店、上海人民出版社 1994 年版。

16.［美］大卫·哈维:《新自由主义简史》,王钦译,上海译文出版社 2010 年版。

17.［美］戴维·杜鲁门:《政治过程——政治利益与公共舆论》,陈尧译,天津人民出版社 2005 年版。

18.［美］福克讷:《美国经济史》(下卷),王锟译,商务印书馆 1989 年版。

19.［美］汉密尔顿、杰伊、麦迪逊:《联邦党人文集》,程逢如等译,商务印书馆 2009 年版。

20.［美］霍温坎普:《联邦反托拉斯政策:竞争法律及其实践》,法律出版社 2009 年版。

21.［美］吉尔伯特·C. 菲特等:《美国经济史》,司徒淳等译,辽宁人民出版社 1981 年版。

22.［美］加里·M. 沃尔顿等:《美国经济史》,王珏等译,中国人民大学出版社 2011 年版。

23.［美］理查德·A. 波斯纳:《反托拉斯法》,孙秋宁译,中国政法大学出版社 2003 年版。

24.［美］理查德·B. 斯图尔特:《美国行政法的重构》,沈岿译,商务印书馆 2011 年版。

25.［美］罗斯科·庞德:《法理学》(第 2 卷),邓正来译,中国政法大学出版社 2007 年版。

26.［美］迈克尔·波特:《国家竞争优势》,华夏出版社 2005 年版。

27.［美］米尔顿·弗里德曼:《资本主义与自由》,张瑞玉译,商务印书馆 2009 年版。

28.［美］欧内斯特·盖尔霍恩等:《反垄断法与经济学》,任勇等译,法律出版社 2009 年版。

29.［美］乔纳森·休斯等:《美国经济史》,邸晓燕等译,北京大学出版社

2011 年版。

30. [美]塞缪尔·P. 亨廷顿:《变化社会中的政治秩序》,王冠华、刘为等译,上海人民出版社 2008 年版。

31. [美]斯坦利·L. 恩格尔曼等:《剑桥美国经济史》(第 2 卷),王珏等译,中国人民大学出版社 2008 年版。

32. [美]托马斯·帕特森:《美国政治文化》,顾肃等译,东方出版社 2007 年版。

33. [美]约翰·罗尔斯:《正义论》,何怀宏等译,中国社会科学出版社 1988 年版。

34. [日]金泽良雄:《当代经济法》,刘瑞复译,辽宁人民出版社 1988 年版。

35. [日]牧野英一:《法律上之进化与进步》,朱广文译,中国政法大学出版社 2003 年版。

36. [意]托马斯·阿奎那:《阿奎那政治著作选》,马清槐译,商务印书馆 2009 年版。

37. [英]彼得·斯坦、约翰·香德:《西方社会的法律价值》,王献平译,中国法制出版社 2004 年版。

38. [英]洛克:《政府论(下篇)——论政府的真正起源、范围和目的》,叶启芳、瞿菊农译,商务印书馆 2009 年版。

39. [英]马克·布劳格:《经济理论的回顾》,姚开建译,中国人民大学出版社 2009 年版。

40. [英]亚当·斯密:《国民财富的性质和原因的研究》(上卷)、(下卷),郭大力、王亚南译,商务印书馆 2009 年版。

41. [英]约翰·梅纳德·凯恩斯:《就业、利息和货币通论》,高鸿业译,商务印书馆 1999 年版。

42. 世界银行编著:《1997 年世界发展报告:变革世界中的政府》,蔡秋生等译,中国财政经济出版社 1997 年版。

43.《马克思恩格斯全集》(第 6 卷),人民出版社 1961 年版。

44.《马克思恩格斯全集》(第 1 卷),人民出版社 1956 年版。

45.《马克思恩格斯选集》(第 3 卷),人民出版社 1972 年版。

46.《列宁选集》(第 2 卷),人民出版社 1975 年版。

(三)英文著作

1. *ABA Section of Antitrust Law: Competition, Laws outside the United States*, 2nd Edition, 2011.

2. Barry J. Rodger, Angus MacCulloch, *The UK Competition Act: A New Era for UK Competition Law*, Hart Publishing, 2000.

3. Daniel A. Crane, *the Institutional Structure of Antitrust Enforcement*, Oxford University Press, 2011.

4. Edurne Navarro, Andrs Font, Jaime Folguera, Juan Briones, *Merger Control in the EU—Law, Economics and practice*, Oxford University Press, 2005.

5. Eleanor M. Fox, *Cases and Materials on U. S. Antitrust in Global Context*, West, 3rd edition, 2012.

6. Eleanor M. Fox, Michael J. Trebilcock, *The design of competition law institutions: global norms, local choices*, Oxford University Press, 2013.

7. Ernest Gellhorn, *William E. Kovacic, Antitrust Law and Economics in a Nutshell*, West Publishing Co., 4th edition, 1994.

8. François Lévêque, Howard Shelanski, *Merger Remedies in American and European Union Competition Law*, Edward Elgar Publishing, Inc., 2003.

9. Geoffrey R. Stone, Louis Michael Seidman, Cass R. Sunstein, Mark V. Tushnet, Pamela S. Karlan, *Constitutional Law*, Aspen Publishers, 6th edition, 2009.

10. James J. Garrett, *World Antitrust Law and Practice: a Comprehensive Manual for Lawyers and Business* 1999 *Supplement*, Aspen Law & Business, 1999.

11. Marjorie Holmes: *Competition Law and Practice: a review of major jurisdictions*, CMP Publishing Ltd., 2009.

12. Mark Furse, *Competition Law of the EC and UK*, Oxford University Press 2008.

13. Martin Coleman, Michael Grenfell, *The Competition Act* 1998—*Law and Practice*, Oxford University Press, 1999.

14. Phillip E. Areeda, Louis Kaplow, Aaron S. Edlin, *Antitrust Analysis: Problems, Text, and Cases*, Aspen Publishers, 6th edition, 2004.

15. Richard Whish, *Competition Law*, Butterworth & Co. (Publishers) Ltd., (1985).

16. Richard Whish, David Bailey, *Competition Law*, Oxford University Press, 2012.

17. Stephen G. Breyer, Richard B. Stewart, Cass R. Sunstein, Adrian Vermeule, *Administrative Law and Regulatory Policy—Problems, Text, and Cases*, Aspen Publishers, 2006.

18. The handbook of Competition Enforcement Agencies 2013: A Global Competition Review Special Report.

19. Valentine Korah, *Competition Law of Britain and the Common Market*, Elek Books Limited, 1975.

致　谢

本专著是在我的博士学位论文的基础上修改完善而成的。博士学位论文答辩至今已有4年多的时间,在这4年的时间中,我一直在问自己,自己对于博士学位论文选题的价值是否还像当初那样信心满满,博士学位论文提出的一些观点是否还经得起实践的检验。审慎之心让我不敢轻易让其面世。4年后的今天,之前所困扰我的这些问题在我看来已经不再成其为问题,这也是我最终决定将其付梓的原因。

博士学位论文的起笔始于2013年3月,至2014年3月成稿,前后历经将近一年的时间。当最终完成之时,回首过去的一年,竟觉是如此之快。但时间在博士学位论文中行走的脚步,却又是如此之慢,怀着敬畏之情撰写论文,总是会担心过快地行笔将使我无法深刻地思考一些问题,忽略蕴藏于古今中外著作之中的思想火花。

起笔之时,总盼早日成文,而最终落笔之时,却又希望能够回到起笔之日,毕竟,文中需要完善的地方仍有很多,幸而在写作的一年时间中能够认真对待,才未使今日留下太大的遗憾。尽管博士学位论文的写作往往使我无暇顾及其他工作,但却未曾后悔。伴随着思考的写作令我欣慰与知足。

在我对书稿不断进行修改的过程中,我国反垄断执法体制也发生了重大的改革。2018年3月,我国组建了国家市场监督管理总局,从而实现了反垄断执法权在横向层面的统一。当时看到这一改革,我心中充满了矛盾。一方面,看着自己提出的建议终于已经部分实现,心中充满了激动;另一方面,又怀有“私心”的想,要是在本书出版之后再改革该多好啊！当然,在这二者之间,我还是更希望改革早一些来到。我国反垄断执法体制的另外一个重大改革就是国家市场监管总局于2019年1月3日发布了《市场监管总局关于反垄断执法授权的通知》,决定授权省级市场监管部门负责本行政区域内的反垄断执法工作。这也是本书在纵向配置中的部分呼吁。这两项改革是否意味着本书没有意义了呢？曾经在某一个瞬间,我有过这种质疑。但是,在这一瞬间之后,这种质疑又立刻消失。因为这两次改革都印证了本书研究结论是符合反垄断执法实践客观规律要求的,这使我恢复了一些信心。另外,这两次改革尚未完全达到本书提出的改革目标。在反垄断执法权的横向配置方面,形式上的统一只是起点,如何完善统一的反垄断执法机构内部的职权配置,是本书研究的重点;在反垄断执法权的纵向配置方面,仅授予省级市场监管部门还不够,本书论证还需要进一步授权县市级的相关机构反垄断执法权。这两个方面的改革在未来会异常艰难,本书的研究对推动这两个方面的改革具有价值。这又增强了我的信心。因此,之前瞬间消失的信心又重新完全恢复了。这也是我愿意继续出版的原因。

本书的出版及博士学位论文的写作得到了许多人的大力支持与帮助。我深知,如果没有他们的提携与鼓励,这一成果形成的难度将会有多大。

仍然能够清晰地记得第一次与吴宏伟教授的见面,他那风趣幽默的谈吐、不拘小节的豁达性情一下就消融了我的紧张之情。已记不清有多少次在吴老师的办公室聆听他的教诲,他对问题的分析总是能够入木三分,总是能够跳出烦琐的细枝末节,高屋建瓴地看待问题,他的言传身教让我受益匪浅。能够在吴老师的指导下攻读硕士、博士,对于我而言是一件极为幸运之事。在跟随吴老师的5年中,他总是能够包容我的一些不足,对待我们就像父亲对待孩子一样慈祥、和蔼。在校的5年中,他为我遮风挡雨、指明方向,总是给予最无私的帮助和支持。似乎语言已无法表达我对他的感谢,身体健康、生活愉快这最为平实的祝福语能代表我对他最大的祝福吧！

出去走一走、看一看,虽然一直都有这一想法,但总是犹豫不决,无法下定决心,从而导致一拖再拖,没想到直到博士研究生三年级才最终成行。虽然有迟延的遗憾,但从另一方面来看,能够得以实现又何尝不是一种幸运呢？初到美国的日子是艰难的，它打破了我以往习惯的生活，但我也知道，一种新的学习生活也正是我希望体验的。我十分感谢纽约大学法学院 Eleanor M. Fox 教授，没有她的接纳，我是无法获得这个宝贵的机会的。她如此高龄却仍然站在讲台之上，活跃在国际反垄断法领域，佩服之际，也对我是一种激励与鞭策。每每从法学院走出来时，看到她办公室的灯往往还亮着，仿佛就是灯塔一样，为困惑与迷失的我指明航向。还要感谢的是 Jerome A. Cohen 教授，这位前哈佛大学法学院副院长，经常提到 20 世纪六七十年代他做的某事，在场听他讲这些事的人很多都还没有出生！但在 Cohen 教授身上，你似乎看不到岁月留下的痕迹。感谢他所给予的帮助和鼓励，也感谢他为我提供了一次做学术报告的机会，这对我尤为珍贵。同样还要感谢的有 Ira Belkin 教授、Melissa Lefkowitz 女士、Kathleen Kaffer、Clint Bergstrom、乔仕彤，与他们的交流十分愉快，感谢他们所提供的大力帮助。另外，还有来自巴基斯坦的 Ibrahim，与他的相识让我切身体验到中巴之间的友谊不仅仅停留在国家层面。在纽约大学法学院学习科研的一年是一次难得的经历，感谢我在这遇到的所有人，他们的帮助让我感受到了浓浓的暖意，尤其是 2013 年在纽约那个异常漫长的冬季。当然，我也深知如果没有国家留学基金管理委员会的大力资助，我是无法承担起昂贵的生活费用的，感谢祖国和人民！

虽然身在异国，我却时刻想念着国内的老师们。常常想起在刘文华教授家中与他长谈、向他请教，深刻地感受到刘老师对中国经济法学发展所倾注的心血。在过去 5 年中，我从史际春教授那里学习到了许多知识，他的经济法总论令人回味无穷，感谢他一直以来提供的大力帮助与支持。徐孟洲教授是我硕士复试和博士面试的老师，感谢他对我的肯定。王欣新教授和刘俊海教授这两位破产法和公司法领域的权威教授对问题鞭辟入里的分析，让我颇为受益。孟雁北教授在学术研究和生活方面给予了我很大的帮助，也曾就出国事项给予了我极为宝贵的建议。还要感谢王宗玉副教授、杨东教授、宋彪副教授、姚海放副教授、徐阳光教授等。在经济法教研室的大家庭里，我度过了 5 年难忘的时光，而这 5 年的学习和科研生活，将是我一生中宝贵的财富。感谢教研室的所有老师！

感谢朱大旗老师对本书出版的大力支持。朱老师不仅讲授精彩的专业课知识，而且向我们讲述如何做学问，朱老师在平时“不经意”给我的鼓励对我影响深远。在本书出版过程中，朱老师给予了我足够的耐心与理解，我十分感激！

在吴门之内，我感受到了深深的同门情谊。金善明师兄给予了我大力的帮助、关心和指导，他像兄长一样，能拥有这样的师兄确实是一件幸福的事情。王辉霞师姐也对我照顾有加，董笃笃在国内忙前跑后地帮我递交各种材料，还有吴宇飞、江娇等，也帮了我很大的忙。还要感谢欷伟民、吴长军、李劼、黄尧和周璐等，你们都曾给予我不同形式的帮助。感谢廖娟、胡润田和周秉赢，我们同一级的四人，相聚总是欢乐而令人期待！感谢同门的各位兄弟姐妹！

当然，我最需要感谢的是我的父母和家人，他们总是给予我最大的选择自由和最大的支持与鼓励。这些年来让他们操了不少的心，不知不觉中发现父母都在慢慢变老。感谢父母从小就给予我的良好家庭教育，以及无私的爱，让在外的我永远都能够感受到来自他们的强大支持，给予我持续向前的动力和信心！父母虽然都是平凡人，但在我的眼中，他们却是不平凡的父母，感谢父母给予我生命！此外我还要感谢我的舅舅，感谢他一直以来对我的关心和鼓励！

我还要感谢法律出版社法治与经济出版分社沈小英社长的帮助和支持，感谢编辑刘晓萌老师以及其他老师的辛勤付出，感谢山东华信清算重组集团有限公司提瑞婷董事长对丛书的无私资助，是你们让这本书的出版很快成为现实。

感谢信仰！

谭 袁

2019 年 2 月 26 日于

北京

图书在版编目(CIP)数据

反垄断执法权配置问题研究 / 谭袁著. -- 北京 : 法律出版社, 2019
(明德经济法学文库 / 朱大旗主编)
ISBN 978-7-5197-3400-8

Ⅰ. ①反… Ⅱ. ①谭… Ⅲ. ①反垄断法-行政执法-研究-中国 Ⅳ. ①D922.294.4

中国版本图书馆 CIP 数据核字(2019)第 071074 号

反垄断执法权配置问题研究
FANLONGDUAN ZHIFAQUAN PEIZHI WENTI YANJIU

谭　袁　著

策划编辑 沈小英
责任编辑 刘晓萌
装帧设计 李　瞻

出版 法律出版社
总发行 中国法律图书有限公司
经销 新华书店
印刷 北京虎彩文化传播有限公司
责任校对 杨锦华
责任印制 吕亚莉

编辑统筹 法治与经济出版分社
开本 710 毫米×1000 毫米　1/16
印张 23
字数 385 千
版本 2019 年 4 月第 1 版
印次 2019 年 4 月第 1 次印刷

法律出版社/北京市丰台区莲花池西里 7 号(100073)
网址/www.lawpress.com.cn
投稿邮箱/info@lawpress.com.cn
举报维权邮箱/jbwq@lawpress.com.cn
销售热线/010-83938336
咨询电话/010-63939796

中国法律图书有限公司/北京市丰台区莲花池西里 7 号(100073)
全国各地中法图分、子公司销售电话:
统一销售客服/400-660-6393
第一法律书店/010-83938334/8335
西安分公司/029-85330678
重庆分公司/023-67453036
上海分公司/021-62071639/1636
深圳分公司/0755-83072995

书号:ISBN 978-7-5197-3400-8
定价:78.00 元
(如有缺页或倒装,中国法律图书有限公司负责退换)